中国现代美学名家文丛

中国现代美学名家文丛

文丛主编 金 雅

梁启超 卷

原著 梁启超   选编 金 雅

中国文联出版社
http://www.clapnet.cn

梁启超（1873—1929）

专家委员会

主　任
（按姓氏笔画排序）

汝　信　聂振斌

委　员
（按姓氏笔画排序）

王元骧	王一川	王廷信	王德胜	牛宏宝	汝　信
仲呈祥	朱立元	孙伟科	刘成纪	杜书瀛	杜　卫
严昭柱	张首映	张　法	张永清	李春青	李心峰
余连祥	庞井君	金　雅	宛小平	胡经之	钱中文
聂振斌	凌继尧	高建平	党圣元	徐碧辉	夏燕靖
曾繁仁	彭吉象	滕守尧			

《中国现代美学名家文丛》编选说明

一、《文丛》以人为卷，各卷以选主19世纪末至20世纪40年代写作或发表的相关论著为主要编选对象。其中朱光潜、宗白华、丰子恺三卷因其生活的年代至1949年新中国成立以后，且有较为重要的相关论著；为了便于读者对各选主有相对完整的了解，此三卷也遴选了各选主1949年以后写作或发表的少量重要论著。

二、《文丛》各卷为上、下编。上编主要为体现选主对美与艺术的基本观念的文字与相关论著。包括关系密切的哲学、人生、文化、教育、伦理、生活等方面的文字，以及关于美与艺术基本性质、价值等方面的文字。下编则主要为选主对审美、艺术等问题的具体见解的文字。附录为各选主自述人生经历、学术经历和人生观方面的文字，及选主为自己的论著作的自序等。《文丛》各卷文章的编排不以时间为序，主要依据所论思想或问题的性质、内在逻辑等为序。

三、《文丛》入选各文底本的选择以版本的原始性与权威性为原则，尽量依据原始底本和重要底本，并尽量保留历史的原貌。同时，对原版本中有明显错漏的，则予以了校订更正。

四、《文丛》尽量考虑今天读者的阅读习惯与方便。文章所依底本为竖排的一律改为横排，并尽量采用简体；文字古今写法不同，能理解的依原例，差异较大的依今习惯或予标注；个别文章的题目用字或作者的特殊用字，遵原例；标点按今习惯校点。外国人名翻译，原本多采音译，选用的对应汉字有些与今译不同，但依读音理解问题不大的，保持原貌。

五、《文丛》注释采用文内注。保留的各底本原注尽量保持原貌。各卷编者的新注一律注明"编者注"。

目 录
contents

序论：中国现代美学的精神传统

金 雅 聂振斌

　　《中国现代美学名家文丛》六卷遴选六位中国现代美学家——梁启超、王国维、蔡元培、朱光潜、宗白华、丰子恺的相关论著组成。将中国现代美学卓具代表性和成就的名家做集中的文献整理，迄今可能还是第一次。

　　《文丛》所说的"现代"是指19世纪末至20世纪40年代，并以此区别于通常的"近代""当代"两个概念。这50余年间，正是中华民族苦难深重的年代，也是中西古今思想文化大撞击大交汇的时代。异族入侵与古老帝国的衰亡，洋务派师夷长技、戊戌变法制度改良的失败，使得国人应对西方文化的态度逐渐由被动转向自觉。20世纪初，梁启超明确提出了"新民"的主张和"学做现代人"的问题，倡导人的革新和"精神之文明"的建设。由此，国民性改造成为进步的文化人士、学者、思想家、政治家关注的焦点之一，人、精神、心理、文化等的变革逐渐成为重要的社会课题。也正是在这个时期，西方美学开始进入中国文化视阈，"美学""美育"等专门学科术语引入，中西美学思想、观念、方法等撞击融会，走在时代前列的一部分思想家、学者开始对中国古代美学思想进行改造更新，并积极试图以美与艺术来启蒙民众、培育民族新人格。这个阶段的中国美学，既有学科建构与理论建设的探索，也有直面人生与关注时代的激情，并由此构筑凸显了自己的某些特点特征，既不同于西方美学，也不同于晚清以前的中国古代美学和新中国成立以后的中国当代美学。

中国现代美学是中国美学发展不可或缺的一个部分，也是非常具有特色、取得了重要成就的一个阶段。《文丛》所涉的六位大家，或是在中国现代美学的奠基期做出了重要的开创性贡献，或是在中国现代美学的发展与繁盛期成为突出的标志性与代表性人物。其中，梁启超、王国维、蔡元培既是中国现代思想的重要启蒙者，也是中国现代美学与文艺思想理论建构的重要先驱；朱光潜、宗白华、丰子恺乃是中国现代美学与文艺思想理论的积极建设者，并取得了卓著的成就。他们的思想理论，虽不能说完全反映了中国现代美学的全貌，因为在他们之外还有鲁迅、邓以蛰、吕澂、方东美、蔡仪、徐复观等重要的现代文艺家、美学家，但是他们的思想理论无疑代表了中国现代美学思想理论构架的主要部分和基本走向。六位大家各具特色，各从不同的侧面对中国现代美学的建设做出了独到的贡献，丰富了中国现代美学思想理论的库藏，这也使得六卷文集各具风采。同时，作为那个时代美学思想理论的引领者，共同的时代、社会、文化的语境，强烈的历史、民族使命感，相似的社会责任感，深厚的国学根基以及或游历或求学域外的直接外来文化背景，也使得他们的思想理论形成了某些共同的特色和民族特征，对于我们认识中国现代美学的性质与特点，探索中国现代美学的生命力所在及其价值意义尤为重要。

从《文丛》涉及的这些代表性人物来看，中国现代美学最为显著的标识是：它是关注现实关怀生存、追求审美艺术人生相统一的人生论美学。中国现代美学不是单纯学科意义上的理论美学，它不仅试图去解决美学的学科与理论问题，更是直面现实中人的生存及其意义的问题。在学科意识与理论形态上，中国现代美学区别于中国古代美学，体现出一定的自觉性与积极建设的意向，从而在话语方式、学科形态上构筑了与西方美学、与现代学科对话的某种基础。而作为一种人生论美学，中国现代美学也凸现出鲜明的人生精神、积极的美育指向、内在的诗性情怀和强烈的文化批判意识；这也正是中国现代美学传承发扬民族美学固有的精神传统，并融会创化中西美学、文化、艺术思想的精华而形成的重要特征与品格。

美学作为人文学科，不仅要解决理论的问题，也要解决实践的问题；不仅要回答知识的问题，也要回答信仰的问题。在某种意义上可以说，这就是以六大家为代表的中国现代美学留给我们的最为动人的地方。中国现代美学留给我们的精神财富，一方面是它对于西方美学学科及其思想理论、观念方法、术语形态等的积极学习和吸纳，另一方面也是它传承民族美学的优秀传统、融会中西古今滋养而试图建构起来的解决民族自身问题的独特话语及其精神特质。学术与人生的贯通，知识与信仰的融会，开放与新创的激情，不仅构筑了中国现代美学的精神特质，也使它至今仍有启益民族美学学术与国人精神生活的方面。

首先，鲜明的人生精神是中国现代美学重要的精神标识之一。

以美和艺术来介入人生介入生存，陶养美感与人格，提升生命活力，美化生命境界，这种针对当时国人人格人性弱点而潜蕴着启蒙意味的人生美学精神，构成了中国现代美学突出的精神传统，并以蕴含现代意义的情感启蒙与生命启蒙的意向呈现着自己的立场与态度。

人生精神亦是中国古典哲学与美学的基本传统之一。理想人格实现处也即审美人生实现处，这可以说是中国传统文化最为深刻的美学精神了。孔子主张完善的人格应将对社会的责任贡献与自我精神上的快乐融为一体。"仁者不忧"，"朝闻道，夕死可矣"。个体生命的价值既在于生命过程本身，更在于以广阔的胸襟和宏大的理想作为支撑，让生命在美善相济中获得永恒的意义。庄子则追求生命之"游"。"逍遥游"不是某种具体的飞翔，它也是一种绝对意义上的消解了物累的心灵自由之"游"，因此，它也象征着不受任何现实条件约束、超越世俗功利目的的精神的最高翱翔，这就是庄子所神往的生命美（至）境。但是，孔子的美善相济具有浓郁的伦理色彩，它真正的立足点还在于群体生命及其理性实现。而庄子则既赞美鲲鹏之高翔，也肯定鹪鹩之自适，他的神

"游"实际上也潜隐着面对人生困境时的某种消极色彩。中国现代美学的人生精神与中国传统哲学的人生精神有着直接的关联，同时这些现代大家又有着丰富的西方文化背景。西方现代哲学与美学的成果，尤其是对西方现代生命哲学、情感学说、艺术美学等的吸纳，使得中国现代美学的人生精神具有某些新的色彩与意蕴。传统美学的伦理色彩、消极取向有所淡化，生命、情感、个性在审美中的地位与意义得到了强化。

中国现代美学的人生视野是广阔的、同情的。它并不倡导艺术局限于作品本身的技能优劣与作家自身的悲喜忧乐，而是希望从艺术从美通向人生，通向生命与生活。中国现代美学的这些大家都主张通过美与艺术来涵养整个生命与人格境界，把丰富的生命、广阔的生活、整体的人生作为审美实践的对象和目的，以艺术的准则、审美的情韵来体味创化人生的境界，倡导审美·艺术·人生之统一，追求人生现实生存与审美超越之统一。王国维"境界说"源自中国传统"意境"论。在中国古典诗论中，运用较多的是"意境"一词，重在探讨诗词中情与景、主观与客观的关系问题。至《人间词话》，"境界"则成为出现频率更高的概念，由此也将唐以降"意境"的侧重艺术品鉴推进到"境界"的艺术与人生相统一的审美品鉴。著名的《人间词话》定稿第二十六则将人生境界分为三重，又以三句古典诗词来诠释，明确地将艺术意蕴的品鉴与人格情致、人生况味的品鉴相融含，从诗词、艺术的意境来通致人生、生命的境界。"真景物""真感情"为境界之本，"忧生""忧世"的"赤子之心"为创境之源。于王国维而言，境界之美实际上也成为人生之美的映照。梁启超明确提出美是人类生活中不可或缺的要素。他的"趣味说"则是对中国传统艺术趣味论与西方审美趣味论的新创造。他以生命、情感、创造为趣味之本，要求生命秉持不有之为的趣味精神，以情感为根基，激扬奋发，融小我入大我，在与宇宙、众生的进合中开拓与享受生命的美境。梁启超把"趣味化"的生命境界涵括为"生活的艺术化"，认为这是人类最合理的生活。他倡导通过学术、游戏、劳动等生命实践活动，尤其是艺术审美活动来涵养趣味人格。在梁启超，趣味生命的实现即创造的人生也即美的实现。与"境界说""趣味说"相映趣的，还有朱光潜的"情趣"、丰子恺的"真率"等等范畴与思想。朱光潜提出"每个人的生命史就是他自己的作品"。丰子恺强调艺术不是技巧的事业而是"心灵的事业"，要把整个生活与生命创造为"大艺术品"。这些思想与学说作为中国现代美学的重要组成，共同丰富凸现了中国现代美学人生精神的情韵与特征。

其次，积极的美育指向也是中国现代美学精神传统的突出特征。

关注美学的实践性，关注美育，是中国现代美学人生精神的重要落脚点。中国现代美学几乎所有重要的大家都倡导把美学研究的成果贯彻到教育中，把思想与理论落实到育人上。积极提倡美育，努力实施美育，强调与重视美育的情感功能，主张用艺术教育来改造国民性，这也是本《文丛》六位大家的共同意向与实践。

在现代中国，王国维最早提出"美育"问题。1903 年他在《论教育之宗旨》一文中，认为健全的教育应是体智德美全面发展的，因此他建议清政府实施美育。但清政府并没有接受他的建议，他的美育思想影响只限于思想界。1912 年 2 月蔡元培任民国临时政府教育总长，在就任时发表了《对于新教育之意见》的演说，阐述他的教育思想和美学见解，并且在中国教育史上第一次把美育确立为国家教育方针之一。从此，美学思想理论通过政府行为贯彻于教育实践，甚至影响全社会。朱光潜也非常重视美育，对美育有深入、系统的研究。他把自己的美学研究成果用优美的语言、通俗的实例写成美育小册子向社会普及，如《谈美》等，产生了广泛的社会影响。

美育的宗旨是情感教育，美育的主要途径与形式是艺术教育，这是中国现代美育的核心观念。蔡元培明确提出美育的目的是"陶养情感"，从而成为中国确立现代美育观念的第一人。梁启超明确提出了"情感教育"的概念，强调学做"现代人"，即知情意全面和谐发展的人。朱光潜强调美育的根本任务是解放人性，使人性自由，是"养性怡情"。对于美育情感品质的肯定，使中国现代美学具有了区别于中国古代美学的新质，也是中国现代美育走向独立的重要前提。

美育与艺术教育这两个概念并不完全相同，但有相互含融之处。美育含义比艺术教育宽泛，它包含艺术教育；同时，除艺术之外，自然山水、现实生活、历史遗迹、文化名胜、城市建筑、乡村田园、各种博物馆展览厅以及人自身等等，也都存在一个审美问题，都是审美教育可利用的资源。但从教育的角度言，这些都没有艺术教育那种丰富充实的社会内容和精致多样的美感形式，作用与效果也没有艺术教育那样强烈。中国古代一直重视艺术教育，但中国古代的艺术教育附丽于道德教育而没有独立地位。这种状况在中国现代美学中也得到了改变。蔡元培明确提出“美育之实施，直以艺术为教育”，给予艺术教育以独立的地位。梁启超是中国现代艺术教育最早的倡导者之一，他提出用文艺改造国民性的思想，影响了一个时代。鲁迅、郭沫若等人弃医从文以文艺救国的志向与行动，就受到了梁启超的影响。尤其是后期梁启超所说的“趣味教育”与“情感教育”实质上就是美育。他提出人类不可能个个都做“美术家”，但应该人人都成为“美术人”。他以趣味人格和情感个性为核心，论述艺术教育的特殊意义和艺术家的重大社会责任，在今天仍具有重要现实意义。在中国现代艺术教育史上，丰子恺也做出了突出的贡献。他独特风格的绘画创作（尤其是漫画）和极高的艺术鉴赏眼光（尤其对音乐），不仅为人生增添了无限的乐趣，也赢得了人们的无比敬佩。丰子恺主张艺术教育是“很重大很广泛的一种人的教育”，强调“事事皆可成艺术而人人皆得为艺术家”。他身兼艺术家与理论家为一身，不仅发表了丰富的艺术教育思想，也是中国现代艺术教育的重要导师和身体力行者。

再次，内在的诗性情怀构成了中国现代美学人生精神的重要方面。

中国现代美学的人生精神不仅发展了关怀现实、重视实践的维度，也发展萌生了艺术—审美超越及其诗性提升的维度。

应该承认，艺术—审美在中国传统文化中占有极其重要的地位。在某种意义上可以说，中国文化的理想，既不是科学实证的，也不是宗教幻想的，而是艺术—审美体验的。中国人的大多数都不信仰宗教，而把艺术—审美当成自己的理想追求，这也培育了中国文化的诗性之纬，在艺术—审美境界中挣脱现实物质的功利的束缚而追求精神的自由和超越。这种超越，既不是世俗功利的，也不是虚无缥缈的，既超现实又不脱离现实。这种诗性精神在中国传统文化中占有极其重要的地位，不仅为文学家所钟情，也历来为政治家、哲学家、教育家所重视。对于中国古代哲人而言，最理想的安顿无疑不在彼岸不在来世，而在富有艺术—审美品格的现实人生中。中国历史上一些失意的士大夫，很少皈依宗教，而是隐居山林田园，痴迷于艺术—审美活动。即使有的人皈依了佛教，也是中国的佛教，追求当下自我人格的自由，与现实的艺术—审美境界相沟通，而与印度佛教寄希望于"轮回来世"和西方基督教寄希望于"彼岸""天堂"不同。由此，具有审美意味的诗性主体的建设成为中国传统文化与哲学的重要命题之一。它在人、自然、社会、宇宙的关系中主张的是和谐而不是对立。这种精神追求，这种发展趋向，在中国学术、教育的奠基时期——先秦时代已经牢固地确定下来。孔子云"从心所欲，不逾矩"。庄子主张"物我两忘"而"道通为一"。禅宗则倡扬"佛是自性作，莫向身外求"。这种种既现实而又艺术化的伦理与心性之学，在中国传统艺术中演化为"静照""妙悟"等把握方式，也成为人生与艺术相融通的诗性渠道。

中国现代美学也传承发扬了这种诗性情怀。现代美学家们融会中西现代思想、理论和方法转化中国古代艺术—审美境界，重构现代的人生理想与精神品格。其突出表现之一就是以出世来入世的"人生艺术化"思想与学说。"人生艺术化"非以艺术来出世、游世或厌世，而是要求以艺术精神来塑造生命提升人格，超越小我达成大化，追求生命过程的非功利性和生命意义的诗意性。"人生艺术化"思想初萌于20世纪20年代前后。最早田汉、宗白华有相近似的表述，但当时缺乏系统深入丰满的阐释，影响不大。20年代初，梁启超提出了"生活的艺术化"口号，并以"趣味主义"精神来诠释，从根本上奠定了"人生艺术化"命题的核心精神。梁启超指出"生活的艺术化"就是"把人类计较利害的观念,变为艺术的、情感的"。他强调,在这种"趣味化艺术化"的境界中,实践主体由情而动,有真性情,有大情怀,将小我之兴味与众生、宇宙之运化相融通,最终超越小我之成败得失而达致生命创化之"春意"。梁启超的"趣味主义"哲学和"生活的艺术化"的思想明确开启了融情感、哲思、意趣为一体的艺术化生活的实践方向。朱光潜是"人生艺术化"理论的积极倡导者之一。30年代,经过他的诠释与积极倡导,"人生的艺术化"成为一个具有相对确定内涵的命题,产生了广泛的影响。朱光潜提出了"出世"与"入世"的关系问题,主张以"出世的精神"做"入世的事业",以"无所为而为"的艺术精神来涵养人生的理想与情趣。30—40年代,宗白华一往情深于艺术和美的体悟与诠释。他将"意境"的范畴纳入人与世界的整体关系格局中,提升到人生观、宇宙观的形上层面予以诠释。在中国审美与艺术史上,宗白华第一次深刻地窥见了艺术意境的生命底蕴与诗性本真。他指出意境的底蕴就在于"天地诗心"和"宇宙诗心",它有直观感相、活跃生命、最高灵境三个层次,也就是从"情"到"气"到"格",从"写实"到"传神"到"妙悟"。飞动的生命和深沉的观照的统一,至动和韵律的和谐,缠绵悱恻和超旷空灵的迹化,成就了最活跃最深沉、最丰沛最空灵的自由生命境界,使每一个具体的生命都可以通向最高的天地诗心,自由诗意地翔舞。由此,宗白华的意境论不仅是对中国艺术精神的深刻发掘,也是对诗意的审美人格和诗性的审美人生的现代标举,它不仅强调了超越与自由的纬度,也强调了至动而有韵律的生命之美。宗白华的思想学说与成就是中国现代美学诗性精神绽放的巅峰之一。

中国现代美学的这种诗性精神既来源于中国传统文化的艺术—审美精神,也来源于西方现代美学的传统,如康德美学的审美无利害性思想与价值论视角,尼采美学的艺术形而上学精神,德国浪漫派美学人生与诗合一的主张等。中国现代美学面对民族的苦难与文化的危局,升华出美与艺术的诗意,主张超越的人生品格与积极的生命精神。这种诗性的光芒在整体上表现为一种情感的深沉、一种生命意义的大气与坚守，从而也构筑了中国现代美学诗性精神的独特品格。梁启超、朱光潜、丰子恺、宗白华等都强调个体生命、群体社会、宇宙大化三者的融合，强调个体生命境界的诗意提升与整体升华。这种精神意向也使得他们对美的理解与阐释常常体现出大气而灵动的特点。如梁启超对中国古典作家的鉴赏就侧重于作家的精神气度与人格魅力，他把杜甫誉为"情圣"，以"All or nothing"为屈原精神的神髓；宗白华对中国传统艺术的赏析则以民族精神、时空意识、生命情调、艺术意境等为中心，着意于体味民族心灵的高旷灵逸。在对现实生存与个体生命的关怀中，这些现代美学家呈现出对人生终极理想与生命至高意义的苦苦思索与追寻，并在现实的艺术—审美的诗性境界中找到了自己的答案。正如宗白华所言："我们任何一种生活都可以过，因为我们可以由自己给予它深沉永久的意义。"（宗白华《歌德之人生启示》）

此外，强烈的文化批判意识是中国现代美学留给我们的重要精神财富之一。

中国现代美学孕生于民族苦难、文化落后、民众麻木的历史背景中，对于那些先驱者与建设者们来说，这不仅是美学思想、意识、学科自身发展的历史，也必然是为时代大潮所激荡的文化更新史、思想更新史。启蒙、反思、批判，这样一些新的理性精神，在中国现代美学的诸多思想家身上，都可真切地感受到。

20 年代，梁启超扛着"诗界革命""小说界革命"等旗帜最早向温柔敦厚、中和内敛的传统审美意识发起冲击，他批评中国的诗教总以"含蓄蕴藉"为文学的正宗，对于中国文学史上"以'多愁多病'为美人模范"的病态审美理念给予了辛辣的嘲讽。情感与个性的解放成为梁启超艺术与审美的两大基本准则，是对中国封建文化长期以来钳制人性压抑生命的批判。写于 1932 年的《谈美》是朱光潜的成名之作。在《开场话》中，朱光潜提出谈美在当时的中国是"太紧迫"了，因为中国人急需"免俗"。谈美就是对那些"俗人"与"伪君子"的批判与警

序论：中国现代美学的精神传统

009

醒。40 年代，宗白华深情地呼唤"中国文化的美丽精神往哪里去"？他说："中国民族很早发现了宇宙旋律及生命节奏的秘密，以和平的音乐的心境爱护现实，美化现实，轻视科学工艺征服自然的权力。这使我们不能解救贫弱的地位，在生存竞争剧烈的时代，受人侵略，受人欺侮，文化的美丽精神也不能长保了，灵魂里粗野了，卑鄙了，怯懦了，我们也现实得不近情理了。我们丧尽了生活里旋律的美（盲动而无秩序）、音乐的境界（人与人之间充满了猜忌、斗争）。一个最尊重乐教、最了解音乐价值的民族没有了音乐。这就是说没有了国魂，没有了构成生命意义、文化意义的高等价值"。（宗白华《中国文化的美丽精神往哪里去？》）艺术、审美被提升到与生命意义、文化意义甚至国魂相等的高度。美学不仅是一种学术的建构，也是一种文化的反思、思想的激扬，这也成为中国美学发展史中一道独特的景观。

当然，中国现代美学作为中国美学现代学科建设的开端，作为中国美学思想理论由古典向现代转换的发动，并非已经达到了完美的程度。其探索与实践的不足与局限，有待发展的方面与空白，不仅给予后人宝贵的启益，也留下了继续发展与完善的广阔空间。

今天，阅读六位大家的文本，不仅是一种吸纳，也必然是一种反思。中国现代美学是在中西古今文化交汇、碰撞的历史潮流中产生、发展的。中国现代美学的成果既是对中国古代美学思想的继承、转化与更新，也是对西方美学思想的吸纳、融会与改造。中国现代美学的开创者和建设者，始终是以中国固有的文化为基础，积极吸收西方文化的异质因素（即新因素），并加以融合会通、创化出新的。因此，中国现代美学既不同于中国古代美学思想而具有了新质即现代性，又不同于西方美学，因为它传承了中国文化的民族特色。以六大家为代表的中国现代美学的开创者和代表人物之所以能做到这一点，是因为他们既有很深的国学根柢，对自己固有的文化不仅是亲情所系，而且对它的长处与短处也有清醒的认识，他们又很开明通达，积极吸收西方文化的新营养，以弥补自己的不足。值得注意的是，六大家游历或求学域外的直接西学背景，不仅没有使他们全盘洋化，恰恰使他们在比较中理性反思中西文明，尤其是较早对以科技为核心的西方近现代文明做出了反思。梁启超、宗白华等都对西方近代文明的物质主义、技术主义、功利主义倾向提出了批判。梁启超指出科学很重要，但科学不是万能的；人需要有安身立命之所在。他批评欧洲"自然派文学"逼真描写"人类丑的方面兽性的方面"，这样的创作缺失了人类价值的光芒。宗白华批评西方近代文明中过分发展的"理智精神"背后站着一个"魔鬼式的人欲"，憔悴于"过分的聪明与过多的目的"，人类"飞翔于自然之上"又"束缚于自己的私欲之中"。他苦苦思索人生的真相与意义，对于席勒追求自由的人文思想，对于魏晋不滞于物的自由人格，对于屈原的深情和歌德的激情，都给予了富有艺术—审美意味的解读。中国现代美学在传承、化合中有反思、有新创，结出了以"境界（意境）""趣味（情趣）""美术人""人生的艺术化"等为代表的丰富成果。而他们在开放中积极批判吸收异质文化、坚守民族立场、试图解决自身问题的方法与立场，在经历了学术与文化领域西方话语曾一度占据压倒性优势的今天，确实给予我们深刻的启示。

另一方面，作为中国美学现代进程中的开端，这些现代美学家们在吸纳西方新思想、新理论、新方法时，有生硬粗糙之处，有简单硬搬之迹，他们的一些思想与学说在今天看来也不尽完善完美，需要我们省思推进。如王国维的《红楼梦评论》虽开中国现代悲剧思想的先河，但其在运用西方思想与悲剧理论时就有泥滞之处。再如早期梁启超认为文学艺术的变革能够直接改变社会状况；30 年代的朱光潜把社会腐浊完全归结为"人心"问题，认为艺术精神在现实改造中具有决定意义。他们的这些看法也都有过分抬高艺术—审美效能的片面化简单化的毛病。

而他们的有些学说，则既有积极的成分，又有消极的因素，在不同的语境下也有不同的意义，具有一定的复杂性，需要我们梳理鉴别、批判继承、传承创新，积极挖掘发挥其在今天的价值。如他们所主张的"人生艺术化"的理想和人生—艺术相统一的审美精神，就当时的社

序论：中国现代美学的精神传统

011

会状况来说就是非常超前的，也是无法直接解决当时迫切的社会问题的，这种思想和学说无疑有着过于强调精神作用与审美救世的倾向。但是，"人生艺术化"的学说在苦难的现实中升华起来的理想的诗意的光芒，作为对于当时国人萎靡人性和委顿生命的批判与启蒙，作为对于现实中世俗物欲和功利主义的批判，作为对于现代社会工具理性和机械理性对人性分裂和束缚的否定，无论在当时还是今天都有它积极而独特的意义。"人生艺术化"是带有"乌托邦"性质的一种艺术理想、审美理想和人生理想。"乌托邦"是精神寄托的一种家园，它是幻想的，但它也是自由的、快乐的、完美的，是可望而不可即的。艺术—审美活动从本质而言，就是满足情感的美好需求，满足意志的自由追求，满足精神生活的快乐需要，也是满足生命与人生的意义寄托。艺术—审美的理想光靠感官是无法完整享受的，它与物质也分属两个世界。艺术—审美的光芒需要情感的体验、心灵的感悟、精神的观照。"乌托邦"与艺术—审美的精神具有某种一致性，它可以给予人精神的慰安、提升和享受。但"人生艺术化"不是让人最终迷失于"乌托邦"之中，而是要以美的艺术为武器，以情感的发动、心灵的高翔来激发生命的热情、人生的情怀，它是要以出世来入世，通过现实与小我的超越，实现个体生命境界和人格情致的提升。它的路径是试图通过人格和心灵的美化来最终影响和改变世界。"人生艺术化"的命题，在今天这个高度重视技术、物质、效益的社会中，在当下以经济与技术为前提的全球化语境中，无疑更有着特殊而重要的人文意义。我们应该扬弃中国现代"人生艺术化"思想中的消极因素，发掘充实它积极的人文意义和审美意义，在改造外部世界和发展塑造主体自我相统一的现实历史进程中，发挥这些优秀文化遗产应对当代新生活挑战的独特价值。

《文丛》遴选的六位大家是学者、思想家、理论家，也是生活于我们整个民族历史中的活生生的人。《文丛》在编选中不仅遴选了他们在直接的意义上论美谈艺的文章，也遴选了他们论析哲学、人生、伦理、教育等而又与论美谈艺具有内在联系的文字，并将其分为上下两编。这样的编选定位与编排风格，力求突出中国现代美学的特点和各位选主的特色。相信这样的编选对于凸现和把握中国现代美学及这些代表性人物的面貌与风范会有助益，同时也一定会有益于各位读者全面深入地理解这些大家的美学观、审美理念、美学与艺术学说。同时，基于《文丛》对"现代"概念的定位，入选各位选主的文章主要为1949年前写作或发表的；但为了便于读者能对选主有一个相对完整的了解，朱光潜、宗白华、丰子恺三卷也各自遴选了少量新中国成立后的重要代表作品。

希望通过这套《文丛》的出版，通过对中国现代美学代表性和标志性人物的文献整理，在梳理中国现代美学的主要精神传统、确立中华美学的精神特征、建构我们自己的民族美学，以及激活提升当代国人的生命实践和精神生活方面会有助益。

中国现代美学非仅此六家。在《文丛》编选的过程中，屡有热心人士建议扩大入选范围。确实，在中国现代美学的历史图谱中，值得整理和研究之人很多。希望我们这个工作作为一个开始，能够有更多的学者、更多的热心人士关心与参与，也希望在将来条件成熟的时候，能有更多的文卷问世，使得中国现代美学的资料图谱能够日臻完善！

导读：梁启超及其美学

金 雅

梁启超（1873—1929），字卓如，一字任甫，号任公，别号沧江，一生用过哀时客、中国少年、中国新民、新民子、饮冰子、饮冰室主人等数十个笔名，以饮冰室主人名于世。"饮冰"二字语出《庄子·人间世》，原文为"今吾朝受命而夕饮冰，我其内热与"。说的是叶公子高接受了出使齐国的使命，因内心极度忧虑焦灼，早上接受命令，到了晚上就要喝冰水。任公取"饮冰"二字，喻含了他对国难当头的忧世之深与事业维艰的责任之切。任公的一生，活动频繁，色彩斑斓；亦官亦学，才华盖世；重情率真，聪敏健捷。其弟启勋曾为其兄撰小传一则，言简意赅。现录主要内容如下：任公"广东新会人。年十六，入学海棠为正科生。十九，入万木草堂。甲午以后，加入国事运动。年廿四，创《时务报》于上海。翌年冬，主讲长沙时务学堂。年廿六，值戊戌政变，走日本。又二年，自檀香山赴唐才常汉口之役，抵沪而事败，避地澳洲，旋适日本。四十岁，始归国，参与民国新政。洪宪及复辟两役，奔走反抗甚力。欧战起，主张加入协约国。年四十六，漫游欧洲。翌年东归，萃精力于讲学著述"。这段文字大致概述了任公短短五十六个春秋由"乡人"到"国人"到"世界人"的丰富经历和主要业绩。任公是一个深刻影响中国近代历史命运与政治轨迹的传奇人物，也是一个与中国思想文化的现代化历程无法割断的精神宗师。他以逾百万饱含浓情、富有思想的自由文字，给 19 世纪与 20 世纪之交的中国思想、文化界和社会、民众以强烈的震撼，其影响时至今日仍可谓绵绵瓜瓞。1928 年秋，任公开始编撰《辛稼轩先生年谱》，稍后罹病，但仍坚持写作。10 月 12 日，编至辛 61 岁。是年，朱熹去世，辛往吊唁，梁录辛作《祭朱晦翁文》四句："所不朽者，垂万世名。孰为公死？凛凛犹生！"此为任公绝笔。丁文江《梁启超年谱长编》载，任公病重时"亲嘱家人以其尸身剖验，务求病原之所在，以供医学界之参考"。1929 年 1 月 19 日，任公病逝协和医院。其已显特色的美学思考戛然而止。

一、生命的自由与审美的人生："知不可而为"与"为而不有"

梁启超在本质上是个乐观主义者。他自己说："我生平对于自己所做的事，总是做得津津有味，而且兴会淋漓；什么悲观咧厌世咧这种字面，我所用的字典里头，可以说完全没有。我所做的事，常常失败——严格的可以说没有一件不失败——然而我总是一面失败一面做。因为我不但在成功里头感觉趣味，就在失败里头也感觉趣味。我每天除了睡觉外，没有一分钟一秒钟不是积极的活动。"(《趣味教育与教育趣味》)为什么能对人生如此乐观而富有趣味？梁启超总结了自己的人生观，那就是坚持了两个主义及其统一。两个主义就是"知不可而为"主义和"为而不有"主义。这两个主义的统一，梁启超称为"无所为而为主义"，也就是"趣味主义"。他宣称"趣味主义"是与"功利主义"相反对的，是"生活的艺术化"与"劳动的艺术化"。

"知不可而为"源出孔子《论语》。"为而不有"源出老子《道德经》。《论语·宪问》的原文为："子路宿于石门。晨门曰：奚自。子路曰：自孔氏。曰：是知其不可而为之者与？""知其不可而为之"是晨门对孔子人格的评价。《道德经》第 51 章的原文则为"生而不有，为而不恃，长而不宰，是谓玄德"，这段文字是对大道之德的描绘。梁启超借古人语，希望把这种人格的神韵与道德的风采相贯通，并真正贯彻在生命实践之中。通过讨论"知不可而为"与"为而不有"这两种主义的统一，梁启超提出了生命的为与有、成功与失败、责任与兴味的关系问题。梁启超是生命的实践家、永动家。他认为"为"是人的本质存在，生命的基本意义就是"动"，就是"做事"，就是"创造"，也就是"为"。"要想不做事，除非不做人"，但在生命的具体进程中，并不是每个人都能充分践履生命之"为"，也不是每个人都能充分享受生命之"为"的。

在梁启超看来，"知不可而为"即"破妄"。梁启超认为，"破妄"是"为"的第一个前提，即破除成败之执。他说，"天下事无绝对的'可'与'不可'，即无绝对的成功与失败。"（《"知不可而为"主义与"为而不有"主义》）成功与失败是相对的名词。"一般人所说的成功不见得便是成功，一般人所说的失败不见得便是失败。天下事有许多从此一方面看说是成功，从别一方面看也可说是失败。从目前看可说是成功，从将来看也可说是失败。"（《"知不可而为"主义与"为而不有"主义》）这一观点强调了对事物认识的多面性，应该说是有一定的辩证意识的。由此出发，梁启超还进一步从大宇宙观出发，认为"宇宙间的事绝对没有成功，只有失败"。因为"成功这个名词，是表示圆满的观念。失败这个名词，是表示缺陷的观念。圆满就是宇宙进化的终点。到了进化终点，进化便休止"。（《"知不可而为"主义与"为而不有"主义》）因此，无论就宇宙整体运化来说，还是就宇宙"小断片"的人生来说，都始终在进行的过程中。若执著于成败，那么势必"成功的便去做"，"失败的便躲避"，以至"十件事至少有八件因为怕失败，不去做了"；或者"不能不勉强去做"，则时时有"无限的忧疑，无限的惊恐，终日生活在摇荡的苦恼里"。梁启超以为，对于整个人类来说，只不过在无穷无尽的宇宙运化长途中，发脚蹒跚而行，这就是人类历史的现实。因此，个人所"为"，相对于众生所成，相对于宇宙运化，总是不圆满的。在这个意义上，梁启超说："无论就学问上讲就事实上讲总一句话说，只有失败的，没有成功的。"（《"知不可而为"主义与"为而不有"主义》）这就是破成功之妄。破成功之妄并非要人消极失望，丧失做事的勇气。恰恰相反，梁启超把破成功之妄视为"为"的第一个前提，即"知不可而为"。这个"知不可而为"大有置之死地而后生的意思，是因为超越了个体的成败之执，而在更为宏阔的众生视阈、宇宙视阈上来认识事理。"许多的'不可'加起来却是一个'可'，许多的'失败'加起来却是一个'大成功'。"（《"知不可而为"主义与"为而不有"主义》）当个体与众生与宇宙"进合"为一时，他的"为"就融进了众生、宇宙的整体运化中，从而使个体之"为"成为众生、成为宇宙运化的富有意义的阶梯。"知不可而为"者超越了"为"的成败之执，由此也可能使自身之"为"成就为"有味的"生命活动。

"为而不有"即"去妄"。梁启超把"去妄"视为"为"的另一个必要前提，也就是去得失之计。得失之计即利害的计较，也就是"为"与"有"的关系。梁启超说："常人每做一事，必要报酬，常把劳动当作利益的交换品，这种交换品只准自己独有，不许他人同有，这就叫做'为而有'。"（《"知不可而为"主义与"为而不有"主义》）"为而有"就是主体的实践性占有冲动。若只有"有"，才去"为"。那么，他在"为"前必然要问"为什么？"若问"为什么？"那么"什么事都不能做了"。因为许多"为"是不需也不能问"为什么"的。"为"虽有"为一身""为一家""为一国"之别，但以梁启超的观点，若将这一切上升到宇宙运化的整体上，则都只能是"知不可而为"。因此，"为"与"有"的关系，既是主体的一种道德修养，即主体如何对待个人得失的问题；同时，也是主体的一种人生态度，即主体如何从本质上直面成败之执与利害之计，调谐自身的占有冲动与创造冲动的问题。梁启超反对的是"为而有"的人生态度。他说："为而有"不是劳动的真目的。人生的纯粹境界就是"无所为而为"，是"为劳动而劳动，为生活而生活"。这样，才"可以说是劳动的艺术化生活的艺术化"（《"知不可而为"主义与"为而不有"主义》）；才是"有味"的生活；才值得生活。因此，梁启超所讨论的问题的焦点不是"为"的"有用"与"无用"的问题，即不是"为"的目的性问题；而是"为"的"有"与"不有"的问题，即"为"的根本姿态与基本原则问题。两者的区别在于，前一个是问"为什么？"后一个是问"如何为？"当然，"如何为"是不可能脱离"为什么"的。但"如何为"最终不以"用"与"非用"作为终极界定，而是追问如何超越"用"与"不用"的关系而进入"有"与"不有"的境界。值得注意的是，梁启超的"不有"并非绝对的不有，而是强调对有限之"有"即小我之有的超越而达成无限之"有"即大有，从而实现人生"做事的自由的解放"。

梁启超对"知不可而为"主义与"为而不有"主义的阐发最终落实在实践性情感性的人格境界上，倡导超越小我之有，纵情众生运化与宇宙大化，由此获得生命的自由与解放。在梁启超看来，这种由"知不可而为"与"为而不有"的统一所实现的"无所为而为主义"或曰"趣味主义"是"和近世欧美通行的功利主义根本反对的"。功利主义是讲用的，是讲效果的。梁启超实际上也不是不讲用，而是讲大用，是讲要超越小有而达成大用。所以，梁启超始终是个入世主义者。不管他怎样讲"无所为而为"或"趣味"，他仍然是一个对生命、对生活、对人生充满热情与执著的践履者。同时，梁启超又始终是个理想主义者。不管他如何注重人生的责任，他又始终向往与追寻情感的解放与生命的自由。所以，梁启超的"无所为而为"主义或曰"趣味主义"，乃是一种责任与趣味的统一，感性与理性的统一，个体与众生、宇宙的统一，他所崇尚的是情感、生命、责任、创造的和谐。这种趣味主义准确地说不是追求个体的无为，而是追求生命的激扬与超越，崇尚在个体生命实践中实现大化化我的自由境界。

梁启超把趣味主义的生活视为人类合理的生活与理想的生活，认为个体生命实践只有秉持趣味精神才可能超越与对象的直接功利对置，实现感性创化与理性追求的统一，实现个体、众生与宇宙的迸合，从而成就一种饱含"春意"的自由人生胜（美）境。

在梁启超，人生实践与审美追求是可以统一的，入世的责任与超越的自由也是可以融通的。因此，美与艺术不是为了解脱人生的痛苦，它本身就是生命存在的方式，就是为了实现生命本身的意义。梁启超说："'美'是人类生活一要素——或者还是各种要素中之最要者，倘若在生活全内容中把'美'的成分抽出，恐怕便活得不自在甚至活不成！"（《美术与生活》）美与自由的终极归宿对梁启超来说，不在彼岸，即在自身及其生命活动中。

梁启超的美学是融审美、艺术、人生为一体的大美学，是融趣味、生命、审美为一体的人生论美学。梁启超以哲学人生观为根基，把美学精神、艺术精神、人生精神的阐发内在地联系在一起。他直接论美的文字不多，他的美学思想也很少系统集中于一文一著中，而是散见于各类演讲、书信、序跋、诗话等各色文本中，并且常常是与哲学、艺术、伦理、教育、文化、生活乃至宗教、地理等各类问题交缠在一起。严格来说，梁启超的美学思想并不具备通常意义上的逻辑完善性与理论明晰性。他也并未有意识地按现代美学学科的规范展开系统全面的静态理论建构。梁启超是在谈人生、谈生活、谈艺术、谈文化、谈教育，乃至谈宗教、谈地理之中，挥洒自如地表达对理想（美的）人生、理想（美的）艺术、理想（美的）人格的理解与设计，同时也生动地诠释了他对"美""美感""审美本能""情感""作者个性""写实派""理想派"等审美与艺术范畴的见解，创造性地建构了"趣味""移人""熏""浸""刺""提"等审美与艺术范畴。而这正是梁启超美学的特殊性与特征所在。

梁启超一生涉足的领域众多，从事的实践多彩。但最终，其所苦苦思索与孜孜追求的理想人格与理想人生，唯有其自己所界定的趣味主义才能予以最恰当的诠释与展现。也唯如此，随着时间的推移，越至晚年，美与审美在梁启超整个思想体系中的地位亦愈益突出。

只有洞透梁启超这个独特的生命永动者，才能真切体味他的趣味主义人生哲学与审美精神。

二、从移人到趣味：美的功能与意义

梁启超是一个独特的人，也是一个活生生的丰富、变化、复杂的人。他的美学思想活动主要为1896—1928年间。其间以1918年欧游为界，可分为1896—1917年的萌芽期与1918—1928年的成型期两个阶段。

1896—1917年为梁启超美学思想的萌芽期。这一阶段主要以"移人"和"力"两个范畴为中心，以文学论文、诗话、序论等为主要载体，突出了艺术审美的功能问题。1896年，梁启超发表了《变法通议》。在其中的《论幼学》中，他专门谈到了"说部书"，即小说。他指出小说运用俚语写作，故读者面广，因而对社会风气具有重要影响。尽管《论幼学》对小说艺术特质的认识肤浅且片面化，但却明确地把小说作为关注与研究的一个对象，提出应利用小说的形式，规范小说的内容，使其对社会风气产生正面的影响。这是梁启超文学思想与美学思想的最初起点。稍后，梁启超又发表了《蒙学报演义报合叙》（1897）、《译印政治小说序》（1898）等文，进一步强调了文学与民众素养及社会变革的关系。

1902年，梁启超发表了著名的《论小说与群治之关系》，从文学角度切入讨论了艺术的特质与审美的功能问题，形成了前期文学与美学思想发展的一个高峰。戊戌变法的失利，使作为政治家的梁启超思想重心发生位移，他对救国道路的寻找由政治革命与制度变革转向文化启蒙和新民塑造。《新民说》全面阐述了"以新学说变其思想"的启蒙主张。在此思想指导下，文学及其变革引起了梁启超极大的关注。在《论小说与群治之关系》一文中，梁启超提出小说对道德、宗教、政治、风俗、学艺乃至人心、人格的改造具有重要的意义，他甚至提出"欲改良群治，必自小说界革命始；欲新民，必自新小说始"。尽管这篇论文在对小说的艺术本性和审美功能的认识上存在着很大的偏颇，尤其是扭曲了艺术的社会功能与审美功能的关系。但梁启超从"力"的命题出发，概括并阐述了小说所具有的"熏""浸""刺""提"四种艺术感染力，

"渐"化和"骤"觉两种基本艺术感染形式,"自外而灌之使入"和"自内而脱之使出"两大艺术作用机理,从而得出了小说"有不可思议之力支配人道",并能达成"移人"之境的基本结论。这一阐释从小说艺术特征和读者审美心理的角度来探讨小说发挥功能的独特方法与途径,不仅颇见梁启超的艺术功力,也呈现出较为丰富的美学内蕴。在这篇文章中,梁启超还对小说的艺术特性和人的本性之间的关系做了探讨,指出小说具有既能摹"现境界"之景,又能极"他境界"之状和"寓谲谏于诙谐,发忠爱于馨艳"的艺术表现特性,强调这两种特性可以满足人性的基本需求,从而"因人之情而利导之"。因此尽管《论小说与群治之关系》中的小说美学阐释是以社会功能为终极归宿的,其本身存在着致命的弱点,但正是这篇文章,首次在中国文学与美学理论史上以现代理论思维模式概括了小说的审美特性,并通过明确宣称"小说为文学之最上乘"而从根本上改变了中国传统文化关于小说"小道""稗史"的价值定位,从理论上将小说由文学的边缘导向了中心。这篇论文使梁启超成为中国小说思想由古典向现代转换的关键人物之一。

这一阶段,梁启超涉及美学问题的相关重要论文还有《惟心》(1899)、《饮冰室诗话》(1902—1907)、《夏威夷游记》(1903)、《告小说家》(1915)等。《惟心》是梁启超早期美学思想中值得引起关注的另一篇重要论文。《惟心》从哲学与心理层面切入讨论了美的本质及其与美感的关系问题,是梁启超美学观的又一重要表述。梁启超说:"境者心造也。一切物境皆虚幻,惟心所造之境为真实。"梁启超把境视为心即人的主观精神的创造物,提出了境之实质以及物境与心境的关系问题。由此出发,他认为一切物境皆著心之主体色彩。因此,就"境"之实质言,没有纯客观之物境的存在,而只有渗透了主体色彩的心境。这种认识就其哲学立场来说具有主观唯心主义倾向,但体现在审美观上,则主要表现为对主体心理要素及其美感在审美中的地位的高度重视。《惟心》对于理解梁启超后期美学思想中"趣味"和"情感"的范畴具有重要的意义。

这一阶段，梁启超以积极倡导"诗界革命""小说界革命""文界革命"为核心的文学革命运动而著称。"三界革命"充分表达了除旧布新的文学理念和通过文学变革来传播西方新思想的启蒙意愿，其所传达的新的文体审美理想与文学审美意识的萌芽，在客观上构筑了20世纪中国文学观念与艺术审美理念更新的重要阶梯。

梁启超前期美学思想已呈现出审美、艺术、人生相联系的既求是致用又浪漫玄越的美学之思的某些基本特征，同时也明显地显现出其思想的相当复杂性。

1918—1928年是梁启超美学思想的成型期。主要写于1919年的《欧游心影录》是梁启超第二阶段的开篇之作。1918年底，梁启超启程赴欧考察。一战后欧洲的现实，使梁启超对西方近代文明的物质主义和科学主义有了新的认识，并对中华文化传统有了新的认识与反思。梁启超一生主张文化开放。他早年提出文化"结婚"论，要求中华文化迎娶西方"美人"（优秀文化）为自己孕育"宁馨儿"。在《欧洲心影录》中，梁启超进一步提出各种文化"化合"与创造人类新文化的理想，指出中华文化不仅有建设自身的责任，还要融入人类文明的大系统中，对世界文化与人类全体有所贡献。在文中，梁启超对"科学万能"思想与"自然派"文学提出了尖锐的批评。他指出，光靠科学技术不能解决人类生存的根本问题，即人的安心立命的问题、人的生存的价值意义的问题。自然派文学"把人类丑的方面兽性的方面和盘托出，写得个淋漓尽致"，但这样的人没有自由意志，纯受肉感冲动和环境的支配，和动物并无不同。梁启超提出文学要表现人的价值理想的问题，提出人具有自由意志的问题。由此可见，梁启超对人、艺术的关注由前期较显在的社会性、功能性层面伸向了更内在的价值性、人性的层面，他对美的领悟和思考也由此更趋深入。

这一阶段，与美学相关的重要著述有《"知不可而为"主义与"为而不有"主义》（1921）、《中国韵文里头所表现的情感》（1922）、《情圣杜甫》（1922）、《屈原研究》（1922）、《什么是文化》（1922）、《美术与科学》（1922）、《美术与生活》（1922）、《趣味教育与教育趣味》（1922）、《学问之趣味》（1922）、《为学与做人》（1922）、《敬业与乐业》（1922）、《人生观与科学》（1923）、《陶渊明》（1923）、《中国之美及其历史》（1924）、《书法指导》（1927）、《知命与努力》（1927）等。这批论著从涉及问题看，大致可分为两类。

一类是从哲学与人生层面上来谈人生观与价值观问题，其中涉及对美的本质的体认与感悟。这部分论著包括《"知不可而为"主义与"为而不有"主义》《什么是文化》《美术与科学》《美术与生活》《趣味教育与教育趣味》《学问之趣味》《为学与做人》《敬业与乐业》《人生观与科学》《知命与努力》等名篇。在这部分论著中，梁启超主要突出了"趣味"的命题。他从不同的侧面阐述了趣味的本质、特征、实践途径及其在人生中的意蕴，构筑了一个趣味主义的人生理想与美学思想。

"趣味"是梁启超美学思想的核心范畴，具有本体论与价值论的双重意蕴，是其美学思想的根本标识。在梁启超这里，"趣味"既是一个审美的范畴，又不是一个纯审美的范畴。它不是单纯的艺术品味，也不是单纯的审美判断。在本质上，梁启超的"趣味"是一种广义的生命意趣。梁启超将趣味视为生命的本质和生活的意义，趣味也是梁启超对美的本体体认。在梁启超，趣味就是一种特定的生命精神和据以实现的具体生命状态（境界）。梁启超强调了趣味的三个内在要素——情感的激发、生命的活力、创造的自由以及趣味实现的一个基本前提——内发情感和外受环境的交媾。趣味是由情感、生命、创造所熔铸的独特而富有魅力的主客会通的特定生命状态。在趣味之境中，感性个体的自由创化与众生、宇宙之整体运化融为一体。主体因为与客体的完美契合而使个体生命（情感与创造）获得了最佳状态的释放，从而进入充满意趣的精神自由之境，体味酣畅淋漓之生命"春意"。

趣味的命题，在梁启超，不只是为了探讨审美的问题，也是为了探讨生命与人生本身。因此，在实践中如何激发并实现趣味，是梁启超趣味问题的归宿。梁启超也具体地讨论了人如何在劳作、学问、艺术等活动中建构趣味的生活，如何在面对自然、社会交往和精神生活中享受和体味趣味，以及如何进行趣味教育把趣味引向纯粹高尚的问题。同时，梁启超强调，实现趣味的前提是必须践履"趣味主义"的原则，建构趣味主义的人格精神。"趣味主义"在梁启超的文本中，有几种不同的表述。一是"知不可而为"主义与"为而不有"主义的统一；一是"无所为而为"主义；一是"责任心"与"兴味"的调和。这些表述，形异而实同，其中讨论的核心问题，就是"为"与"不有"的关系问题。不有之为是梁启超趣味主义的实质。

梁启超所阐释的趣味命题，非专门针对审美的问题。但它内在地契合了审美的精神与意味。趣味精神是一种人生态度，也是一种审美态度；趣味境界是一种人生状态，也是一种审美状态。趣味的范畴集中体现了梁启超对美的哲理思索与价值探寻，也体现了梁启超对于人生的理想构想。这一部分论著是梁启超的哲学美学和人生美学。

另一类是从文学与艺术层面来谈具体作家作品，谈创作与鉴赏，其中涉及对美、美感、审美及艺术问题的具体认识与见解，尤其突出地研讨了"情感"问题及其与美、审美、艺术的关系。这部分论著主要有《中国韵文里头所表现的情感》《中国之美文及其历史》《屈原研究》《陶渊明》《情圣杜甫》等名篇。"情感"是梁启超美学思想的重要范畴之一。梁启超提出："天下最神圣的莫过于情感，情感是人类一切动作的原动力。"（《中国韵文里头所表现的情感》）但他不把情感视为纯粹感性的东西，而是强调情感的"本能"与"超本能"、"现在"与"超现在"的统一。同时，梁启超把对情感的考察与生命特质的考察联系起来，赋予了情感以极为丰富的内涵。他对情感的本质、情感真实与艺术本质的关系、艺术中情感的不同表现特征与方式、情感功能与情感教育等问题都有涉及，且屡有精见。在《中国韵文里头所表现的情感》一文中，梁启超对中国传统诗词情感表现的特点与方法进行了系统整理，这在中国文论史上迄今都非常突出。《屈原研究》《陶渊明》《情圣杜甫》则是中国文论史上较早的作家专论，它们综合运用了社会学、心理学、美学等视角从情感、个性两大问题切入对三位古典诗人进行了深入生动的整体性解读，提炼出了情感真实与个性鲜明两大艺术审美原则，使传统的以词章品鉴为主的中国诗论出现了新风貌。这部分论著不仅在研究视角、理论意识、理论形态上均有明显区别于中国传统文论的显著特征，而且它们都有一个共同的中心主题，就是围绕艺术中"情感"问题展开研究与探讨。这部分论著是梁启超的艺术美学。

梁启超后期美学思想以"趣味"这个核心范畴为纽结，将趣味的人生哲学层面与情感艺术实践层面相联系，一方面延续并丰富了前期审美、艺术、人生三位一体的思想走向，同时也实现了对前期以美的功能为中心的美学观念的丰富、发展与升华。梁启超后期美学思想是其整个美学思想的高峰。

从总体言，梁启超前期美学思想更关注于以艺术（美）之"力"去"移人"，后期美学思想则更强调"趣味"的主体生命建构。两者的区别在于，前者更关注美的社会功能，后者更关注美的内在意义；两者的共同点在于，以美提升人生、塑造人格，这种入世的审美情怀与审美精神则一以贯之，不曾改变。

美不是不食人间烟火的。在严峻的时代、痛苦的现实、萎靡的人性面前，谈美恰恰是为了更好地激活生命、提升生命、体味生命，是为了更好地创造并追求生命的美境——趣味的自由至境。这就是梁启超美学的出发点与归宿。

乐生与爱美的统一，趣味与自由的相谐，构筑了梁启超美学的基本精神特征。西方哲学、美学中康德、柏格森等人的情感立场、生命理念等，中国古典哲学、文化中儒家的乐生精神、道家的自由理想等，以及佛家的禅趣、西方的"移情"等，都被梁启超拿来主义，兼收并蓄，为我所用。而后期的梁启超，也由"移人"到"趣味"，逐渐从美的功能视阈趋向了审美的本体意蕴。

三、情感与个性：艺术审美的两大标准

20世纪20年代，梁启超发表了《中国韵文里头所表现的情感》（1922）、《屈原研究》（1922）、《情圣杜甫》（1922）、《陶渊明》（1923）等文，明确标举了艺术审美的情感与个性两大标准。

梁启超把情感视为艺术的本质特征与最高标准。1922年，在《情圣杜甫》中，梁启超明确提出了"艺术是情感的表现"的重要命题。他说：情感是"人类一切动作的原动力"。而"艺术的权威，是把那霎那时间便过去的情感，捉住他令他随时可以再现。是把艺术家自己'个性'的情感，打进别人们的'情阈'里头，在若干期间内占领了'他心'的位置"。他强调，文学家就是"情感的化身"；"音乐美术文学等艺术形式的价值，就在于把'情感秘密'的钥匙都掌住了"。（《中国韵文里头所表现的情感》）

实感是"文学主要的生命"，这是梁启超的基本主张。他强调，作家首先要有真切的生命体验，去捕捉那"一刹间的实感"，使艺术、情感、生命相贯通。梁启超指出实感来源于生活，因此捕捉实感，首先是要以"纯客观的态度"，观察"自然之真"；"真事愈写得详，真情愈发得透"。其次，梁启超认为艺术家还要以"热心""热肠"来体认生活，能"在同中观察异，从寻常人不会注意的地方，找出各人情感的特色"。其三，梁启超认为文学的情感美还在于能"从想象力中活跳出实感来"，这"才算极文学之能事"。

梁启超非常崇拜屈原，认为屈原就是一位将情感之真实、热烈与想象之活跃密切联系的真诗人。他指出，屈原具有"极热烈的情感"，又能把自己的情感"提往'超现实'的方向"，将绚烂的想象与热烈的感情相结合，从而凸显了一个极富魅力与个性的抒情主人公形象。他认为，屈原的作品描写的都是幻构的境界，表现的都是主体的真我，象征的都是现实的社会。实感激发了想象，想象发露了实感，实感与想象的完美结合营造了屈原作品独特的艺术美。后人没有屈原那种发自肺腑的

真实自然的"剧烈的矛盾性",只"从形式上模仿蹈袭,往往讨厌"。这类作品不能将生命、真情与想象相结合,不能创造出"醇化的美感",而只能"走入奇诡一路"。梁启超认为《楚辞》与屈原是中国浪漫主义文学的开山之作与杰出代表,屈原是中国韵文史上最具想象力的诗人。

与浪漫派相对举,梁启超还探讨了艺术中写实派的特点。他认为这派的做法,是"作者把自己的情感收起,纯用客观态度描写别人情感"。写实家以"冷眼""忠实观察""社会的偏枯缺憾",注重写"人事的实况"与"环境的实况",但他的"冷眼"底下藏着"热肠"。梁启超最为推崇的写实派文学家是杜甫。中国文学史上杜甫历来被称为"诗圣",梁启超却独具只眼将杜甫誉为"情圣"。因为杜甫把"下层社会的痛苦看得真切",并"当作自己的痛苦","别人传不出"的"情绪","他都传出"。在《情圣杜甫》中,梁启超总结了杜甫诗歌的六种表情法,认为"中国文学界写情圣手,没有人比得上他"。情感真实是艺术之美的基础,但梁启超没有停留于此。梁启超指出,实感来源于生活,但生活与情感又有各自的特性与规律。他说:"情感是不受进化法则支配的,不能说现代人的情感一定比古人优美,所以不能说现代人的艺术一定比古人进步。"(《陶渊明》)梁启超对情感及其艺术特性的这一认识颇有见地,可惜他未详加展开。梁启超又说:"情感的本质不能说他都是善的,都是美的。他也有很恶的方面,也有很丑的方面。他是盲目的,到处乱碰乱迸,好起来好得可爱,坏起来坏得可怕。"(《中国韵文里头所表现的情感》)因此,艺术家本身必须注重情感的"陶养",要"认清楚自己的地位","该知道:最要紧的工夫,是要修养自己的情感,极力往高洁纯挚的方面,向上提挈,向里体验,自己腔子里那一团优美的情感养足了,再用美妙的技术把他表现出来,这才不辱没了艺术的价值"。在这里,梁启超对艺术情感表现提出了鉴别提炼的任务,即原生态的生活情感不一定都适宜于艺术表达,而应该既体验把握表现"真"情感,又要着力提升表现"好"的情感与"美"的情感。梁启超指出,艺术是"情感教育的最大利器"。

在《中国韵文里头所表现的情感》中，梁启超对古典诗歌的表情方法做了总结，提出"奔迸的表情法""回荡的表情法""含蓄蕴藉的表情法""写实派的表情法""浪漫派的表情法"等五种主要表情方法，并结合具体作品，做了生动精到的分析。梁启超对艺术特别古典诗歌的表情法进行如此系统深入的总结，在中国诗学与美学思想史上前无古人。

1923 年，在《陶渊明》中，梁启超则明确提出了作家精神个性的问题。他说："批评文艺有两个着眼点，一是时代心理，二是作者个性。"他认为光有体现共性的"时代背景或时代思潮"，不能构成文学的特质。在具体的文学审美实践中，梁启超更为关注的是作家的个性与独创性。他指出，一个真正的作家，必须在他的作品中体现出独特的精神个性。

从这个标准出发，1922 年，他在东南大学做的演讲《屈原研究》中提出："中国文学的老祖宗，必推屈原。从前并不是没有文学，但没有文学的专家。"因为，"如《三百篇》及其它古籍所传诗歌之类，好的固不少，但大半不得作者主名，而且篇幅也很短。我们读这类作品，顶多不过可以看出时代背景或时代思潮的一部分"。梁启超认为研究文学，"头一位就要研究屈原"。梁启超把屈原的个性总结为"All or nothing"。"All or nothing"是易卜生的名言，它的含义就是：要整个，不然宁可什么也没有。梁启超说："中国人爱讲调和，屈原不然，他只有极端。'我决定要打胜他们，打不胜我就死。'这是屈原人格的立脚点。"屈原的一生都在"极诚专虑的爱恋"着"那时候的社会"，但"众芳之污秽"的社会却"不理会他"。按照屈原的个性，"异道相安"是绝对不可能的。因此，屈原的一生就是"和恶社会奋斗"。"他对于他的恋人，又爱又憎，又憎又爱"，却始终不肯放手。他悬着"极高寒的理想，投入极热烈的感情"，最终只能"拿自己生命去殉'单相思'的爱情"。梁启超认为，屈原"最后觉悟到他可以死而且不能不死"，因为他和恶社会这场血战，已经到了矢尽援绝的地步，而他又不肯"稍微迁就社会一下"，他断然拒斥"迁就主义"。因此，屈原末后只有"这汨罗一跳，把他的作品添出几倍权威，成就万劫不磨的生命"。研究屈原，应该拿他的自杀做出发点"，这就是梁启超得出的独到结论。

在《陶渊明》中，梁启超再一次重申了自己的这一批评原则。他指出："古代作家能够在作品中把他的个性活现出来的，屈原以后，我便数陶渊明。"他把陶渊明的个性特征总结为"冲远高洁"，并对其具体特点做了解读。他指出，陶渊明"冲远高洁"的个性表现为三个互为联系的侧面。第一，陶渊明是一位"极热烈极有豪气的人"。第二，陶渊明是一位"缠绵悱恻最多情"的人。第三，陶渊明是一位"极严正——道德责任心极重的人"。梁启超明确指出：陶渊明"虽生长在玄学、佛学氛围中，他一生得力和用力处，却都在儒学"。魏晋是一个以谈玄论佛为时尚的时代，"当时那些谈玄人物，满嘴里清净无为，满腔里声色货利。渊明对于这班人，最是痛心疾首，叫他们做'狂弛子'，是'借旷达出锋头'。"梁启超认为陶渊明"一生品格的立脚点，大略接近于孟子所说'有所不为''不屑不洁'的狷者。到后来操养纯熟，便从这里头发现人生真趣味来。若把他当作何晏、王衍那一派放达名士看待，又大错了"。这样的分析，抓住了魏晋时代的社会特征以及陶渊明性格的特质与思想的特点，是相当精到的。同时，梁启超指出陶渊明的个性的特质是冲远高洁，但这不等于他天生就能免俗。因为生活所迫，陶渊明也"曾转念头想做官混饭吃"，"他精神上很经过一番交战，结果觉得做官混饭吃的苦痛，比捱饿的苦痛还厉害，他才决然弃彼取此"。梁启超最推崇陶渊明的《归去来兮辞序》，认为"这篇小文，虽极简单极平淡，却是渊明全人格最忠实的表现"，"古今名士，多半眼巴巴盯着富贵利禄，却扭扭捏捏说不愿意干。《论语》说的'舍曰欲之，而必为之辞'。这种丑态最为可厌。再者，丢了官不做，也不算什么稀奇的事，被那些名士自己标榜起来，说如何如何的清高，实在适形其鄙。二千年来文学的价值，被这类人的鬼话糟蹋尽了"。梁启超盛赞陶渊明这篇文的妙处，就在于"把他求官、弃官的事实始末和动机赤裸裸照写出来，一毫掩饰也没有"，"后人硬要说他什么'忠爱'，什么'见几'，什么'有托而逃'，却把妙文变成'司空城旦书'了"。梁启超最欣赏的就是陶渊明的性情之真，他说陶渊明是"一位最真的人"。因为真，他"对于不愿意见的人，不愿意做的事"，决"不肯丝毫迁就"。

因此，在梁启超看来，从本质上说，陶渊明的"冲远高洁"与屈原的"All or nothing"一样，都是一种独立不迁的品格，但"屈原的骨鲠显在外面，他却藏在里头"。这样的解读，真是鞭辟入里。

梁启超指出，有个性的文学家，其作品必须具备两个基本特质：第一，是"不共"。"不共"就是"作品完全脱离模仿的套调，不是能和别人共有"。第二，是"真"。"真"就是作品"绝无一点娇揉雕饰，把作者的实感，赤裸裸地全盘表现"（《陶渊明》）。对于艺术家而言，"真"是内质，"不共"是表现；对于艺术实践活动而言，"不共"是基石，"真"是桥梁。在《屈原研究》中，梁启超指出："特别的自然界和特别的精神作用相击发，自然会产生特别的文学了。"当然，梁启超所说的"自然界"是指包含自然与社会在内的整个外部世界。"特别的自然界"就是文学主体对表现对象之真的个性化把握。"特别的精神作用"就是文学主体自身的精神个体性。"不共"与"真"的统一，在艺术实践中，也就是"特别的自然界和特别的精神作用"之击发，其结果是要成就有个性的美之文学。

四、崇高与活力：审美理念的新开拓

中华美学意识从古典和谐型向近代崇高型的发展演化，是在 19 世纪末 20 世纪初西学东渐的文化背景和殖民扩张的社会背景下真正拉开的。作为民族命运的代言人与时代文化的开拓者之一，梁启超的崇高美理念并不是在纯学理的研讨中完成的，而是以艺术审美为中心，在对自然、人、社会、艺术的具体审美实践中展开与建构起来的。这种崇高美理念是对传统民族审美心理的某种历史性超越，也成为中华艺术精神与艺术风格现代开新的一种重要先导。

1902 年，梁启超发表了《论小说与群治之关系》一文。此文不以崇高为中心论题，也没有对崇高作出理论界定，但其实质已触及了艺术中崇高审美的问题。作者认为小说有不可思议之力支配人道，因此欲新民必先新小说。而新民的目的不可能依靠和谐型的小说来实现，而必须使读者震撼，给读者刺激。文中说："小说之以赏心乐事为目的者固多，然此等顾不甚为世所重；其最受欢迎者，则必其可惊可愕可悲可感，读之而生出无量噩梦，抹出无量眼泪也。"其所肯定的是与赏心乐事相对立的和读者的"噩梦"与"眼泪"交织在一起的"可惊可愕可悲可感"之作。文中还谈道："刺也者，能入于一刹那顷，忽起异感而不能自制者也。我本蔼然和也，乃读林冲雪天三限，武松飞云浦一厄，何以忽然发指？我本愉然乐也，乃读晴雯出大观园，黛玉死潇湘馆，何以忽然泪流？"审美情感的激发正来自于冲突与毁灭。在这些文字中，实际上已隐含了这样的审美理念：（一）悲之美具有重要的审美价值；（二）悲之美通过情感的异质转化可以获得审美愉悦。《论小说与群治之关系》是"小说界革命"的宣言书。在其前后，梁启超也发出了"诗界革命"与"文界革命"的呼声。"三界革命"主要论及了小说、诗歌、散文三种文体的变革，强调了新意境与新理想的表现，不仅要求文学冲破旧形式主义的束缚，更要求文学思易人心，激扬民潮，提出了文学风格变革的整体性革命要求。梁启超自己的散文则被守旧之辈诋为"野孤"，体现出与传统温柔敦厚之风的截然差别。在"三界革命"的理论与实践中，梁启超推出了以弘扬觉世之文、欣赏崇高美感为核心的新的文体审美观，其关于艺术崇高审美的精神意向已初步形成。

1902—1907 年，梁启超著有《诗话》多则，通过对具体诗家具体作品的赏鉴论析，集中体现了对新的诗歌精神与诗歌风格的弘扬。梁启超提出，诗家的理想精神是品鉴诗歌的基本尺度。在对中西诗歌进行比较后，他指出中国古诗在文藻篇幅上，"可颉颃西域"；但在精神气度上，却缺乏"精深盘郁，雄伟博丽"之气。他首推的近世新诗人是黄公度。黄诗那种"大风西北来，摇天海波黑"的壮阔景象，"秦肥越瘠同一乡，并作长城长"的壮美意象,"我闻三昧火,烧身光熊熊"的悲壮意象,"探穴先探虎穴先,何物是艰险"的无畏意象,"堂堂堂堂好男子,最好沙场死"的英雄意象,为梁启超所激赏。梁启超还把谭浏阳誉为"我中国二十世纪开幕第一人"。谭诗"金裘喷血和天斗,云竹闻歌匝地哀"的激越,"我自横刀向天笑,去留肝胆两昆仑"的凛然,都与梁启超所推崇的男儿气概相合。梁启超强调"诗人之诗,不徒以技名"。以诗歌精神风格与文字技巧两相比较,梁启超毫不犹豫地选择了前者。而以诗歌精神风格论之,梁启超倒也并不是个褊狭之人。《诗话》中亦录"云涛天半飞,月乃出石罅"的飘飘出尘之想,"珠影量愁分碧月,镜波掠眼接银河"的幽怨蕴藉之作。梁启超认为这些诗亦是佳作,他本人也非常喜欢。但在《诗话》中,梁启超有着基本的诗歌审美立场,即诗非只关儿女事,诗非只在文藻形式,他极力张扬的是以时代国家为念、以理想精神为旨的"深邃闳远""精深盘郁""雄伟博丽""雄壮活泼""连抃瑰伟""长歌当哭""卓荦""庄严""超远""遒劲""慷慨"的性情之作。他反对"糜音曼调",要求诗、词、曲应于国民有所影响,而非"陈设之古玩",应"绝流俗""改颓风",振历人心、读而起舞。若以崇高优美两种基本美学风格论之,在诗歌鉴赏中,梁启超推崇并极力弘扬的是以气魄夺人的崇高美。

20世纪20年代,梁启超在《中国之美文及其历史》《中国韵文里头所表现的情感》《情圣杜甫》《屈原研究》等文中,结合中国古典作家作品,特别是结合艺术真实、作品情感、作家人格等问题所做出的诠释,更是使其关于艺术崇高审美的理念具有了丰富的内涵。梁启超明确提出:"美的作用,不外令自己或别人起快感,痛楚的刺激,也是快感之一。"在《情圣杜甫》中,梁启超认为杜诗之美就是带着刺痛的真美。在《中国之美文及其历史》中,梁启超则盛赞秦汉之交,"有两首千古不磨的杰歌:其一,荆轲的《易水歌》;其二,项羽的《垓下歌》。"两歌主人是中国历史上有名的壮士与英雄,作品表现了慷慨激越的"哀壮之音"。在《中国韵文里头所表现的情感》一文中,梁启超着重研究了韵文表情的五种方法，即"奔迸""回荡""含蓄蕴藉""浪漫""写实"。他指出，"奔迸"的表情法，从内容看，"所表的什有九是哀痛一路"；从方法看，"是当情感突变时，捉住他心奥的那一点，用强调写到最高度"；从效果看，表现的是"情感一种亢进的状态"。在作者是"忽然得着一个'超现世'的新生命"，在读者则"令我们读起来，不知不觉也跟着他到那新生命的领域去了"。梁启超高度肯定了奔迸的表情法，认为这类文学为"情感文中之圣"。同时，梁启超指出："我们的诗教，本来以'温柔敦厚'为主"，因此，批评家总是把"含蓄蕴藉"视为文学的正宗，"对于热烈磅礴这一派，总认为别调"。梁启超强调：对于这两派，"不能偏有抑扬"。20年代后期，梁启超在《晚清两大家诗钞题辞》中，进一步对中国传统文学的弊病给予了无情的抨击："中国诗家有一个根本的缺点，就是厌世气息太浓"，常常把诗词作个人叹老嗟卑之作；还有一些诗家把诗词当作无聊的交际应酬之作，缺少"高尚的情感与理想"。他强调文学的趣味一要时时变化，二要"往高尚的一路提倡"。

值得注意的是，梁启超的崇高理念既是对西方近代美学精神的一种吸纳，更有着独特的现实情怀与民族风采。在梁启超这里，崇高理念既是一种美学理想，也是一种人生理想。他以满怀深情之笔，描绘了少年中国之生气勃勃的灿烂壮美意象！他期待"横大刀阔斧，以辟榛莽而开辟新天地"的英雄问世，期待"知责任""行责任"的大丈夫问世，期待有"活泼之气象""强毅之魄力""勇敢之精神"的豪杰问世。在他的视阈中，人生与艺术是美之两翼，相辅相成，相激荡相融通。他呼唤艺术之崇高新风，也呼唤人之崇高、国之崇高、时代之崇高；他呼唤物之崇高，也呼唤事之崇高、行为之崇高、精神之崇高。在他笔下，崇高意象丰富绚烂，炫人眼目。他描绘了大鹏"抟九万里，击扶摇而上"的豪情；描绘了凤凰"餐霞饮露，栖息云霄之表"的情怀。他惊叹"江汉赴海，百千折而朝宗"的毅力；感慨狮象狻猊"纵横万壑，虎豹慑伏"的气概。大风、大旗、大鼓、大潮、飓风、暴雷、蛟龙，一一汇聚到梁启超笔下。梁启超把自然、人、社会的崇高意象与崇高境界汇为一体，使19世纪与20世纪之交的中国人从他的文字中经历了既以自然的崇高为具体意象，又以人与社会的崇高为终极向往的中国式崇高美的激情洗礼。同时，现实的民族危局与文化危机，使梁启超对崇高的呼唤还内在地饱含着悲壮之美。在梁启超的审美视阈中，新与旧、兴与立、活与死、强与弱、动与静不仅是对立的范畴，也是相辅相成的范畴。没有悲壮的毁灭，就没有壮美的新生。梁启超特别欣赏的正是那种悲剧型的崇高美，是那种带血带泪的刺痛，是那种含笑赴死的从容。这样的英雄不管结果是成功还是失败，其行为本身都表现出一种震撼人心的美感。"All or nothing"！悲剧与崇高在梁启超的审美视阈中融为一体，成为通向美之路的阶梯。

作为中国近现代审美启蒙的重要先驱，梁启超还较早倡导了关于女性之美的新理念。梁启超主张女性美的前提是健康。他针对"近代文学家写女性，大半以'多愁多病'为美人模范"的怪异现象，追根溯源，对中国女性审美标准的发展与变化做了大致的梳理。他指出：诗经、汉赋都以"容态之艳丽"和"体格之俊健"的"合构"为女性美的基本标准。而南朝、唐宋的文人则以"带着病的恹弱状态为美"。梁启超尖锐地指出，这种审美标准是"文学界的病态"。他还不无幽默地宣称："我盼望往后文学家描写女性，最要紧先把美人的健康恢复才好。"（《中国韵文里头所表现的情感》）

把生命活力作为美的内核的观念，体现了梁启超一贯的美学理念。板死了，干透了，好像一棵枯树，"生意尽矣"，也就无所谓美与趣了。美即趣，首先就是生命的情趣，而这种生命的情趣又以动的、强的、壮健的、激越的比静的、死的、弱的等更为梁启超所赏会。

这种对于崇高、对于生命活力的审美意趣，作为中国审美理念的一种新拓展，映照的不仅是中华民族文化心理的历史变迁，也是19世纪与20世纪之交的国势衰颓与历史悲音、血与火、抗争与毁灭在审美与艺术领域中的激响，它以与传统艺术"温柔敦厚"迥然相异的审美品格，以与传统文人以恹弱愁病为美的变态低俗的审美品位迥然相异的审美情趣，为中华艺术精神与艺术风格的现代开新吹响了激情之号。

五、"美术家"与"美术人"：美育的途径与意义

"人类固然不能个个都做供给美术的'美术家'，然而不可不个个都做享用美术的'美术人'。"

"今日的中国，一方面要多出些供给美术的美术家，一方面要普及养成享用美术的美术人。"

以上两段文字出自梁启超 1922 年在上海美术专门学校所做的演讲《美术与生活》。

作为中国现代美育思想的重要先驱之一，完善健全的现代人格塑造始终是梁启超关注的中心问题。他明确提出，教育就是"学做现代人"。他从启蒙主义理想出发，把知情意"三件具备"的完整的人视为教育的根本目标。在知情意三者的关系中，他认为情感与人的生命更具有本质的联系。针对现代教育重视智育的现象，梁启超明确提出，只有在做成一个人的前提下，知识才具有它的意义与价值。

从塑造完整的现代人的立人理想出发，梁启超提出了趣味教育的思想与情感教育的理论。

梁启超认为，在现实生活中，并不是人人都享有趣味。因此可以通过对趣味的载体——美的审美实践来开展趣味教育。关于趣味教育，梁启超主要涉及了教育目标、教育方式、教育原则等三个方面的问题。首先，梁启超把趣味主义人生态度的建构作为"趣味教育"的根本目标。他说："'趣味教育'这个名词，并不是我所创造。近代欧美教育界早已通行了，但他们还是拿趣味当手段。我想进一步，拿趣味当目的。"（《趣味教育与教育趣味》）梁启超指出趣味教育的目的，就是倡导一种趣味主义的人生观。这种人生观秉持趣味主义的人格精神，既能在根本

上以不有之为的态度超越功利得失，也能在与他人的具体关系中从善求真，实现这种理想态度。他说："我所做的事，常常失败——严格的可以说没有一件不失败——然而我总是一面失败一面做。因为我不但在成功里头感觉趣味，就在失败里头也感觉趣味。我每天除了睡觉外，没有一分钟一秒钟不是积极的活动，然而我绝不觉得疲倦，而且很少生病。因为我每天的活动有趣得很，精神上的快乐，补得过物质上的消耗而有余。"（《趣味教育与教育趣味》）这种不计得失、只求做事的热情就是一种对待现实人生的趣味主义态度。它抛开成败之忧与得失之计，远离悲观厌世与颓唐消沉，永远津津有味、兴会淋漓。同时，真正的趣味又不只是一种热情与兴会。梁启超说："凡一种趣味事项，倘或是要瞒人的，或是拿别人的苦痛换自己的快乐，或是快乐和烦恼相间相续的，这等统名为下等趣味。严格说起来，他就根本不能做趣味的主体。因为认这类事当趣味的人，常常遇着败兴，而且结果必至于俗语说的'没兴一齐来'而后已，所以我们讲趣味主义的人，绝不承认此等为趣味。"（《趣味教育与教育趣味》）梁启超认为真正纯粹的趣味应该从直接的物质功利得失中超越出来，又始终保持对感性具体生活的热情与对崇高精神理想的追求，实现手段与目的、过程与结果的同一。只有这样的"趣味"，才能"以趣味始以趣味终"，才是可以"令人终身受用的趣味"。梁启超主张应该从幼年青年期，就实施这样的趣味教育。其次，梁启超认为艺术是趣味教育的主要内容与形式。梁启超主张通过文学艺术来开展审美教育，培养高尚趣味。他指出，艺术品作为精神文化的一种形态，就是美感"落到字句上成一首诗落到颜色上成一幅画"，它们体现的就是人类爱美的要求和精神活力，是人类寻求精神价值、追求精神解放的重要途径。中国人却把美与艺术视为奢侈品，这正是生活"不能向上"的重要原因。由于缺乏艺术与审美实践，致使人人都有的"审美本能"趋于"麻木"。梁启超指出恢复审美感觉的途径只能是审美实践。审美实践把人"从麻木状态恢复过来，令没趣变成有趣"，"把那渐渐坏掉了的爱美的胃口，替他复原，令他常常吸受趣味的营养，以维持增进自己的生活康健"。他强调："专从事诱发以刺戟（激）各人感官不使钝的有三种利器。一是文学。二是音乐，三是美术。"（《美术与生活》）他尤其关注文学的功能，认为"文学的本质和作用，最主要的就是'趣味'"，"文学是人生最高尚的嗜好"，（《晚清两大家诗钞题辞》）主张通过文学审美来培养纯正的美感与兴趣。其三，梁启超认为实施趣味教育应该以引导与促发为基本原则。他认为教育摧残趣味有几条路，如"注射式"的教育、课目太多、把学问当手段等等，结果将趣味完全丧掉。梁启超认为无论有多大能力的教育家，都不可能把某种学问教通了学生，其关键在于引起学生对某种学问的兴趣，或者学生对某种学问原有兴趣，教育家将他引深引浓。只有这样，教育家自身在教育中才能享受到趣味。梁启超的趣味教育原则，充分体现了对于教育对象主体性的尊重。对于趣味教育的这一原则，梁启超可谓身体力行。他的女儿梁思庄早年在欧洲留学，梁启超曾写信建议她选学生物学，但梁思庄不感兴趣。梁启超从儿子处得知这一情况后，立即给思庄去信让其"以自己体察为主"，"不必泥定爹爹的话"。梁思庄听从父亲的劝告，选学了图书馆学，成为我国著名的图书馆学专家。这可说是梁启超"趣味教育"的一个成功实例。

趣味教育主要不是一种教育的方法与手段，而是教育的本质。梁启超倡导趣味教育，是要培养一种饱满的生活态度与健康的完善人格，保持对生活的激情、进取心与审美态度，在现实的实践活动中获得人生的乐趣，达成人性的完美。这样的趣味教育理论在中国现代美育思想史中可谓独树一帜。

在中国现代美学思想家中，梁启超也是非常注重情感教育的一位。梁启超强调了情感教育对人的意义问题。他认为情感本身虽神圣，却美善并存，好恶互见。因此，必须对情感进行陶养。情感陶养的重要途径就是情感教育。他强调，情感教育的目的，不外将情感善的美的方面尽量发挥，把那恶的丑的方面渐渐压伏淘汰下去。梁启超指出，知情意是人性的三大根本要素，情感教育对人具有独立的价值，有时比知识与道德更具深刻的意义。因为情感发自内心，是生命中最深沉最本质的东西。情感教育的"工夫做得一分，便是人类一分的进步"（《中国韵文里头所表现的情感》）。其次，梁启超探讨了情感教育的方式问题。梁启超明确指出："情感教育最大的利器，就是艺术。"（《中国韵文里头所表现的情感》）他认为艺术就是情感的表现，艺术在情感表现上具有丰富而独到的技能，艺术作品具有强烈的情感感染力。梁启超把艺术审美的具体过程视为艺术功能发挥的基本过程，即"力"与"移人"的过程，而这也正是梁启超主张的情感教育的基本途径。此外，梁启超还提出了艺术家的情感修养与艺术技能的问题。他说："艺术家的责任很重，为功为罪，间不容发。艺术家认清楚自己的地位，就该知道，最要紧的工夫，是要修养自己的情感，极力往高洁纯挚的方面，向上提挈，向里体验。自己腔子里那一团优美的感情养足了，再用美妙的技术把他表现出来，这才不辱没了艺术的价值。"梁启超如此重视情感教育，肯定艺术在情感教育中的作用，关注艺术家的责任与修养，当然是与他的启蒙理想密不可分的，他更深层的目的还在于借助艺术情感宜深入人心的作用机理，来培养人的健康积极的情感取向，激发人对于生活的激情与热爱，保持求真求善的人生理念，从而实现积极进取、乐生爱美的人生理想。因此，梁启超的情感教育并非要人陷于一己私情之中，也不是让人用情感来排斥理性，更不是要人沉入艺术耽于幻想。他的情感教育实质上也就是人生教育，是从情感通向人生，从艺术与美通向人生。

20 世纪中国教育长期忽略美与感性的意义，我们所培养的并不是完整的人，而是片面的人。让美回到人间，让人成为知情意全面发展的人，这一美学与美育理想曾在 20 世纪 30—40 年代激烈的民族矛盾中被消解。今天，当我们重新阅读梁启超 19 与 20 世纪之交以及 20 世纪初叶的这些历史文本，一方面不仅惋叹于其浓郁的理想色彩，另一个方面却也不能不折服于其思想中所蕴涵着的某些远见卓识。其关于趣味教育、情感教育、学做现代人的思想与启蒙主义理想紧密相连，体现了西方人本主义美育思想的影响。让人人都成为能够享用美术的"美术人"，这样的呼唤与理想对今天的我们来说，仍然任重而道远。

上　编

"知不可而为"主义与
"为而不有"主义

今天的讲题是两句很旧的话：一句是"知其不可而为之"；一句是"为而不有"。现在按照八股的作法，把它分作两股讲。

诸君读我的近二十年来的文章，便知道我自己的人生观是拿两样事情做基础：（一）"责任心"；（二）"兴味"。人生观是个人的，各人有各人的人生观。各人的人生观不必都是对的，不必于人人都合宜。但我想：一个人自己修养自己，总须拈出个见解，靠它来安身立命。我半生来拿"责任心"和"兴味"这两样事情做我生活资粮，我觉得于我很是合宜。

我是感情最富的人，我对于我的感情都不肯压抑，听其尽量发展。发展的结果，常常得意外的调和。"责任心"和"兴味"都是偏于感情方面的多，偏于理智方面的很少。

"责任心"强迫把大担子放在肩上，是很苦的，"兴味"是很有趣的。二者在表面上恰恰相反，但我常把它调和起来。所以我的生活虽说一方面是很忙乱的，很复杂的；它方面仍是很恬静的，很愉快的。我觉得世上有趣的事多极了。烦闷，痛苦，懊恼，我全没有。人生是可赞美的，可讴歌的，有趣的。我的见解便是：（一）孔子说的"知其不可而为之"和（二）老子的"为而不有"。

"知不可而为"主义、"为而不有"主义和近世欧美通行的功利主义根本反对。功利主义对于每做一件事之先必要问："为什么？"胡适《中国哲学史大纲》上讲墨子的哲学就是要问为什么。"为而不有"主义便爽快的答道："不为什么。"功利主义对于每做一件事之后必要问："有什么效果？""知不可而为"主义便答道："不管它有没有效果。"

今天讲的并不是诋毁功利主义。其实凡是一种主义皆有它的特点，不能以此非彼。从一方面看来，"知不可而为"主义，容易奖励无意识之冲动。"为而不有"主义，容易把精力消费于不经济的地方。这两种主义或者是中国物质文明进步之障碍，也未可知。但在人类精神生活上却有绝大的价值，我们应该发明它享用它。

"知不可而为"主义，是我们做一件事明白知道它不能得着预料的效果，甚至于一无效果，但认为应该做的便热心做去。换一句话说，就是做事时候把成功与失败的念头都撇开一边，一味埋头埋脑的去做。

这个主义如何能成立呢？依我想，成功与失败本来不过是相对的名词。一般人所说的成功不见得便是成功，一般人所说的失败不见得便是失败。天下事有许多从此一方面看说是成功，从别一方面看也可说是失败；从目前看可说是成功，从将来看也可说是失败。比方乡下人没见过电话，你让他去打电话，他一定以为对墙讲话，是没效果的；其实他方面已经得到电话，生出效果了。再如乡下人看见电报局的人在那里乓乓乓乓地打电报，一定以为很奇怪，没效果的；其实我们从他的手里已经把华盛顿会议的消息得到了。照这样看来，成败既无定形，这"可"与"不可"不同的根本先自不能存在了。孔子说："我则异于是，无可无不可。"他这句话似乎是很滑头，其实他是看出天下事无绝对的"可"与"不可"，即无绝对的成功与失败。别人心目中有"不可"这两个字，孔子却完全没有。"知不可而为"本来是晨门批评孔子的话，映在晨门眼帘上的孔子是"知不可而为"，实际上的孔子是"无可无不可而为"罢了。这是我的第一层的解释。

进一步讲，可以说宇宙间的事绝对没有成功，只有失败。成功这个名词，是表示圆满的观念，失败这个名词，是表示缺陷的观念。圆满就是宇宙进化的终点，到了进化终点，进化便休止；进化休止不消说是连生活都休止了。所以平常所说的成功与失败不过是指人类活动休息的一小段落。比方我今天讲演完了，就算是我的成功；你们听完了，就算是你们的成功。

到底宇宙有圆满之期没有，到底进化有终止的一天没有？这仍是人类生活的大悬案。这场官司从来没有解决，因为没有这类的裁判官。据孔子的眼光看来，这是六合以外的事，应该"存而不论"。此种问题和"上帝之有无"是一样不容易解决的。我们不是超人，所以不能解决超人的问题。人不能自举其身，我们又何能拿人生以外的问题来解决人生的问题？人生是宇宙的小段片。孔子不讲超人的人生，只从小段片里讲人生。

人类在这条无穷无尽的进化长途中，正在发脚蹒跚而行。自有历史以来，不过在这条路上走了一点，比到宇宙圆满时候，还不知差几万万年哩！现在我们走的只是像体操教员刚叫了一声"开步走"，就想要得到多少万万年后的成功，岂非梦想？所以谈成功的人不是骗别人，简直是骗自己。

就事业上讲，说什么周公致太平，说什么秦始皇统一天下，说什么释迦牟尼普渡众生。现在我们看看周公所致的太平到底在哪里？大家说是周公的成功，其实是他的失败。"六王毕，四海一"，这是说秦始皇统一天下了，但仔细看看，他所统一的到底在哪里？并不是说他传二世而亡，他的一份家当完了，就算失败，只看从他以后，便有楚汉之争，三国分裂，五胡乱华，唐之藩镇，宋的辽金，就现在说，又有督军之割据，他的统一之功算成了吗？至于释迦牟尼，不但说没普渡了众生，就是当时的印度人，也未全被他普渡。所以世人所说的一般大成功家，实在都是一般大失败家。再就学问上讲，牛顿发明引力，人人都说是科学上的大成功，但自爱因斯坦之相对论出，而牛顿转为失败。其实牛顿本没成功，不过我们没有见到就是了。近两年来欧美学界颂扬爱因斯坦成功之快之大，无比矣！我们没学问，不配批评，只配跟着讴歌，跟着崇拜！但照牛顿的例看来，他也算是失败。所以无论就学问上讲就事实上讲，总一句话说：只有失败的没有成功的。

人在无边的"宇"（空间）中，只是微尘，不断的"宙"（时间）中，只是段片。一个人无论能力多大，总有做不完的事，做不完的便留交后人，这好像一人忙极了，有许多事做不完，只好说"托别人做吧"！一人想包做一切事，是不可能的，不过从全体中抽出几万万分之一点做做而已。但这如何能算是成功？若就时间论，一人所做的一段片，正如"抽刀断水水更流"，也不得叫做成功。

孔子说"死而后已"，这个人死了那个人来继续。所以说继继绳绳，始能成大的路程。天下事无不可，天下事无成功。

然而人生这件事却奇怪得很：在无量数年中，无量数人，所做的无量数事，个个都是不可，个个都是失败，照数学上零加零仍等于零的规律讲，合起来应该是个大失败，但许多的"不可"加起来却是一个"可"，许多的"失败"加起来却是一个"大成功"。这样看来，也可说是上帝生人就是教人作失败事的，你想不失败吗？那除非不做事。但我们的生活便是事，起居饮食也是事，言谈思虑也是事，我们能到不做事的地步吗？要想不做事，除非不做人。佛劝人不做事，便是劝人不做人。如果不能不做人，非做事不可。这样看来，普天下事都是"不可而为"的事，普天下人都是"不可而为"的人。不过孔子是"知不可而为"，一般人是"不知不可而为"罢了。

"不知不可而为"的人，遇事总要计算计算，某事可成功，某事必失败。可成功的便去做，必失败的便躲避。自以为算盘打对了，其实全是自己骗自己，计算的总结与事实绝对不能相应。成败必至事后始能下判断的。若事前横计算竖计算，反减少人做事的勇气。在他挑选趋避的时候，十件事至少有八件事因为怕失败，不去做了。

算盘打得精密的人，看着要失败的事都不敢做，而为势所迫，又不能不勉强去做，故常说："要失败啦！我本来不愿意做，不得已啦！"他有无限的忧疑，无限的惊恐，终日生活在摇荡苦恼里。

算盘打得不精密的人，认为某件事要成功，所以在短时间内欢喜鼓舞地做去，到了半路上忽然发现他的成功希望是空的，或者做到结尾，不能成功的真相已经完全暴露，于是千万种烦恼悲哀都凑上来了。精密的人不敢做，不想做，而又不能不做，结果固然不好。但不精密的人，起初喜欢去做，继后失败了，灰心丧气的不做，比前一类人更糟些。

人生在世界是混混沌沌的，从这种境界里过数十年，那末，生活便只有可悲更无可乐。我们对于"人生"真可以诅咒。为什么人来世上做消耗面包的机器呢？若是怕没人吃面包，何不留以待虫类呢？这样的人生可真没一点价值了。

"知不可而为"的人怎样呢？头一层：他预料的便是失败，他的预算册子上件件都先把"失败"两个字摆在当头，用不着什么计算不计算，拣择不拣择。所以孔子一生一世只是"毋意！毋必！毋固！毋我"！"意"是事前猜度，"必"是先定其成败，"固"是先有成见，"我"是为我。孔子的意思就是说人不该猜度，不该先定事之成败，不该先有成见，不该为着自己。

第二层，我们既做了人，做了人既然不能不生活，所以不管生活是段片也罢，是微尘也罢，只要在这微尘生活段片生活里，认为应该做的，便大踏步地去做，不必打算，不必犹豫。

孔子说："无适也，无莫也，义之与比。"又说："鸟兽不可与同群，吾非斯人之徒欤而谁欤？天下有道，丘不与易也。"这是绝对自由的生活。假设一个人常常打算何事应做，何事不应做，他本来想到街上散步，但一念及汽车撞死人，便不敢散步，他看见飞机很好，也想坐一坐，但一念及飞机摔死人，便不敢坐，这类人是自己禁住自己的自由了。要是外人剥夺自己的自由，自己还可以恢复，要是自己禁住自己的自由，可就不容易恢复了。"知不可而为"主义，是使人将做事的自由大大的解放，不要做无为之打算，自己捆绑自己。

孔子说："智者不惑，仁者不忧，勇者不惧。"不惑就是明白，不忧就是快活，不惧就是壮健。反过来说，惑也，忧也，惧也，都是很苦的。人若生活于此中，简直是过监狱的生活。

遇事先计划成功与失败，岂不是一世在疑惑之中？遇事先怕失败，一面做，一面愁，岂不是一世在忧愁之中？遇事先问失败了怎么样，岂不是一世在恐惧之中？

"知不可而为"的人，只知有失败，或者可以说他们用的字典里，从没有成功二字。那末，还有什么可惑可忧可惧呢？所以他们常把精神放在安乐的地方。所以一部《论语》，开宗明义便说"不亦乐乎"！"不亦乐乎"，用白话讲，便是"好呀"！"好呀"！

孔子说："发愤忘食，乐以忘忧，不知老之将至。"可见他做事是自己喜欢的，并非有何种东西鞭策才作的，所以他不觉胡子已白了，还只管在那里做。他将人生观立在"知不可而为"上，所以事事都变成不亦乐乎，不亦乐乎。这种最高尚最圆满的人生，可以说是从"知不可而为"主义发生出来。我们如果能领会这种见解，即令不可至于乐乎悦乎的境地，至少也可以减去许多"惑""忧""惧"，将我们的精神放在安安稳稳的地位上。这样才算有味的生活，这样才值得生活。

第一股做完了，现在做第二股，仍照八股的做法，说几句过渡的话。"为而不有"主义与"知不可而为"主义，可以说是一个主义的两面。"知不可而为"主义可以说是"破妄返真"，"为而不有"主义可以说是"认真去妄"。"知不可而为"主义可使世界从烦闷至清凉，"为而不有"主义可使世界从极平淡上显出灿烂。

"为而不有"这句话，罗素解释得很好。他说，人有两种冲动，（一）占有冲动，（二）创造冲动。这句话便是提倡人类的创造冲动的。他这些学说，诸君谅已熟闻，不必我多讲了。

"为而不有"的意思是不以所有观念作标准，不因为所有观念始劳动。简单一句话，便是为劳动而劳动。这话与佛教说的"无我我所"相通。

常人每做一事，必要报酬，常把劳动当作利益的交换品，这种交换品只准自己独有，不许他人同有，这就叫做"为而有"。如求得金钱、名誉，因为"有"，才去为。有为一身有者，有为一家有者，有为一国有者。在老子眼中看来，无论为一身有，为一家有，为一国有，都算是为而有，都不是劳动的真目的。人生劳动应该不求报酬，你如果问他："为什么而劳动？"他便答道："不为什么。"再问："不为什么为什么劳动？"他便老老实实说："为劳动而劳动，为生活而生活。"

老子说："上人为之而无以为。"韩非子给他解释得很好："生于其心之所不能已，非求其为报也。"简单说来，便是无所为而为。既无所为，所以只好说为劳动而劳动，为生活而生活，也可说是劳动的艺术化、生活的艺术化。

老子还说："既以为人己愈有，既以与人己愈多。"这是说我要帮助人，自己却更有，不致损减；我要给人，自己却更多，不致损减。这话也可作"为而不有"的解释。按实说，老子本来没存"有""无""多""少"的观念，不过假定差别相以示常人罢了。

在人类生活中最有势的便是占有性。据一般人的眼光看来，凡是为人的好像己便无，例如楚汉争天下，楚若为汉，楚便无，汉若为楚，汉便无。韩信张良帮汉高的忙谋皇帝，他们便无。凡是与人的好像己便少。例如我们到瓷器铺子里买瓶子，一个瓶子，他要四元钱，我们只给他三元半，他如果卖了，岂不是少得五角？岂不是既以与人己便少吗？这似乎是和己愈有己愈多的话相反。然自它一方面看来，譬如我今天讲给诸君听，总算与大家了，但我仍旧是有，并没减少。再如教员天天在堂上给大家讲，不特不能减其所有，反可得教学相长的益处。至若弹琴唱歌给人听，也并没损失，且可使弹的唱的更加熟练。文学家，诗人，画家，雕刻家，慈善家，莫不如此。即就打算盘论，帮助人的虽无实利，也可得精神上的愉快。

老子又说："含德之厚，比于赤子，赤子终日号而不嗄，和之至也。"他的意思就是说成人应该和小孩子一样，小孩子天天在那里哭，小孩子并不知为什么而哭，无端的大哭一场，好像有许多痛心的事，其实并不为什么。成人亦然。问他为什么吃？答为饿。问他为什么饿？答为生理上必然的需要。再问他为什么生理上需要？他便答不出了。所以"为什么"是不能问的，如果事事问为什么，什么事都不能做了。

老子说："无为而无不为"，我们却只记得他的上半截的"无为"，把下半截的"无不为"忘掉了。这的确是大错。他的主义是不为什么，而什么都做了，并不是说什么都不做。要是说什么都不做，那他又何必讲五千言的《道德经》呢？

"知不可而为"主义与"为而不有"主义都是要把人类无聊的计较一扫而空，喜欢做便做，不必瞻前顾后。所以归并起来，可以说这两种主义就是"无所为而为"主义，也可以说是生活的艺术化，把人类计较利害的观念，变为艺术的、情感的。

这两种主义的概念，演讲完了。我很希望它发扬光大，推之于全世界。但要实行这种主义须在社会组织改革以后。试看在俄国劳农政府之下，"知不可而为"和"为而不有"的人比从前多得多了。

社会之组织未变，社会是所有的社会，要想打破所有的观念，大非易事。因为人生在所有的社会上，受种种的牵掣，倘有人打破所有的观念，他立刻便缺乏生活的供给。比方做教员的，如果不要报酬，便立刻没有买书的费用。然假使有公共图书馆，教员又何必自己买书呢？中国人常喜欢自己建造花园，然而又没有钱，其势不得不用种种不正当的方法去找钱，这还不是由于中国缺少公共花园的缘故吗？假使中国仿照欧美建设许多极好看极精致的公共花园，他们自然不去另造了。所以必须到社会组织改革之后，对于公众有种种供给时，才能实行这种主义。

虽是这样说法，我们一方面希望求得适宜于这种主义的社会，一方面在所处的混浊的社会中，还得把这种主义拿来寄托我们的精神生活，使它站在安慰清凉的地方。我看这种主义恰似青年修养的一副清凉散。我不是拿空话来安慰诸君，也不是勉强去左右诸君，它的作用着实是如此的。

最后我还要对青年进几句忠告。老子说："宠辱不惊。"这句话最关重要。现在的一般青年或为宠而惊，或为辱而惊。然为辱而惊的大家容易知道，为宠而惊的大家却不易知道。或者为宠而惊的比较为辱而惊的人的人格更为低下也说不定。五四以来，社会上对于青年可算是宠极了，然根底浅薄的人，其所受宠的害，恐怕比受辱的害更大吧。有些青年自觉会作几篇文章，便以为满足，其实与欧美比一比，那算得什么学问，徒增了许多虚荣心罢了。他们在报上出风头，不过是为眼前利害所鼓动，为虚荣心所鼓动，别人说成功，他们便自以为成功，岂知天下没成功的事，这些都是被成败利钝的观念所误了。

古人的这两句话，我希望现在的青年在脑子里多转几转，把他当作失败中的鼓舞，烦闷中的清凉，困倦中的兴奋。

（1921 年 12 月 21 日北京哲学社讲演稿。

原载《哲学》1922 年 4 月第 5 期。）

"知不可而为"主义与"为而不有"主义

美术与生活

诸君！我是不懂美术的人，本来不配在此讲演。但我虽然不懂美术，却十分感觉美术之必要。好在今日在座诸君，和我同一样的门外汉谅也不少。我并不是和懂美术的人讲美术，我是专要和不懂美术的人讲美术。因为人类固然不能个个都做供给美术的"美术家"，然而不可不个个都做享用美术的"美术人"。

"美术人"这三个字是我杜撰的，谅来诸君听着很不顺耳。但我确信"美"是人类生活一要素——或者还是各种要素中之最要者，倘若在生活全内容中把"美"的成分抽出，恐怕便活得不自在甚至活不成！中国向来非不讲美术——而且还有很好的美术，但据多数人见解，总以为美术是一种奢侈品，从不肯和布帛菽粟一样看待，认为生活必需品之一。我觉得中国人生活之不能向上，大半由此。所以今日要标"美术与生活"这题，特和诸君商榷一回。

问人类生活于什么？我便一点不迟疑答道："生活于趣味。"这句话虽然不敢说把生活全内容包举无遗，最少也算把生活根芽道出。人若活得无趣，恐怕不活着还好些，而且勉强活也活不下去。人怎样会活得无趣呢？第一种，我叫它做石缝的生活。挤得紧紧的没有丝毫开拓余地；又好像披枷带锁，永远走不出监牢一步。第二种，我叫它做沙漠的生活。干透了没有一毫润泽，板死了没有一毫变化；又好像蜡人一般，没有一点血色，又好像一株枯树，庾子山说的"此树婆娑，生意尽矣"。这种生活是否还能叫做生活，实属一个问题。所以我虽不敢说趣味便是生活，然而敢说没趣便不成生活。

趣味之必要既已如此，然则趣味之源泉在哪里呢？依我看有三种。

第一，对境之赏会与复现。人类任操何种卑下职业，任处何种烦劳境界，要之总有机会和自然之美相接触——所谓水流花放，云卷月明，美景良辰，赏心乐事。只要你在一刹那间领略出来，可以把一天的疲劳忽然恢复，把多少时的烦恼丢在九霄云外。倘若能把这些影像印在脑里头令它不时复现，每复现一回，亦可以发生与初次领略时同等或仅较差的效用。人类想在这种尘劳世界中得有趣味，这便是一条路。

第二，心态之抽出与印契。人类心理，凡遇着快乐的事，把快乐状态归拢一想，越想便越有味；或别人替我指点出来，我的快乐程度也增加。凡遇着苦痛的事，把苦痛倾筐倒箧吐露出来，或别人能够看出我苦痛替我说出，我的苦痛程度反会减少。不惟如此，看出说出别人的快乐，也增加我的快乐；替别人看出说出苦痛，也减少我的苦痛。这种道理，因为各人的心都有个微妙的所在，只要搔着痒处，便把微妙之门打开了。那种愉快，真是得未曾有，所以俗话叫做"开心"。我们要求趣味，这又是一条路。

第三，他界之冥构与蓦进。对于现在环境不满，是人类普通心理，其所以能进化者亦在此。就令没有什么不满，然而在同一环境之下生活久了，自然也会生厌。不满尽管不满，生厌尽管生厌，然而脱离不掉它，这便是苦恼根源。然则怎样救济法呢？肉体上的生活，虽然被现实的环境捆死了，精神上的生活，却常常对于环境宣告独立。或想到将来希望如何如何，或想到别个世界例如文学家的桃源、哲学家的乌托邦、宗教家的天堂净土如何如何，忽然间超越现实界闯入理想界去，便是那人的自由天地。我们欲求趣味，这又是一条路。

这三种趣味，无论何人都会发动的。但因各人感觉机关用得熟与不熟，以及外界帮助引起的机会有无多少，于是趣味享用之程度，生出无量差别。感觉器官敏则趣味增，感觉器官钝则趣味减；诱发机缘多则趣味强，诱发机缘少则趣味弱。专从事诱发以刺戟各人器官不使钝的有三种利器：一是文学，二是音乐，三是美术。

今专从美术讲：美术中最主要的一派，是描写自然之美，常常把我们所曾经赏会或像是曾经赏会的都复现出来。我们过去赏会的影子印在脑中，因时间之经过渐渐淡下去，终必有不能复现之一日，趣味也跟着消灭了。一幅名画在此，看一回便复现一回，这画存在，我的趣味便永远存在。不惟如此，还有许多我们从前不注意赏会不出的，他都写出来指导我们赏会的路，我们多看几次，便懂得赏会方法，往后碰着种种美境，我们也增加许多赏会资料了，这是美术给我们趣味的第一件。

美术中有刻画心态的一派，把人的心理看穿了，喜怒哀乐，都活跳在纸上。本来是日常习见的事，但因他写得唯妙唯肖，便不知不觉间把我们的心弦拨动，我快乐时看他便增加快乐，我苦痛时看他便减少苦痛，这是美术给我们趣味的第二件。

美术中有不写实境实态而纯凭理想构造成的。有时我们想构一境，自觉模糊断续不能构成，被他都替我表现了。而且他所构的境界种种色色有许多为我们所万想不到；而且他所构的境界优美高尚，能把我们卑下平凡的境界压下去。他有魔力，能引我们跟着他走，闯进他所到之地。我们看他的作品时，便和他同住一个超越的自由天地，这是美术给我们趣味的第三件。

要而论之，审美本能，是我们人人都有的。但感觉器官不常用或不会用，久而久之，麻木了。一个人麻木，那人便成了没趣的人。一民族麻木，那民族便成了没趣的民族。美术的功用，在把这种麻木状态恢复过来，令没趣变为有趣。换句话说，是把那渐渐坏掉了的爱美胃口，替他复原，令他常常吸受趣味的营养，以维持增进自己的生活康健。明白这种道理，便知美术这样东西在人类文化系统上该占何等位置了。

以上是专就一般人说。若就美术家自身说，他们的趣味生活，自然更与众不同了。他们的美感，比我们锐敏若干倍，正如《牡丹亭》说的

"我常一生儿爱好是天然"。我们领略不着的趣味，他们都能领略。领略够了，终把些唾余分赠我们。分赠了我们，他们自己并没有一毫破费，正如老子说的"既以为人己愈有，既以与人己愈多"。假使"人生生活于趣味"这句话不错，他们的生活真是理想生活了。

今日的中国，一方面要多出些供给美术的美术家，一方面要普及养成享用美术的美术人。这两件事都是美术专门学校的责任。然而该怎样的督促赞助美术专门学校叫它完成这责任，又是教育界乃至一般市民的责任。我希望海内美术大家和我们不懂美术的门外汉各尽责任做去。

（1922年8月13日上海美术专门学校讲演稿。
原载《时事新报》1922年8月15日。）

美术与科学

稍为读过西洋史的人，都知道现代西洋文化，是从文艺复兴时代演进而来。现代文化根柢在哪里？不用我说，大家当然都知道是科学。然而文艺复兴主要的任务和最大的贡献，却是在美术。从表面看来，美术是情感的产物，科学是理性的产物。两件事很像不相容，为什么这位暖和和的阿特先生，会养出一位冷冰冰的赛因士儿子？其间因果关系，研究起来很有兴味。

美术所以能产生科学，全从"真美合一"的观念发生出来，他们觉得真即是美，又觉得真才是美，所以求美先从求真入手。文艺复兴的太祖高皇帝雷安那德·达温奇——就是画最有名的耶稣晚餐图那个人，谅来诸君都知道了，达温奇有几件故事，很有趣而且有价值。当时意大利某村乡，新发见希腊人雕刻的一尊温尼士女神裸体像，举国若狂的心醉其美，不久被基督教徒说是魔鬼，把她涂了脸凿了眼睛断了手脚丢在海里去了。达温奇和他几位同志，悄悄地到处发掘，又掘着第二尊。有一晚，他们关起大门，在那里赏玩他们的新发见品，被基督教徒侦探着，一大群人声势汹汹的破门而入。入进去看见达温奇干什么呢？他拿一根软条的尺子在那里量那石像的尺寸部位，一双眼对着那石像出神，简直像没有看见众人一般，把众人倒楞了。当时在场的人，有一位古典派美术家老辈梅尔拉，不以达温奇的举动为然。告诉他道："美不是从计算产生出来的呀。"达温奇要理不理的，许久才答道："不错，但我非知道我所要知的事情不肯干休。"有一回傍晚时候，天气十分惨淡，有一位年高望重的天主教神父，当众讲演，说："世界末日快到了，基督立刻来审判我们了，赶紧忏悔啊，赶紧皈依啊。"说得肉飞神动，满场听众受了刺激，哭咧，叫咧，打噤咧，磕头咧，闹得一团糟。达温奇有位高足弟子也在场，也被群众情感的浪卷去，觉得自己跟着这位魔鬼先生学，真是罪人，也叫起"耶稣救命"来，猛回头看见他先生却也在那边。在那边干什么呢？左手拿块画板，右手拿管笔，一双眼钉在那位老而且丑的神父脸上，正在画他呢。这两件故事，诸君听着好玩么？诸君啊，不要单作好玩看待，须知这便是美术和科学交通的一条秘密隧道。诸君以为达温奇光是一位美术家吗？不不，他还是一位大科学家，近代的生物学，是他"筚路蓝缕"的开辟出来。倘若生物学家有道统图，要推他当先圣周公，达尔文不过先师孔子罢了。他又会造飞机，又会造铁甲车船，现有他自己给米兰公爵的书信为证。诸君啊，你想当美术家吗？你想知道惊天动地的美术品怎样出来吗？请看达温奇。

我说了半天，还没有说到美术科学相沟通的本题，现在请亮开来说罢。密斯忒阿特、密斯忒赛因士，他们哥儿俩，有一位共同的娘，娘什么名字？叫做密斯士奈渣，翻成中国话，叫做"自然夫人"。问美术的关键在哪里？限我只准拿一句话回答，我便毫不踌躇地答道："观察自然。"问科学的关键在哪里？限我只准拿一句话回答，我也毫不踌躇地答道："观察自然。"向来我们人类，虽然和"自然"耳鬓厮磨，但总是"鱼相忘于江湖"的样子，一直到文艺复兴以后，才算把这位积年老伙计认识了。认识过后，便一口咬住，不肯放松，硬要在他身上还出我们下半世的荣华快乐。哈哈！果然他老人家葫芦里法宝，被我们搜出来了，一件是美术，一件是科学。

认识自然，不是容易的事，第一件要你肯观察，第二件还要你会观察。粗心固然观察不出，不能说仔细便观察得出。笨伯固然观察不出，弄聪明有时越发观察不出。观察的条件，头一桩，是要对于所观察的对象有十二分兴味，用全副精神注在它上头，像庄子讲的承蜩丈人"虽天地之大万物之多，而惟吾蜩翼之知"。第二桩要取纯客观的态度，不许有丝毫主观的僻见搀在里头，若有一点，所观察的便会走了样子了。达温奇还有一幅名画叫做莫那利沙。莫那利沙，就是达温奇爱恋的美人。相传画那一点微笑，画了四年。他自己说，虽然恋爱极热，始终却是拿极冷酷的客观态度去画他。要而言之，热心和冷脑相结合是创造第一流艺术品的主要条件。换个方面看来，岂不又是科学成立的主要条件吗？

真正的艺术作品，最要紧的是描写出事物的特性，然而特性各各不同，非经一番分析的观察工夫不可。莫泊三的先生教他作文，叫他看十个车夫，作十篇文来写他，每篇限一百字。晚餐图里头的基督，何以确是基督，不是基督的门徒，十二门徒中，何以彼得确是彼得，不是约翰，约翰确是约翰，不是犹大，犹大确是犹大，不是非卖主的余人。这种本领，全在同中观异，从寻常人不会注意的地方，找出各人情感的特色。这种分析精神，不又是科学成立的主要成分吗？

美术家的观察，不但以周遍精密的能事，最重要的是深刻。苏东坡述文与可论画竹的方法，说道："画竹必先得成竹于胸中。执笔熟视，乃见其所欲画者。急起从之，振笔直遂，以追其所见，如兔起鹘落，少纵则逝矣。"这几句话，实能说出美术的秘钥，美术家雕画一种事物，总要在未动工以前，先把那件事物的整个实在完全摄取，一攫攫住它的生命，霎时间和我的生命并合为一。这种境界，很含有神秘性。虽然可以说是在理性范围以外，然而非用锐入的观察法一直透入深处，也断断不能得这种境界。这种锐入观察法，也是促进科学的一种助力。

美术的任务，自然是在表情，但表情技能的应用，须有规律的组织，令各部分互相照应，相传五代时蜀主孟昶，藏一幅吴道子画钟馗，左手捉一个鬼，用右手第二指挖那鬼的眼睛。孟昶拿来给当时大画家黄筌看，说道：若用拇指，似更有力，请黄筌改正它。黄筌把画带回家去，废寝忘餐地看了几日，到底另画一本进呈。孟昶问他为什么不改，黄筌答道："道子所画，一身气力色貌，都在第二指，不在拇指，若把它改，便不成一件东西了。我这别本，一身气力，却都在拇指。"吴黄两幅画，可惜现在都失传，不能拿来比勘。但黄筌这番话，真是精到之极。我们看欧洲的名画名雕，也常常领略得一二。试想，画一个人，何以能全身气力，都赶到一个指头上，何以内行的人，一看便看得出，那别部分的配置照应，当然有很严正的理法藏在里头，非有极明晰极致密的科学头脑恐怕画也画不成，看也看不到，这又是美术和科学不能分离的证据。

现在国内有志学问的人，都知道科学之重要，不能不说是学界极好的新气象，但还有一种误解，应该匡正，一般人总以为研究科学，必要先有一个极大的化验室，各种仪器具备，才能着手。化验室仪器，为研究科学最利便的工具，自无待言，但以为这种设备没有完成以前，就绝对的不能研究科学，那可大错了。须知仪器是科学的产物，科学不是仪器的产物。若说没有仪器便没有科学，试想欧洲没有仪器以前，科学怎么会跳出来？即如达温奇的时代，可有什么仪器呀，何以他能成为科学家不祧之祖？须知科学最大能事，不外善用你的五官和脑筋。五官脑筋，便是最复杂最灵妙的仪器。老实说一句，科学根本精神，全在养成观察力。养成观察力的法门，虽然很多，我想，没有比美术再直捷了，因为美术家所以成功，全在观察"自然之美"。怎样才能看得出自然之美？最要紧是观察"自然之真"。能观察自然之真，不惟美术出来，连科学也出来了。所以美术可以算得科学的金钥匙。

我对于美术、科学都是门外汉，论理很不该饶舌，但我从历史上看来，觉得这两桩事确有"相得益彰"的作用，贵校是唯一的国立美术学校，它的任务，不但在养成校内一时的美术人才，还要把美育的基础，筑造得巩固，把美育的效率，发挥得加大。校中职教员学生诸君，既负此绝大责任，那么，目前的修养和将来的传述，都要从远者大者着想。我希望诸君，常常提起精神，把自己的观察力养得十分致密十分猛利十分深刻，并把自己体验得来的观察方法，传与其人，令一般人都能领会都能应用。孟子说："能与人规矩，不能使人巧。"遵用好的方法，能否便成一位大艺术家，这是属于"巧"的方面，要看各人的天才，就美术教育的任务说，最要紧是给被教育的人一个"规矩"，像中国旧话说的"可以意会，不可以言传"。那么，任凭各人乱碰上去也罢了，何必立这学校？若是拿几幅标本画临摹临摹，便算毕业，那么一个画匠犹为之，又何必借国家之力呢？我想国立美术学校的精神旨趣，当然不是如此，是要替美术界开辟出一条可以人人共由之路，而且令美术和别的学问可以相沟通相浚发，我希望中国将来有"科学化的美术"，有"美术化的科学"。我这种希望的实现，就靠贵校诸君。

（1922 年 4 月 15 日北京美术学校讲演稿。
原载《梁任公学术演讲集》，商务印书馆 1922 年 11 月初版。）

趣味教育与教育趣味

一

　　假如有人问我："你信仰的什么主义？"我便答道："我信仰的是趣味主义。"有人问我："你的人生观拿什么做根柢？"我便答道："拿趣味做根柢。"我生平对于自己所做的事，总是做得津津有味，而且兴会淋漓；什么悲观咧厌世咧这种字面，我所用的字典里头，可以说完全没有。我所做的事，常常失败——严格的可以说没有一件不失败——然而我总是一面失败一面做。因为我不但在成功里头感觉趣味，就在失败里头也感觉趣味。我每天除了睡觉外，没有一分钟一秒钟不是积极的活动。然而我绝不觉得疲倦，而且很少生病。因为我每天的活动有趣得很，精神上的快乐，补得过物质上的消耗而有余。

　　趣味的反面，是干瘪，是萧索。晋朝有位殷仲文，晚年常郁郁不乐，指着院子里头的大槐树叹气，说道："此树婆娑，生意尽矣。"一棵新栽的树，欣欣向荣，何等可爱！到老了之后，表面上虽然很婆娑，骨子里生意已尽，算是这一期的生活完结了。殷仲文这两句话，是用很好的文学技能，表出那种颓唐落寞的情绪。我以为这种情绪，是再坏没有的了。无论一个人或一个社会，倘若被这种情绪侵入弥漫，这个人或这个社会算是完了，再不会有长进。何止没长进？什么坏事，都要从此产育出来。总而言之，趣味是活动的源泉。趣味干竭，活动便跟着停止。好像机器房里没有燃料，发不出蒸汽来，任凭你多大的机器，总要停摆。停摆过后，机器还要生锈，产生许多毒害的物质哩。人类若到把趣味丧失掉的时候，老实说，便是生活得不耐烦，那人虽然勉强留在世间，也不过行尸走肉。倘若全个社会如此，那社会便是癀病的社会，早已被医生宣告死刑。

二

"趣味教育"这个名词，并不是我所创造，近代欧美教育界早已通行了。但他们还是拿趣味当手段，我想进一步，拿趣味当目的。请简单说一说我的意见。

第一，趣味是生活的原动力，趣味丧掉，生活便成了无意义。这是不错。但趣味的性质，不见得都是好的。譬如好嫖好赌，何尝不是趣味？但从教育的眼光看来，这种趣味的性质，当然是不好。所谓好不好，并不必拿严酷的道德论做标准。既已主张趣味，便要求趣味的贯彻。倘若以有趣始以没趣终，那么趣味主义的精神，算完全崩落了。《世说新语》记一段故事："祖约性好钱，阮孚性好屐，世未判其得失。有诣约，见正料量财物，客至屏当不尽，余两小簏，以著背后，倾身障之，意未能平。诣孚，正见自蜡屐，因叹曰：'未知一生当着几緉屐。'意甚闲畅，于是优劣始分。"这段话，很可以作为选择趣味的标准。凡一种趣味事项，倘或是要瞒人的，或是拿别人的苦痛换自己的快乐，或是快乐和烦恼相间相续的，这等统名为下等趣味。严格说起来，它就根本不能做趣味的主体。因为认这类事当趣味的人，常常遇着败兴，而且结果必至于俗语说的"没兴一齐来"而后已，所以我们讲趣味主义的人，绝不承认此等为趣味。人生在幼年青年期，趣味是最浓的，成天价乱碰乱迸；若不引他到高等趣味的路上，他们便非流入下等趣味不可。

没有受过教育的人，固然容易如此。教育教得不如法，学生在学校里头找不出趣味，然而他们的趣味是压不住的，自然会从校课以外乃至校课反对的方向去找他的下等趣味，结果，他们的趣味是不能贯彻的，整个变成没趣的人生完事。我们主张趣味教育的人，是要趁儿童或青年趣味正浓而方向未决定的时候，给他们一种可以终生受用的趣味。这种教育办得圆满，能够令全社会整个永久是有趣的。

第二，既然如此，那么教育的方法，自然也跟着解决了。教育家无论多大能力，总不能把某种学问教通了学生，只能令受教的学生当着某种学问的趣味，或者学生对于某种学问原有趣味，教育家把它加深加厚。所以教育事业，从积极方面说，全在唤起趣味，从消极方面说，要十分注意不可以摧残趣味。摧残趣味有几条路。头一件是注射式的教育。教师把课本里头东西叫学生强记。好像嚼饭给小孩子吃，那饭已经是一点儿滋味没有了，还要叫他照样地嚼几口，仍旧吐出来看。那么，假令我是个小孩子，当然会认吃饭是一件苦不可言的事了。这种教育法，从前教八股完全是如此，现在学校里形式虽变，精神却还是大同小异，这样教下去，只怕永远教不出人才来。第二件是课目太多。为培养常识起见，学堂课目固然不能太少。为恢复疲劳起见，每日的课目固然不能不参错掉换。但这种理论，只能为程度的适用，若用得过分，毛病便会发生。趣味的性质，是越引越深。想引得深，总要时间和精力比较的集中才可。若在一个时期内，同时做十来种的功课，走马看花，应接不暇，初时或者惹起多方面的趣味，结果任何方面的趣味都不能养成。那么，教育效率，可以等于零。为什么呢？因为受教育受了好些时，件件都是在大门口一望便了，完全和自己的生活不发生关系，这教育不是白费吗？第三件是拿教育的事项当手段。从前我们学八股，大家有句通行话说它是敲门砖，门敲开了自然把砖也抛却，再不会有人和那块砖头发生起恋爱来。我们若是拿学问当作敲门砖看待，断乎不能有深入而且持久的趣味。我们为什么学数学，因为数学有趣所以学数学；为什么学历史，因为历史有趣所以学历史；为什么学画画、学打球，因为画画有趣、打球有趣所以学画画、学打球。人生的状态，本来是如此，教育的最大效能，也只是如此。各人选择他趣味最浓的事项做职业，自然一切劳作，都是目的，不是手段，越劳作越发有趣。反过来，若是学法政用来作做官的手段，官做不成怎么样呢？学经济用来做发财的手段，财发不成怎么样呢？结果必至于把趣味完全送掉。所以教育家最要紧教学生知道是为学问而学问，为活动而活动。所有学问，所有活动，都是目的，不是手段。学生能领会得这个见解，他的趣味，自然终生不衰了。

三

以上所说，是我主张趣味教育的要旨。既然如此，那么在教育界立身的人，应该以教育为唯一的趣味，更不消说了。一个人若是在教育上不感觉有趣味，我劝他立刻改行，何必在此受苦？既已打算拿教育做职业，便要认真享乐，不辜负了这里头的妙味。

孟子说："君子有三乐，而王天下不与存焉。"第三种就是："得天下英才而教育之"。他的意思是说教育家比皇帝还要快乐。他这话绝不是替教育家吹空气，实际情形，确是如此。我常想，我们对于自然界的趣味，莫过于种花。自然界的美，像山水风月等等，虽然能移我情，但我和它没有特殊密切的关系，它的美妙处，我有时便领略不出。我自己手种的花，它的生命和我的生命简直并合为一，所以我对着它，有说不出来的无上妙味。凡人工所做的事，那失败和成功的程度都不能预料，独有种花，你只要用一分心力，自然有一分效果还你，而且效果是日日不同，一日比一日进步。教育事业正和种花一样。教育者与被教育者的生命是并合为一的。教育者所用的心力，真是俗语说的"一分钱一分货"，丝毫不会枉费。所以我们要选择趣味最真而最长的职业，再没有别样比得上教育。

现在的中国，政治方面，经济方面，没有哪件说起来不令人头痛。

但回到我们教育的本行，便有一条光明大路，摆在我们前面。从前国家托命，靠一个皇帝，皇帝不行，就望太子，所以许多政论家——像贾长沙一流都最注重太子的教育。如今国家托命是在人民，现在的人民不行，就望将来的人民。现在学校里的儿童青年，个个都是"太子"，教育家便是"太子太傅"。据我看，我们这一代的太子，真是"富于春秋，典学光明"，这些当太傅的，只要"鞠躬尽瘁"，好生把他培养出来，不愁不眼见中兴大业。所以别方面的趣味，或者难得保持，因为到处挂着"此路不通"的牌子，容易把人的兴头打断；教育家却全然不受这种限制。

教育家还有一种特别便宜的事，因为"教学相长"的关系，教人和自己研究学问是分离不开的，自己对于自己所好的学问，能有机会终生研究，是人生最快乐的事，这种快乐，也是绝对自由，一点不受恶社会的限制。做别的职业的人，虽然未尝不可以研究学问，但学问总成了副业了。从事教育职业的人，一面教育，一面学问，两件事完全打成一片。所以别的职业是一重趣味，教育家是两重趣味。

孔子屡屡说："学而不厌，诲人不倦。"他的门生赞美他说："正唯弟子不能及也。"一个人谁也不学，谁也不诲。人所难者确在不厌不倦。问他为什么能不厌不倦呢？只是领略得个中趣味，当然不能自已。你想：一面学，一面诲人，人也教得进步了，自己所好的学问也进步了，天下还有比他再快活的事吗？人生在世数十年，终不能一刻不活动，别的活动，都不免常常陷在烦恼里头，独有好学和好诲人，真是可以无入而不自得，若真能在这里得了趣味，还会厌吗？还会倦吗？孔子又说："知之者不如好之者，好之者不如乐之者。"诸君都是在教育界立身的人，我希望更从教育的可好可乐之点，切实体验，那么，不惟诸君本身得无限受用，我们全教育界也增加许多活气了。

（1922 年 4 月 10 日直隶教育联合研究会讲演稿。
原载《梁任公学术讲演集》，商务印书馆 1922 年 11 月初版。）

趣味教育与教育趣味

学问之趣味

　　我是个主张趣味主义的人：倘若用化学化分"梁启超"这件东西，把里头所含一种原素名叫"趣味"的抽出来，只怕所剩下仅有个"0"了。我以为，凡人必常常生活于趣味之中，生活才有价值。若哭丧着脸挨过几十年，那么，生命便成沙漠，要来何用？中国人见面最喜欢用的一句话："近来作何消遣？"这句话我听着便讨厌。话里的意思，好像生活得不耐烦了，几十年日子没有法子过，勉强找些事情来消他遣他。一个人若生活于这种状态之下，我劝他不如早日投海！我觉得天下万事万物都有趣味，我只嫌二十四点钟不能扩充到四十八点，不够我享用。我一年到头不肯歇息，问我忙什么？忙的是我的趣味。我以为这便是人生最合理的生活。我常常想运动别人也学我这样生活。

　　凡属趣味，我一概都承认它是好的。但怎么样才算"趣味"，不能不下一个注脚。我说："凡一件事做下去不会生出和趣味相反的结果的，这件事便可以为趣味的主体。"赌钱趣味吗？输了怎么样？吃酒趣味吗？病了怎么样？做官趣味吗？没有官做的时候怎么样？……诸如此类，虽然在短时间内像有趣味，结果会闹到俗语说的"没趣一齐来"，所以我们不能承认它是趣味。凡趣味的性质，总要以趣味始，以趣味终。所以能为趣味之主体者，莫如下列的几项：一，劳作；二，游戏；三，艺术；四，学问。诸君听我这段话，切勿误会以为，我用道德观念来选择趣味。我不问德不德，只问趣不趣。我并不是因为赌钱不道德才排斥赌钱，因为赌钱的本质会闹到没趣，闹到没趣便破坏了我的趣味主义，所以排斥赌钱。我并不是因为学问是道德才提倡学问，因为学问的本质能够以趣味始以趣味终，最合于我的趣味主义条件，所以提倡学问。

学问的趣味，是怎么一回事呢？这句话我不能回答。凡趣味总要自己领略，自己未曾领略得到时，旁人没有法子告诉你。佛典说的："如人饮水，冷暖自知。"你问我这水怎样的冷，我便把所有形容词说尽，也形容不出给你听，除非你亲自嗑一口。我这题目——学问之趣味，并不是要说学问如何如何的有趣味，只要如何如何便会尝得着学问的趣味。

诸君要尝学问的趣味吗？据我所经历过的有下列几条路应走。

第一，"无所为"。趣味主义最重要的条件是"无所为而为"。凡有所为而为的事，都是以别一件事为目的而以这件事为手段。为达目的起见勉强用手段，目的达到时，手段便抛却。例如学生为毕业证书而做学问，著作家为版权而做学问，这种做法，便是以学问为手段，便是有所为。有所为虽然有时也可以为引起趣味的一种方便，但到趣味真发生时，必定要和"所为者"脱离关系。你问我"为什么做学问"？我便答道："不为什么。"再问，我便答道："为学问而学问"，或者答道："为我的趣味。"诸君切勿以为我这些话掉弄虚机，人类合理的生活本来如此。小孩子为什么游戏？为游戏而游戏。人为什么生活？为生活而生活。为游戏而游戏，游戏便有趣；为体操分数而游戏，游戏便无趣。

第二，不息。"鸦片烟怎样会上瘾？""天天吃。""上瘾"这两个字，和"天天"这两个字是离不开的。凡人类的本能，只要那部分搁久了不用，它便会麻木会生锈。十年不跑路，两条腿一定会废了。每天跑一点钟，跑上几个月，一天不得跑时，腿便发痒。人类为理性的动物，"学问欲"原是固有本能之一种，只怕你出了学校便和学问告辞，把所有经管学问的器官一齐打落冷宫，把学问的胃弄坏了，便山珍海味摆在面前，也不愿意动筷子。诸君啊！诸君倘若现在从事教育事业或将来想从事教育事业，自然没有问题，很多机会来培养你学问胃口。若是做别的职业呢？我劝你每日除本业正当劳作之外，最少总要腾出一点钟，研究你所嗜好的学问。一点钟哪里不消耗了？千万别要错过，闹成"学问胃弱"的证候，白白自己剥夺了一种人类应享之特权啊！

第三，深入的研究。趣味总是慢慢的来，越引越多，像那吃甘蔗，越往下才越得好处。假如你虽然每天定有一点钟做学问，但不过拿来消遣消遣，不带有研究精神，趣味便引不起来。或者今天研究这样明天研究那样，趣味还是引不起来。趣味总是藏在深处，你想得着，便要入去。这个门穿一穿，那个窗户张一张，再不会看见"宗庙之美，百官之富"，如何能有趣味？我方才说"研究你所嗜好的学问"，嗜好两个字很要紧。一个人受过相当的教育之后，无论如何，总有一两门学问和自己脾胃相合，而已经懂得大概可以作加工研究之预备的，请你就选定一门作为终生正业（指从事学者生活的人说）或作为本业劳作以外的副业（指从事其他职业的人说），不怕范围窄，越窄越便于聚精神，不怕问题难，越难越便于鼓勇气。你只要肯一层一层往里面追，我保你一定被他引到"欲罢不能"的地步。

第四，找朋友。趣味比方电，越摩擦越出。前两段所说，是靠我本身和学问本身相摩擦，但仍恐怕我本身有时会停摆，发电力便弱了，所以常常要仰赖别人帮助。一个人总要有几位共事的朋友，同时还要有几位共学的朋友。共事的朋友，用来扶持我的职业；共学的朋友和共玩的朋友同一性质，都是用来摩擦我的趣味。这类朋友，能够和我同嗜好一种学问的自然最好，我便和他打伙研究。即或不然——他有他的嗜好，我有我的嗜好，只要彼此都有研究精神，我和他常常在一块或常常通信，便不知不觉把彼此趣味都摩擦出来了。得着一两位这种朋友，便算人生大幸福之一。我想只要你肯找，断不会找不出来。

我说的这四件事，虽然像是老生常谈，但恐怕大多数人都不曾会这样做。唉！世上人多么可怜啊！有这种不假外求不会蚀本不会出毛病的趣味世界，竟自没有几个人肯来享受！古书说的故事"野人献曝"，我是尝冬天晒太阳的滋味尝得舒服透了，不忍一人独享，特地恭恭敬敬地来告诉诸君。诸君或者会欣然采纳吧？但我还有一句话：太阳虽好，总要诸君亲自去晒，旁人却替你晒不来。

（1922 年 8 月 6 日南京东南大学讲演稿。

原载《时事新报》1922 年 8 月 12 日。）

敬业与乐业

我这题目，是把《礼记》里头"敬业乐群"和《老子》里头"安其居乐其业"那两句话断章取义造出来。我所说是否与《礼记》《老子》原意相合，不必深求；但我确信"敬业""乐业"四个字，是人类生活不二法门。

本题主眼，自然是在"敬"字"乐"字。但必先有业，才有可敬可乐的主体，理至易明。所以在讲演正文以前，先要说说有业之必要。

孔子说："饱食终日，无所用心，难矣哉！"又说："群居终日，言不及义，好行小慧，难矣哉！"孔子是一位教育大家，他心目中没有什么人不可教诲，独独对于这两种人便摇头叹气说道："难！难！"可见人生一切毛病都有药可医，惟有无业游民，虽大圣人碰着他，也没有办法。

唐朝有一位名僧百丈禅师，他常常用两句格言教训弟子，说道："一日不做事，一日不吃饭。"他每日除上堂说法之外，还要自己扫地、擦桌子、洗衣服，直到八十岁日日如此。有一回他的门生想替他服劳，把他本日应做的工悄悄地都做了，这位言行相顾的老禅师，老实不客气，那一天便绝对的不肯吃饭！

我征引儒门佛门这两段话，不外证明人人都要正当职业，人人都要不断的劳作。倘若有人问我："百行什么为先？万恶什么为首？"我便一点不迟疑答道："百行业为先，万恶懒为首。"没有职业的懒人，简直是社会上蛀米虫，简直是"掠夺别人勤劳结果"的盗贼。我们对于这种人，是要彻底讨伐，万不能容赦的。有人说：我并不是不想找职业，无奈找不出来。我说：职业难找，原是现代全世界普通现象，我也承认。这种现象应该如何救济，别是一个问题，今日不必讨论。但以中国现在情形论，找职业的机会，依然比别国多得多。一个精力充满的壮年人，倘若不是安心躲懒，我敢信他一定能得相当职业。今日所讲，专为现在有职业及现在正做职业上预备的人——学生——说法，告诉他们对于自己现有的职业应采何种态度。

第一要敬业。敬字为古圣贤教人做人最简易直捷的法门，可惜被后来有些人说得太精微，倒变了不适实用了。惟有朱子解得最好，他说"主一无适便是敬"。用现在的话讲：凡做一件事便忠于一件事，将全副精力集中到这事上头，一点不旁骛，便是敬。业有什么可敬呢？为什么该敬呢？人类一面为生活而劳动，一面也是为劳动而生活。人类既不是上帝特地制来充当消化面包的机器，自然该各人因自己的地位和才力，认定一件事去做。凡可以名为一件事的，其性质都是可敬。当大总统是一件事，拉黄包车也是一件事。事的名称，从俗人眼里看来有高下；事的性质，从学理上解剖起来并没有高下。只要当大总统的人信得过我可以当大总统才去当，实实在在把总统当作一件正经事来做；拉黄包车的人信得过我可以拉黄包车才去拉，实实在在把拉车当作一件正经事来做；便是人生合理的生活。这叫做职业的神圣。凡职业没有不是神圣的，所以凡职业没有不是可敬的。惟其如此，所以我们对于各种职业，没有什么分别拣择。总之，人生在世是要天天劳作的，劳作便是功德，不劳作便是罪恶。至于我该做哪一种劳作呢？全看我的才能何如境地何如。因自己的才能境地做一种劳作做到圆满，便是天地间第一等人。

怎样才能把一种劳作做到圆满呢？唯一的秘诀就是忠实，忠实从心理上发出来的便是敬。《庄子》记痀偻丈人承蜩的故事，说道："虽天地之大，万物之多，而惟吾蜩翼之知。"凡做一件事，便把这件事看作我的生命，无论别的什么好处，到底不肯牺牲我现做的事来和它交换。我信得过我当木匠的做成一张好桌子，和你们当政治家的建设成一个共和国家同一价值。我信得过我当挑粪的把马桶收拾得干净，和你们当军人的打胜一支压境的敌军同一价值。大家同是替社会做事，你不必羡慕我，我不必羡慕你。怕的是我这件事做得不妥当，便对不起这一天里头所吃的饭。所以我做事的时候，丝毫不肯分心到事外。曾文正说："坐这山，望那山，一事无成。"我从前看见一位法国学者著的书，比较英、法两国国民性，他说："到英国人公事房里头，只看见他们埋头执笔做他的事，到法国人公事房里头，只看见他们衔着烟卷像在那里出神。英国人走路，眼注地上，像用全副精神注在走路上。法国人走路，总是东张西望，像不把走路当一回事。"这些话比较得是否确切，姑且不论，但很可以为敬业两个字下注脚。若果如他们所说，英国人便是敬，法国人便是不敬。一个人对于自己的职业不敬，从学理方面说，便亵渎职业之神圣；从事实方面说，一定把事情做糟了，结果自己害自己。所以敬业主义，于人生最为必要，又于人生最为有利。庄子说："用志不纷，乃凝于神。"孔子说："素其位而行，不愿乎其外。"我说的敬业，不外这些道理。

第二要乐业。"做工好苦呀！"这种叹气的声音，无论何人都会常在口边流露出来。但我要问他："做工苦，难道不做工就不苦吗？"今日大热天气，我在这里喊破喉咙来讲，诸君扯直耳朵来听，有些人看着我们好苦。翻过来，倘若我们去赌钱去吃酒，还不是一样的淘神费力？难道又不苦？须知苦乐全在主观的心，不在客观的事。人生从出胎的那一秒钟起到咽气的那一秒钟止，除了睡觉以外，总不能把四肢五官都搁起不用。只要一用，不是淘神，便是费力，劳苦总是免不掉的。会打算盘的人只有从劳苦中找出快乐来。我想天下第一等苦人，莫过于无业游民，终日闲游浪荡，不知把自己的身子和心子摆在哪里才好，他们的日子真难过。第二等苦人，便是厌恶自己本业的人，这件事分明不能不做，却满肚子里不愿意做，不愿意做逃得了吗？到底不能，结果还是皱着眉头哭丧着脸做去，这不是专门自己替自己开玩笑吗？我老实告诉你一句话：凡职业都是有趣味的，只要你肯继续做下去，趣味自然会发生。为什么呢？第一，因为凡一件职业，总有许多层累曲折，倘能身入其中，看它变化进展的状态，最为亲切有味。第二，因为每一职业之成就，离不了奋斗。一步一步的奋斗前去，从刻苦中得快乐，快乐的分量加增。第三，职业的性质，常常要和同业的人比较骈进，好像赛球一般，因竞胜而得快乐。第四，专心做一职业时，把许多游思妄想杜绝了，省却无限闲烦恼。孔子说："知之者不如好之者，好之者不如乐之者。"人生能从自己职业中领略出趣味，生活才有价值。孔子自述生平，说道："其为人也，发愤忘食，乐以忘忧，不知老之将至云尔。"这种生活，真算得人类理想的生活了。

　　我生平最受用的有两句话，一是"责任心"，二是"趣味"。我自己常常力求这两句话之实现与调和，又常常把这两句话向我的朋友强聒不舍。今天所讲，敬业即是责任心，乐业即是趣味。我深信人类合理的生活总该如此；我盼望诸君和我同一受用。

（1922 年 8 月 14 日上海中华职业学校讲演稿。
原载《时事新报》1922 年 8 月 18 日。）

为学与做人

诸君，我在南京讲学将近三个月了。这边苏州学界里头，有好几回写信邀我；可惜我在南京是天天有功课的，不能分身前来。今天到这里，能够和全城各校诸君聚在一堂，令我感激得很。但有一件，还要请诸君原谅，因为我一个月以来，都带着些病，勉强支持，今天不能作很长的讲演，恐怕有负诸君期望哩。

问诸君："为甚么进学校？"我想人人都会众口一辞地答道："为的是求学问。"再问："你为什么要求学问？""你想学些什么？"恐怕各人的答案就很不相同，或者竟自答不出来了。诸君啊，我请替你们总答一句罢："为的是学做人！"你在学校里头学的什么数学、几何、物理、化学、生理、心理、历史、地理、国文、英语，乃至什么哲学、文学、科学、政治、法律、经济、教育、农业、工业、商业等等，不过是做人所需要的一种手段，不能说专靠这些便达到做人的目的。任凭你把这些件件学得精通，你能够成个人不能成个人还是别问题。

人类心理，有知、情、意三部分。这三部分圆满发达的状态，我们先哲名之为"三达德"——智，仁，勇。为什么叫做"达德"呢？因为这三件事是人类普通道德的标准。总要三件具备才能成一个人。三件的完成状态怎么样呢？孔子说："知者不惑，仁者不忧，勇者不惧。"所以教育应分为知育、情育、意育三方面。——现在讲的智育、德育、体育，不对。德育范围太笼统，体育范围太狭隘。——知育要教到人不惑，情育要教到人不忧，意育要教到人不惧。教育家教学生，应该以这三件为究竟；我们自动地自己教育自己，也应该以这三件为究竟。

怎么样才能不惑呢？最要紧是养成我们的判断力。想要养成判断力，第一步，最少须有相当的常识。进一步，对于自己要做的事须有专门智识。再进一步，还要有遇事能断的智慧。假如一个人连常识都没有，听见打雷，说是雷公发威；看见月蚀，说是虾蟆贪嘴。那么，一定闹到什么事都没有主意，碰着一点疑难问题，就靠求神问卜看相算命去解决。真所谓"大惑不解"，成了最可怜的人了。学校里小学中学所教，就是要人有了许多基本的常识，免得凡事都暗中摸索。但仅仅有这点常识还不够。我们做人，总要各有一件专门职业。这门职业，也并不是我一人破天荒去做，从前已经许多人做过。他们积了无数经验，发见出好些原理原则，这就是专门学识。我打算做这项职业，就应该有这项专门学识。例如我想做农吗？怎样的改良土壤，怎样的改良种子，怎样的防御水旱病虫……等等，都是前人经验有得成为学识的。我们有了这种学识，应用他来处置这些事，自然会不惑；反是则惑了。做工做商……等等都各各有他的专门学识，也是如此。我想做财政家吗？何种租税可以生出何样结果，何种公债可以生出何样结果……等等，都是前人经验有得成为学识的。我们有了这种学识，应用他来处置这些事，自然会不惑；反是则惑了。教育家军事家……等等都各各有他的专门学识，也是如此。我们在高等以上学校所求的智识，就是这一类。但专靠这种常识和学识就够吗？还不能。宇宙和人生是活的不是呆的，我们每日所碰见的事理是复杂的变化的不是单纯的印板的。倘若我们只是学过这一件才懂这一件，那么，碰着一件没有学过的事来到跟前，便手忙脚乱了。所以还要养成总体的智慧才能得有根本的判断力。这种总体的智慧如何才能养成呢？第一件，要把我们向来粗浮的脑筋，着实磨练它，叫它变成细密而且踏实。那么，无论遇着如何繁难的事，我都可以彻头彻尾想清楚它的条理，自然不至于惑了。第二件，要把我们向来昏浊的脑筋，着实将养它，叫它变成清明。那么，一件事理到跟前，我才能很从容很莹澈的去判断它，自然不至于惑了。以上所说常识学识和总体的智慧，都是智育的要件。目的是教人做到知者不惑。

怎么样才能不忧呢？为什么仁者便会不忧呢？想明白这个道理，先要知道中国先哲的人生观是怎么样。"仁"之一字，儒家人生观的全体大用都包在里头。"仁"到底是什么？很难用言语说明。勉强下个解释，可以说是"普遍人格之实现"。孔子说："仁者人也。"意思说是人格完成就叫做"仁"。但我们要知道：人格不是单独一个人可以表见的，要从人和人的关系上看出来。所以仁字从二人，郑康成解它做"相人偶"。总而言之，要彼我交感互发，成为一体，然后我的人格才能实现。所以我们若不讲人格主义，那便无话可说。讲到这个主义，当然归宿到普遍人格。换句话说：宇宙即是人生，人生即是宇宙，我的人格，和宇宙无二无别。体验得这个道理，就叫做"仁者"。然则这种仁者为甚么就会不忧呢？大凡忧之所从来，不外两端，一曰忧成败，二曰忧得失。我们得着"仁"的人生观，就不会忧成败。为什么呢？因为我们知道宇宙和人生是永远不会圆满的，所以《易经》六十四卦，始"乾"而终"未济"。正为在这永远不圆满的宇宙中，才永远容得我们创造进化。我们所做的事，不过在宇宙进化几万万里的长途中，往前挪一寸两寸，哪里配说成功呢？然则不做怎么样呢？不做便连这一寸两寸都不往前挪，那可真真失败了。"仁者"看透这种道理，信得过只有不做事才算失败，肯做事便不会失败。所以《易经》说："君子以自强不息。"换一方面来看，他们又信得过凡事不会成功的，几万万里路挪了一两寸，算成功吗？所以《论语》说："知其不可而为之。"你想，有这种人生观的人，还有什么成败可忧呢？再者，我们得着"仁"的人生观，便不会忧得失。为什么呢？因为认定这件东西是我的，才有得失之可言。连人格都不是单独存在，不能明确地画出这一部分是我的，那一部分是人家的。然则哪里有东西可以为我所得？既已没有东西为我所得，当然也没有东西为我所失。我只是为学问而学问，为劳动而劳动，并不是拿学问劳动等等做手段来达某种目的——可以为我们"所得"的。所以老子说:"生而不有,为而不恃";"既以为人己愈有,既以与人己愈多"。你想,有这种人生观的人,还有什么得失可忧呢?总而言之,有了这种人生观,自然会觉得"天地与我并生,而万物与我为一",自然会"无入而不自得"。他的生活,纯然是趣味化艺术化。这是最高的情感教育,目的教人做到仁者不忧。

怎么样才能不惧呢?有了不惑不忧功夫,惧当然会减少许多了。但这是属于意志方面的事。一个人若是意志力薄弱,便有很丰富的智识,临时也会用不着,便有很优美的情操,临时也会变了卦。然则意志怎么才会坚强呢?头一件须要心地光明。孟子说:"浩然之气,至大至刚。行有不慊于心,则馁矣。"又说:"自反而不缩,虽褐宽博,吾不惴焉;自反而缩,虽千万人,吾往矣。"俗语说得好:"生平不做亏心事,夜半敲门也不惊。"一个人要保持勇气,须要从一切行为可以公开做起,这是第一着。第二件要不为劣等欲望之所牵制。《论语》记:"子曰:吾未见刚者。或对曰:申枨。子曰:枨也欲,焉得刚?"一被物质上无聊的嗜欲东拉西扯,那么,百炼刚也会变为绕指柔了。总之一个人的意志,由刚强变为薄弱极易,由薄弱返到刚强极难。一个人有了意志薄弱的毛病,这个人可就完了。自己作不起自己的主,还有什么事可做?受别人压制,做别人奴隶,自己只要肯奋斗,终须能恢复自由。自己的意志做了自己情欲的奴隶,那么,真是万劫沉沦,永无恢复自由的余地,终生畏首畏尾,成了个可怜人了。孔子说:"和而不流,强哉矫;中立而不倚,强哉矫;国有道,不变塞焉,强哉矫;国无道,至死不变,强哉矫。"我老实告诉诸君说罢,做人不做到如此,决不会成一个人。但做到如此真是不容易,非时时刻刻做磨练意志的工夫不可。意志磨练得到家,自然是看着自己应做的事,一点不迟疑,扛起来便做,"虽千万人吾往矣"。这样才算顶天立地做一世人,绝不会有藏头躲尾左支右绌的丑态。这便是意育的目的,要教人做到勇者不惧。

我们拿这三件事作做人的标准。请诸君想想,我自己现时做到哪一件——哪一件稍为有一点把握。倘若连一件都不能做到,连一点把握都没有，嗳哟，那可真危险了！你将来做人恐怕就做不成。讲到学校里的教育吗？第二层的情育第三层的意育，可以说完全没有，剩下的只有第一层的知育。就算知育罢，又只有所谓常识和学识，至于我所讲的总体智慧靠来养成根本判断力的，却是一点儿也没有。这种"贩卖智识杂货店"的教育，把他前途想下去，真令人不寒而栗！现在这种教育，一时又改革不来，我们可爱的青年，除了它更没有可以受教育的地方。诸君啊！你到底还要做人不要？你要知道危险呀！非你自己抖擞精神想方法自救，没有人能救你呀！

诸君啊！你千万别要以为得些片断的智识，就算是有学问呀。我老实不客气告诉你罢，你如果做成一个人，智识自然是越多越好；你如果做不成一个人，智识却是越多越坏。你不信吗？试想想全国人所唾骂的卖国贼某人某人，是有智识的呀，还是没有智识的呢？试想想全国人所痛恨的官僚政客——专门助军阀作恶鱼肉良民的人，是有智识的呀，还是没有智识的呢？诸君须知道啊：这些人当十几年前在学校的时代，意气横厉，天真烂漫，何尝不和诸君一样？为什么就会堕落到这样田地呀？屈原说的："何昔日之芳草兮，今直为此萧艾也！岂其有他故兮，莫好修之害也。"天下最伤心的事，莫过于看着一群好好的青年，一步一步往坏路上走。诸君猛醒啊！现在你所厌所恨的人，就是你前车之鉴了。

诸君啊！你现在怀疑吗？沉闷吗？悲哀痛苦吗？觉得外边的压迫你不能抵抗吗？我告诉你：你怀疑和沉闷，便是你因不知才会惑。你悲哀痛苦，便是你因不仁才会忧。你觉得你不能抵抗外界的压迫，便是你因不勇才有惧。这都是你的知情意未经过修养磨练，所以还未成个人。我盼望你有痛切的自觉啊！有了自觉，自然会自动。那么，学校之外，当然有许多学问，读一卷经，翻一部史，到处都可以发见诸君的良师呀！

诸君啊！醒醒罢！养足你的根本智慧，体验出你的人格人生观，保护好你的自由意志。你成人不成人，就看这几年哩！

（1922年12月27日苏州学生联合会讲演稿。
原载《晨报副镌》1923年1月15日。）

知命与努力

今天所讲的题目是"知命与努力"。知命同努力这两件事，骤看似乎不易合并在一处，《列子·力命》篇中曾经说明力与命不能相容，我从前作的诗也有"百年力与命相持"之句，都是把知命同努力分开，而且以为两者不能并存，可是，究竟是不是这样呢？现在便要研究这个问题。胡适之先生在欧洲演说中国文化，狠攻击知命之说，以为知命是一种懒惰哲学，这种主张，能养成懒惰根性。这话若不错，那么，我们这个懒惰人族，将来除了自然淘汰之一途外，真没有别条路可走了。但究竟是不是这样呢？现在还当讨论。

在《论语》里面有一句话："不知命无以为君子。"意思是说：凡人非有知命的功夫不能做君子。君子二字在儒家的意义常是代表高尚人格的。可以知道儒家的意见，是以知命为养成高尚人格的重要条件。其他"五十而知命"等类的话很多，知命一事在儒家可谓重视极了。再来返观儒家以外的各家的态度怎样呢？墨家树起反对之帜，矫正儒家，所攻击的，大半是儒家所重视的。所以墨家自然不相信命，《墨子·非命》篇中便极端否认知命，在现在讲，可算"打倒知命"了。列子的意见，更可从《力命》篇中看出。他假设两人对话，一名力，一名命，争论结果，偏重于命。列子是代表道家的，可见道家的主张，是根本将命抬到最高的地位，而将力压服在下面，和墨家重力黜命的宗旨恰恰相反。可是儒家就不然，一面讲命，一面亦讲力，知命和努力，是同在一样的重要的地位，即以"不知命无以为君子"一句论，为君子便是努力，但却以知命为必要条件，可知在儒家的眼光中两者毫无轩轾了。

命字到底怎么解呢？《论语》中的话很简单，未曾把定义揭出来，我们只好在儒家后辈的书籍中寻解说。《孟子》《荀子》《礼记》，这三种都是后来儒家的重要的书。《孟子》说："莫之致而至者命也。"意谓并不靠我们力量去促成，而它自己当然来的，便是命。《荀子》说："节遇谓之命。"节是时节，意谓在某一时节偶然遇着的，便是命。《礼记》说："分于道之谓命。"这一条戴东原解释得最详，他以为道是全体的统一的，在那全体的里面，分一部分出来，部分对于全体，自然要受其支配，那叫做"分限"，便是命。综合这几条，简单地说，就是：我们的行为，受了一种不可抵抗的力量的支配，偶然间遇着一个机会，或者被限制着只许在一定范围内自由活动，这便是命。命的观念，大概如此。

分限——命——的观念既明，究竟有多少种类，经过详密的分析，大约有下列四种：（一）自然界给予的分限。这类分限，极为明显易知，如现在天暖，须服薄衣，转眼秋冬来了，又要需用厚衣，这便是一种自然界的分限。用外国语解释，便是自然界对于人类行为，给的一个order，只能在范围内活动，想超过是不能的。人类常常自夸，人力万能征服了自然界，但是到底征服了多少，还是个问题，譬如前时旧金山和日本的地震，人类几十年努力经营的结果，只消自然界几秒钟的破坏，便消灭无余，人类到底征服了自然界多少呢？近几天，天文家又传说慧星将与地球接近，星尾若扫到地面，便要发生危险，此事固未实现，然假设慧星尾与地面接触了，那变化又何堪设想，彼时人类征服自然界的力量又如何呢？这样便证明自然界的力量，委实比我们人类大得多，人类不得不在它给予的分限中讨生活的。（二）社会给予的分限。凡是一个社会，必有它的时间的遗传和空间的环境，这两样都能给予人们以重要的分限。无论如何强有力的人，在一个历时很久的社会中，总不能使那若干年遗传的结果消灭，并且自身反要受它的影响。即如我中华民国，挂上民治招牌已十六年了，实际上种种举动，所以名实不符者，实在是完全受了数千年历史惰力所支配，不克自拔。社会如此，个人亦如此，一人如此，众人亦如此，不独为世所诟病的军阀官僚，难免此惰力之支配，乃至现代蓬勃之青年，是否果能推翻惰力，不受其支配，仔细思之，当然不敢自信。吾人一举一动，一言一行，所不为惰力所干涉者，实不多见的。至于空间方面，亦复如是，现在中国经济状况，日趋贫乏，几乎有全国国民皆有无食之苦的景况，若想用人的力量去改这种不幸的情形，不是这一端改好，那一端又发生毛病；便是那一端改好，这一端又现出流弊。环境的势力，好似一条长链，互相牵掣，吾人的生活，便是在这全国环境互相牵掣的势力支配的底下决定，人为的改造，是不能实现的。小而言之，一个团体，也是这样，凡一个学校，它有学风，某一个在这学校里念书的学生，当然受学风的影响和支配，想跳出学风以外，是不容易的。而这个学校的学风，又不是单独成立的，又与其他学校，发生连带关系，譬如在北京某一学校，它的学风，不能不受全北京学校的学风的影响和支配，而不能脱离，就是这样。全北京的学风，影响到某一校，一校的学风，又影响到某一人，关系是如此其密切而复杂，所以社会在空间上给予人们的分限，是不可避免，而不易改造的。（三）个人固有的分限。在个人自身的性质、能力、身体、人格、经济诸方面，常有许多不由自主的状态，这便是个人固有的分限。这些分限，有的是先天带来的，有的是受了社会的影响自然形成的，然而其为分限则一。譬如有些人身体好，有些人身体坏，身体好的人每天做十多点钟的功课，不觉疲倦，身体弱的人每天只用功几点钟，便非常困乏，再不停止，甚至患病，像这种差别，是没有法子去平均和补救的。讲其原因，自然是归咎于父母的身体不强壮，才遗传这般的体质。这不独个人为然，即以民族而言，华人同欧美比较，相去实在很远，这都是以前的祖先遗留的结果，不是一时的现象，然而既经堕落到如此地步，再想齐驱并驾，实无方法可施。既曰实行卫生，或可稍图改善，然一样的运动，一样的营养，而强者自强，弱者自弱，想立刻平等，是不可能的。才能经济诸端，尤其易见，有聪明有天才的人，一目十行，倚马万言，资质愚笨的人，自然赶他不上。有遗产的子弟，可以安富尊荣，卒业游学，家境困苦的人，自然千辛万苦，往往学业不完，这种分限，凡为人类，怎能逃脱。身体才能，固然不能变易，即如物质方面之经济力，似乎可以转换，然而要将一个穷学生于顷刻中化为富豪，亦是不能实现的事。物质的限制尚且如此之难去，何论其他，个人分限，诚不可轻视的了。（四）对手方给予的分限。凡人固然自己要活动，然而同时别人也要活动，彼此原都是一样的。加之人的活动方面，对自然常少，而对于他人的常多，所以人们活动是最易和他人发生关系的，既然如此，人们活动的时候，那对手方对于自己的活动也很有影响，这影响就是分限了。人们对他人发生活动，他人为应付起见，发出相当的活动来对抗。于是自己起了所谓反应，反应也有顺的，也有逆的，遇见顺的，尚不要紧，遇见逆的，则自己的活动将受其限制，而不能为所欲为，于是便构成了对手方的分限。这可以拿施教育者与受教育者做个比方，施者虽极力求其领会，然受者仍有活动的余地，若起了逆的反应，这个教育的方法，便要失败的。此犹言团体行为也，个人对个人也是如此，朋友、夫妇间的关系，何莫不然，无论如何任性的人，他的行为总难免反受其妻之若干分限，妻之方面亦同，人生最亲爱者，莫如夫妇，而对手方犹不能不有分限，遑论其他。犹之下棋，我走一着，人亦走一着，设禁止人之移棋，任我独下，自属全胜，无如事实不许，禁止他人，既难做到，而人之一着，常常与我以危险，制我之死命，于是不得不放弃预定计划，与之极力周旋，以求最后之胜利。此即对手分限之说，乃人人相互间，双方行为接触所起之反应了。

此四种分限——再加分析，容或更有——既经明了，只受一种之限制时，已足发生困难，使数十年之工作，一旦毁坏，然人生厄运，不止如是，实际上，吾人日常生活，几无不备受四种分限之包围和压迫。因此，假使有一不知命的人，不承认分限，甚至不知分限，或不注意分限，以为无论何事，我要如何便如何，可以达到目的。此种人勇气虽然很大，动辄行其开步走的主义，一往直前，可是，设使前边有一堵墙，拦住去路，人告诉他前面有墙，墙是走不过去的，而他悍然不顾，以为没有墙，我不信墙的限制，仍然前行。有时前面本是无墙，侥幸得以穿过，然已是可一不可再的成功，今既有墙，若是墙能任意穿行，自然很好，但墙实在是不能通过的东西，于是结果，他碰了墙，碰得头破脑裂，不得不回来，回来改变方向，仍是照这样碰墙，碰了几回之后，一经躺下，比任何软弱人还软弱，再无复起的希望。因他努力自信，总想超过他的希望，不想结果失望，自然一蹶不振，这种人的勇气，不能永久保持，一遇阻碍，必生厌倦，所以不知命——不信分限，专恃莽气的人是很难成功的。

儒家知命的话，在《论语》中有最重要的一句，便是批评孔子说"知其不可为而为之"那一句。可见知其可为而为之——不知或不信分限，不是勇气；必要知其不可为而为之，才算勇气。明知山上有金矿动手去掘的人，那不算有勇；要明知不可为，而知道应该去做的人，才算伟大。这句话很可以表现孔子的全部人格，也可以作为知命与努力的注脚，"知其不可为"便是知命，"而为之"便是努力，孔子的伟大和勇气，在此可以完全看出了。我们的科学家，或是梦想他的能力可以征服自然界，能够制止地震，固不算真科学家；或是因为知遇地震无法防止，便不讲预防之法，听其自然，也非真科学家。我们的真科学家，必具有下列的精神，便是明知地震是无法控制的，也不作谬妄的大言，但也不流于消极，仍然尽心竭力去研究预防的法，能够预防多少，便是多少，不因不能控制而自馁，也不因稍一预防而自夸，这种科学家才是真科学家，如我们所需要的。他们的预料，本来只在某一限度，限度之上就应当无效或失败，但他们知道应该做这种工作，仍是勤勉地去做着，尝试复尝试，不妨其多，结果如是失败，原不出其所料，万无失望的打击，幸而一二分的成功，于是他们便喜出望外了。知命之道，如此而已。

这种一二分的成功，为何可喜呢？因为世界的成功，都是比较的，无止境的。中国爱国的人，都想把国家弄得像欧美日本一样富强，好似欧洲日本便是国家的极轨一样，谁知欧美日本，也不见得便算成功，国中正有无穷的纷扰哩！犹如庄（列）子所语的愚公移山，他虽不能一手把很高的山移完，可是他的子孙能够继续着去工作，他及身虽只能见到移去一尺二尺，也是够愉快，比起来未见分毫的移动，强得多了。成功犹如万万里的长道，一人的生命能力，可不能走完，然而走到中途，也胜于终生不走的哩！所以知命者，明知成功之不可必，了解分限之不可逃，在分限圈制前提之下去努力，才是真能努力的人啊！

我们为何需要真正的努力，因为只有真正的努力，才可不厌不倦。人何以有厌倦，多因不知分限，希望过大，动遭失败，所以如此。知命的人，便无此弊。孔门学问如"学而不厌，诲人不倦""为之不厌，诲人不倦""居之无倦""请益又（曰）无倦""自强不息""不怨天不尤人"诸端。所谓不厌，不倦，不息，不怨，不尤，都是不以前途阻碍而退馁，是消极的知命。如"学而时习之不亦悦乎，有朋自远方来不亦乐乎"，都是以稍有成功而自娱，是积极的努力。所以我们不止要排除尊己黜人的妄诞，也宜蠲去羡人恨己的忧伤，因这两者都于事实是无益的。我们徒见美国工人生活舒适，比中国资产阶级甚或过之，于是自怨自艾，于己之地位运动宁复有济？犹之豫湘人民，因罹兵灾，遽羡妒他省人民，又岂于事实有补？总之，生此环境，于此时期，惟有勤勉乃身，委曲求全，其他夸诞怨艾之念，均不可存的。

孔子的"发愤忘食，乐以忘忧"功夫，实在是知命和努力的一个大榜样。儒家弟子，受其感化的，代不乏人，如汉之诸葛亮，固知辅蜀讨曹之无功，然而仍以"鞠躬尽瘁死而后已"为职志者，深明"汉贼不两立，皇室不偏安"之义，晓得应该如此做去，故不得不做，此由知命而进于努力者也。又如近代之胡林翼、曾国藩，固曾勋业彪炳，而读其遗书，则立言无不以安命为本，因二公饱经事故，阅历有得，故谆谆以安命为言，此由努力而进于知命者也。凡人能具此二者，则做事时较有把握，较能持久。其知命也，非为懒惰而知命，实因镇定而知命；其努力也，非为侥幸而努力，实为牺牲而努力。既为牺牲而努力，做事自然勇气百倍，既无厌倦，又有快乐了。所以我们要学孔子的发愤忘食，便是学他的努力；要学孔子的乐以忘忧，便是学他的知命。知命和努力，原来是不可分离，互相为用的，再没有不相容的疑惑了。知命与努力，这便是儒家的一大特色，也是中国民族一大特色，向来伟大人物，无不如此。诸君持身涉世，如能领悟此一语的意义，做到此一层功夫，可以终生受用不尽！

（1927 年 5 月 22 日华北大学讲演稿。
原载《国闻周报》1927 年 5 月 29 日第 4 卷第 20 期。）

最苦与最乐

人生甚么事最苦呢？贫吗？不是。病吗？不是。失意吗？不是。老吗？死吗？都不是。我说人生最苦的事，莫苦于身上背着一种未来的责任。

人若能知足，虽贫不苦；若能安分（不多作分外希望），虽失意不苦；老，病，死，乃人生难免的事，达观的人看得很平常，也不算甚么苦。独是凡人生在世间一天，便有一天应该做的事。该做的事没有做完，便像是有几千斤重担子压在肩头，再苦是没有的了。为甚么呢？因为受那良心责备不过，要逃躲也没处逃躲呀！

答应人办一件事没有办，欠了人的钱没有还，受了人家的恩典没有报答，得罪错了人没有赔礼，这就连这个人的面也几乎不敢见他；纵然不见他面，睡里梦里都像有他的影子来缠着我。为甚么呢？因为觉得对不住他呀，因为自己对于他的责任还没有解除呀！不独是对于一个人如此，就是对于家庭，对于社会，对于国家，乃至对于自己，都是如此。凡属我受过他好处的人，我对于他便有了责任。（家庭、社会、国家，也可当作一个人看。我们都是曾经受过家庭、社会、国家的好处，而且现在还受着它的好处，所以对于它常常有责任。）凡属我应该做的事，而且力量能够做得到的，我对于这件事便有了责任。（譬如父母有病，不能靠别人伺候，这是我应该做的事，求医觅药，是我力量能做得到的事。我若不做，便是不尽责任。医药救得转来救不转来，这却不是我的责任。）凡属我自己打主意做一件事，便是现在的自己和将来的自己立了一种契约，便是自己对于自己加一层责任。（譬如我已经定了主意，要戒烟，从此便负了有不吸烟的责任。我已经定了主意，要著一部书，从此便有著成这部书的责任。这种不是对于别人负责任，却是现在的自己对于过去的自己负责任。）有了这责任，那良心便时时刻刻监督在后头。一日应尽的责任没有尽，到夜里头便是过的苦痛日子。一生应尽的责任没有尽，便死也是带着苦痛往坟墓里去。这种苦痛却比不得普通的贫、病、老，可以达观排解得来。所以我说人生没有苦痛便罢，若有苦痛，当然没有比这个加重的了。

翻过来看，甚么事最快乐呢？自然责任完了，算是人生第一件乐事。古语说得好："如释重负"，俗语亦说是："心上一块石头落了地。"人到这个时候，那种轻松愉快，真不可以言语形容。责任越重大，负责的日子越久长，到责任完了时，海阔天空，心安理得，那快乐还要加几倍哩！大抵天下事，从苦中得来的乐才算真乐。人生须知道有负责任的苦处，才能知道有尽责任的乐处。这种苦乐循环，便是这有活力的人间一种趣味。却是不尽责任，受良心责备，这些苦都是由自己找来的。一翻过来，处处尽责任，便处处快乐；时时尽责任，便时时快乐。快乐之权操之在己。孔子所以说"无入而不自得"，正是这种作用哩！

然则为甚么孟子又说"君子有终身之忧"呢？因为越是圣贤豪杰，他负的责任便越是重大，而且他常要把种种责任来揽在身上，肩头的担子从没有放下的时节。曾子还说哩："任重而道远，死而后已，不亦远乎！"那仁人志士的忧民忧国，那诸圣诸佛的悲天悯人，虽说他是一辈子里苦痛，也都可以。但是他日日在那里尽责任，便日日在那里得苦中真乐，所以他到底还是乐不是苦呀！

有人说，既然这苦是从负责任生来，我若是将责任卸却，岂不就永远没有苦了吗？这却不然，责任是要解除了才没有，并不是卸了就没有。人生若能永远像两三岁小孩，本来没有责任，那就本来没有苦。到

最苦与最乐

了长成，那责任自然压在你头上，如何能躲？不过有大小的分别罢了。尽得大的责任，就得大的快乐；尽得小的责任，就得小的快乐。你若是要躲，倒是自投苦海，永远不能解除了。

（原载《大公报》1918 年 12 月 29 日。）

人生观与科学

一

张君劢在清华学校演说一篇《人生观》，惹起丁在君作了一篇《玄学与科学》和他宣战。我们最亲爱的两位老友，忽然在学界上变成对垒的两造。我不免也见猎心喜，要把我自己的意见写点出来助兴了。

当未写以前要先声叙几句话。

第一，我不是加在哪一造去"参战"，也不是想斡旋两造做"调人"，尤其不配充当"国际法庭的公断人"。我不过是一个观战的新闻记者，把所视察得来的战况随手批评一下便了。读者还须知道，我是对于科学玄学都没有深造研究的人。我所批评的一点不敢自以为是。我两位老友以及其他参战人观战人把我的批评给我一个心折的反驳，我是最欢迎的。

第二，这回战争范围，已经蔓延得很大了，几乎令观战人应接不暇。我为便利起见，打算分项批评。作完这篇之后，打算还跟着作几篇。（一）科学的知识论与所谓"玄学鬼"。（二）科学教育与超科学教育。（三）论战者之态度……等等。但到底作几篇，要看我趣味何如，万一兴尽，也许不作了。

第三，听说有几位朋友都要参战，本来想等读完了各人大文之后再下总批评。但头一件，因技痒起来等不得了。第二件，再多看几篇，也许"崔颢题诗"叫我搁笔，不如随意见到哪里说到哪里，所以这一篇纯是对于张、丁两君头一次交绥的文章下批评，他们两次彼此答辩的话，只好留待下次。其余陆续参战的文章，我很盼早些出现，或者我也有继续批评的光荣。或者我要说的话被人说去，或者我未写出来的意见已经被人驳倒，那么，我只好不说了。

二

凡辩论先要把辩论对象的内容确定，先公认甲是什么乙是什么，才能说到甲和乙的关系何如，否则一定闹到"驴头不对马嘴"，当局的辩论没有结果，旁观的越发迷惑。我很可惜君劢这篇文章，不过在学校里随便讲演，未曾把"人生观"和"科学"给它一个定义，在君也不过拈起来就驳。究竟他们两位所谓"人生观"，所谓"科学"，是否同属一件东西，不惟我们观战人摸不清楚，只怕两边主将也未必能心心相印哩。我为替读者减除这种迷雾起见，拟先规定这两个名词的内容如下：

（一）人类从心界物界两方面调和结合而成的生活，叫做"人生"。我们悬一种理想来完成这种生活，叫做"人生观"。（物界包含自己的肉体及己身以外的人类乃至己身所属之社会等等。）

（二）根据经验的事实分析综合求出一个近真的公例以推论同类事物，这种学问叫做"科学"。（应用科学改变出来的物质或建设出来的机关等等只能谓之"科学的结果"，不能与"科学"本身并为一谈。）

我解释这两个名词的内容，不敢说一定对。假定拿以上所说做个标准，我的答案便如下：

"人生问题，有大部分是可以——而且必要用科学方法来解决的。却有一小部分——或者还是最重要的部分是超科学的。"

因此我对于君劢、在君的主张，觉得他们各有偏宕之处。今且先驳君劢。

君劢既未尝高谈"无生"，那么，无论尊重心界生活到若何程度，终不能说生活之为物能够脱离物界而单独存在。既涉到物界，自然为环境上——时间空间——种种法则所支配，断不能如君劢说的那么单纯，专凭所谓"直觉"的"自由意志"的来片面决定。君劢列举"我对非我"之九项，他以为不能用科学方法解答者，依我看来十有八九倒是要用科学方法解答。他说："忽君主忽民主忽自由贸易忽保护贸易……等等，试问论理学公例何者能证其合不合乎？"其意以为这类问题既不能骤然下一个笼统普遍的断案，便算摒逐在科学范围以外。殊不知科学所推寻之公例乃是：（一）在某种条件之下，会发生某种现象。（二）欲变更某种现象，当用某种条件笼统普遍的断案。无论其不能，即能，亦断非科学之所许。若仿照君劢的论调，也可以说："忽衣裘，忽衣葛，忽附子玉桂，忽大黄芒硝……试问论理学公例何者能证其合不合乎"？然则连衣服饮食都无一定公例可以支配了，天下有这种理吗？殊不知科学之职务不在绝对的普遍的证明衣裘衣葛之孰为合孰为不合，它却能证明某种体气的人在某种温度之下非衣裘或衣葛不可。君劢所列举种种问题，正复如此。若离却事实的基础劈地凭空说君主绝对好、民主绝对好、自由贸易绝对好、保护贸易绝对好……当然是不可能。却是在某种社会结合之下宜于君主，在某种社会结合之下宜于民主，在某种经济状态之下宜自由贸易，在某种经济状态之下宜保护贸易，……那么，论理上的说明自然是可能，而且要绝对的尊重。君劢于意云何？难道能并此而不承认吗？总之，凡属于物界生活之诸条件，都是有对待的。有对待的自然一部或全部应为"物的法则"之所支配。我们对于这一类生活，总应该根据"当时此地"之事实，用极严密的科学方法，求出一种"比较合理"的生活。这是可能而且必要的。就这点论，在君说"人生观不能和科学分家"，我认为含有一部分真理。

　　君劢尊直觉尊自由意志我原是赞成的，可惜他应用的范围太广泛而且有错误。他说："……常有所观察也、主张也、希望也、要求也，是之谓人生观。甲时之所以为善者，至乙时则又以为不善而求所以革之。乙时之所以为善者，至丙时又以为不善而求所以革之。……"君劢所用"直觉"这个字，到底是怎样的内容，我还没有十分清楚。照字面看来，总应该是超器官的一种作用。若我猜得不错，那么，他说的"有所观察而甲乙丙时或以为善或以为不善"，便纯然不是直觉的范围。为什么"甲时以为善乙时以为不善"，因为"常有所观察"，因观察而以为不善，跟着生出主张、希望、要求。不观察便罢，观察离得了科学程序吗？"以为善不善"，正是理智产生之结果。一涉理智，当然不能逃科学的支配。若说到自由意志吗？它的适用，当然该有限制。我承认人类所以贵于万物者在有自由意志，又承认人类社会所以日进，全靠他们的自由意志。但自由意志之所以可贵，全在其能选择于善不善之间而自己作主以决从违。所以自由意志是要与理智相辅的。若像君劢全抹杀客观以谈自由意志，这种盲目的自由，恐怕没有什么价值了。（君劢清华讲演所列举人生观五项特征，第一项说人生观为主观的以与客观的科学对立，这话毛病很大。我以为人生观最少也要主观和客观结合才能成立。）

然则我全部赞成在君的主张吗？又不然。在君过信科学万能，正和君劢之轻蔑科学同一错误。在君那篇文章，很像专制宗教家口吻，殊非科学者态度，这是我替在君可惜的地方。但亦无须一一指摘了。在君说"我们有求人生观统一的义务"。又说"用科学方法求出是非真伪，将来也许可以把人生观统一"。（他把医学的进步来做比喻。）我说人生观的统一，非惟不可能，而且不必要。非惟不必要，而且有害。要把人生观统一，结果岂不是"别黑白而定一尊"，不许异己者跳梁反侧？除非中世的基督教徒才有这种谬见，似乎不应该出于科学家之口。至于用科学来统一人生观，我更不相信有这回事。别的且不说，在君说"世界上的玄学家一天没有死完，自然一天人生观不能统一"。我倒要问：万能的科学，有没有方法令世界上的玄学家死完？如其不能，即此已可见科学功能是该有限制了。闲话少叙，请归正文。

人类生活，固然离不了理智，但不能说理智包括尽人类生活的全内容。此外还有极重要一部分——或者可以说是生活的原动力，就是"情感"。情感表出来的方向很多。内中最少有两件的的确确带有神秘性的，就是"爱"和"美"。"科学帝国"的版图和威权，无论扩大到什么程度，这位"爱先生"和那位"美先生"依然永远保持他们那种"上不臣天子下不友诸侯"的身分。请你科学家把"美"来分析研究罢，什么线，什么光，什么韵，什么调……任凭你说得如何文理密察，可有一点儿搔着痒处吗？至于"爱"，那更"玄之又玄"了。假令有两位青年男女相约为"科学的恋爱"，岂不令人喷饭？又何止两性之爱呢？父子、朋友……间至性，其中不可思议者何限？孝子割股疗亲，稍有常识的也该知道是无益。但他情急起来，完全计较不到这些。程婴、杵臼代人抚孤，抚成了还要死。田横岛上五百人，死得半个也不剩。这等举动，若用理智解剖起来，都是很不合理的，却不能不说是极优美的人生观之一种。推而上之，孔席不暖，墨突不黔，释迦割臂饲鹰，基督钉十字架替人赎罪。他们对于一切众生之爱，正与恋人之对于所欢同一性质。我们想用什么经验什么规范去测算他的所以然之故，真是痴人说梦。又如随便一个人对于所信仰的宗教，对于所崇拜的人或主义，那种狂热情绪，旁观人看来，多半是不可解，而且不可以理喻的。然而一部人类活历史，却十有九是从这种神秘中创造出来。从这方面说，却用得着君劢所谓主观所谓直觉所谓综合而不可分析……等等话头。想用科学方法支配他，无论不可能，即能，也把人生弄成死的没有价值了。

我把我极粗浅极凡庸的意见总括起来，是：

"人生关涉理智方面的事项，绝对要用科学方法来解决。关涉情感方面的事项，绝对的超科学。"

我以为君劢和在君所说，都能各明一义。可惜排斥别方面太过，都弄出语病来。我还信他们不过是"语病"。他们本来的见解，也许和我没有什么大分别哩。

以上批评"人生观与科学"的话，暂此为止。改天还想讨论别的问题。

（1923 年 5 月 23 日作。原载《晨报副镌》1923 年 5 月 29 日。）

甚么是"我"

奇怪！谁不知道我就是我？要你来问？你这个题目就好生不通呀。

诸君别忙，听我说来。当初有人问我这句话，我何尝不是拿手指着鼻子冲口而出的答应道"我就是我"。后来经多少年仔细看来，从前我叫做"我"的，渐渐觉得不像是"我"，从前不叫做"我"的，倒有些很像是"我"。把我越闹越糊涂起来，跟着就烦闷起来了。所以如今要拿这不通的题目，向诸君请教请教。

寻常人叫做"我"的，自然是指这肉体。这肉体到底是我不是呢？佛世尊说得好："我今此身，四大和合。发毛爪齿皮肉筋骨髓脑垢色，皆归于地。唾涕脓血津液涎沫痰泪精气大小便利，皆归于水。暖气归火，动转归风。四大各离，今者妄身当在何处？"诸君别要因为我是信仰佛教的人笑我说话总带些宗教臭味。其实这种道理，拿极普通极粗浅的科学，都可以证明。如今中小学校稍肯用功的学生，哪一个不知道人身是数十种原质和合而成；哪一个不知道人身内有无量无数细胞，个个细胞，都有它的知觉运动；哪一个不知道我们身上的骨肉精血新陈代谢，现时身上所含物质，不到一个来复便蜕换净尽，全然变了一种新物质。这样看来，我们若是拿这一层皮包着几十斤肉的那件东西叫做是我，那么几十种原质便可以变成几十个我，几万万的细胞便可以变成几万万个我，一个来复以前的我，便全然不是一个来复以后的我，说来说去，还不是把这个我闹得没有了吗？两三岁的小孩，他每每把他的鞋咧帽咧衣服咧玩具咧，看着和他的眼耳口鼻手足一样，认成它是我体之一部分。到长大了，智识渐开扩，观念渐明了，才能将身体和身体的附属物生出一种分别来。但再想深一层，那将身体的附属物认做我的固然可怜，就是将身体认做我的也何尝不可笑。这皮囊里头几十斤肉，原不过是我几十年间借住的旅馆。那四肢五官，不过是旅馆里头应用的器具。自然另外还有个住旅馆的人使用器具的人，这个总算是我。那旅馆和器具，不是我，只是物。《孟子》里头有"物交物则引之而已矣"这两句话，最说得好。他上一个"物"字指的是身外之物，下一个"物"字就指的是五官四体。（他上文说：耳目之官不思而蔽于物。故知下"物"字即指耳目之官了。）这蠢蠢然几十斤重的一件物，何尝是我来。因为我们一向硬说他是我，所以尽着奉承他袒护他。因为他的肮脏，倒带累了我的纯洁。因为他的快乐，倒作成了我的苦恼。这就是我中国古书说的"小人役于物"，亦即是佛经说的"认贼为子"，也即是和那小孩子把鞋帽玩物等等认做我的差不多一般见识。我们从今以后再不要上当说他是我了。但他既然不是我，我却跑到哪里去了呢？

因甚么有这"我"字，不是"人"字的对待名词吗？没有别人，怎显得出有我？可见"我自己"和"别人"这两个观念，分明是对抗的了。但说也奇怪，无论甚么人，口里心里，常常拿别人当做"我"。你不信吗，我们口里头不但有一个"我"字，还有"我们"这两个字。这"我们"两个字，便是拉了别人来做"我"的一部分。好像没有添入别人，这个"我"就不能圆满。是不是呢？但讲到"我们"，这范围可就广了。两个人也算"我们"，一家八口，也算"我们"，和几十几百人偶然凑集在一处，也算"我们"，合几千万人在一个学问的或宗教的或慈善的或政治的团体里头，也算"我们"，合几万万人在一个国家里头，也算"我们"，乃至合全世界所有人类，也算"我们"，乃至和过去几千年以前的人，和将来几千年以后的人，也算"我们"。"我"的观念和"别人"的观念，不消说是显然有分别。却是"我"的观念和"我们"

的观念，要清清楚楚画个界限，可就难了。譬如说我身我家我国，这些是属于"我的"呢，还是属于"我们的"呢？身自然可以说是我的身，家便不能不说是我们的家，国便不能不说是我们的国。又如说我妻我子，妻自然该说是我的妻，子便不能不说是我们的子。若要严格地讲，单是我才叫做我，"我们"便不叫做我。这"我"字的范围，那就迫窄得很，恐怕就要变成"无我"了。其实人人心目中的"我"字，并非从这等狭义的解释。"我们"就是"我"，却是一般人向来所公认。试把最浅近的例来说明：刚才所讲我妻我子两个观念，谁能说有轻重亲疏的分别。不惟如是，就是我身我家这两个观念，在普通一般人心中，也并未尝有甚么轻重亲疏的分别。这样说来，"我"字的意义，并非不许有别人添在里头，而且十有九非把别人添在里头不可。这却是甚么缘故呢？

唉！真真叫我烦闷！真真叫我惊疑！我这宝贝似的几十斤肉，从前一口咬定说他是我。算来算去，的确不是我了。摆在面前这许多人，分明是个别人。忽然和他一个拼起来变成个"我"，忽然和他几个拼起来变成个"我"，忽然和他几十几百几千几万几万万个拼起来变成个"我"，忽然和普天之下往古来今所有的人都拼起来变成个"我"。这是从何说起，到底世界上还有这个"我"没有呢？若说还有，毕竟甚么样才叫做"我"呢？

诸君见谅，小子学识浅陋，实在还够不上彻底解释这个问题，但我想这个"我"字，本来是和客观对待生出来主观的一种抽象名词。既已属于主观的，自然各人各人的主观不同，各人心中"我"字的意义，自然该千差万别。所以小孩的"我"，和成人的"我"，截然两样。俗人的"我"，和豪杰的"我"，和圣贤的"我"，截然两样。"我"的分量大小，和那人格的高下，文化的浅深，恰恰成个比例。譬如最劣等的人，他简直光拿皮囊里几十斤肉当做"我"，余外都不算是我，所以他的行为，就成了一种极端利己主义，甚么罪恶都做出来。稍高等的，他的"我"便扩大了，就要拉别人来做"我"的一部分。即如最普通的妇人，她会把她儿子看成和她一样，儿子欢喜她便欢喜，儿子苦痛她便苦痛，儿子病她愿意替他病，儿子死她愿意替他死。这儿子不是显然别一个人吗？却是普天下做母亲的，向来就没有把儿子当作"他"，只是将儿子和自己拼起来合成一个"我"。据伦理学的普通学说，都说有利我利他两种道德。那母亲爱护儿子，你说是利他呀还是利我呢？其实还是利我，不过"我"的范围放大便了。他为甚么会把他这"我"的范围放大呢？并不是靠甚么教育，更没有丝毫勉强，因为我的分量，本来不是孤丁丁的一个肉体就可以圆满的，总要拉别人来做"我"的一部分，这个"我"才觉得舒帖。那孝子为甚么孝父母，因为他实实在在把父母和自己拼成了一个"我"。兄弟夫妇为甚么亲爱，因为兄和弟、夫和妇实实在在拼成了一个"我"。寻常人为甚么个个都会爱家，因为他实实在在觉得这家变成了一个"我"，将这家剔去，他觉得他的"我"便不完全了。有教育的国民，为甚么个个都会爱国，因为他实实在在觉得这国变成了一个"我"，将这国剔去，他觉得他的"我"便不完全了。再进一层讲到绝顶高尚的道德。孟子说的"禹思天下有溺者犹己溺，稷思天下有饥者犹己饥"，佛菩萨说的"有一众生不成佛者我誓不成佛"，须知这并不是大言欺人，他实实在在觉得天下众生都变成了一个"我"，像母亲看待儿子一般，有同命一体不可离的关系，便要不爱他，能够不爱吗？我们听见国民一体、众生一体这些话，总觉得大而无当，以为各人分明有各人的别体，如何能把他合成一体，殊不知母子一体，家人一体，都是眼面前有凭有据的事实。这还不是把两个或几个的别体合成一体吗？有何奇特？两个或几个别体合得来，为甚么几千几万个别体就合不来呢？其实拼合许多人才成个"我"，乃是"真我"的本来面目。为甚么呢？因为这个"我"本来是个超越物质界以外的一种精神记号。这种精神，本来是普遍的。这一个人的"我"和那一个人的"我"，乃至和其他同时千千万万人的"我"，乃至和往古来今无量无数人的"我"，性质本来是同一。不过因为有皮囊里几十斤肉那件东西把他隔开，便成了这是我的"我"，那是他的"我"。然而这几十斤肉隔不断的时候，实到处发现，碰着机会，这同性质的此"我"彼"我"，便拼合起来。于是于原有的旧"小我"之外，套上一层新的"大我"。再加扩充，再加拼合，又套上一层更大的"大我"。层层扩大的套上去，一定要把横尽处空竖尽来劫的"我"合为一体，这才算完全无缺的"真我"，这却又可以叫做"无我"了。孟子说的"万物皆尽于我"，佛说的"一切众生同一佛性"，就是这个道理。

　　然则"甚么是我"这问题到底怎么解答呢？我还是依着诸君所说的答道"我就是我"。若再要我下一转语来，我便答道"无我就是我"。

　　　　　　　　　　　　（原载《时事新报》1918 年 12 月 20 日。）

惟　心

境者心造也。一切物境皆虚幻，惟心所造之境为真实。同一月夜也，琼筵羽觞，清歌妙舞，绣帘半开，素手相携，则有余乐；劳人思妇，对影独坐，促织鸣壁，枫叶绕船，则有余悲。同一风雨也，三两知己，围炉茅屋，谈今道故，饮酒击剑，则有余兴；独客远行，马头郎当，峭寒侵肌，流潦妨毂，则有余闷。"月上柳梢头，人约黄昏后"，与"杜宇声声不忍闻，欲黄昏，雨打梨花深闭门"，同一黄昏也，而一为欢愍，一为愁惨，其境绝异。"桃花流水杳然去，别有天地非人间"，与"人面不知何处去，桃花依旧笑春风"，同一桃花也，而一为清净，一为爱恋，其境绝异。"舳舻千里，旌旗蔽空，酾酒临江，横槊赋诗"，与"浔阳江头夜送客，枫叶荻花秋瑟瑟。主人下马客在船，举酒欲饮无管弦"，同一江也，同一舟也，同一酒也，而一为雄壮，一为冷落，其境绝异。然则天下岂有物境哉，但有心境而已。戴绿眼镜者所见物一切皆绿，戴黄眼镜者所见物一切皆黄。口含黄连者所食物一切皆苦，口含蜜饴者所食物一切皆甜。一切物果绿耶果黄耶果苦耶果甜耶？一切物非绿非黄非苦非甜，一切物亦绿亦黄亦苦亦甜，一切物即绿即黄即苦即甜。然则绿也黄也苦也甜也，其分别不在物而在我。故曰三界惟心。

有二僧因风飏刹幡，相与对论。一僧曰风动，一僧曰幡动，往复辨难无所决。六祖大师曰："非风动，非幡动，仁者心自动。"任公曰：三界惟心之真理，此一语道破矣。天地间之物一而万万而一者也。山自山，川自川，春自春，秋自秋，风自风，月自月，花自花，鸟自鸟，万古不变，无地不同。然有百人于此，同受此山此川此春此秋此风此月此花此鸟之感触，而其心境所现者百焉。千人同受此感触，而其心境所现者千焉。亿万人乃至无量数人同受此感触，而其心境所现者亿万焉，乃至无量数焉。然则欲言物境之果为何状，将谁氏之从乎？仁者见之谓之仁，智者见之谓之智，忧者见之谓之忧，乐者见之谓之乐。吾之所见者，即吾所受之境之真实相也。故曰惟心所造之境为真实。

然则欲讲养心之学者，可以知所从事矣。三家村学究，得一第，则惊喜失度，自世胄子弟视之何有焉？乞儿获百金于路，则挟持以骄人，自富豪家视之何有焉？飞弹掠面而过，常人变色，自百战老将视之何有焉？一箪食，一瓢饮，在陋巷，人不堪其忧，自有道之士视之何有焉？天下之境，无一非可乐可忧可惊可喜者，实无一可乐可忧可惊可喜者。乐之忧之惊之喜之，全在人心。所谓"天下本无事，庸人自扰之"。境则一也，而我忽然而乐，忽然而忧，无端而惊，无端而喜，果胡为者？如蝇见纸窗而竞钻，如猫捕树影而跳掷，如犬闻风声而狂吠，扰扰焉送一生于惊喜忧乐之中，果胡为者？若是者谓之知有物而不知有我。知有物而不知有我，谓之我为物役，亦名曰心中之奴隶。

是以豪杰之士，无大惊，无大喜，无大苦，无大乐，无大忧，无大惧。其所以能如此者，岂有他术哉？亦明三界唯心之真理而已，除心中之奴隶而已。苟知此义，则人人皆可以为豪杰。

（选自《自由书》，1899 年作。
原载《清议报》1900 年 3 月 1 日。）

烟士披里纯（INSPIRATION）

　　人常欲语其胸中之秘密，或有欲语而语之者，或有欲勿语而语之者，虽有有心无心之差别，而要之胸中之秘密，决不长隐伏于胸中，不显于口，则显于举动，不显于举动，则显于容貌。《记》曰：夫微之显，诚之不可掩如此乎？吁！可畏哉！盖人有四肢五官，皆所以显人心中之秘密，即肢官者，人心之间谍也，告白也，招牌也，其额蹙蹙，其容悴悴者，虽强为欢笑，吾知其有忧；其笑在涡，其轩在眉者，虽口说无聊，吾知其有乐。盖其胸中之秘密，有欲自抑而不能抑，直透出此等之机关以表白于大庭广众者。述怀何必三寸之舌？写情何必七寸之管？乃至眼之一闪，颜之一动，手之一触，体之一运，无一而非导隐念述幽怀之绝大文章也。

　　西儒哈弥儿顿曰："世界莫大于人，人莫大于心。"谅哉言乎！而此心又有突如其来，莫之为而为，莫之致而至者。若是者我自忘其为我，无以名之，名之曰："烟士披里纯"（INSPIRATION）。"烟士披里纯"者，发于思想感情最高潮之一刹那顷，而千古之英雄、豪杰、孝子烈妇、忠臣义士以至热心之宗教家、美术家、探险家，所以能为惊天地泣鬼神之事业，皆起于此一刹那顷，为此"烟士披里纯"之所鼓动。故此一刹那间不识不知之所成就，有远过于数十年矜心作意以为之者。尝读《史记·李广列传》云："广出猎，见草中石，以为虎。射之，中石，没羽。视之，石也。因复更射之，终不能复入石矣。"由此观之，射石没羽，非李将军平生之惯技，不过此一刹那间，如电如火，莫或使之，若或使之，曰惟"烟士披里纯"之故。马丁·路得云："我于怒时，最善祈祷，最善演说。"至如玄奘法师之一钵一锡，越葱岭，犯毒瘴，以达印度；哥仑布之一帆一楫，凌洪涛，赌生命，以寻美洲；俄儿士蔑之唱俚谣，弹琵琶，以乞食于南欧；摩西之斗蛮族，逐水草，以徘徊于沙漠；虽所求不同，所成不同，而要之皆一旦为"烟士披里纯"所感动所驱使，而求达其目的而已。卢骚尝自书其《忏悔记》后曰："余当孤筇单步旅行于世界之时，未尝知我之为我，凡旅行中所遇百事百物，皆一一鼓舞发挥我之思想，余体动，余心亦因之而动。余惟饥而食，饱而行，当时所存于余之心目中者，惟始终有一新天国，余日日思之，日日求之而已。而余一生之得力，实在于此。"云云。呜呼！以卢骚心力之大，所谓放火于欧洲亿万人心之火种，而其所成就，乃自行脚中之"烟士披里纯"得来！"烟士披里纯"之动力，诚不可思议哉！

世之历史家议论家往往曰：英雄笼络人。而其所谓笼络者，用若何之手段，若何之言论，若何之颜色，一若有一定之格式，可以器械造而印板行者。果尔，则其术既有定，所以传习其术者亦必有定，如就冶师而学锻冶，就土工而学抟埴。果尔，则习其术以学为英雄，固自易易。果尔，则英雄当车载斗量，充塞天壤，而彼刻画英雄之形状，传述英雄之伎俩者，何以自身不能为英雄？噫嘻！英雄之果为笼络人与否，吾不能知之。籍曰笼络，而其所谓笼络者，决非假权术，非如器械造而印板行，盖必有所谓"烟士披里纯"者，其接于人也，如电气之触物，如磁石之引铁，有欲离而不能离者焉。赵瓯北《二十二史札记》论刘备曰："观其三顾诸葛，咨以大计，独有傅岩爰立之风。关张赵云自少结契，终身奉以周旋，即羁旅奔逃，寄人篱下，无寸土可以立业，而数人者患难相随，别无贰志，此固数人者之忠义，而备亦必有深结其隐微而不可解者矣。"岂惟刘备？虽曹操，虽孙权，虽华盛顿，虽拿破仑，虽哥郎威儿，虽格兰斯顿，莫不皆然。彼寻常人刻画英雄之行状，下种种呆板之评论者，恰如冬烘学究之批评古文；以自家之胸臆，立一定之准绳，一若韩柳诸大家作文，皆有定规，若者为双关法，若者为单提法，若者为抑扬顿挫法，若者为波澜擒纵法，自识者视之，安有不喷饭者耶？彼古人岂尝执笔学为如此之文哉？其气充乎其中，而溢乎其貌，动乎其言，而见乎其文，而不自知也。曰惟"烟士披里纯"之故。

然则养此"烟士披里纯"亦有道乎？曰："烟士披里纯"之来也如风，人不能捕之；其生也如云，人不能攫之。虽然，有可以得之之道一焉，曰至诚而已矣。更详言之，则损弃百事，而专注于一目的，忠纯专一，终生以事之也。《记》曰："至诚所感，金石为开。"精神一到，何事不成？西儒姚哥氏有言："妇人弱也，而为母则强。"（WOMAN IS WEAK，BUT MOTHER IS STRONG。）夫弱妇何以能为强母？唯其爱儿至诚之一念，则虽平日娇不胜衣，情如小鸟，而以其儿之故，可以独往独来于千山万壑之中，虎狼吼咻，魑魅出没，而无所于恐，无所于避。盖至诚者，人之真面目而通于神明者也。当生死呼吸之顷，弱者忽强，愚者忽智，无用者忽而有用。失火之家，其主妇运千钧之笥，若拾芥然。法国奇女若安，以眇眇一田舍，青春之弱质，而能退英国十万之大军。曰惟"烟士披里纯"之故。

使人之处世也，常如在火宅，如在敌围，则"烟士披里纯"日与相随，虽百千阻力，何所可畏？虽擎天事业，何所不成？孟子曰："至诚而不动者未之有也。不诚未有能动者也。"书此铭诸终身，以自警戒，自鞭策，且以告天下之同志者。

（选自《自由书》，1899 年作。原载《清议报》1900 年 12 月 1 日。）

非"唯"

　　近来学界最时髦的话头是"唯……主义""唯……主义"等这种话头，起初是从印度学传来的，如"三界唯心万法唯识"之类便是。最近欧学输入，名目越发多了。著者如"唯物史观""唯心哲学"，乃至"唯用""唯感""唯美""唯实""唯乐"……等等。标名新颖，立说精奇，很替学界增许多光焰。

　　这种做学问法，我也承认它有两点好处。列举如下：

　　第一，标出一个鹄的，自然可以免思想笼统的毛病。黄梨洲说："凡学须有宗旨，是其人得力处，亦即学者用力处。"标出"唯……主义"，令思想归边，专从这一边研究，务要"持之有故言之成理"，自然一天一天的鞭辟近里，有许多新发明。

　　第二，旗帜鲜明，于传播学说最利便而且有力。凡提倡一种学说的人，目的总是想把学说应用到实际，自然是希望信从我的人越多越好。标出一个字做宗旨，令人容易了解我学说的性质，只要表同情的便走集这面旗子底下，共同尽力。结果能令学说变成宗教性，传播得极广极猛。

　　但这都是从做学问方法或传播学问的手段立论。若讲到学问的本质吗？——除却自然科学不计外，专就人生的学问讲——我以为：人生是最复杂的最矛盾的，真理即在复杂矛盾的中间。换句话说：真理是不能用"唯"字表现的，凡讲"唯什么"的都不是真理。

"唯什么""唯什么"的名目很多，最主要者莫如"唯物论"和"唯心论"。其实人生之所以复杂矛盾，也不过以心物相互关系为出发点。所以我的"非唯"论，就从这唯物唯心两派"非"起。

"非唯物"和"非唯心"的根本理论，若详细论列，要著一部几十万字的书才能说明。现在暂且不讲，只讲因这种学说发生出来的毛病。

心力是宇宙间最伟大的东西，而且含有不可思议的神秘性，人类所以在生物界占特别位置者就在此。这是我绝对承认的。若心字上头加上一个唯字，我便不能不反对了。充"唯心论"的主张，必要将所有物质的条件和势力一概否认，才算贯彻。然而事实上哪里能做到？自然界的影响和限制且不必论，乃至和我群栖对立的"人们"，从我看来，皆物而非心。我自己身体内种种机官和生理上作用，皆物而非心。总而言之，无论心力如何伟大，总要受物的限制，而且限制的方面很多，力量很不弱。所以唯心论者若要贯彻他的主张，结果非走到非生活的——最少也是非共同生活的——那条路上不可。因为生活条件的大部分是物质，既生活便不能蔑视它了。若既生活而又专讲唯心，把物的条件看不在眼内，结果则如宋儒说的"心具众理"，"一旦豁然贯通，则众物之表里精粗无不到"。这种学说，在个人修养的收获上是很杳茫的，而在社会设施上可以发生奇谬，闹出种种乱子来。所以我要反对它。

物的条件之重要，前文已经说过。所以关于遗传咧环境咧种种影响，乃至最狭义的以经济活动为构成文化的主要要素，这些学说，我都承认它含有一部分真理。若在物字上头加上一个唯字，我又不能不反对了。须知人类和其他动物之所以不同者，其他动物至多能顺应环境罢了，人类则能改良或创造环境，拿什么去改良创造，就是他们的心力。若不承认这一点心力的神秘，便全部人类进化史都说不通了。若要贯彻唯物论的主张吗？结果非归到"机械的人生观"不可。——去年人生观的论战，陈独秀赤裸裸地以极大胆的态度提出机械的人生观，在那一面算是最彻底的，非丁在君、胡适之所及。——机械的人生观是否合理，且不必多辨。须知这种话是和"命定主义"一鼻孔出气的。"万事有个造化主安排定"，"八字从胎里带下来"，……这类种种鬼话，固然是"命定主义"。气候咧，山川咧，物产的丰饶或瘠薄咧，交通的便利或闭塞咧，……乃至社会形成的习惯咧，血统带来的遗传咧，若说这些事项有无限的权威，我们人类完全受它支配，也是一种"命定主义"。此说若真，那么，人类一切活动，都是白饶，我们笼着手听什么环境什么遗传摆布罢了。殊不知人类这样怪物，最是不安本分，不管他们力量做得到做不到的事，都要去碰碰。你说他们白碰吗？不然不然。他们横碰竖碰，碰一百回有九十九回失败，但碰通了一回却了不得了，他们便趁风使帆，演出几多把戏！他们又是死皮赖脸不怕碰钉子的，碰了一回还来第二回第三回到百千万回，弄得自然界的专制皇帝和过去历史界的积世老婆婆也把这些顽皮孩子们无可奈何，只得让他们"无佛称尊"了！人类之"曲线形的进化史"，都是从这样子演出来。唯物史观的人们呵，机械人生观的人们呵，若使你们所说是真理，那么，我只好睡倒罢，请你也跟我一齐睡倒罢！"遗传的八字"，"环境的流年"，早已经安排定了，你和我跳来跳去，"干吗"？哈哈！机械人生观的人们呵，须知机械全是它动的，不能自动。人类若果是机械，还有什么存在的意义和价值？所以这一派学说我是不能不反对的。

以上是我对于赫赫有名的唯心唯物两派主义下的"哀的美敦书"。其余"唯什么""唯什么"的我都一齐宣战。

孟子说："所恶执一者，为其贼道也，举一而废百也。"问我为什么要"非唯"？为的就是这个缘故。

李斯说："别黑白而定一尊。"董仲舒说："凡不在……之科者皆绝其道勿使并进。"这都是学术界专制帝王的口吻，主张"唯什么""唯什么"的正是同一口吻。问我为什么要"非唯"？为的就是这个缘故。

读完我这篇文章的人怕会说："然则你是灰色的。"我答道："或者不错。然而灰色或者是好的。为什么好？好在它不'唯'……"

凡主张"唯什么""唯什么"的人们，我都很盼他赐教，我愿意答复。

（1924年作。原载《乙丑重编饮冰室文集》卷六十八，
中华书局1926年版。）

东南大学课毕告别辞

　　诸君！我在这边讲学半年，大家朝夕在一块儿相处，我很觉得快乐。并且因为我任有一定的功课，也催逼着我把这部十万余言的《先秦政治思想史》著成，不然，恐怕要等到十年或十余年之后。中间不幸身体染有小病，即今还未十分复原，我常常恐怕不能完课，如今幸得讲完了！这半年以来，听讲的诸君，无论是正式选课或是旁听，都是始终不曾旷课，可以证明诸君对于我所讲有十分兴味。今当分别，彼此实在很觉得依恋难舍。因为我们这半年来，彼此人格上的交感不少。最可惜者，因为时间短促，以致仅有片面的讲授，没有相互的讨论。所谓教学相长，未能如愿做到！今天为这回最末的一次讲演，当作与诸君告别之辞。

　　诸君千万不要误解，说梁某人是到这边来贩卖知识，我自计知识之能贡献于诸君者实少。知识之为物，实在是无量的广漠，谁也不能说他能给谁以绝对不易的知识，顶多，亦只承认他有相对的价值。即如讲奈端罢，从前总算是众口同词地认为可靠，但是现在，安斯坦又几乎完全将他推倒。专门的知识，尚且如此，何况像我这种泛滥杂博的人并没有一种专门名家的学问呢。所以切盼诸君，不要说我有一艺之长，讲的话便句句可靠。最多，我想，亦只叫诸君知道我自己做学问的方法。譬如诸君看书，平素或多忽略不经意的地方，必要寻着这个做学问的方法，乃能事半功倍。真正做学问，乃是找着方法去自求，不是仅看人家研究所得的结果。因为人家研究所得的结果，终是人家的，况且所得的，也未必都对。讲到此处，我有一个笑话告诉诸君：记得在某一本小说里说："吕纯阳下山觅人传道，又不晓得谁是可传，他就设法来试验。有一次，在某地方，遇着一个人，吕纯阳登时将手一指，点石成金，就问那个人要否，那人只摇着头，说不要。吕纯阳再点一块大的试他，那人仍是不为所动。吕纯阳心里便十分欢喜，以为道有可传的人了，但是还恐怕靠不住，再以更大的金块试他，那人果然仍是不要。吕纯阳便问他不要的原因，满心承望他答复一个热心向道，哪晓得那人不然！他说：我不要你点成了的金块，我是要你那点金的指头，因为有了这指头，便可以自由点用。"这虽是个笑话，但却很有意思，所以很盼诸君，要得着这个点石成金的指头——做学问的方法——那么，以后才可以自由探讨，并可以辨正师傅的是否。教拳术的教师最少要希望徒弟能与他对敌，学者亦当悬此为鹄，最好是要青出于蓝而胜于蓝。若仅仅是看前人研究所得，而不自行探讨，那么，得一便不能知其二。且取法乎上，得仅在中，这样，学术岂不是要一天退化一天吗？人类知识进步，乃是要后人超过前人。后人应用前人的治学方法，而复从旧方法中，开发出新方法来，方法一天一天的增多，便一天一天的改善。拿着改善的新方法去治学，自然会优于前代。我个人的治学方法，或可以说是不错，我自己应用来也有些成效。可惜这次全部书中所说的，仍为知识的居多，还未谈做学问的方法。倘若诸君细心去看，也可以寻找得出来。既经找出，再循着这方法做去，或者更能发现我的错误，或是来批评我，那就是我最欢喜的。

我今天演讲，不是关于知识方面的问题。诚然，知识在人生地位上，也是非常紧要，我从来并未将它看轻。不过，若是偏重知识，而轻忽其他人生重要之部，也是不行的。现在中国的学校，简直可说是贩卖知识的杂货店，文哲工商，各有经理，一般来求学的，也完全以顾客自命，固然欧美也同坐此病，不过病的深浅，略有不同。我以为长此以往，一定会发生不好的现象。中国现今政治上的窳败，何尝不是前二十年教育不良的结果？盖二十年前的教育，全采用日德的军队式，并且仅能袭取皮毛，以至造成今日一般无自动能力的人！现在哩，教育是完全换了路了，美国式代日式德式而兴，不出数年，我敢说是全部要变成美国化，或许我们这里——东南大学——就是推行美化的大本营。美国式的教育，诚然是比德国式日本式的好，但是毛病还很多，不是我们理想之鹄。英人罗素回国后，颇艳称中国的文化，发表的文字很多，他非常盼望我们这占全人类四分之一的特殊民族，不要变成了美国的"丑化"。这一点可说是他看得很清楚。美国人切实敏捷，诚然是他们的长处。但是中国人即使全部将它移植过来，使纯粹变成了一个东方的美国，慢讲没有这种可能，即能，我不知道诸君怎样，我是不愿的。因为倘若果然如此，那真是罗素所说的，把这有特质的民族，变成了丑化了。我们看得很清楚，今后的世界，决非美国式的教育所能领域。现在多数美国的青年，而且是好的青年，所作何事？不过是一生到死，急急忙忙的，不任一件事放过：忙进学校，忙上课，忙考试，忙升学，忙毕业，忙得文凭，忙谋事，忙花钱，忙快乐，忙恋爱，忙结婚，忙养儿女，还有最后一忙——忙死。他们的少数学者，如詹姆士之流，固然总想为他们别开生面，但是大部分已经是积重难返。像在这种人生观底下过活，那么，千千万万人，前脚接后脚的来这世界上走一趟，住几十年，干些什么哩？唯一无二的目的，岂不是来做消耗面包的机器吗？或是怕那宇宙间的物质运动的大轮子，缺了发动力，特自来供给它燃料？果真这样，人生还有一毫意味吗？人类还有一毫价值吗？现在全世界的青年，都因此无限的凄惶失望，知识愈多，沉闷愈苦。中国的青年，尤为厉害。因为政治社会不安宁，家国之累，较他人为甚。环顾宇内，精神无可寄托。从前西人唯一维系内心之具，厥为基督教。但是科学昌明后，第一个致命伤，便是宗教。从前在苦无可诉的时候，还得远远望着冥冥的天堂。现在呢，知道了，人类不是什么上帝创造，天堂更渺不可凭，这种宗教的麻醉剂，已是无法存在。讲到哲学吗，西方的哲人，素来只是高谈玄妙，不得真际，所足恃为人类安身立命之具，也是没有。再如讲到文学吗，似乎应该少可慰藉。但是欧美现代的文学，完全是刺激品，不过叫人稍醒麻木。但一切耳目口鼻所接，都足陷人于疲敝，刺激一次，疲麻的程度又增加一次。如吃辣椒然，浸假而使舌端麻木到极点，势非取用极辣的胡椒来刺激不可。这种刺激的功用，简直如有烟癖的人，把鸦片或吗啡提精神一般。虽精神或可暂时振起，但是这种精神，不是鸦片和吗啡带得来的，是预支将来的精神。所以说一次预支，一回减少，一番刺激，一度疲麻。现在他们的文学，只有短篇的最合胃口。小诗两句或三句，戏剧要独幕的好。至于荷马、但丁，屈原、宋玉，那种长篇的作品，可说是不曾理会。因为他们碌碌于舟车中，时间来不及，目的只不过取那种片时的刺激，大大小小，都陷于这种病的状态中，所以他们一般有先见的人，都在惶惶求所以疗治之法。我们把这看了，那么，虽说我们在学校应求西学，而取舍自当有择。若是不问好歹，必无条件的移植过来，岂非人家饮鸩，你也随着服毒，可怜可笑孰甚！

近来国中青年界很习闻的一句话，就是"知识饥荒"，却不晓得还有一个顶要紧的"精神饥荒"在那边。中国这种饥荒，都闹到极点。但是只要我们知道饥荒所在，自可想方法来补救。现在精神饥荒，闹到如此，而人多不自知，岂非危险！一般教导者，也不注意在这方面提倡，只天天设法怎样将知识去装青年的脑袋子。不知道精神生活完全，而后多的知识才是有用。苟无精神生活的人，为社会计，为个人计，都是知识少装一点为好。因为无精神生活的人，知识愈多，痛苦愈甚，做歹事的本领也增多。例如黄包车夫，知识粗浅，他决没有有知识的青年这样的烦闷，并且做恶的机会也很少。大奸慝的卖国贼，都是知识阶级的人做的。由此可见没有精神生活的人，有知识实在危险。盖人苟无安身立命之具，生活便无所指归，生理心理，并呈病态。试略分别言之：就生理言，阳刚者必至发狂自杀，阴柔者自必委靡沉溺。再就心理言，阳刚者便悍然无顾，充分的恣求物质上的享乐。然而欲望与物质的增加率，相竞腾升，故虽有妻妾宫室之奉，仍不觉得快乐。阴柔者便日趋消极，成了一个竞争场上落伍的人，凄惶失望，更为痛苦。故谓精神生活不全，为社会，为个人，都是知识少点的为好。因此我可以说为学的首要，是救精神饥荒。

救济精神饥荒的方法，我认为东方的——中国与印度——比较最好。东方的学问，以精神为出发点；西方的学问，以物质为出发点。救知识饥荒，在西方找材料；救精神饥荒，在东方找材料。东方的人生观，无论中国印度，皆认物质生活为第二位；第一，就是精神生活。物质生活，仅视为补助精神生活的一种工具，求能保持肉体生存为已足；最要，在求精神生活的绝对自由。精神生活，贵能对物质界宣告独立；至少，要不受其牵制。如吃珍味，全是献媚于舌，并非精神上的需要。劳苦许久，仅为一寸软肉的奴隶，此即精神不自由。以身体全部论，吃面包亦何尝不可以饱？甘为肉体的奴隶，即精神为所束缚。必能不承认舌——一寸软肉为我，方为精神独立。东方的学问道德，几全部是教人如何方能将精神生活对客观的物质或己身的肉体宣告独立。佛家所谓解脱，近日所谓解放，亦即此意。客观物质的解放尚易，最难的为自身——耳目口鼻……的解放。西方言解放，尚不及此，所以就东方先哲的眼光看去，可以说是浅薄的，不彻底的。东方的主要精神，即精神生活的绝对自由。

求精神生活绝对自由的方法，中国印度不同。印度有大乘小乘不同，中国有儒墨道各家不同。就讲儒家，又有孟荀朱陆的不同。任各人性质机缘之异，而各择一条路走去。所以具体的方法，很难讲出。且我用的方法，也未见真是对的，更不能强诸君从同。但我自觉烦闷时少，自二十余岁到现在，不敢说精神已解脱，然所以烦闷少，也是靠此一条路，以为精神上的安慰。至于先哲教人救济精神饥荒的方法，约有两条：

（一）裁抑物质生活，使不得猖獗，然后保持精神生活的圆满。如先平盗贼，然后组织强固的政府。印度小乘教，即用此法。中国墨家、道家的大部，以及儒家程朱，皆是如此。以程朱为例：他们说的持敬制欲，注重在应事接物上裁抑物质生活，以求达精神自由的境域。

（二）先立高尚美满的人生观，自己认清楚将精神生活确定，靠其势力以压抑物质生活。如此，不必细心检点，用拘谨功夫，自能达到精神生活绝对自由的目的。此法可谓积极的，即孟子说："先立乎其大者，则其小者不能夺也。"不主张一件一件去对付。且不必如此，先组织强固的政府，则地方自安。即有小丑跳梁，不必去管，自会消灭，如雪花飞近大火，早已自化了。此法佛家大乘教，儒家孟子陆王皆用之。所谓"浩然之气"，即是此意。

以上二法，我不过介绍与诸君，并非主张诸君一定要取某种方法。两种方法虽异，而认清精神要解脱这一点却同。不过说青年时代应用的，现代所适用的，我以为采积极的方法较好。就是先立定美满的人生观，然后应用之以处世。至于如何的人生观方为美满，我却不敢说。因为我的人生观，未见得真是对的；恐怕能认清最美满的人生观，只有孔子、释迦牟尼有此功夫。我现在将我的人生观讲一讲，对不对，好不好，另为一问题。

我自己的人生观，可以说是从佛经及儒书中领略得来。我确信儒家佛家有两大相同点：

（一）宇宙是不圆满的，正在创造之中，待人类去努力，所以天天流动不息，常为缺陷，常为未济。若是先已造成——既济的，那就死了，固定了，正因其在创造中，乃如儿童时代，生理上时时变化。这种变化，即人类之努力。除人类活动以外，无所谓宇宙。现在的宇宙，离光明处还远，不过走一步比前好一步。想立刻圆满，不会有的。最好的境域——天堂、大同、极乐世界——不知在几千万年之后，决非我们几十年生命所能做到的。能了解此理，则做事自觉快慰。以前为个人为社会做事，不成功或做坏了，常感烦闷。明乎此，知做事不成功，是不足忧的。世界离光明尚远，在人类努力中，或偶有退步，不过是一现象。譬如登山，虽有时下，但以全部看仍是向上走。青年人烦闷，多因希望太过。知政治之不良，以为经一次改革，即行完满，及屡试而仍有缺陷，于是不免失望。不知宇宙的缺陷正多，岂是一步可升天的？失望之因，即根据于奢望过甚。《易经》说："乐则行之，忧则违之，确乎其不可拔！"此言甚精彩。人要能如此看，方知人生不能不活动。而有活动，却不必往结果处想，最要不可有奢望。我相信孔子即是此人生观，所以"发愤忘食，乐以忘忧，不知老之将至"。他又说："智者乐水，仁者乐山，智者动，仁者静，智者乐，仁者寿。"天天快活，无一点烦闷气象。这是一件最重要的事。

（二）人不能单独存在，说世界上哪一部分是我，很不对的。所以孔子"毋我"，佛家亦主张"无我"。所谓无我，并不是将固有的我压下或抛弃，乃根本就找不出我来。如说几十斤的肉体是我，那么，科学发明，证明我身体上的原质，也在诸君身上，也在树身上。如说精神的某部分是我，我敢说今天我讲演，我已跑入诸君精神里去了。常住学校中许多精神，变为我的一部分。读孔子的书及佛经，孔佛的精神，又有许多变为我的一部分。再就社会方面说，我与我的父母妻子，究竟有若干区别？许多人——不必尽是纯孝——看父母比自己还重要，此即我父母将我身之我压小。又如夫妇之爱，有妻视其夫，或夫视其妻，比己身更重的。然而何为我呢？男子为我，抑女子为我？实不易分。故彻底认清我之界限，是不可能的事（此理佛家讲得最精，惜不能多说）。世界上本无我之存在，能体会此意，则自己做事，成败得失，根本没有。佛说："有一众生不成佛，我不成佛！""我不入地狱，谁入地狱？"至理名言，洞若观火。孔子也说："诚者非但诚己而已也。……"将为我的私心扫除，即将许多无谓的计较扫除。如此，可以做到"仁者不忧"的境域。有忧时，就是"先天下之忧而忧"。为人类——如父母、妻子、朋友、国家、世界——而痛苦，免除私忧，即所以免烦恼。

我认东方宇宙未济人类无我之说，并非论理学的认识，实在如此。我用功虽少，但时时能看清此点，此即我的信仰。我常觉快乐，悲愁不足扰我，即此信仰之光明所照。我现已年老，而趣味淋漓，精神不衰，亦靠此人生观。至于我的人生观，对不对，好不好，或与诸君的病合不合，都是另外一问题。我在此讲学，并非对于诸君有知识上的贡献。有呢，就在这一点。好不好，我自己也不知道。不过诸君要知道自己的精神饥荒，要找方法医治。我吃此药，觉得有效，因此贡献诸君采择。世界的将来，要靠诸君努力！

（1923 年 1 月 13 日南京东南大学讲演稿，李竞芳、王觉新笔记。

原载《时事新报》1923 年 1 月 20 日。）

治国学的两条大路

梁先生在宁讲学数月，每次讲稿均先期手自编定。此次因离宁在即，应接少暇，故本讲稿仅成其上篇，下篇则由竞芳笔记，谨附识。

诸君！我对于贵会，本来预定讲演的题目，是"古书之真伪及其年代"。中间因为有病，不能履行原约。现在我快要离开南京了，那个题目不是一回可以讲完，而且范围亦太窄。现在改讲本题，或者较为提纲挈领，于诸君有益罢。

我以为研究国学有两条应走的大路：

一，文献的学问。应该用客观的科学方法去研究。

二，德性的学问。应该用内省的和躬行的方法去研究。

第一条路，便是近人所讲的"整理国故"这部分事业。这部分事业最浩博最繁难而且最有趣的，便是历史。我们是有五千年文化的民族。我们一家里弟兄姊妹们，便占了全人类四分之一。我们的祖宗世世代代在"宇宙进化线"上头不断的做他们的工作。我们替全人类积下一大份遗产，从五千年前的老祖宗手里一直传到今日没有失掉。我们许多文化产品，都用我们极优美的文字记录下来。虽然记录方法不很整齐，虽然所记录的随时散失了不少，但即以现存的正史、别史、杂史、编年、纪事本末、法典、政书、方志、谱牒，以至各种笔记、金石刻文等类而论，十层大楼的图书馆也容不下。拿历史家眼光看来，一字一句，都藏有极可宝贵的史料。又不独史部书而已，一切古书，有许多人见为无用者，拿它当历史读，都立刻变成有用。章实斋说"六经皆史"，这句话我原不敢赞成，但从历史家的立脚点看，说"六经皆史料"那便通了。既如此说，则何只六经皆史？也可以说诸子皆史，诗文集皆史，小说皆史，因为里头一字一句都藏有极可宝贵的史料，和史部书同一价值。我们家里头这些史料，真算得世界第一个丰富矿穴。从前仅用土法开采，采不出什么来，现在我们懂得西法了，从外国运来许多开矿机器了。这种机器是什么？是科学方法。我们只要把这种方法运用得精密巧妙而且耐烦，自然会将这学术界无尽藏的富源开发出来，不独对得起先人，而且可以替世界人类恢复许多公共产业。

这种方法之应用，我在我去年所著的《历史研究法》和前两个月在本校所讲的《历史统计学》里头，已经说过大概。虽然还有许多不尽之处，但我敢说这条路是不错的，诸君倘肯循着路深究下去，自然也会发出许多支路，不必我细说了。但我们要知道，这个矿太大了，非分段开采不能成功，非一直开到深处不能得着宝贝。我们一个人一生的精力，能够彻底开通三几处矿苗，便算了不得的大事业。因此我们感觉着有发起一个"合作运动"之必要，合起一群人在一个共同目的共同计划之下，各人从其性之所好以及平时的学问根柢，各人分担三两门做"窄而深"的研究，拼着一二十年工夫下去，这个矿或者可以开得有点眉目了。

此外和史学范围相出入或者性质相类似的文献学还有许多，都是要用科学方法研究去。例如：

（一）文字学 我们的单音文字，每一个字都含有许多学问意味在里头。若能用新眼光去研究，做成一部《新说文解字》，可以当作一部民族思想变迁史或社会心理进化史读。

（二）社会状态学 我国幅员广漠，种族复杂。数千年前之初民的社会组织，与现代号称最进步的组织，同时并存。试到各省区的穷乡僻壤，更进一步入到苗子番子居住的地方，再拿《二十四史》里头《蛮夷传》所记的风俗来参证，我们可以看见现代社会学者许多想象的事项，或者证实，或者要加修正。总而言之，几千年间一部竖的进化史，在一块横的地平上可以同时看出，除了我们中国以外恐怕没有第二个国了。我们若从这方面精密研究，真是最有趣味的事。

（三）古典考释学　我们因为文化太古，书籍太多，所以真伪杂陈，很费别择，或者文义艰深，难以索解。我们治国学的人，为节省后人精力而且令学问容易普及起见，应该负一种责任，将所有重要古典，都重新审定一番，解释一番。这种工作，前清一代的学者已经做得不少。我们一面凭借他们的基础，容易进行，一面我们因外国学问的触发，可以有许多补他们所不及。所以从这方面研究，又是极有趣味的事。

（四）艺术鉴评学　我们有极优美的文学美术作品。我们应该认识它的价值，而且将赏鉴的方法传授给多数人，令国民成为"美化"。这种工作，又要另外一帮人去做。我们里头有性情近于这一路的，便应该以此自任。

以上几件，都是举其最重要者。其实文献学所包含的范围还有许多，就以上所讲的几件，剖析下去，每件都有无数的细目。我们做这类文献学问，要悬着三个标准以求到达。

第一求真　凡研究一种客观的事实，须先要知道它"的确是如此"，才能判断它"为什么如此"。文献部分的学问，多属过去陈迹，以讹传讹失其真相者甚多。我们总要用很谨严的态度，仔细别择，把许多伪书和伪事剔去，把前人的误解修正，才可以看出真面目来。这种工作，前清"乾嘉诸老"也曾努力做过一番，有名的清学正统派之考证学便是。但依我看来，还早得很哩。他们的工作，算是经学方面做得最多，史学子学方面便差得远，佛学方面却完全没有动手呢。况且我们现在做这种工作，眼光又和先辈不同，所凭借的资料也比先辈们为多。我们应该开出一派"新考证学"，这片大殖民地，很够我们受用咧。

第二求博　我们要明白一件事物的真相，不能靠单文孤证便下武断。所以要将同类或有关系的事情网罗起来贯串比较，愈多愈妙。比方做生物学的人，采集各种标本，愈多愈妙。我们可以用统计的精神作大量观察。我们可以先立出若干种"假定"，然后不断的搜罗资料，来测验这"假定"是否正确。若能善用这些法门，真如韩昌黎说的"牛溲马勃，败鼓之皮，兼收并蓄，待用无遗"，许多前人认为无用的资料，我们都可以把它废物利用了。但求博也有两个条件。荀子说："好一则博"；又说："以浅持博。"我们要做博的功夫，只能择一两件专门之业为自己性情最近者做去，从极狭的范围内生出极博来。否则件件要博，便连一件也博不成。这便是好一则博的道理。又，满屋散钱，穿不起来，虽多也是无用。资料越发丰富，则驾驭资料越发繁难，总须先求得个"一以贯之"的线索，才不至"博而寡要"。这便是以浅持博的道理。

第三求通　好一固然是求学的主要法门，但容易发生一种毛病，这毛病我替它起个名叫做"显微镜生活"。镜里头的事物看得纤悉周备，镜以外却完全不见。这样子做学问，也常常会判断错误。所以我们虽然专门一种学问，却切不要忘却别门学问和这门学问的关系；在本门中，也常要注意各方面相互之关系。这些关系，有许多在表面上看不出来的，我们要用锐利眼光去求得它。能常常注意关系，才可以成通学。

以上关于文献学，算是讲完，两条路已言其一。此外则为德性学。此学应用内省及躬行的方法来研究，与文献学之应以客观的科学方法研究者绝不同。这可说是国学里头最重要之一部分，人人应当领会的。必走通了这一条路，乃能走上那一条路。

近来国人对于知识方面，很是注意，整理国故的名词，我们也听得纯熟，诚然整理国故，我们是认为急务。不过若是谓除整理国故外，遂别无学问，那却不然。我们的祖宗遗予我们的文献宝藏，诚然足以傲世界各国而无愧色，但是我们最特出之点，仍不在此。其学为何？即人生哲学是。

欧洲哲学上的波澜，就哲学史家的眼光看来，不过是主智主义与反主智主义两派之互相起伏。主智者主智，反主智者即主情、主意。本来人生方面，也只有智、情、意三者。不过欧人对主智，特别注重；而于主情，主意，亦未能十分贴近人生。盖欧人讲学，始终未以人生为出发点。至于中国先哲则不然，无论何时代何宗派之著述，凤皆归纳于人生这一途，而于西方哲人精神萃集处之宇宙原理、物质公例等等，倒都不视为首要。故《荀子·儒效》篇曰："道，仁之隆也。……非天之道，非地之道，人之所以道也。"儒家既纯以人生为出发点，所以以"人之所以为道"为第一位，而于天之道等等，悉以置诸第二位。而欧西则自希腊以来，即研究他们所谓的形而上学，一天到晚，只在那里高谈宇宙原理，凭空冥索，终少归宿到人生这一点。苏格拉底号称西方的孔子，很想从人生这一方面做工夫，但所得也十分幼稚。他的弟子柏拉图，更不晓得循着这条路去发挥，至全弃其师传，而复研究其所谓天之道。亚里斯多德出，于是又反趋于科学。后人有谓道源于亚里斯多德的话，其实他也不过仅于科学方面，有所创发，离人生毕竟还远得很。迨后斯端一派，大概可与中国的墨子相当，对于儒家，仍是望尘莫及。一到中世纪，欧洲全部，统成了宗教化。残酷的罗马与日耳曼人，悉受了宗教的感化，而渐进于迷信。宗教方面，本来主情意的居多，但是纯以客观的上帝来解决人生，终竟离题尚远。后来再一个大反动，便是"文艺复兴"，遂一变主情主意之宗教，而代以理智。近代康德之讲范畴，范围更过于严谨，好像我们的临"九宫格"一般。所以他们这些，都可说是没有走到人生的大道上去。直到詹姆士、柏格森、倭铿等出，才感觉到非改走别的路不可，很努力地从体验人生上做去，也算是把从前机械的唯物的人生观，拨开几重云雾。但是果真拿来与我们儒家相比，我可以说仍然幼稚。

总而言之，西方人讲他的形而上学，我们承认有他独到之处。换一方面，讲客观的科学，也非我们所能。不过最奇怪的，是他们讲人生也用这种方法，结果真弄到个莫名其妙。譬如用形而上学的方法讲人，绝不想到是从人生的本体来自证，却高谈玄妙，把冥冥莫测的上帝来对喻。再如用科学的方法讲，尤为妙极。试问人生是什么？是否可以某部当几何之一角，三角之一边？是否可以用化学的公式来化分化合，或是用几种原质来造成？再如达尔文之用生物进化说来讲人生，征考详博，科学亦莫能摇动，总算是壁垒坚固；但是果真要问他人之所以异于禽兽者安在？人既自猿进化而来，为什么人自人而猿终为猿？恐怕他也不能给我们以很有理由的解答。总之，西人所用的几种方法，仅能够用之以研究人生以外的各种问题，人决不是这样机械易懂的。欧洲人却始终未彻悟到这一点，只盲目往前做，结果造成了今日的烦闷，彷徨莫知所措。盖中世纪时，人心还能依赖着宗教过活。及乎今日，科学昌明，赖以醉麻人生的宗教，完全失去了根据。人类本从下等动物蜕化而来，哪里有什么上帝创造？宇宙一切现象，不过是物质和它的运动，还有什么灵魂？来世的天堂，既不可凭，眼前的利害，复日相肉搏。怀疑失望，都由之而起，真正是他们所谓的世纪末了。

以上我等看西洋人何等可怜！肉搏于这种机械唯物的枯燥生活当中，真可说是始终未闻大道！我们不应当导他们于我们祖宗这一条路上去吗？以下便略讲我们祖宗的精神所在。我们看看是否可以终生受用不尽，并可以救他们西人物质生活之疲敝？

我们先儒始终看得知行是一贯的，从无看到是分离的。后人多谓知行合一之说，为王阳明所首倡，其实阳明也不过是就孔子已有的发挥。孔子一生为人，处处是知行一贯。从他的言论上，也可以看得出来。他说"学而不厌"，又说"为之不厌"，可知"学"即是"为"，"为"即是"学"。盖以知识之扩大，在人努力的自为，从不像西人之从知识方法而求知识。所以王阳明曰："知而不行，是谓不知。"所以说这类学问，必须自证，必须躬行，这却是西人始终未看得的一点。

又儒家看得宇宙人生是不可分的。宇宙绝不是另外一件东西，乃是人生的活动。故宇宙的进化，全基于人类努力的创造。所以《易经》曰："天行健，君子以自强不息。"又看得宇宙永无圆满之时，故易卦六十四，始"乾"而以"未济"终。盖宇宙"既济"，则乾坤已息，还复有何人类？吾人在此未圆满的宇宙中，只有努力的向前创造。这一点，柏格森所见的，也很与儒家相近。他说宇宙一切现象，乃是意识流转所构成，方生已灭，方灭已生，生灭相衔，方成进化。这些生灭，都是人类自由意识发动的结果。所以人类日日创造，日日进化。这意识流转，就唤作精神生活，是要从内省直觉得来的。他们既知道变化流转，就是宇宙真相，又知道变化流转之权，操之在我。所以孔子曰："人能弘道，非道弘人。"儒家既看清了以上各点，所以他的人生观，十分美渥，生趣盎然。人生在此不尽的宇宙当中，不过是蜉蝣朝露一般，向前做得一点是一点，既不望其成功，苦乐遂不系于目的物，完全在我，真所谓"无入而不自得"。有了这种精神生活，再来研究任何学问，还有什么不成？那么，或有人说，宇宙既是没有圆满的时期，我们何不静止不作，好吗？其实不然。人既为动物，便有动作的本能，穿衣吃饭，也是要动的。既是人生非动不可，我们就何妨就我们所喜欢做的、所认为当做的做下去？我们最后的光明，固然是远在几千万年几万万年之后，但是我们的责任，不是叫一蹴而就地达到目的地，是叫我们的目的地，日近一日。我们的祖宗，尧、舜、禹、汤、孔、孟，……在他们的进行中，长的或跑了一尺，短的不过跑了数寸，积累而成，才有今日。我们现在无论是一寸半分，只要往前跑，才是。为现在及将来的人类受用，这都是不可逃的责任。孔子曰："士不可以不弘毅。任重而道远。仁以为己任，不亦重乎？死而后已，不亦远乎？"所以我们虽然晓得道远之不可致，还是要努力的到死而后已。故孔子是"知其不可而为之者"。正为其知其不可而为，所以生活上才含着春意。若是不然，先计较它可为不可为，那么，情志便系于外物，忧乐便关乎得失，或竟因为计较利害的原故，使许多应做的事，反而不做。这样，还哪里领略到生活的乐趣呢？

再其次，儒家是不承认人是单独可以存在的。故"仁"的社会，为儒家理想的大同社会。"仁"字，从二人。郑玄曰："仁，相人偶也。"（《礼记注》）非人与人相偶，则"人"的概念不能成立。故孤行执异，绝非儒家所许。盖人格专靠各个自己，是不能完成。假如世界没有别人，我的人格，从何表现？譬如全社会都是罪恶，我的人格受了传染和压迫，如何能健全？由此可知人格是个共同的，不是孤零的。想自己的人格向上，唯一的方法，是要社会的人格向上。然而社会的人格，本是各个自己化合而成。想社会的人格向上，唯一的方法，又是要自己的人格向上。明白了这个，力和环境提携，便成进化的道理。所以孔子教人"己欲立，而立人。己欲达，而达人"。所谓立人达人，非立达别人之谓，乃立达人类之谓。彼我合组成人类，故立达彼，即是立达人类。立达人类，即是立达自己。更用"取譬"的方法，来体验这个达字，才算是"仁之方"。其他《论语》一书，讲仁字的，屡见不一见。儒家何以把仁字看得这么重要呢？即上面所讲的，儒家学问，专以研究"人之所以道"为本。明乎仁，人之所以道自见。孟子曰："仁也者，人也。合而言之，道也。"盖仁之概念，与人之概念相函。人者，通彼我而始得名。彼我通，乃得谓之仁。知乎人与人相通，所以我的好恶，即是人的好恶。我的精神中，同时也含有人的精神。不徒是现世的人为然，即如孔孟远在二千年前，他的精神，亦浸润在国民脑中不少。可见彼我相通，虽历百世不变。儒家从这一方面看得至深且切，而又能躬行实践。"无终食之间违仁"。这种精神，影响于国民性者至大。即此一份家业，我可以说真是全世界唯一无二的至宝。这绝不是用科学的方法，可以研究得来的，要用内省的工夫，实行体验，体验而后，再为躬行实践。养成了这副美妙的仁的人生观，生趣盎然地向前进，无论研究什么学问，管许是兴致勃勃。孔子曰"仁者不忧"，就是这个道理。不幸汉以后这种精神便无人继续的弘发，人生观也渐趋于机械。八股制兴，孔子的真面目日失。后人日称"寻孔颜乐处"，究竟孔颜乐处在哪里？还是莫名其妙。我们既然诵法孔子，应该好好保存这分家私——美妙的人生观——才不愧是圣人之徒啊！

此外我们国学的第二源泉，就是佛教。佛，本传于印度，但是盛于中国。现在大乘各派，五印全绝。正法一派，全在中国。欧洲人研究佛学的甚多，梵文所有的经典，差不多都翻出来。但向梵文里头求大乘，能得多少？我们自创的宗派，更不必论了。像我们的禅宗，真可算得应用的佛教，世间的佛教的确是印度以外才能发生，的确是表现中国人的特质，叫出世法与入世法并行不悖。他所讲的宇宙精微的确还在儒家之上。说宇宙流动不居，永无圆满，可说是与儒家相同。曰："一众生不成佛，我誓不成佛"，即孔子立人达人之意。盖宇宙最后目的，乃是求得一大人格实现之圆满相，绝非求得少数个人超拔的意思。儒佛所略不同的，就是一偏于现世的居多，一偏于出世的居多。至于它们的共同目的，都是愿世人精神方面，完全自由。现在自由二字，误解者不知多少。其实人类外界的束缚，它力的压迫，终有方法解除。最怕的是"心为形役"，自己做自己的奴隶。儒佛都用许多的话来教人，想叫把精神方面的自缚，解放净尽，顶天立地，成一个真正自由的人。这点，佛家弘发得更为深透，真可以说佛教是全世界文化的最高产品。这话，东西人士，都不能否认。此后全世界受用于此的正多，我们先人既辛苦地为我们创下这份产业，我们自当好好承受。因为这是人生唯一安身立命之具，有了这种安身立命之具，再来就性之所近的，去研究一种学问，那么，才算尽了人生的责任。

诸君听了我这夜的演讲，自然明白我们中国文化，比世界各国并无逊色。那一般沉醉西风，说中国一无所有的人，自属浅薄可笑。《论语》曰："人虽欲自绝，其何伤于日月乎？多见其不知量也！"这边的诸同学，从不对于国学轻下批评，这是很好的现象。自然，我也闻听有许多人讽刺南京学生守旧，但是只要旧的是好，守旧又何足诟病？所以我很愿此次的讲演，更能够多多增进诸君以研究国学的兴味！

（1923 年 1 月 9 日南京东南大学国学研究会讲演稿，李竞芳记录。
原载《时事新报》1923 年 1 月 23 日。）

教育家的自家田地

　　今天在座诸君，多半是现在的教育家或是将来要在教育界立身的人，我想把教育这门职业的特别好处，和怎样的自己受用法，向诸君说说。所以题目叫做"教育家的自家田地"。

　　孔子屡次自白，说自己没有别的过人之处，不过是"学而不厌，诲人不倦"。他的门生公西华听了这两句话便赞叹道："正惟弟子，不能及也。"我们从小就读这章书，都以为两句平淡无奇的话，何以见得便是一般人所不能及呢？我年来积些经验，把这章书越读越有味，觉得学不难，不厌却难；诲人不难，不倦却难。孔子特别过人处和他一生受用处，的确就在这两句话。

　　不厌不倦，是孔子人生哲学第一要件。"子路问政，……请益，子曰：毋倦。""子张问政，子曰：居之无倦，行之以忠。"《易经》第一个卦孔子做的象辞说："天行健，君子以自强不息。"你看他只是教人对于自己的职业忠实做去，不要厌倦。要像天体运行一般，片刻不停，为什么如此说呢？因为依孔子的观察，生命即是活动，活动即是生命，活动停止，便是生命停止。然而活动要有原动力——像机器里头的蒸汽，人类活动的蒸汽在哪里呢，全在各人自己心理作用，——对于自己所活动的对境感觉趣味，用积极的话语来表它，便是"乐"，用消极的话语来表它，便是"不厌不倦"。

厌倦是人生第一件罪恶，也是人生第一件苦痛。厌倦是一种想脱离活动的心理现象，换一句话说，就是不愿意劳作。你想，一个人不是上帝特制出来充当消化面包的机器，可以一天不劳作吗？只要稍为动一动不愿意劳作的念头，便是万恶渊薮，一面劳作，一面不愿意，拿孔子的话翻过来说："居之倦，则行之必不能以忠。"不忠实的劳作，不惟消失了劳作效率，而且可以生出无穷弊害，所以说厌倦是人生第一件罪恶。换个方面看，无论何等人，总要靠劳作来维持自己生命，任凭你怎样的不愿意，劳作到底免不掉。免是免不掉，愿是不愿意，天天皱着眉哭着脸去做那不愿做的苦工，岂不是活活的把自己关在第十八层地狱？所以说厌倦是人生第一件苦痛。

诸君听我这番话，谅来都承认不厌倦是做人第一要件了。但怎样才能做到呢？厌倦是一种心理现象，然而心理却最是不可捉摸的东西。天天自己劝自己说不要厌呀，不要倦呀，他真是厌倦起来，连自己也没有法想。根本救治法，要从自己劳作中看出快乐——看得像雪一般亮，信得像铁一般坚。那么，自然会兴会淋漓地劳作去，停一会都受不得，哪里还会厌倦？再拿孔子的话来说："知之者不如好之者，好之者不如乐之者。"一个人对于自己劳作的对境，能够"好之乐之"，自然会把厌倦根子永断了，从劳作中得着快乐，这种快乐，别人要帮也帮不来，要抢也抢不去，我起它一个名叫做"自己田地"。

无论做何种职业的人，都各各有他的自己田地，但要问哪一块田地最广最大最丰富，我想再没有能比得上教育家的了。教育家日日做的终生做的不外两件事，一是学，二是诲人。学是自利，诲人是利他。人生活动目的，除却自利利他两项外更有何事，然而操别的职业的人，往往这两件事当场冲突——利得他人便不利自己，利得自己便不利他人。就令不冲突，然而一种活动同时具备这两方面效率者，实在不多。教育这门职业却不然，一面诲人，一面便是学，一面学，一面便拿来诲人，两件事并作一件做，形成一种自利利他不可分的活动。对于人生目的之实现，再没有比这种职业更为接近更为直捷的了。

学是多么快活啊！小孩子初初学会走，他那一种得意神情，真是不可以言语形容。我们当学生时代——不问小学到大学，每天总新懂得些从前不懂的道理，总新学会做些从前不会做的事，便觉得自己生命内容日日扩大，天下再愉快的事没有了。出到社会做事之后，论理，人人都有求智识的欲望，谁还不愿意继续学些新学问？无奈所操职业，或者与学问性质不相容，只好为别的事情把这部分欲望牺牲掉了。这种境况，别人不知如何，单就我自己讲，也曾经过许多回，每回都觉得无限苦痛。人类生理心理的本能，凡那部分久废不用，自然会渐趋麻木，许久不做学问的人，把学问的胃口弄弱了，便许多智识界的美味在前也吃不进去，人生幸福，算是剥夺了一大半。教育家呢，他那职业的性质，本来是拿学问做本钱，他赚来的利钱也都是学问，他日日立于不能不做学问的地位，把好学的本能充分刺激，他每日所劳作的工夫，件件都反映到学问，所以他的学问只有往前进，没有往后退。试看，古今中外学术上的发明，一百件中至少有九十件成于教育家之手。为什么呢？因为学问就是他的本业。诸君啊，须知发明无分大小，发明地球绕日原理固算发明，发明一种教小孩子游戏方法也算发明。教育家日日把他所做的学问传授给别人，当其传授时候，日日积有新经验。我信得过，只要肯用心，发明总是不断。试想，自己发明一种新事理，这个快活还了得，恐怕真是古人说得"南面王无以易"哩，就令暂时没有发明，然而能够日日与学问相亲，吸受新知来营养自己智识的食胃，也是人生最幸福的生活。这种生活，除了教育家恐怕没有充分享受的机会吧。

诲人又是多么快活啊！自己手种一丛花卉，看着它发芽，看着它长叶，看着它含蕾，看着它开花，天天生态不同，多加一分培养工夫，便立刻有一分效验呈现。教学生正是这样，学生变化的可能性极大，你想教他怎么样，自然会怎么样，只要指一条路给他，他自然会往前跑。他跑的速率，常常出你意外，他们天真烂漫，你有多少情分到他，他自然有多少情分到你，只有加多，断无减少——有人说，学校里常常闹风潮赶教习，学生们真是难缠。我说，教习要闹到被学生赶，当然只有教习的错处没有学生的错处，总是教习先行失了信用，或是品行可议，或是对学生不亲切，或是学问交代不下，不然断没有被赶之理。因为凡学生都迷信自己的先生，算是人类通性，先生把被迷信的资格丧掉，全由自取，不能责备学生，——教学生是只有赚钱不会蚀本的买卖。做官吗？做生意吗？自己一厢情愿要得如何如何的结果，多半不能得到，有时还和自己所打的算盘走个正反对。教学生绝对不至有这种事，只有所得结果超过你原来的希望。别的事业，拿东西给了人便成了自己的损失，教学生绝不含有这种性质，正是老子说的："既以为人己愈有，既以与人己愈多。"越发把东西给人给得多，自己得的好处越发大，这种便宜勾当，算是被教育家占尽了。

自古相传的一句通行话："人生行乐耳。"这句话倘若解释错了应用错了，固然会生出许多毛病，但这句话的本质并没有错，而且含有绝对的真理。试问人生不该以快乐为目的，难道该以苦痛为目的吗？但什么叫做"快乐"，不能不加以说明。第一，要继续的快乐。若每日捱许多时候苦才得一会的乐，便不算继续。第二，要彻底的快乐。若现在快乐伏下将来苦痛根子，便不算彻底。第三，要圆满的快乐。若拿别人的苦痛来换自己的快乐，便不算圆满。教育家特别便宜处，第一，快乐就藏在职业的本身，不必等到做完职业之后找别的事消遣才有快乐，所以能继续。第二，这种快乐任凭你尽量享用不会生出后患，所以能彻底。第三，拿被教育人的快乐来助成自己的快乐，所以能圆满。乐哉教育！乐哉教育！

东边邻舍张老三，前年去当兵，去年做旅长，今年做师长，买了几多座洋房，讨了几多位姨太太。西边邻舍李老四，前年去做议员，去年做次长，今年做总长，天天燕窝鱼翅请客，出门一步都坐汽车。我们当教育家的，中学吗，百来块钱薪水，小学呢，十来二十块，每天上堂要上几点钟，讲得不好还要挨骂，回家来吃饭只能吃个半饱。苦哉教育！苦哉教育！不错，从物质生活看来，他们真是乐，我们真是苦了。但我们要想一想，人类生活，只有物质方面完事吗？燕窝鱼翅，或者真比粗茶淡饭好吃，吃的时候果然也快活，但快活的不是我，是我的舌头。我操多少心弄把戏，还带着将来担惊受怕，来替这两寸来大的舌头当奴才，换它一两秒钟的快活，值得吗？绫罗绸缎挂在我身上，和粗布破袍有什么分别，不过旁人看着漂亮些，这是图我快活呀，还是图旁人快活呢？须知凡物质上快活，性质都是如此，这种快活，其实和自己渺不相干，自己只有赔上许多苦恼，我们真相信"行乐主义"的人，就要求精神上的快活。孔子的"饭疏食饮水，曲肱而枕之，乐亦在其中"，颜子的"一箪食，一瓢饮，在陋巷……不改其乐"，并非骗人的话，也并不带一毫勉强，他们住在"教育快活林"里头，精神上正在高兴到了不得。那些舌头和旁人眼睛的玩意儿，他们有闲工夫管到吗？诸君啊，这个快活林正是你自己所有的财产，千万别要辜负了。

说是这样说，但是"知之非艰行之惟艰"。厌倦的心理，仍不时袭击我们，抵抗不过，便被它征服。不然，何至公西华说"不能及"呢？我如今再告诉诸君一个切实防卫方法。你想诲人不倦吗？只要学不厌，自然会诲人不倦。一点新学说都不讲求，拿着几年前商务印书馆编的教科书上堂背诵一遍完事，今日如此，明日如此，今年如此，明年也如此，学生们听着个个打盹，先生如何能不倦？当先生的常常拿"和学生赛跑"的精神去做学问，教那一门功课，教一回自己务要得一回进步，天天有新教材，年年有新教法，怎么还会倦？你想学不厌吗？只要诲人不倦，自然会学不厌。把功课当作无可奈何的敷衍，学生听着有没有趣味有没有长进一概不管，那么，当然可以不消自己更求什么学问。既已把诲人当作一件正经事，拿出良心去干，那么，古人说的"教然后知困"，一定会发见出自己十几年前在师范学校里听的几本陈腐讲义不够用，非拼命求新学问，对付不来了，怎么还会厌？还有一个更简便的法子，只要你日日学，自然不厌，只要你日日诲人，自然不倦。趣味这样东西，总是愈引愈深。最怕是尝不着甜头，尝着了一定不能自已。像我们不会打球的人，看见学生们大热天打得满身臭汗，真不知道他所为何来？只要你接连打了一个月，怕你不上瘾？所以真肯学的人自然不厌，真肯诲人的人自然不倦。这又可以把孔子的话颠倒过来说，总要"行之以忠"，当然会"居之无倦"了。

诸君都是有大好田地的人，我希望再不要"舍其田而芸人之田"，好好地将自己田地打理出来，便一生受用不尽。

（1922 年 8 月 5 日东南大学讲演稿。

原载《梁任公学术讲演集》，商务印书馆 1922 年版。）

科学万能之梦

　　大凡一个人，若使有个安心立命的所在，虽然外界种种困苦，也容易抵抗过去。近来欧洲人，却把这件弄没有了。为什么没有了呢？最大的原因，就是过信"科学万能"。原来欧洲近世的文明有三个来源，第一是封建制度，第二是希腊哲学，第三是耶稣教。封建制度，规定各人和社会的关系，形成一个道德的条件和习惯。哲学是从智的方面研究宇宙最高原理及人类精神作用，求出个至善的道德标准。宗教是从情的意的两方面，给人类一个"超世界"的信仰，那现世的道德，自然也跟着得个标准。十八世纪前的欧洲，就是靠这个过活。自法国大革命后，封建制度完全崩坏，古来道德的条件和习惯，大半不适于用。欧洲人的内部生活，渐渐动摇了。社会组织变更，原是历史上常态，生活就跟着它慢慢蜕变，本来没有什么难处。但这百年来的变更却与前不同。因科学发达结果，产业组织，从根柢翻新起来。变既太骤，其力又太猛，其范围又太广，他们要把他的内部生活凑上来和外部生活相应，却处处措手不及。最显著的就是现在都会的生活和从前堡聚的村落的生活截然两途。聚了无数素不相识的人在一个市场或一个工厂内共同生活，除了物质的利害关系外，绝无情感之可言，此其一。大多数人无恒产，恃工为活，生活根据，飘摇无着，好像枯蓬断梗，此其二。社会情形太复杂，应接不暇，到处受刺激，神经疲劳，此其三。劳作完了想去耍乐，耍乐未完又要劳作，昼夜忙碌，无休养之余裕，此其四。欲望日日加高，百物日日加贵，生活日日加难，竞争日日加烈，此其五。以上所说，不过随手拈出几条。要而言之，近代人因科学发达，生出工业革命，外部生活变迁急剧，内部生活随而动摇，这是很容易看得出的。内部生活，本来可以凭宗教哲学等等力量，离去了外部生活依然存在。近代人却怎样呢？科学昌明以后，第一个致命伤的就是宗教。人类本从下等动物蜕变而来，哪里有什么上帝创造，还配说人为万物之灵吗？宇宙间一切现象，不过物质和它的运动，哪里有什么灵魂？更哪里有什么天国？讲到哲学，从前康德和黑格尔时代，在思想界俨然有一种权威像是统一天下。自科学渐昌，这派唯心论的哲学便四分五裂。后来冈狄的实证哲学和达尔文的种源论同年出版，旧哲学更是根本动摇。老实说一句，哲学家简直是投降到科学家的旗下了。依着科学家的新心理学，所谓人类心灵这件东西，就不过物质运动现象之一种。精神和物质的对恃，就根本不成立。所谓宇宙大原则，是要用科学的方法试验得来，不是用哲学的方法冥想得来的。这些唯物派的哲学家，托庇科学宇下建立一种纯物质的纯机械的人生观，把一切内部生活外部生活，都归到物质运动的"必然法则"之下。这种法则，其实可以叫做一种变相的运命前定说。不过旧派的前定说，说运命是由八字里带来或是由上帝注定，这新派的前定说，说运命是由科学的法则完全支配。所凭借的论据虽然不同，结论却是一样。不惟如此，他们把心理和精神看成一物，根据实验心理学硬说人类精神，也不过一种物质一样受"必然法则"所支配。于是人类的自由意志，不得不否认了。意志既不能自由，还有什么善恶的责任？我为善不过那"必然法则"的轮子推着我动，我为恶也不过那"必然法则"的轮子推着我动。和我什么相干？如此说来，这不是道德标准应如何变迁的问题，真是道德这件东西能否存在的问题了。现今思想界最大的危机，就在这一点。宗教和旧哲学，既已被科学打得个旗靡辙乱，这位"科学先生"便自当仁不让起来，要凭它的试验发明个宇宙新大原理。却是那大原理且不消说，敢是各科各科的小原理，也是日新月异。今日认为真理，明日已成谬见。新权威到底树立不来，旧权威却是不可恢复了。所以全社会人心，都陷入怀疑沉闷畏惧之中，好像失了罗针的海船遇着风遇着雾，不知前途怎生是好。既然如此，所以那些什么乐利主义强权主义越发得势。死后既没有天堂，只好仅这几十年尽地快活。善恶既没有责任，何妨尽我的手段来充满我个人欲望。然而享用的物质增加速率，总不能和欲望的腾升同一比例，而且没有法子令它均衡。怎么好呢？只有凭自己的力量自由竞争起来。质而言之，就是弱肉强食。近年来什么军阀什么财阀，都是从这条路产生出来。这回大战争，便是一个报应。诸君又须知，我们若是终久立在这种唯物的机械的人生观上头，岂独军阀财阀的专横，可憎可恨，就是工团的同盟抵抗乃至社会革命，还不同是一种强权作用？不过从前强权，在那一班少数人手里，往后的强权，移在这一班多数人手里罢了。总之，在这种人生观底下，那么千千万万人前脚接后脚地来这世界走一趟住几十年，干什么呢？独一无二的目的就是抢面包吃，不然就是怕那宇宙间物质运动的大轮子缺了发动力，特自来供给它燃料。果真这样，人生还有一毫意味，人类还有一毫价值吗？无奈当科学全盛时代，那主要的思潮，却是偏在这方面。当时讴歌科学万能的人，满望着科学成功黄金世界便指日出现。如今功总算成了，一百年物质的进步，比从前三千年所得还加几倍。我们人类不惟没有得着幸福，倒反带来许多灾难，好像沙漠中失路的旅人，远远望见个大黑影，拼命往前赶，以为可以靠它向导，哪知赶上几程，影子却不见了，因此无限凄惶失望。影子是谁？就是这位"科学先生"。欧洲人做了一场科学万能的大梦，到如今却叫起科学破产来。这便是最近思潮变迁一个大关键了。

（自注）读者切勿误会，因此菲薄科学，我绝不承认科学破产，不过也不承认科学万能罢了。

（节选自《欧游心影录》，1918 年作。

原载《晨报》1920 年 3 月 6 日—6 月 6 日。）

科学万能之梦

孔子之人格

我屡说孔学专在养成人格。凡讲人格教育的人，最要紧是以身作则，然后感化力才大。所以我们要研究孔子的人格。

孔子的人格，在平淡无奇中现出他的伟大，其不可及处在此，其可学处亦在此。前节曾讲过，孔子出身甚微。《史记》说："孔子贫且贱。"他自己亦说吾少也贱。（孟子说孔子为委吏，乘田皆为贫而仕。）以一个异国流寓之人，而且少孤，幼年的穷苦可想，所以孔子的境遇，很像现今的苦学生，绝无倚靠，绝无师承，全恃自己锻炼自己，渐渐锻成这么伟大的人格。我们读释迦基督墨子诸圣哲的传记，固然敬仰他的为人，但总觉得有许多地方，是我们万万学不到的。惟有孔子，他一生所言所行，都是人类生活范围内极亲切有味的庸言庸行，只要努力学他，人人都学得到。孔子之所以伟大就在此。

近世心理学家说，人性分智（理智）、情（情感）、意（意志）三方面。伦理学家说，人类的良心，不外由这三方面发动。但各人各有所偏，三者调和极难。我说，孔子是把这三件调和得非常圆满，而且他的调和方法，确是可模可范。孔子说："知仁勇三者，天下之达德。"又说："知者不惑，仁者不忧，勇者不惧。"知，就是理智的作用；仁，就是情感的作用；勇，就是意志的作用。我们试从这三方面分头观察孔子。

（甲）孔子之知的生活 孔子是个理智极发达的人。无待喋喋，观前文所胪列的学说，便知梗概。但他的理智，全是从下学上达得来。试读《论语》"吾十有五"一章，逐渐进步的阶段，历历可见。他说："我非生而知之者，好古敏以求之者也。"又说："十室之邑，必有忠信如丘者焉，不如丘之好学也。"可见孔子并不是有高不可攀的聪明智慧。他的资质，原只是和我们一样；他的学问，却全由勤苦积累得来。他又说："君子食无求饱，居无求安，敏于事而慎于言，就有道而正焉。可谓好学也已矣。"解释"好学"的意义，是不贪安逸少讲闲话多做实事，常常向先辈请教，这都是最结实的为学方法。他遇有可以增长学问的机会，从不肯放过。郯子来朝，便向他问官制。在齐国遇见师襄，便向他学琴。入到太庙，便每事问。那一种遇事留心的精神，可以想见。他说："学如不及，犹恐失之。"又说："学之不讲，是吾忧也。"可见他真是以学问为性命，终身不肯抛弃。他见老子时，大约五十岁了，各书记他们许多问答的话，虽不可尽信，但他虚受的热忱，真是少有了。他晚年读易韦编三绝，还恨不得多活几年好加功研究。他的《春秋》，就是临终那一两年才著成。这些事绩，随便举一两件，都可以鼓励后人向学的勇气。像我们在学堂毕业，就说我学问完成，比起孔子来，真要愧死了。他自己说"其为人也，发愤忘食，乐以忘忧，不知老之将至"云尔。可见他从十五岁到七十三岁，无时无刻不在学问之中。他在理智方面，能发达到这般圆满，全是为此。

（乙）孔子之情的生活　凡理智发达的人，头脑总是冷静的，往往对于世事，作一种冷酷无情的待遇，而且这一类人，生活都会单调性，凡事缺乏趣味。孔子却不然。他是个最富于同情心的人，而且情感很易触动。子食于有丧者之侧，未尝饱也；子见齐衰者，虽狎必变，凶服必式之。可见他对于人之死亡，无论识与不识，皆起恻隐，有时还像神经过敏。朋友死，无所归。子曰："于我殡。"孔子之卫，遇旧馆人之丧，入而哭之，一哀而出涕。颜渊死，子哭之恸。这些地方，都可证明孔子是一位多血多泪的人。孔子既如此一往情深，所以哀民生之多艰，日日尽心，欲图救济。当时厌世主义盛行，《论语》所载避地避世的人很不少。

那长沮说："滔滔者，天下皆是也。而谁与易之？"孔子却说："鸟兽不可与同群，吾非斯人之徒与而谁与？天下有道，丘不与易也。"可见孔子栖栖惶惶，不但是为义务观念所驱，实从人类相互间情感发生出热力来。那晨门虽和孔子不同道，他说"是知其不可而为之者与"，实能传出孔子心事。像《论语》所记那一班隐者，理智方面都很透亮，只是情感的发达，不及孔子（像屈原一流情感又过度发达了）。

孔子对于美的情感极旺盛，他论韶武两种乐，就拿尽美和尽善对举。一部《易》传，说美的地方甚多（如乾之以美利利天下，如坤之美在其中）。他是常常玩领自然之美，从这里头，得着人生的趣味。所以他说："天何言哉？四时行焉，百物生焉。天何言哉！"说："知者乐水，仁者乐山。"前节讲的孔子赞《易》全是效法自然，就是这个意思。曾点言志，说"浴乎沂，风乎舞雩，咏而归。"孔子喟然叹曰："吾与点也。"为什么叹美曾点，为他的美感，能唤起人趣味生活。孔子这种趣味生活，看他笃嗜音乐，最能证明。在齐闻韶，闹到三月不知肉味，他老先生不是成了戏迷吗？子于是日哭，则不歌。可见他除了有特别哀痛时，每日总是曲子不离口了。子与人歌而善，必使反之而后和之，可见他最爱与人同乐。孔子因为认趣味为人生要件，所以说"不亦说乎？""不亦乐乎？"说"乐以忘忧"，说"知之者不如好之者，好之者不如乐之者"。一个"乐"字，就是他老先生自得的学问。我们从前以为他是一位干燥无味方严可惮的道学先生，谁知不然。他最喜欢带着学生游泰山游舞雩，有时还和学生开玩笑呢！（夫子莞尔而笑……前言戏之耳！）《论语》说"子温而厉，威而不猛，恭而安"，正是表现他的情操恰到好处。

（丙）孔子之意的生活 凡情感发达的人，意志最易为情感所牵，不能强立。孔子却不然，他是个意志最坚定强毅的人。齐鲁夹谷之会，齐人想用兵力劫制鲁侯，说孔丘知礼而无勇，以为必可以得志。谁知孔子拿出他那不畏强御的本事，把许多伏兵都吓退了。又如他反对贵族政治，实行堕三都的政策，非天下之大勇，安能如此？他的言论中，说志说刚说勇说强的最多。如"三军可夺帅也，匹夫不可夺志也"，这是教人抵抗力要强，主意一定，总不为外界所摇夺。如"君子和而不流，强哉矫。中立而不倚，强哉矫。国有道，不变塞焉，强哉矫。国无道，至死不变，强哉矫"，都是表示这种精神。又说："志士仁人，无求生以害仁，有杀身以成仁。"又说："志上不忘在沟壑，勇士不忘丧其元。"教人以献身的观念，为一种主义或一种义务，常须存以身殉之之心。所以他说："仁者必有勇"，又说："见义不为无勇也"，可见讲仁讲义，都须有勇才成就了。孔子在短期的政治生活中，已经十分表示他的勇气，他晚年讲学著书，越发表现这种精神。他自己说："学而不厌，诲人不倦。"这两句语看似寻常，其实不厌不倦，是极难的事。意志力稍为薄弱一点的人，一时鼓起兴味做一件事，过些时便厌倦了。孔子既已认定学问教育是他的责任，一直到临死那一天，丝毫不肯松劲。不厌不倦这两句话，真当之无愧了。他赞《易》，在第一个乾卦，说"天行健，君子以自强不息"。"自强"是表意志力，"不息"是表这力的继续性。

　　以上从知情意即知仁勇三方面分析综合、观察孔子。试把中外古人别的伟人哲人来比较，觉得别人或者一方面发达的程度过于孔子，至于三方面同时发达到如此调和圆满，直是未有其比。尤为难得的，是他发达的径路，很平易近人，无论什么人，都可以学步。所以孔子的人格，无论在何时何地，都可以做人类的模范。我们和他同国，做他后学，若不能受他这点精神的感化，真是自己辜负自己了。

（节选自《孔子》，1920 年作。
原载《饮冰室合集》第 8 册第三十六，
中华书局 1989 年版。）

老子的学说

我很感觉困难，因为才讲到正文，讲的便是老子。老子的学说，是最高深玄远的，而且骤然看去很像无用，恐怕把诸君的兴味打断了。所以，我先奉劝诸君几句话：头一件，诸君虽然听得难懂，还须越发留心听下去。因为你的脑有一种神秘力，会贮藏识想，久后慢慢发芽。你现在虽不懂，将来要懂起来，我的讲义总可以给你一个大帮助，像吃橄榄，慢慢的会回甘哩。第二件，诸君别要说这种学问无用。因为我们要做事业要做学问，最要紧是把自己神智弄得清明，正和做生意的人要有本钱一般，像老子、庄子乃至后来的佛学，都是教我们本钱的方法。我第一次讲学问分类的时候，说那第二类精神生活向上的学问，一部分就是指这些。这些操练心境的学问，恰恰和你们学体育来操练身体一般，万不可以说它无用。

如今讲到本题了。研究老子学说就是研究这部"五千言的《老子》"。这部书有人叫它做《道德经》，虽然是后起的名称，但它全部讲的不外一个"道"字，那是无可疑了。这书虽然仅有五千字，但含的义理真多。我替诸君理出个眉目，分三大部门来研究：第一部门是说道的本体，第二部门是说道的名相，第三部门是说道的作用。

第一　本体论

什么叫做本体论？人类思想到稍为进步的时代，总想求索宇宙万物从何而来，以何为体？这是东西古今学术界久悬未决的问题。据我想来，怕是到底不能解决。但虽然不能解决，学者还是喜欢研究它。研究的结果，虽或对于解决本问题枉用工夫，然而引起别方面问题的研究，于学术进步，就极有关系了。今为引起诸君兴味起见，要把全世界学术界对于这问题的大势，用最简略的语句稍为说明。

这个问题最初的争辩，就是有神论和无神论。有神论一派，说宇宙万有都是神创造的。然则宇宙无体，神就是它的体，我们不必研究宇宙，只要研究"神"就够了。但"神"这样东西，却是只许信仰，不许研究。所以主张有神论的，归根便到学问范围以外。总要无神论发生，学问才会成立，所谓"本体论"才会成个问题。第二步的争辩，就是一元论、二元论、多元论——或是唯物论、唯心论、心物并行论。其错综关系略如下：

```
二元——心物对
                唯心
   一元
                唯物
   多元
                心物杂
```

既已将神造论打破，则万有的本体，自然求诸万有的自身。最初发达的，是从客观上求，于是有一元的唯物论或多元的唯物论。一元的唯物论，当很幼稚的时代，是在万物中拈出一物认它为万物之本。如希腊的德黎士 Thales 说水为万物之本，波斯教说火为万物之本，印度有地宗、水宗、火宗、风宗、空宗、方宗、时宗等。多元的唯物论，如中国阴阳家言"五行化生万物",印度顺世外道言"四大(地、水、火、风)生一切有情"等。还有心物混杂的多元论,如印度胜论宗说万有由九种事物和合而生:一地,二水,三火,四风,五空,六时,七方,八我,九意。但多元论总是不能成立,因为凡研究本体的人,原是要求个"一以贯之"的道理,这种又麻烦又有罅漏的学说,自然不能满意。所以主张唯物论的人,结果趋向到一元。印度诸外道所说的"极微",近世欧美学者说原子的析合、电子的振动,算是极精密之一元的唯物论了。以上所说各派的人都是向客观的物质求宇宙本体。但仔细研究下去,客观的物质是否能独立存在,却成了大问题。譬如这里一张桌子,一块黑板,拿常识看过去,都说是实有其物。但何以说它是有,是由我的眼看见,由我的心想到,然则桌子、黑板,是否能离开了我们意识独立存在?假如我们一群人都像桌子一般没有意识,是否世界上还能说有这块黑板?我们一群人都像黑板一般没有意识,是否世界上还能说有这张桌子?再换一方面说,诸君今日听我说了桌子、黑板之后,明天虽然把这桌子、黑板撤去,诸君闭眼一想,桌子、黑板依然活活现出来,乃至隔了许多年,诸君离开学校到了外国,一想起今日的情事,桌子、黑板还牢牢在诸君心目中。这样说来,桌子、黑板的存在,不是靠它的自身,是靠我们的意识。简单说,就是只有主观的存在,没有客观的存在。这一派的主张,就是唯心的一元论。在欧洲哲学史上,唯物、唯心两派的一元论,直闹了二千多年,始终并未解决,其中还常常有心物对立的二元论来调和折衷,议论越发多了。

再进一步,本体到底是"空"呀还是"有"呢?又成了大问题。主张唯物论的,骤看过去,好像是说"有"了,但由粗的物质推到原子,由原子推到电子,电子的振动,全靠那视而不见听而不闻的"力",到底是"有"还是"空",就很难说了。主张唯心论的,骤看过去,好像是说"空"了,但唯心论总靠我自己做出发点,"我"到底有没有呢?若是连我都没有,怎么能用思想呢?所以法国大哲笛卡儿有句很有名的话,说:"我思故我在。"我既不"空",那么,宇宙本体,自然也都不

"空"了。所以这"空有"的问题，也打了几千年官司，没有决定。

这是印度人和欧洲人研究本体论的大略形势。

佛说却和这些完全不同。佛说以为什么神咧、非神咧、物咧、心咧、空咧、有咧，都是名相上的话头。一落名相，便非本体。本体是要离开一切名相才能证得的。《大乘起信论》说得最好：

"依一心法有二种门，一者心真如门，二者心生灭门，是二种门皆各总摄一切法。……以是二门不相离故。"

心真如门是说本体，心生灭门是说名相。真如的本体怎么样呢？它说：

"是故一切法，从本已来，离言说相，离名字相，离心缘相，毕竟平等，无有变异，不可破坏，唯是一心，故名真如。以一切言说假名无实，但随妄念，不可得故。言真如者，亦无有相。谓言说之极，因言遣言，此真如体无有可遣，以一切法悉皆真故，亦无可立，以一切法皆同如故。当知一切法不可说，不可念，故名为真如。"

我们且看老子的本体论怎么说法？他说：

"有物混成，先天地生，寂兮寥兮，独立而不改，周行而不殆，可以为天下母。吾不知其名，字之曰'道'，强名之曰'大'。"

又说：

"天法道，道法自然。"

又说：

"谷神不死，是谓玄牝。玄牝之门，是谓天地根，绵绵若存，用之不勤。"

又说：

"玄之又玄，众妙之门。"

又说：

"道冲而用之，或不盈，渊兮似万物之宗，……湛兮似或存。吾不知谁之子，象帝之先。"

又说：

"视之不见名曰夷，听之不闻名曰希，搏之不得名曰微，此三者不可致诘，故混而为一。……绳绳不可名，复归于无物，是谓无状之状，无物之象，是谓惚恍。迎之不见其首，随之不见其后。"

又说：

"道之为物，惟恍惟惚。惚兮恍兮，其中有象。恍兮惚兮，其中有物。窈兮冥兮，其中有精。其精甚真，其中有信。"

又说：

"微妙玄通，深不可识，夫唯不可识，故强为之容。"

我们要把这几段话细细地研究出个头绪来。他说的"先天地生"，说的"是谓天地根"，说的"象帝之先"，这分明说道的本体，是要超出"天"的观念来求它，把古代的"神造说"极力破除。后来子思说："天命之谓性，率性之谓道"，董仲舒说："道之大原出于天"，这都是说颠倒了。老子说的是"天法道"，不说"道法天"，是他见解最高处。

他说："有物混成。"岂不明明说道体是"有"吗？他怕人误会了，所以又说："视之不见，……听之不闻，……搏之不得，……绳绳不可名，复归于无物。"然则道体岂不是"无"吗？他又怕人误会了，赶紧说："是谓无状之状，无物之象。"又说："惚兮恍兮，其中有象。恍兮惚兮，其中有物。"然则道体到底是有还是无呢？老子的意思以为，有咧无咧，都是名相的边话，不应该拿来说本体。正如《起信论》说的："真如自性，非有相，非无相，非非有相，非非无相，非有无俱相。"然则为什么又说有说无呢？所谓"因言遣言"，既已和我们说这"道"，不能不假定说是有物，你径认它是"有"却不对了，不得已说是"非有"。你径认它是"非有"，又不对了，不得已说是"非非有"。其实有无两个字都说不上，才开口便错，这是老子反复叮咛的意思。

究竟道的本体是怎么样呢？它是"寂兮寥兮"、"视之不见，听之不闻，搏之不得"的东西，像《起信论》说的"如实空"。它是"其中有精，其精甚真，其中有信"的东西，像《起信论》说的"如实不空"。它是"独立而不改，周行而不殆"的东西，像《起信论》说的"毕竟平等，无有变异，不可破坏"。它是"可以为天下母"、"似万物之宗"、"是谓天地根"的东西，像《起信论》说的"总摄一切法"。《庄子·天下》篇批评老子学说，说它"以虚空不毁万物为实"，这句话最好。若是毁万物的虚空，便成了顽空了，如何能为万物宗、为天地根呢？老子所说，很合着佛教所谓"真空妙有"的道理。

他的名和相，本来是不应该说的，但既已开口说了，只好勉强找些形容词来，所以说："微妙玄通，深不可识。夫惟不可识，故强为之容。"试看他怎么强为之容？他说了许多"寂兮寥兮"、"窈兮冥兮"、"惚兮恍兮，恍兮惚兮"。又说："渊兮似……"、"湛兮似……"，又说："豫焉若……犹然若……俨兮若……涣兮若……敦兮其若……旷兮其若……混兮其若……"。不直说"万物之宗"，但说"似万物之宗"；不直说"帝之先"，但说"象帝之先"；不直说"不盈"，但说"或不盈"；不直说"存"，但说"绵绵若存"。因为说一种相，怕人跟着所说误会了，所以加上种种不定的形容词，叫你别要认真。

"名"，也是这样。他说："吾不知其名，字之曰'道'，强名之曰'大'。"又说："是谓玄牝。"又说："玄之又玄。"又说："无状之状，无象之象，是谓惚恍。"因为立一个名，怕人跟着所立误会了，所以左说一个，右说一个，好像是迷离惝恍，其实是表示不应该立名的意思。

然则我们怎么样才能领会这本体呢？佛经上常说"不可思议"，寻常当作"不能够思议"解，是错了。他说的是"不许思议"，因为一涉思议，便非本体。所以《起信论》说："离念境界，唯证相应。"老子说的，也很有这个意思。他说："知者不言，言者不知。"又说："其出弥远，其知弥少。"又说："为学日益，为道日损，损之又损，以至于无为。"因为要知道道的本体，是要参证得来的，不是靠寻常学问智识得来的，所以他又说："绝学无忧。"

他又说："上士闻道，勤而行之。中士闻道，若存若亡。下士闻道，大笑之。不笑不足以为道也。"道的本体，既然是要离却寻常学问智识的范围去求，据一般人想来，离却学问智识，还求个什么呢？求起来有什么用处呢？怪不得要大笑了。

第二　名相论

本体既是个不许思议的东西，所以为一般人说法，只得从名相上入手。名相剖析得精确，也可以从此悟入真理。佛教所以有法相宗，就是这个缘故。我们且看老子的名相论是怎么样？他的书第一章，就是说明本体和名相的关系。他说道：

"道可道，非常道。名可名，非常名。无名天地之始。有名万物之母。故常无，欲以观其妙。常有，欲以观其徼。此两者，同出而异名，同谓之玄。玄之又玄，众妙之门。"（断句有与旧不同处应注意。）

这一章本是全书的总纲，把体、相、用三件都提挈起来。头四句是讲的本体，他说："道本来是不可说的，说出来的道，已经不是本来常住之道了。名本来不应该立的，立一个名，也不是真常的名了。"但是既已不得已而立些"名"，那"名"应该怎样分析呢？他第五、六两句说道："姑且拿个'无'字来名那天地之始，拿个'有'字来名那万物之母罢。"上句说的就是《起信论》的"心真如门"，下句说的就是那"心生灭门"，然则研究这些名相有什么用处呢？他第七、第八两句说："我们常要做'无'的工夫，用来观察本来的妙处。又常要做'有'的工夫，用来观察事物的边际。"他讲了这三段话，又怕人将有无分为两事，便错了，所以申明几句，说："这两件本来是同的，不过表现出来名相不同，不同的名叫做有无，同的名叫做什么呢？可以叫做'玄'。"这几句又归结到本体了。（附言：老子书中许多"无"字，最好作"空"字解。"空"者像一面镜，镜内空无一物，而能照出一切物象。老子说的"无"，正是这个意。）

然则名相从哪里来呢？老子以为从人类"分别心"来。他说道：

"天下皆知美之为美，斯恶已。皆知善之为善，斯不善已。故有无相生，难易相成，长短相较，高下相倾，音声相和，前后相随。"

他的意思是说："怎么能知道有'美'呢？因为拿个'恶'，和它比较出来，所以有'美'的观念，同时便有'恶'的观念。怎么能知道有'善'呢？因为拿个'不善'和它比较出来，所以有'善'的观念，同时便有'不善'的观念。所谓'有无'、'难易'、'长短'、'高下'、'前后'等等名词，都是如此。"他以为，宇宙本体原是绝对的，因这分别心，才生出种种相对的名。所以他又说：

"自古及今，其名不去，以阅众甫（"阅"同"说"，"众甫"谓万物之始）。吾何以知众甫之然哉？以此。"

意谓："人类既造出种种的名，名一立了，永远去不掉，就拿名来解说万有。我们怎么样能知道万有呢？就靠这些名。"《楞严经》说的"无同异中炽然成异"，即是此意。

既已有名相，那名相的孳生次第怎么样呢？他说：

"道生一，一生二，二生三，三生万物。"

这段话很有点奇怪，为什么不说"一生万物"呢，为什么不说"一生二，二生万物"呢，又为什么不说"二生四，四生万物"呢？若从表面上文义看来，那演的式是：

一 —→ 二 —→ 三 —→ 万物

这却有什么道理讲得通呢？我想老子的意思，以为一和二是对待的名词，无"二"则并"一"之名亦不可得。既说个"一"，自然有个"二"和它对待，所以说"一生二"。一二对立，成了两个，由两个生出个"第三个"来，所以说"二生三"。生出来的"三"，成了个独立体，还等于"一"，随即有"二"来和它对待，生的"三"不止一个，个个都还等于"一"，无数的一和二对待，便衍成万了，所以说"三生万物"。今试命一为甲，命二为乙，命所生之三为丙丁戊己等，那演的式应该如下：

道 → 一（甲）／二（乙） → 三 {
（丙）＝ 一（甲）／二（乙） → 三 {
（庚）＝一（甲）↓＝二（乙）
（辛）＝一（甲）
（壬）＝一（甲）
} → 三（癸）＝一（甲）
（丁）＝一（甲）
（戊）＝一（甲）
（己）＝一（甲）
}

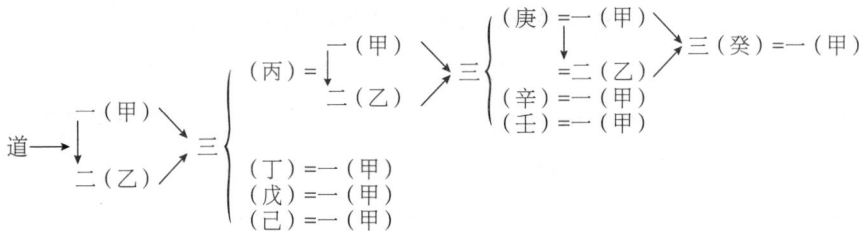

生物的雌雄递衍，最容易说明此理。其他一切物象事象，都可以说是由正负两面衍生而来，所以老子说：

"天地之间，其犹橐籥乎？虚而不屈，动而愈出。"

"天地"即是"阴阳"、"正负"的代表符号，亦即是"一二"的代表符号。他拿乐器的空管比这阴阳、正负相摩相荡的形相，说它本身虽空洞无物，但动起来可以出许多声音，越出越多。这个"动"字，算得是万有的来源了。

然则这些动相是从哪里来呢？是否另外有个主宰来叫它动？老子说：

"道法自然。"

又说：

"莫之命而常自然。"

"自然"是"自己如此"，参不得一毫外界的意识。"自然"两个字，是老子哲学的根核，贯通体、相、用三部门。自从老子拈出这两个字，于是崇拜自然的理想，越发深入人心，"自然主义"成了我国思想的中坚了。

老子以为宇宙万物自然而有动相，亦自然而有静相，所以说：

"万物并作，吾以观复。夫物芸芸，各复归其根，归根曰静。"

"复"字是"往"字的对待名词，"万物并作"，即所谓"动而愈出"，所谓"出而异名"，都是从"往"的方面观察的。老子以为无往不复，从"复"的方面观察，都归到它的"根"。根是什么呢？就是"玄牝之门，绵绵若存"的"天地根"，就是"橐籥"，就是"绳绳不可名，复归于无物"。所以他又说：

"天下万物生于有，有生于无。"

这是回复到本体论了。若从纯粹的名相论上说，"无"决不能生"有"。老子的意思，以为万有的根，实在那"非有、非无、非非有、非非无"的本体。既已一切俱非，所以姑且从俗，说个"无"字，其实这已经不是名相上的话。

老子既把名相的来历说明，但他以为这名相的观念不是对的。他说：

"民莫之令而自均，始制有名。名亦既有，夫亦将知之，知之所以不治。"（从胡适校本）

这是说："既制出种种的名，人都知有名，知有名便不治了。"这话怎么讲呢？

他说：

"唯之与阿，相去几何？善之与恶，相去何若？"

又说：

"名与身孰亲，得与亡孰病？"

又说：

"祸兮福之所倚，福兮祸之所伏。……人之迷，其日固已久。"

老子以为名相都由人类的分别心现出来，这种分别心靠得住吗？你说这是善，那是恶，其实善恶就没一定的标准，一定的距离。你想的是得，怕的是失（亡），其实得了有什么好处，失了有什么坏处呢？人人都求福畏祸，殊不知祸就是福，福就是祸。《老子》全部书中，像这类的话很多，都含着极精深的道理。我们试将他"善之与恶，相去何若"这两句来研究一下，譬如欧洲这回大战，法国人恨不得杀尽德国人，德国人恨不得杀尽英国人。试问他，你这种行为是善么？他说，是善呀。为什么是善？他说是我爱国，爱国便是善。其实据我们旁观看起来，或者几十年以后的人看起来，这算得是善吗？又如希伯来人，杀了长子祭天叫做善，不肯杀的叫做恶，到底谁善谁恶呢？又如中国人百口同居叫

老子的学说

107

做善，弟兄分家叫做恶，到底谁善谁恶呢？老子说："善之与恶，相去何若？"就是此意。他以为标了一个善的标准，结果反可以生出种种不善来，还不如把这种标准除去倒好些。他以为这种善恶的名称，都是人所制的，和自然法则不合，却可恨的"自古及今，其名不去"，故说是"人之迷其日已久"。懂得这点意思，才知道他为什么说"夫礼者，忠信之薄而乱之首"？为什么说"大道废，有仁义。慧智出，有大伪。六亲不和，有孝慈。国家昏乱，有忠臣"？为什么说"天下多忌讳，而民弥贫。民多利器，国家滋昏。人多伎巧，奇物滋起。法令滋彰，盗贼多有"？为什么说"绝圣弃智，民利百倍。绝仁弃义，民复孝慈。绝巧弃利，盗贼无有"？这些都不是诡激之谈，实在含有许多真理哩。

老子以为，这些都是由分别妄见生出来，而种种妄见，皆由"我相"起。所以说：

"吾所以有大患者，为吾有身。及吾无身，吾有何患。"

这是破除"分别心"的第一要著，连自己的身都不肯自私，那么，一切名相都跟着破了。所以他说：

"万物将自化，化而欲作，吾将镇之以无名之朴。"

所谓"无名之朴"，就是把名相都破除，复归于本体了。

老子这些话对不对，我且不下批评，让诸君自由研究，但我却要提出一个问题，就是"无名之朴"和"自然主义"有无冲突？老子既说："莫之命而常自然。"那自然的结果，是个"动而愈出"、"万物并作"。老子对于这所出的所作的，都要绝它、弃它、去它，恐怕不是"自然"罢？我觉得老子学说有点矛盾，不能贯彻之处，就在这一点。

第三 作用论

五千言的《老子》，最少有四千言是讲道的作用，但内中有一句话可以包括一切。就是：

"常无为而无不为。"

这句话书中凡三见，此外互相发明的话还很多，不必具引。这句话直接的注解，就是卷首那两句："常无，欲以观其妙。常有，欲以观其徼。"常无，就是常无为；常有，就是无不为。

为什么要常无为呢？老子说：

"三十辐共一毂，当其无，有车之用。埏埴以为器，当其无，有器之用。凿户牖以为室，当其无，有室之用。故有之以为利，无之以为用。"

上文说过，《老子》书中的"无"字，许多当作"空"字解，这处正是如此。寻常人都说空是无用的东西，老子引几个譬喻说，车轮若没有中空的圆洞，车便不能转动。器皿若无空处，便不能装东西。房子若没有空的门户窗牖，便不能出入不能流通空气。可见空的用处大着哩。所以说："无之以为用。"老子主张无为，那根本的原理就在此。

老子喜欢讲无为，是人人知道的，可惜往往把无不为这句话忘却，便弄成一种跛脚的学说，失掉老子的精神了。怎么才能一面无为，一面又无不为呢？老子说：

"是以圣人处无为之事，行不言之教。万物作焉而不辞，生而不有，为而不恃，功成而弗居。夫唯弗居，是以不去。"

又说：

"明白四达，能无知乎？生之畜之，生而不有，为而不恃，长而不宰，是谓玄德。"

又说：

"万物恃之以生而不辞，功成而不居，衣养万物而不为主。"

作而不辞，生而不有，为而不恃，长而不宰（即衣养万物而不为主），功成而不居。这几句话，除上文所引三条外，书中文句大同小异的还有两三处。老子把这几句话三翻四覆来讲，可见是他的学说最重要之点了。这几句话的精意在哪里呢？诸君知道，现在北京城里请来一位英国大哲罗素先生天天在那里讲学吗？罗素最佩服老子这几句话，拿他自己研究所得的哲理来证明。他说："人类的本能，有两种冲动，一是占有的冲动，一是创造的冲动。占有的冲动，是要把某种事物据为己有。这些事物的性质，是有限的，是不能相容的。例如经济上的利益，甲多得一部分，乙、丙、丁就减少得一部分。政治上权力，甲多占一部分，乙、丙、丁就丧失了一部分。这种冲动发达起来，人类便日日在争夺相杀中，所以这是不好的冲动，应该裁抑的。创造的冲动正和它相反，是要某种事物创造出来，公之于人。这些事物的性质是无限的，是能相容的。例如哲学、科学、文学、美术、音乐，任凭各人有各人的创造，愈多愈好，绝不相妨。创造的人，并不是为自己打算什么好处，只是将自己所得者传给众人，就觉得是无上快乐。许多人得了他的好处，还是莫名其妙，连他自己也莫名其妙。这种冲动发达起来，人类便日日进化，所以这是好的冲动，应该提倡的。"罗素拿这种哲理做根据，说老子的"生而不有，为而不恃，长而不宰"，是专提倡创造的冲动，所以老子的哲学，是最高尚而且最有益的哲学。

我想罗素的解释很对。老子还说：

"天之道，损有余而补不足。人之道则不然，损不足以奉有余。孰能有余以奉天下？唯有道者。是以圣人为而不恃，功成而不处。"

损有余而补不足，说的是创造的冲动，是把自己所有的来帮助人。损不足以奉有余，说的是占有的冲动，是抢了别人所有的归自己。老子说："什么人才能把自己所有的来贡献给天下人？非有道之士不能了。"老子要想奖励这种"为人类贡献"的精神，所以在全书之末用四句话作结。说道：

"既以为人己愈有，既以与人己愈多。天之道利而不害，圣人之道为而不争。"

这几句话，极精到又极简明。我们若是专务发展创造的本能，那么，他的结果，自然和占有的截然不同。譬如我拥戴别人做总统做督军，他做了却没有我的分，这是"既以为人己便无"了。我把自己的田产房屋送给人，送多少自己就少多少，这是"既以与人己便少"了。凡属于"占有冲动"的物事，那性质都是如此。至于创造的冲动却不然，老子、孔子、墨子给我们许多名理学问，他自己却没有损到分毫。诸君若画出一幅好画给公众看，谱出一套好音乐给公众听，许多人得了你的好处，你的学问还因此进步，而且自己也快活得很，这不是"既以为人己愈有，既以与人己愈多"吗？老子讲的"无不为"就是指这一类。虽是为实同于无为，所以又说："为无为则无不治。"

篇末一句的"为而不争"，和前文讲了许多"为而不有"，意思正一贯。凡人要把一种物事据为己有，所以有争，"不有"自然是"不争"了。老子又说："上仁为之而无以为。"韩非子解释他，说是："生于心之所不能已也，非求其报也。"（《解老篇》）无求报之心，正是"无所为而为之"，还有什么争呢？老子看见世间人实在争得可怜，所以说：

"天之道不争而善胜。"

"夫唯不争故无尤。"

"上善若水。水善利万物而不争。"

"江海所以能为百谷王者，以其善下之。……以其不争，故天下莫与之争。"

"不自见，故明。不自是，故彰。不自伐，故有功。不自矜，故长。夫唯不争，故天下莫能与之争。"

然则有什么方法叫人不争呢？最要紧是明白"不有"的道理，老子说：

"天长地久。天地所以能长且久者，以其不自生，故能长生。是以圣人后其身而身先，外其身而身存。非以其无私耶？"

老子提倡这无私主义，就是教人将"所有"的观念打破，懂得"后其身外其身"的道理，还有什么好争呢？老子所以教人破名除相，复归于无名之朴，就是为此。

诸君听了老子这些话，总应该联想起近世一派学说来，自从达尔文发明生物进化的原理，全世界思想界起一个大革命，他在学问上的功劳，不消说是应该承认的。但后来把那"生存竞争优胜劣败"的道理，应用在人类社会学上，成了思想的中坚，结果闹出许多流弊。这回欧洲大战，几乎把人类文明都破灭了，虽然原因很多，达尔文学说，不能不说有很大的影响。就是中国近年，全国人争权夺利像发了狂，这些人虽然不懂什么学问，口头还常引严又陵译的《天演论》来当护符呢，可见学说影响于人心的力量最大，怪不得孟子说"生于其心，害于其政，发于其政，害于其事"了。欧洲人近来所以好研究老子，怕也是这种学说的反动罢。

老子讲的"无为而无不为"、"为之而无以为"这些学说，是拿他的自然主义做基础产生出来。老子以为，自然的法则，本来是如此，所以常常拿自然界的现象来比方。如说："天之道利而不害。""天之道不争而善胜。""天之道损有余而补不足。"又说："上善若水。"都讲的是自然状态和"道"的作用很相合，教人学它。在人类里头，老子以为小孩子和自然状态比较的相近，我们也应该学他，所以说："专气致柔，能婴儿乎？"又说："常德不离，复归于婴儿。"又说："我独泊兮其未兆，如婴儿之未孩。"又说："圣人皆孩之。"然则小孩子的状态怎么样呢？老子说：

"含德之厚，比于赤子。……骨弱筋柔而握固。……精之至也。……终日号而不嗄，和之至也。"

小孩子的好处，就是天真烂漫，无所为而为。你看他整天张着嘴在那里哭，像是有多少伤心事，到底有没有呢？没有，这就是"无为"。并没有伤心，却是哭得如此热闹，这就是"无为而无不为"。老实讲，就是一个"无所为"。这"无所为主义"最好。孔子的席不暇暖，墨子的突不得黔，到底所为何来？孔子、墨子若会打算盘，只怕我们今日便没有这种宝贵的学说来供研究了。所以老子又说："众人皆有以，而我独顽似鄙。"说的是"别人都有所为而为之，我却是像顽石一般，什么利害得丧的观念都没有"。老子的得力处就在此。所以他说："以辅万物之自然而不敢为。"又说："成功事遂，百姓皆谓我自然。"

老子以为自然状态应该如此，他既主张"道法自然"，所以要效法它，于是拿这种理想推论到政术，说道：

"古之善为道者，非以明民，将以愚之。民之难治，以其智多。故以智治国，国之贼；不以智治国，国之福。"

又说：

"小国寡民，使有什伯之器而不用，使民重死而不远徙。虽有舟舆，无所乘之。虽有甲兵，无所陈之。使人复绳结而用之，甘其食，美其服，安其居，乐其俗。邻国相望，鸡犬之声相闻，民至老死，不相往来。"

我们试评一评这两段话的价值，"非以明民，将以愚之"这两句，很为后人所诟病，因为秦始皇、李斯的"愚黔首"，都从这句话生出来，岂不是老子教人坏心术吗？其实老子何至如此？他是个"为而不有"的人，为什么要愚弄别人呢？须知，他并不是光要愚人，连自己也愚在里头。他不说的"我独顽似鄙"、"我独如婴儿之未孩"吗？他以为，从分别心生出来的智识总是害多利少，不如捐除了它。所以说："以智治国，国之贼；不以智治国，国之福。"这分明说，不独被治的人应该愚，连治的人也应该愚了。然则他这话对不对呢？我说，对不对暂且不论，先要问做得到做不到？小孩子可以变成大人，大人却不会再变成小孩子。想人类由愚变智有办法，想人类由智变愚没有办法。人类既已有了智识，只能从智识方面，尽量地浚发，尽量地剖析，叫他智识不谬误，引到正轨上来，这才算顺人性之自然，"法自然"的主义才可以贯彻。老子却要把智识封锁起来，这不是违反自然吗？孟子说："大人不失其赤子之心。"须知所谓"泊然如婴儿"这种境界，只有像老子这样伟大人物才能做到，如何能责望于一般人呢？像"小国寡民"那一段，算得老子理想上之"乌托邦"。这种乌托邦好不好，是别问题。但问有什么方法能令它出现，则必以人民皆愚为第一条件。这是办得到的事吗？所以司马迁引了这一段，跟着就驳他，说道："神农以前吾不知矣，若至《诗》、《书》所述，虞、夏以来，耳目欲极声色之好，口欲穷刍豢之味，身安逸乐，而心矜夸势能之荣，使俗之渐民久矣。虽户说以眇论，终不能化。"(《史记·货殖列传》)这是说老子的理想决然办不到，驳得最为中肯。老子的政术论所以失败，根本就在这一点。失败还不算，倒反叫后人盗窃他的文句，做专制的护符，这却是老子意料不到的了。

老子书中许多政术论，犯的都是这病，所以后人得不着它用处，但都是"术"的错误，不是"理"的错误。像"不有"、"不争"这种道理，总是有益社会的，总是应该推行的，但推行的方法，应该拿智识做基础，智识愈扩充，愈精密，真理自然会实践。老子要人灭了智识，冥合真理，结果恐怕适得其反哩。

老子教人用功最要紧的两句话，说是：

"为学日益，为道日损。"

他的意思说道："若是为求智识起见，应该一日一日地添些东西上去。若是为修养身心起见，应该把所有外缘逐渐减少它。"这种理论的根据在哪里呢？他说：

"五色令人目盲；五音令人耳聋；五味令人口爽；驰骋畋猎，令人心发狂；难得之货，令人行妨。"

这段话对不对呢？我说完全是对的。试举一个例，我们的祖宗晚上点个油灯，两根灯草，也过了几千年了，近来渐渐用起煤油灯，渐渐用起电灯，从十几支烛光的电灯加到几十支、几百支，渐渐大街上当招牌上的电灯，装起五颜六色来，渐渐又忽燃忽灭的在那里闪。这些都是我们视觉渐钝的原因，又是我们视觉既钝的结果。初时因为有了亮灯，把目力漫无节制地乱用，渐渐地消耗多了。用惯亮灯之后，非照样的亮，不能看见。再过些日子，照样的亮也不够了，还要加亮，加——加——加——加到无了期。总之，因为视觉钝了之后，非加倍刺激，不能发动他的本能，越刺激越钝，越钝越刺激，原因结果，相为循环。若照样闹下去，经过几代遗传，非"令人目盲"不可。此外五声五味，都同此理。近来欧美人患神经衰弱病的，年加一年，烟酒等类麻醉兴奋之品，日用日广，都是靠它的刺激作用。文学、美术、音乐，都是越带刺激性的越流行，无非神经疲劳的反响。越刺激，疲劳越甚，像吃辣椒、吃鸦片的人，越吃量越大。所以有人说，这是病的社会状态，这是文明破灭的征兆。虽然说得太过，也不能不算含有一面真理。老子是要预防这种病的状态，所以提倡"日损"主义。又说：

"治人事天莫若啬。"

韩非子解这"啬"字最好，他说：

"视强则目不明，听甚则耳不聪，思虑过度则智识乱。……啬之者，爱其精神，啬其智识也。……众人之用神也躁，躁则多费，多费谓之侈。圣人之用神也静，静则少费，少费谓之啬。……神静而后和多，和多而后计得，计得而后能御万物。"（《解老篇》）

这话很能说明老子的精意，老子说："去甚去奢去泰。"说："见素抱朴，少私寡欲。"说："致虚极，守静笃。"都是教人要把精神用之于经济的，节一分官体上的嗜欲，得一分心境上的清明。所以又说：

"祸莫大于不知足，咎莫大于欲得，故知足之足常足矣。"

凡官体上的嗜欲，那动机都起于占有的冲动，就是老子所谓"欲得"。既已常常欲得，自然常常不会满足，岂不是自寻烦恼？把精神弄得很昏乱，还能够替世界上做事吗？所以老子"少私寡欲"的教训，不当专从消极方面看它，还要从积极方面看它。他又说："知人者智，自知者明，胜人者有力，自胜者强。"自知、自胜两义，可算得老子修养论的入门了。

常人多说老子是厌世哲学，我读了一部《老子》，就没有看见一句厌世的语。他若是厌世，也不必著这五千言了。老子是一位最热心肠的人，说他厌世的，只看见"无为"两个字，把底下"无不为"三个字读漏了。

《老子》书中最通行的话，像那"不敢为天下先"、"知其雄，守其雌，为天下溪。知其白，守其黑，为天下谷"、"将欲歙之，必固张之。将欲弱之，必固强之"，都很像是教人取巧。就老子本身论，像他那种"为而不有，长而不宰"的人，还有什么巧可取？不过，这种话不能说它没有流弊，将人类的机心揭得太破，未免教猱升木了。

老子的大功德，是在替中国创出一种有系统的哲学。他的哲学，虽然草创，但规模很宏大，提出许多问题供后人研究。他的人生观，是极高尚而极适用。庄子批评他，说道："以本为精，以末为粗，以有积为不足，澹然独与神明居。……常宽容于物，不削于人，可谓至极，关尹老聃乎？古之博大真人哉！"这几句话可当得老子的像赞了！

（节选自《老子哲学》，1920 年作。
原载《哲学》1921 年 5 月、8 月第 1—2 期。）

学界上康德之位置

　　自近世史之初，学界光明，始放一线。其时屹然并起于欧洲者，厥有二派。一曰英国派，倍根倡之，专主实验，以科学法谈哲理。其继之者为霍布士，为洛克，而谦谟集其大成。二曰大陆派，笛卡儿倡之，专主推理，以发心物二元论。其继之者为斯宾挪莎，为黎菩尼士，而倭儿弗为其后劲。此两派者，中分欧洲之思想界，各自发达，而常不能调和。当十八世纪之初，实全欧学界最纠纷最剧竞之时代也，于是乎康德出集其大成。

　　康德者，德人也。德国之哲学，为近世欧洲中之最有力者，此普天下所同认也。虽然，以年代论之，则德人之哲学，比诸英法瞠乎在其后。德学之开祖者惟黎菩尼士，生千六百四十六年，实后于法之笛卡儿五十年（笛生于一五九六年），后于英之倍根八十五年（倍生于一五六一年）。其晚出也若此，且英法二国开祖以后，后哲踵起，大扬其波，而德学则自黎氏以后，阒然无闻，其难继也又若此。而卒能使德国学者之位置，一跃而占十九世纪学术史之第一位者，曰惟康德之故。康德实德国学界独一无二之代表人也。

　　康德之时代，实德意志国民政治能力最销沉之时代也。民族散漫，无所统一，政权往往被压于异族之手，而大哲乃出乎其间。浅见者或以为哲学之理论，于政治上毫无关系，而不知其能进国民之道德，牖国民之智慧，使国民憬然自觉我族之能力精神至伟且大，其以间接力影响于全国者，实不可思议。虽谓有康德然后有今之德意志焉可也。

十八世纪之末叶，所谓伪维新思想者，风靡一世。若直觉主义，若快乐主义，滔滔然偏被于天下，道念扫地，骄奢淫泆放纵悖戾之恶德，横行泛滥。自真挚谨严之康德出，以良知说本性，以义务说伦理，然后砥柱狂澜，使万众知所趋向。康德者实百世之师，而黑暗时代之救世主也。

以康德比诸东方古哲，则其言空理也似释迦，言实行也似孔子，以空理贯诸实行也似王阳明。以康德比诸希腊古哲，则其立身似梭格拉底，其说理似柏拉图，其博学似亚里士多德。其在近世，则远承倍根笛卡儿两统而去其蔽，近撷谦谟黎菩尼士之精而异其撰，下开黑格尔黑拔特二派而发其华。（二派一主唯心论，一反对唯心论，而皆自谓祖述康德。）其政论则与卢梭出入，而为世界保障自由。其文学则与基特调和，而为日耳曼大辉名誉。康德者，非德国人而世界之人也；非十八世纪之人，而百世之人也。吾今请绍介其学说之大略以贡于我学界。（著者案：康德学说条理繁赜，意义幽邃，各国硕学译之犹以为难，况浅学如余者。兹篇据日人中江笃介所译法国阿勿雷脱之《理学沿革史》为蓝本，复参考英人东人所著书十余种汇译而成。虽用力颇勚，而终觉不能信达。加以此等极深研几之学，寻常学者颇难领会，或以为不切于实用，读之而徒觉沉闷者有焉矣。虽然此实空前绝后一大哲之绪论，有志新学者终不可不悉心研究之，反复熟玩焉，亦自觉其有味也。又案：本篇所述不免太长，似不合体例，但为短简之言，恐读者愈不解，况康氏百数十万言之著书，括以十余纸抑已简极矣，读者谅之。）

（节选自《近世第一大哲康德之学说》，1903 年作。

原载《新民》1903 年第 26 号。）

下 编

中国韵文里头所表现的情感

本学期在清华学校讲国史，校中文学社诸生，请为文学的课外讲演，辄拈此题。所讲现未终了，讲义随讲随编，其预定的内容略如下：

右（指上。编者注。）讲稿皆于著史之暇间日抽余晷草之，其脱略舛谬处，自知不少——即如第三讲中论奔迸的表情法所引《陇头歌》，细思实当改入第四讲中论吞咽式表情法条下——今因《改造》杂志索稿，匆匆检付，无暇覆勘校改，惟自觉用表情法分类以研究旧文学，确是别饶兴味。前人虽间或论及，但未尝为有系统的研究。不揣愚陋，辄欲从此方面引一端绪。其疏舛之处，极盼海内同嗜加以是正。

校中参考书缺乏，且时日匆促，故所引作品，仅凭记忆所及，读者幸勿责其罣漏。

十一，三，二十五，在清华学校。启超。

一

天下最神圣的莫过于情感。用理解来引导人，顶多能叫人知道哪件事应该做，哪件事怎样做法，却是与被引导的人到底去做不去做，没有什么关系。有时所知的越发多，所做的倒越发少。用情感来激发人，好像磁力吸铁一般，有多大分量的磁，便引多大分量的铁，丝毫容不得躲闪，所以情感这样东西，可以说是一种催眠术，是人类一切动作的原动力。

情感的性质是本能的，但它的力量，能引人到超本能的境界；情感的性质是现在的，但它的力量，能引人到超现在的境界。我们想入到生命之奥，把我的思想行为和我的生命迸合为一，把我的生命和宇宙和众生迸合为一；除却通过情感这一个关门，别无它路。所以情感是宇宙间一种大秘密。

情感的作用固然是神圣，但它的本质不能说它都是善的都是美的。它也有很恶的方面，它也有很丑的方面。它是盲目的，到处乱碰乱迸，好起来好得可爱，坏起来也坏得可怕。所以古来大宗教家大教育家，都最注意情感的陶养，老实说，是把情感教育放在第一位。情感教育的目的，不外将情感善的美的方面尽量发挥，把那恶的丑的方面渐渐压伏淘汰下去。这种功夫做得一分，便是人类一分的进步。

情感教育最大的利器，就是艺术。音乐、美术、文学这三件法宝，把"情感秘密"的钥匙都掌住了。艺术的权威，是把那霎时间便过去的情感，捉住它令它随时可以再现，是把艺术家自己"个性"的情感，打进别人们的"情阈"里头，在若干期间内占领了"他心"的位置。因为它有恁么大的权威，所以艺术家的责任很重，为功为罪，间不容发。艺术家认清楚自己的地位，就该知道：最要紧的工夫，是要修养自己的情感，极力往高洁纯挚的方面，向上提絜，向里体验，自己腔子里那一团优美的情感养足了，再用美妙的技术把它表现出来，这才不辱没了艺术的价值。

二

我这篇讲演，说的是中国韵文里头所表现的情感。"韵文"是有音节的文字，那范围，从《三百篇》《楚辞》起，连乐府歌谣、古近体诗、填词、曲本，乃至骈体文都包在内（但骈体文征引较少）。我所征引的只凭我记忆力所及，自然不能说完备，但这些资料，不过借来举例，倒不在乎备不备，我想恁么多也够了。我所征引的，都是极普通脍炙人口的作品，绝不搜求隐僻，我想这种作品，最合于作品代表的资格。

我这回所讲的，专注重表现情感的方法有多少种？哪样方法我们中国人用得最多用得最好？至于所表现的情感种类，我也很想研究。但这回不及细讲，只能引起一点端绪。我讲这篇的目的，是希望诸君把我所讲的做基础，拿来和西洋文学比较，看看我们的情感，比人家谁丰富谁寒俭？谁浓挚谁浅薄？谁高远谁卑近？我们文学家表示情感的方法，缺乏的是哪几种？先要知道自己民族的短处去补救它，才配说发挥民族的长处。这是我讲演的深意。现在请入本题。

三

向来写情感的，多半是以含蓄蕴藉为原则，像那弹琴的弦外之音，像吃橄榄的那点回甘味儿，是我们中国文学家所最乐道。但是有一类的情感，是要忽然奔进一泻无余的，我们可以给这类文学起一个名，叫做"奔进的表情法"。例如碰着意外的过度的刺激，大叫一声或大哭一场或大跳一阵，在这种时候，含蓄蕴藉，是一点用不着。例如《诗经》：

蓼蓼者莪，匪莪伊蒿。哀哀父母，生我劬劳！（《蓼莪》）
彼苍者天，歼我良人！如可赎兮，人百其身。（《黄鸟》）

前一章是父母死了，悲痛到极处，"哀哀……劬劳"八个字，连泪带血迸出来。后一章是秦穆公用人来殉葬，看的人哀痛怜悯的感情，迸在这四句里头，成了群众心理的表现。

风萧萧兮易水寒，壮士一去兮不复还！

这是荆轲行刺秦始皇临动身时，他的朋友高渐离歌来送他。只用两句话，一点扭捏也没有，却是对于国家对于朋友的万斛情感，都全盘表出了。

古乐府里头有一首《箜篌引》，不知何人所作。据说是有一个狂夫，当冬天早上，在河边"被发乱流而渡"，他的妻子从后面赶上来要拦他，拦不住，溺死了。他妻子作了一首"引"，是：

公无渡河！公竟渡河！堕河而死，将奈公何！

又有一首《陇头歌》，也不知谁人所作，大约是一位身世很可怜的独客。那歌有两叠，是：

陇头流水，流离四下，念吾一身，飘然旷野。

陇头流水，鸣声呜咽，遥望秦川，肝肠断绝。

这些都是用极简单的语句，把极真的情感尽量表出，真所谓"一声何满子，双泪落君前"。你若要多著些话，或是说得委婉些，那么真面目完全丧掉了。

力拔山兮气盖世！时不利兮骓不逝！骓不逝兮可奈何！虞兮虞兮奈若何！（《虞兮歌》）

大风起兮云飞扬！威加海内兮归故乡！安得猛士兮守四方！（《大风歌》）

前一首是项羽在垓下临死时对着他爱妾虞姬唱的，把英雄末路的无限情感都涌现了。后一首是汉高祖做了皇帝过后，回到故乡，对那些父老唱的，一种得意气概尽情流露。

陟彼北芒兮，噫！顾瞻帝京兮，噫！宫阙崔巍兮，噫！民之劬劳兮，噫！辽辽未央兮，噫！（《五噫歌》）

这一首是后汉时梁鸿作的。满肚子伤世忧民的热情，叹了五口大气，尽情发泄，极文章之能事。

上邪！我欲与君相知，长命无绝衰。山无陵，江水为竭，冬雷震震夏雨雪，天地合，乃敢与君绝。（《上邪曲》）

这类一泻无余的表情法，所表的十有九是哀痛一路。这首歌却是写爱情，像这样斩钉截铁的赌咒，正表示他们的恋爱到"白热度"。

中国韵文里头所表现的情感

125

正式的五七言诗，用这类表情法的很少，因为多少总受些格律的束缚，不能自由了。要我在各名家诗集里头举例，几乎一个也举不出（也许是我记不起）。独有表情老手的杜工部，有一首最为怪诞。

> 剑外忽传收蓟北，初闻涕泪满衣裳。却看妻子愁何在，漫卷诗书喜欲狂。白日放歌须纵酒，青春结伴好还乡。即从巴峡穿巫峡，便下襄阳向洛阳。

凡诗写哀痛、愤恨、忧愁、悦乐、爱恋，都还容易，写欢喜真是难。即在长短句和古体里头也不易得。这首诗是近体，个个字受"声病"的束缚，他却作得如此淋漓尽致，那一种手舞足蹈的情形，读了令人发怔。据我看过去的诗没有第二首比得上了。

此外这种表情法，我能举得出的很少。近代人吴梅村，诗格本不算高，但他的集中却有一首，确能用这种表情法。那题目我记不真，像是《送吴季子出塞》。他劈空来恁么几句：

> 人生千里与万里，黯然消魂别而已！君独何为至于此？生非生兮死非死，山非山兮水非水。……

他送的人叫做吴汉槎，是前清康熙间一位名士，因不相干的事充军到黑龙江，许多人替他叫冤，都有诗送他，梅村这首算是最好，好处是把无穷的冤抑，用几句极粗重的话表尽了。

词里头这种表情法也很少，因为词家最讲究缠绵悱恻，也不是写这种情感的好工具。若勉强要我举个例，那么，辛稼轩的《菩萨蛮》上半阕：

> 郁孤台下清江水，中间多少行人泪。西北是长安，可怜无数山。……

这首词是在徽钦二宗北行所经过的地方题壁的，稼轩是比岳飞稍为晚辈的一位爱国军人，带着兵驻在边界，常常想要恢复中原，但那时小朝廷的君臣都不许他。到了这个地方，忽然受很大的刺激，由不得把那满腔热泪都喷出来了。

吴梅村临死的时候，有一首《贺新郎》，也是写这一类的情感，那下半阕是：

> 故人慷慨多奇节，恨当年沉吟不断，草间偷活。艾炙眉头瓜喷鼻，今日须难决绝。早患苦重来千叠。脱屣妻孥非易事，竟一钱不值何消说。……

梅村因为被清廷强奸了当"贰臣"，心里又恨又愧，到临死时才尽情发泄出来，所以很能动人。

曲本写这种情感，应该容易些，但好的也不多。以我所记得的，独《桃花扇》里头，有几段很见力量。那《哭主》一出，写左良玉在黄鹤楼开宴，正饮得热闹时，忽然接到崇祯帝殉国的急报，唱道：

> 高皇帝，在九京，不管亡家破鼎。那知你圣子神孙，反不如飘蓬断梗！十七年忧国如病，呼不应天灵祖灵，调不来亲兵救兵。白练无情，送君王一命！……
>
> 官车出，庙社倾，破碎中原费整。养文臣帷幄无谋，豢武夫疆场不猛。到今日山残水剩，对大江月明浪明，满楼头呼声哭声。这恨怎平，有皇天作证。……

那《沉江》一出，写清兵破了扬州，史可法从围城里跑出，要到南京，听见福王已经投降，哀痛到极，迸出来几句话：

抛下俺断篷船，撇下俺无家犬！呼天叫地千百遍，归无路进又难前！……累死英雄，到此日看江山换主，无可留恋。

唱完了这一段，就跳下水里死了。跟着有一位志士赶来，已经救他不及，便唱道：

……谁知歌罢剩空筵？长江一线，吴头楚尾路三千。尽归别姓，雨翻云变！寒涛东卷，万事付空烟！……

这几段，我小时候读它，不知淌了几多眼泪。别人我不知道，我自己对于满清的革命思想，最少也有一部分受这类文学的影响。它感人最深处，是一个个字，都带着鲜红的血呕出来。虽然比前头所举那几个例说话多些，但在这种文体不得不然，我们也不觉得它话多。

凡这一类，都是情感突变，一烧烧到"白热度"，便一毫不隐瞒，一毫不修饰，照那情感的原样子，迸裂到字句上。我们既承认情感越发真越发神圣，讲真，没有真得过这一类了。这类文学，真是和那作者的生命分劈不开。——至少也是当他作出这几句话那一秒钟时候，语句和生命是迸合为一。这种生命，是要亲历其境的人自己创造，别人断乎不能替代。如"壮士不还"、"公无渡河"等类，大家都容易看出是作者亲历的情感。即如《桃花扇》这几段，也因为作者孔云亭是一位前明遗老（他里头还有一句说，哪晓得我老夫就是戏中之人）。这些沉痛，都是他心坎中原来有的，所以写得能够如此动人。所以这一类我认为情感文中之圣。

这种表现法，十有九是表悲痛。表别的情感，就不大好用。我勉强找，找得《牡丹亭·惊梦》里头：

原来是姹紫嫣红开遍，似这般都付与断井颓垣！

这两句的确是属于奔迸表情法这一类。他写情感忽然受了刺激，变换一个方向，将那霎时间的新生命迸现出来，真是能手。

我想，悲痛以外的情感，并不是不能用这种方式去表现。他的诀窍，只是当情感突变时，捉住他"心奥"的那一点，用强调写到最高度。那么，别的情感，何尝不可以如此呢？苏东坡的《水调歌头》，便是一个好例。

> 明月几时有，把酒问青天。不知天上宫阙，今夕是何年？我欲乘风归去，又恐琼楼玉宇，高处不胜寒。……

这全是表现情感一种亢进的状态，忽然得着一个"超现世的"新生命，令我们读起来，不知不觉也跟着到他那新生命的领域去了。这种情感的这种表现法，西洋文学里头恐怕很多，我们中国却太少了。我希望今后的文学家，努力从这方面开拓境界。

四

这一回讲的，我也起它一个名，叫做"回荡的表情法"，是一种极浓厚的情感盘结在胸中，像春蚕抽丝一般，把它抽出来。这种表情法，看它专从热烈方面尽量发挥，和前一类正相同。所异者，前一类是直线式的表现，这一类是曲线式或多角式的表现。前一类所表的情感，是起在突变时候，性质极为单纯，容不得有别种情感搀杂在里头。这一类所表的情感，是有相当的时间经过，数种情感交错纠结起来，成为网形的性质。人类情感，在这种状态之中者最多，所以文学上所表现，亦以这一类为最多。

这类表情法，在《诗经》中可以举出几个绝好模范：

　　鸱鸮鸱鸮！既取我子，无毁我室！恩斯勤斯，鬻子之闵斯。

　　迨天之未阴雨，彻彼桑土，绸缪牖户，今女下民，或敢侮予。

　　予手拮据，予所捋荼，予所蓄租，予口卒瘏，曰予未有室家。

　　予羽谯谯，予尾翛翛，予室翘翘，风雨所漂摇，予维音哓哓。（《鸱鸮》）

　　《三百篇》的作者，百分之九十九没有主名，独这一篇因《尚书·金縢》所记，我们确知系出周公手笔，是当管蔡流言王业漂摇的时候，作来感悟成王的。他托为一只鸟的话，说经营这小小的一个巢，怎样的担惊恐，怎样的捱辛苦，现在还是怎样的艰难。没有一句动气语，没有一句灰心话。只有极浓极温的情感，像用深深的刀痕刻镂在字句上。那情感的丰富和醇厚，真可以代表"纯中华民族文学"的美点。它那表情方法，是用螺旋式，一层深过一层。

　　弁彼鸒斯，归飞提提。民莫不穀，我独于罹。何辜于天，我罪伊何？心之忧矣，云如之何？

　　踧踧周道，鞫为茂草。我心忧伤，惄焉如捣。假寐永叹，维忧用老。心之忧矣，疢如疾首。

　　维桑与梓，必恭敬止。靡瞻匪父，靡依匪母。不属于毛，不离于里。天之生我，我辰安在？……（《小弁》）

　　这诗共八章，为省时间起见，仅引三章，其实全篇是无一处不好的。这诗也大概寻得出主名，是周幽王宠爱褒姒，把太子废了，太子的师傅代太子做这篇诗来感动幽王，幽王到底不听，周朝不久也被犬戎灭了，算是历史上很有关系的一篇文学。这诗的特色，是把磊磊堆堆盘郁在心中的情感，像很费力地才吐出来，又像吐出，又像吐不出，吐了又还有。那表情方法，专用"语无伦次"的样子，一句话说过又说，忽然说到这处，忽然又说到那处。用这种方式来表现这种情绪，恐怕再妙没有了。

> 彼黍离离，彼稷之苗。行迈靡靡，中心摇摇。知我者谓我心忧，不知我者谓我何求！悠悠苍天，此何人哉？
>
> 彼黍离离，彼稷之穗。行迈靡靡，中心如醉。知我者谓我心忧，不知我者谓我何求！悠悠苍天，此何人哉？（《黍离》）

这首诗依旧说是宗周亡了过后，那些遗民，经过故都凭吊感触做出来，大约是对的。它那一种缠绵悱恻回肠荡气的情感，不用我指点，诸君只要多读几遍，自然被它魔住了。它的表情法，是胸中有种种甜酸苦辣写不出来的情绪，索性都不写了，只是咬着牙龈长言永叹一番，便觉得一往情深，活现在字句上。

> 肃肃鸨翼，集于苞棘。王事靡盬，不能艺黍稷。父母何食！悠悠苍天，曷其有极！（《鸨羽》）
>
> 泛彼柏舟，亦泛其流。耿耿不寐，如有隐忧。微我无酒，以敖以游。
>
> 我心匪鉴，不可以茹。亦有兄弟，不可以据。薄言往诉，逢彼之怒。
>
> 我心匪石，不可转也。我心匪席，不可卷也。威仪棣棣，不可选也。
>
> 忧心悄悄，愠于群小。觏闵既多，受侮不少。静言思之，寤辟有摽。
>
> 日居月诸，胡迭而微。心之忧矣，如匪澣衣。静言思之，不能奋飞。（《柏舟》）

那《鸨羽》篇，大约是当时人民被强迫去当公差，把正当职业都担搁了，弄到父母捱饿。那《柏舟》篇，大约是一位女子，受了家庭的压迫，有冤无处诉，都是表一种极不自由的情感。它的表情法，和前头那三首都不同。他们在饮恨的状态底下，情感才发泄到喉咙，又咽回肚子里去了。所以音节很短促，若断若续，若用曼声长谣的方式写这种情感便不对。

这五篇都是回荡的表情法，却有四种不同的方式，我们可以给它四个记号：

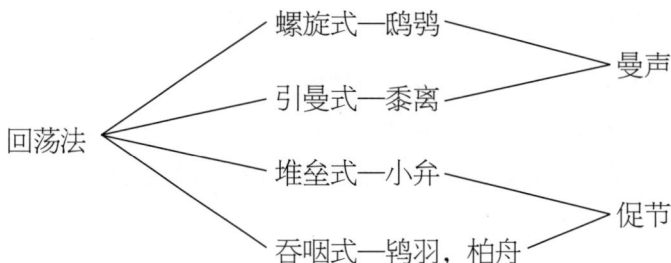

回荡法
　螺旋式——鸱鸮
　引曼式——黍离　　　曼声
　堆垒式——小弁
　吞咽式——鸨羽，柏舟　　促节

《诗经》中这类表情法，真是无体不备，像这样好的还很多，《小雅》十有九皆是，真所谓"温柔敦厚"，放在我们心坎里头是暖的。《诗经》这部书所表示的，正是我们民族情感最健全的状态。这一点无论后来哪位作家，都赶不上。

楚辞的特色，在替我们文学界开创浪漫境界，常常把情感提往"超现实"的方向，这一点下文再说。它的现实方面，还是和《三百篇》一样路数，缠绵悱恻，怨而不怒，试举数段为例：

……入溆浦余儃佪兮，迷不知吾所如。深林杳以冥冥兮，猨狖之所居。山峻高以蔽日兮，下幽晦以多雨。霰雪纷其无垠兮，云霏霏而承宇。哀吾生之无乐兮，幽独处乎山中。吾不能

变心而从俗兮，固将愁苦而终穷。……（《涉江》）

……忠何罪以遇罚兮，亦非余心之所志。行不群以颠越兮，又众兆之所咍。纷逢尤以离谤兮，謇不可释。情沉抑而不达兮，又蔽而莫之白。心郁邑而侘傺兮，又莫察余之中情。固烦言不可结诒兮，愿陈志而无路。退静默而莫余知兮，进号呼又莫吾闻。申侘傺之烦惑兮，中闷瞀之忳忳。……（《惜诵》）

曼余目以流观兮，冀一反之何时。鸟飞反故乡兮，狐死必首丘。信非吾罪而弃逐兮，何日夜而忘之。（《哀郢》）

……忳郁邑余侘傺兮，吾独穷困乎此时也。宁溘死以流亡兮，余不忍为此态也。（《离骚》）

制芰荷以为衣兮，集芙蓉以为裳。不吾知其亦已兮，苟余情其信芳。高余冠之岌岌兮，长余佩之陆离。芳与泽其杂糅兮，唯昭质其犹未亏。忽反顾以游目兮，将往观乎四荒。佩缤纷其繁饰兮，芳菲菲其弥章。人生各有所乐兮，余独好修以为常。虽体解吾犹未变兮，岂余心之可惩。（同上）

屈原的情感，是烦闷的，却又是浓挚的，孤洁的，坚强的。浓挚孤洁坚强三种拼拢一处，已经有点不甚相容，还凑着他那种境遇，所以变成烦闷。《涉江》那段，用象征的方式，烘托出烦闷。《惜诵》那段，写无伦次的烦闷状态，和前文所引的《小弁》，同一途径。《哀郢》那段，把浓挚的情感尽量显出。《离骚》两段，专表他的孤洁和坚强。屈原是有洁癖的人，闹到情死。他的情感，全含亢奋性，看不出一点消极的痕迹。

宋玉便不同了。他代表的作品是《九辩》，完全和屈原是两种气味。

悲哉秋之为气也！萧瑟兮草木摇落而变衰，憭慄兮若在远行，登山临水兮送将归。泬寥兮天高而气清，寂寥兮收潦而水清。憯悽增欷兮薄寒之中人，怆怳懭悢兮去故而就新。坎廪

兮贫士失职而志不平，廓落兮羁旅而无友生，惆怅兮而私自怜。……（《九辩》）

这篇全是汉晋以后那种叹老嗟卑的颓废情感所从出，比屈原差得远了。但表情的方法，屈、宋都是一样，我譬喻它像一条大蛇，在那里蟠——蟠——蟠！又像一个极深极猛的水源，给大石堵住，在石罅里头到处喷进。这是他们和《三百篇》不同处。

《楚辞》多半是曼声；很少促节，大抵这一体与促节不甚相宜。独有淮南小山《招隐士》，是别调，全篇都算得促节。如：

王孙游兮不归，春草生兮萋萋，岁暮兮不自聊，蟪蛄鸣兮啾啾，块兮轧，山曲弟，心淹留兮恫慌忽，罔兮沕，潒兮栗，虎豹穴，丛薄深林兮人上慄。

但这种促节不全属吞咽一路。像《哀郢》那几句，的确写饮恨的情感，却仍是曼声。

汉魏六朝五言诗的表情法，都走微婉一路，容下文再说。要看他们热烈的情感，还是从乐府里找。试举几首为例：

（1）悲歌可以当泣，远望可以当归。

思念故乡，郁郁累累。

欲归家无人，欲渡河无船。

心思不能言，肠中车轮转。

（2）秋风萧萧愁杀人，出亦愁，入亦愁。

座中何人，谁不怀忧，令我白头。

胡地多悲风，树木何修修。

离家日趋远，衣带日趋缓。心思不能言，肠中车轮转。

（3）来日大难，口燥唇干。今日相乐，皆当喜欢。……

月没参横，北斗阑干。亲交在门，饥不及餐。……

（4）出东门不顾，归来入门怅欲悲。

盎中无斗储，还视桁上无悬衣。

拔剑出门去，儿女牵衣啼。

他家但愿富贵，贱妾与君共铺糜。

共铺糜，上用仓浪天故，下为黄口小儿。

今时清廉难犯，教言君自爱莫为非。

今时清廉难犯，教言君自爱莫为非。

行吾！去为迟。（注：行吾之"吾"字疑即"乎"字，同音通用。）

平慎行，望君归。

（5）有所思，乃在大海南。何用问遗君，双珠玳瑁簪。

用玉绍缭之，闻君有他心，拉杂摧烧之。

摧烧之，当风扬其灰。从今已往，勿复相思。

相思与君绝，鸡鸣狗吠当知之。

妃呼狶！秋风肃肃晨风飔。东方须臾高，知之。（注："妃呼狶"，感叹辞。）

这些乐府，不惟不能得作者主名，并不能确指年代，大约是汉以后唐以前几百年间的作品。此外还有许多好的，因为它是另外一种表情法，等到下文别段再讲。读这几首，大略可以看得出当时平民文学的特采，是极真率而又极深刻，后来许多专门作家都赶不上。李太白刻意学这一体，但神味差得远了。

汉代大文学家很少，流传下来最有名的是几篇赋，都不是表情之作。五言诗初初发轫，没有壮阔的波澜，摹仿《三百篇》取蕴藉一路的较多些，很回荡的可以说没有。勉强举一两首，如苏武的：

结发为夫妻，恩爱两不疑。欢娱在今夕，燕婉及良时。

征夫怀往路，起视夜何其。参辰皆已没，去去从此辞。
行役在战场，相见未有期。握手一长叹，泪为生别滋。
努力爱春华，莫忘欢乐时。生当复归来，死当长相思。

枚乘的：

行行重行行，与君生别离。相去万余里，各在天一涯。
道路阻且长，会面安可知。胡马依北风，越鸟巢南枝。
相去日已远，衣带日已缓。浮云蔽白日，游子不顾返。
思君令人老，岁月忽已晚。弃捐莫复道，努力加餐饭。

两首皆写男女别时别后的情爱，前一首近于螺旋式，后一首近于吞咽式。当时作品中，只能到这种境界而止。往前比，比不上《三百篇》、楚辞，往后比，比不上唐人，同时的，也比不上平民文学的乐府。到三国时建安七子，渐渐把五言成立一个规模，内中以曹子建为领袖。子建《赠白马王彪》一首，可算得在五言诗里头别出生面，开后来杜工部一路。这诗很长，录之如下：

谒帝承明庐，逝将归旧疆。清晨发皇邑，日夕过首阳。伊洛广且深，欲济川无梁。泛舟越洪涛，怨彼东路长。顾瞻恋城阙，引领情内伤。太谷何寥廓，山树郁苍苍。霖雨泥我涂，流潦浩纵横。中逵绝无轨，改辙登高冈。修坂造云日，我马玄以黄。

玄黄犹能进，我思郁以纡。郁纡将何念，亲爱在离居。本图相与偕，中更不克俱。鸱枭鸣衡轭，豺狼当路衢。苍蝇间白黑，谗巧反亲疏。欲还绝无蹊，揽辔止踟蹰。

踟蹰亦何留，相思无终极。秋风发微凉，寒蝉鸣我侧。原野何萧条，白日忽西匿。归鸟赴乔林，翩翩厉羽翼。孤兽走索群，衔草不遑食。感物伤我怀，抚心长太息。

　　太息将何为，天命与我违。奈何念同生，一往形不归。孤魂翔故域，灵柩寄京师。存者忽已过，亡没身自衰。人生处一世，去若朝露晞。年在桑榆间，影响不能追。自顾非金石，咄唶令心悲。

　　心悲动我神，弃置莫复陈。丈夫志四海，万里犹比邻。恩爱苟不亏，在远分日亲。何必同衾帱，然后展殷勤。忧思成疾疹，毋乃儿女仁。仓卒骨肉情，能不怀苦辛。

　　苦辛何虑思，天命信可疑。虚无求列仙，松子久吾欺。变故在斯须，百年谁能持？离别永无会，执手将何时。王其爱玉体，俱享黄发期。收泪即长路，援笔从此辞。

　　大抵情感之文，若写的不是那一刹那间的实感，任凭多大作家，也写不好。子建这诗有篇序，说是同白马王任城王三兄弟入朝，任城王死去，到还国时，"有司以二王归蕃，道路宜异止宿，意毒恨之，盖以大别在数日，是用自剖，愤而成篇"云云。兄弟的真爱情，从肺腑流出，所以独好。

　　此后阮嗣宗几十首的《咏怀》，大部分也是表情感热烈方面的。内中如《二妃游江滨》《嘉树下成蹊》《平生少年时》《湛湛长江水》《徘徊蓬池上》《独坐空堂上》《驾言发魏都》《一日复一夕》《嘉时在今辰》等篇，都是回肠荡气的作品。陶渊明虽然是淡远一路（下文别论），但集中《咏荆轲》、《拟古》里头的《荣荣窗下兰》《辞家凤严驾》《迢迢百尺楼》《种桑长江边》，《杂诗》里头的《白日沦西河》《忆我少年时》等篇，都是表现他的阳性情感，应属于这一类。此外如鲍明远的《行路难》，潘安仁的《悼亡》，都也有好处。

　　中古以降的诗，用这种表情法用得最好的，我可以举出一个人当代表。什么人？杜工部！后人上杜工部的徽号叫做"诗圣"，别的圣不圣，我不敢说，最少"情圣"两个字，他是当得起。他有他自己独到的一种表情法，前头的人没有这种境界，后头的人逃不出这种境界。他集中的情诗太多了，我只随意举出人人共读的几首为例：

> 客行新安道，喧呼闻点兵。借问新安吏，县小更无丁。府帖昨夜下，次选中男行。中男绝短小，何以守王城？肥男有母送，瘦男独伶俜。白水暮东流，青山闻哭声。莫自使眼枯，收汝泪纵横。眼枯即见骨，天地终无情。……（《新安吏》）
>
> 四郊未宁静，垂老不得安。子孙阵亡尽，焉用身独完？投杖出门去，同行为辛酸。……老妻卧路啼，岁暮衣裳单。熟知是死别，且复伤其寒。此去必不归，还闻劝加餐。……（《垂老别》）

这类是由"同情心"发出来的情感。工部是个多血质的人，他《自京赴奉先咏怀》那首诗里头说："穷年忧黎元，叹息肠内热。"又说："彤庭所分帛，本自寒女出。鞭挞其夫家，聚敛贡城阙。"又说："朱门酒肉臭，路有冻死骨。"他还有一首诗道："堂前扑枣任西邻，无食无儿一妇人。不为困穷宁有此，只缘恐惧转相亲。"集里头像这样的还多，都是同情心的表现。他的眼睛，常常注视到社会最底下那一层。他最了解穷苦人们的心理，所以他的诗因他们触动情感的最多，有时替他们写情感，简直和本人自作一样。《三吏》《三别》，便是模范的作品。后来白香山的《秦中吟》《新乐府》，也是这个路数，但主观的讽刺色彩太重，不能如工部之哀沁心脾。

(1) 少陵野老吞声哭，春日潜行曲江曲。江头宫殿锁千门，细柳新蒲为谁绿。……明眸皓齿今何在，血污游魂归不得。清渭东流剑阁深，去住彼此无消息。人生有情泪沾臆，江水江花岂终极。黄昏胡骑尘满城，欲往城南忘南北。（《哀江头》）

(2) ……腰下宝玦青珊瑚，可怜王孙泣路隅。问之不肯道姓名，但道困苦乞为奴。已经百日窜荆棘，身上无有完肌肤。……豺狼在邑龙在野，王孙善保千金躯。不敢长语临交衢，且为王孙立斯须。……（《哀王孙》）

（3）忆昔开元全盛日，小邑犹藏万家室。稻米流脂粟米白，公私仓廪俱丰实。九州道路无豺虎，远行不劳吉日出。齐纨鲁缟车班班，男耕女桑不相失。官中圣人奏云门，天下朋友皆胶漆。百余年间未灾变，叔孙礼乐萧何律。岂闻一绢直万钱，有田种穀今流血。洛阳官殿烧焚尽，宗庙新除狐兔穴。伤心不忍问耆旧，复恐更从乱离说。……（《忆昔》）

这都是他遭值乱离所现的情感，集中这一类，多到了不得，这不过随意摘几首，前两首是遭乱的当时做的，后一首是过后追想的。后人都恭维他的诗是诗史，但我们要知道他的诗史，每一句每一字都有个"杜甫"在里头。

"死别已吞声，生别常恻恻。江南瘴疠地，逐客无消息。故人入我梦，明我长相忆。恐非平生魂，路远不可测。魂来枫林青，魂返关塞黑。君今在罗网，何以有羽翼。落月满屋梁，犹疑照颜色。水深波浪阔，毋使蛟龙得。"（《梦李白》）

这是他梦见他流在夜郎的朋友李白，梦后写的情感。他是个最多情的人，对于好些朋友，都有诗表示热爱，这首不过其一。他对于自己身世和家族，自然用情更真切了。试举他几首：

（1）……老妻寄异县，十口隔风雪。谁能久不顾，庶往共饥渴。入门闻号咷，幼子饿已卒。吾宁舍一哀，里巷亦呜咽。所愧为人父，无食致夭折。……（《自京赴奉先咏怀》）

（2）去年潼关破，妻子隔绝久。今夏草木长，脱身得西走。麻鞋见天子，衣袖露两肘。朝廷愍生还，亲故伤老丑。……寄书问三川，不知家在否？比闻同罹祸，杀戮到鸡狗。

中国韵文里头所表现的情感

139

山中漏茅屋，谁复依户牖？摧颓苍松根，地冷骨未朽。几人全性命，尽室岂相偶？……自寄一封书，今已十月后。反畏消息来，寸心亦何有。……（《述怀》）

（3）长镵长镵白木柄，我生托子以为命！黄独无苗山雪盛，短衣数挽不掩胫。此时与子空归来，男呻女吟四壁静。鸣呼！二歌兮歌始放，邻里为我色惆怅。

有弟有弟在远方，三人各瘦何人强？生别展转不相见，胡尘暗天道路长。前飞鴐鹅后鹙鸧，安得送我置汝旁。鸣呼！三歌兮歌三发，汝归何处收兄骨！

有妹有妹在钟离，良人早没诸孤痴。长淮浪高蛟龙怒，十年不见来何时。扁舟欲往箭满眼，杳杳南国多旌旗。鸣呼！四歌兮歌四奏，林猿为我啼清昼。（《同谷七歌》中三首）

读这些诗，他那浓挚的爱情，隔着一千多年，还把我们包围不放哩。那《述怀》里头，"反畏消息来"一句，真深刻到十二分。那《七歌》里头"长镵"一首，意境峭入，这些地方，我们应该看他的特别技能。

他常常用很直率的语句来表情。举他一个例：

忆年十五心尚孩，健如黄犊走复来。庭前八月梨枣熟，一日上树能十回。即今年才五六十，坐卧只多少行立。强将笑语供主人，悲见生涯百忧集。入门依旧四壁空，老妻睹我颜色同。痴儿未知父子礼，叫怒索饭啼门东。（《百忧集行》）

用近体来写这种盘礴郁积的情感本来极不易，这种门庭，可以说是他一个人开出。我最喜欢他《喜达行在所》三首里头那第三首的头两句：

死去凭谁报，归来始自怜。

仅仅十个字，把那虎口余生过去现在的甜酸苦辣，一齐迸出，我真不晓得他有多大笔力。此外好的很多，凭我记忆最熟的背它几首：

（1）国破山河在，城春草木深。感时花溅泪，恨别鸟惊心。烽火连三月，家书抵万金。白头搔更短，浑欲不胜簪。

（2）带甲满天地，胡为君远行。亲朋尽一哭，鞍马去孤城。……

（3）亦知戍不返，秋至拭清砧。已近苦寒月，况经长别心。宁辞捣熨倦，一寄塞垣深。用尽闺中力，君听空外音。

（4）今夕鄜州月，闺中只独看。遥怜小儿女，未解忆长安。香雾云鬟湿，清辉玉臂寒。何时倚虚幌，双照泪痕干。

（5）野老篱前江岸回，柴门不正逐江开。渔人网集澄潭下，估客船从返照来。长路关心悲剑阁，片云何意傍琴台。王师未报收东郡，城阙秋生画角哀。

（6）岁暮阴阳催短景，天涯霜雪霁寒宵。五更鼓角声悲壮，三峡星河影动摇。野哭千家闻战伐，夷歌几处起渔樵。卧龙跃马终黄土，人事音书漫寂寥。

他的表情方法，可以说是《鸱鸮》诗或《黍离》诗那一路，不是《小弁》诗那一路，和《楚辞》更是不同。他向来不肯用语无伦次的表现法，他所表现的情，是越引越深，越捞越紧。我想这或是时代色彩，到中古以后，那"小弁风"的堆垒表情法，怕不好适用，用来也很难动人了。至于那吞咽式，他却常用，《梦李白》那首，便是这一式的代表。但杜诗到底是曼声的比促节的好。

工部表情的好诗，绝不止前头所举的这几首（无论古近体）。我既不是做古诗的选本，只好从略。还有些属于别种表情法，下文另讲。但

中国韵文里头所表现的情感

141

我们要知道，这种表情法，可以说是杜工部创作，最少亦要说到了他才成功。所以他在我们文学界占的位置，实在不同寻常。同时高、岑、王、李那些大家，都不能和他相提并论。后来这种表情法，虽然好的作品不少，都是受他影响，恕我不征引了。

别的我虽然打定主意不征引，独有元微之悼亡的七律三首，我不能不征引。因为他是这一类的表情法，却是杜工部以外的一种创作：

> 谢公最小偏怜女，自嫁黔娄百事乖。顾我无衣搜荩箧，泥他沽酒拔金钗。野蔬充膳甘长藿，落叶添薪仰古槐。今日俸钱过十万，与君营奠复营斋。

> 昔日戏言身后事，今朝都到眼前来。衣裳已施行看尽，针线犹存未忍开。尚想旧情怜婢仆，也曾因梦送钱财。诚知此恨人人有，贫贱夫妻百事哀。

> 闲坐悲君亦自悲，百年多是几多时。邓攸无子寻知命，潘岳悼亡犹费辞。同穴窅冥何所望，他生缘会更难期。惟将终夜常开眼，报答平生未展眉。

这三首诗所表的情感之浓挚，古人后人都有的。但他用白话体来做律诗，在极局促的格律底下，赤裸裸把一团真情捧出，恐怕连杜老也要让他出一头地哩。

五

回荡的表情法，用来填词，当然是最相宜。但向来词学批评家，还是推尊蕴藉，对于热烈盘礴这一派，总认为别调。我对于这两派，也不能偏有抑扬（其实亦不能严格的分别）。但把回肠荡气的名作，背几阕来当代表。

初期的大词家，当然推李后主。他是一位"文学的亡国之君"，有极悲痛的情感，却不敢公然暴露。自然要用一种盘郁顿挫的方式表它，所以最好。他代表的作品是：

(1) 春花秋月何时了，往事知多少？小楼昨夜又东风，故国不堪回首月明中。　雕栏玉砌应犹在，只是朱颜改。问君能有几多愁？恰似一江春水向东流。(《虞美人》)

(2) 帘外雨潺潺，春意阑珊。罗衾不耐五更寒。梦里不知身是客，一晌贪欢。　独自莫凭阑；无限江山。别时容易见时难。流水落花春去也，天上人间。(《浪淘沙》)

这两首词音节上虽然仍带含蓄，也算得把满腔愁怨尽情发泄了。所以宋太祖看见，竟自赐他牵机药，要他的命。

宋徽宗的身世，和李后主一样，他有一首《燕山亭》，写得亦是这一类情感；但用的是吞咽式，觉得分外凄切。今录他下半阕：

凭寄离恨重重，这双燕何曾会人言语？天遥地远，万水千山，知他故宫何处？怎不思量，除梦里有时曾去。无据，和梦也新来不做！

词中用回荡的表情法用得最好的，当然要推辛稼轩。稼轩的性格和履历，前头已经说过。他是个爱国军人，满腔义愤，都拿词来发泄。所以那一种元气淋漓，前前后后的词家都赶不上。他最有名的几首，是：

(1) 更能消几番风雨，匆匆春又归去。惜春长怕花开早，何况落红无数。春且住，见说道天涯芳草无归路。怨春不语，算只有殷勤，画檐蛛网，尽日惹飞絮。　长门事，准拟佳期又误。蛾眉曾有人妒。千金纵买相如赋，脉脉此情谁诉。君莫

舞，君不见，玉环飞燕皆尘土。闲愁最苦，休去倚危阑，斜阳正在，烟柳断肠处。(《摸鱼儿》)

(2) 野塘花落，又匆匆过了，清明时节。划地东风欺客梦，一枕云屏寒怯。曲岸持觞，垂杨系马，此地曾经别。楼空人去，旧游飞燕能说。　闻道绮陌东头，行人长见，帘底纤纤月。旧恨春江流不尽，新恨云山千叠。料得明朝，尊前重见，镜里花难折。也应惊问，近来多少华发。(《念奴娇》)

(3) 绿树听啼鴂，更那堪，杜鹃声住，鹧鸪声切。啼到春归无啼处，苦恨芳菲都歇。算来抵人间离别。马上琵琶关塞黑，更长门，翠辇辞金阙。看燕燕，送归妾。　将军百战身名裂，向河梁，回头万里，故人长绝。易水萧萧西风冷，满座衣冠似雪。正壮士，悲歌未彻，啼鸟还知如许恨，料不啼清泪长啼血。谁伴我，醉明月。(《贺新郎》)

凡文学家多半寄物托兴，我们读好的作品原不必逐首逐句比附他的身世和事实。但稼轩这几首有点不同，他与时事有关，是很看得出来。大概都是恢复中原的希望已经断绝，发出来的感慨。《摸鱼儿》里头"长门"、"蛾眉"等句，的确是对于宋高宗不肯奉迎二帝下诛心之论。所以《鹤林玉露》批评他，说："'斜阳烟柳'之句，在汉、唐时定当贾祸。"又说："高宗看见这词，很不高兴，但终不肯加罪，可谓盛德。"诗人最喜欢讲怨而不怒，像稼轩这词，算是怨而怒了。《念奴娇》那首，题目是《书东流村壁》，正是徽钦北行经过的地方，所以把他的"旧恨新恨"一齐招惹出来。《贺新郎》那首，是和他兄弟话别之作，自然把他胸中垒块，尽情倾吐。所以这三首都是有"本事"藏在里头，不能把它当一般伤春伤别之作。

前两首都是千回百折，一层深似一层，属于我所说的螺旋式。后一首却是堆垒式，你看他一起手硬硼硼地举了三个鸟名，中间错错落落引了许多离别的故事，全是语无伦次的样子，却是在极倔强里头，显出极妩媚。《三百篇》《楚辞》以后，敢用此法的，我就只见这一首。

这一派的词，除稼轩外，还有苏东坡、姜白石都是大家。苏、辛同派，向来词家都已公认。我觉得白石也是这一路，他的好处，不在微词而在壮采。但苏、姜所处的地位，与辛不同，辛词自然格外真切，所以我拿他来做这一派的代表。

稼轩的词风，不甚宜于吞咽式，但里头也有好的。如：

> 宝钗分，桃叶渡，烟柳暗南浦。怕上层楼，十日九风雨。断肠点点飞红。都无人管，倩谁劝流莺声住。 鬓边觑，试把花卜归期，才簪又重数。罗帐灯昏，哽咽梦中语。是他春带愁来，春归何处，却不解带将愁去。（《祝英台近》）

这首很有点写出幽咽的情绪了。但仍是曼声，不是促节。促节的圣手，要推周清真，其次便数柳耆卿。各录他的代表作品一首：

> （1）柳阴直，烟里丝丝弄碧。隋堤上曾见几番，拂水飘绵送行色。登临望故国，谁识，京华倦客。长亭路年去岁来，应折柔条过千尺。
>
> 闲寻旧踪迹，又酒趁哀弦，灯照离席。梨花榆火催寒食。愁一箭风快，半篙波暖，回头迢递便数驿。望人在天北。 凄恻，恨堆积。渐别浦萦回。津堠岑寂。斜阳冉冉春无极。念月榭携手，露桥闻笛。沉思前事，似梦里，泪暗滴。（《兰陵王》）（清真）
>
> （2）寒蝉凄切，对长亭晚，骤雨初歇。都门帐饮无绪，正留恋处，兰舟催发。执手相看泪眼，竟无语凝咽。念去去，千里烟波，暮霭沉沉楚天阔。 多情自古伤离别，更那堪，冷落清秋节。今宵酒醒何处，杨柳岸晓风残月。此去经年，应是良辰好景虚设。便总有千种风情，待与何人说。（《雨霖铃》）（耆卿）

这两首算得促节的模范，读起来一个个字都是往嗓子里咽。当时有人拿耆卿的"晓风残月"和东坡的"大江东去"比较，估算两家品格的高下，其实不对。我们应该问哪一种情感该用哪一种方式。

吞咽式用到最刻入的，莫如李清照女士的《壶中天慢》和《声声慢》，今录她一首：

> 寻寻觅觅，冷冷清清，凄凄惨惨切切。乍暖还寒时候，最难将息。三杯两盏淡酒，怎敌他晓来风急。雁过也，正伤心，却是旧时相识。
>
> 满地黄花堆积，憔悴损，如今有谁堪摘。守着窗儿，独自怎生得黑。梧桐更兼细雨，到黄昏点点滴滴。这次第，怎一个愁字了得。（《声声慢》）

清照是当时金石学家赵明诚的夫人。他们夫妇学问都好，爱情浓挚。可惜明诚早死，清照过了半世寡妇的生涯。她这词，是写从早至晚一天的实感，那种茕独恓惶的景况，非本人不能领略，所以一字一泪，都是咬着牙根咽下。

还有一位不是词家的陆放翁，却有一首吞咽式的好词：

> 红酥手，黄藤酒，满城春色宫墙柳。东风恶，欢情薄，一怀愁绪，几年离索。错错错！ 春如旧，人空瘦，泪痕红浥鲛绡透。桃花落，闲池阁，山盟虽在，锦书难托。莫莫莫！（《钗头凤》）

读这首词要知道它的本事：原来放翁夫人，是他母族的表妹，结婚后不晓得为什么，他老太太发起脾气来，逼他们离婚，后来两个人都各自改婚了，但爱情总是不断。有一天放翁在一个地方名叫沈园，碰着他故妻，情感刺激到了不得，所以填这首词。后来直到六七十岁，每入城一次，总到沈园落一回眼泪。晚年还有一首诗："梦断香销四十年，沈园花老不飞绵。此身行作稽山土，犹吊遗踪一怅然。"这是和《孔雀东南飞》同性质的一出悲剧，所以他这词极能动人。

清朝好词不少。内中最特别的，算顾梁汾（贞观）寄吴汉槎的两首：

> 季子平安否？便归来生平万事，那堪回首。行路悠悠谁慰藉，母老家贫子幼。记不起从前杯酒。魑魅搏人应见惯，料输他覆雨翻云手。冰与雪，周旋久。　泪痕莫滴牛衣透。数天涯依然骨肉，几家能够？比似红颜多薄命，争不如今还有。只绝塞苦寒难受！廿载包胥承一诺，盼乌头马角总相救。置此札，君怀袖。
>
> 我亦飘零久。十年来深恩负尽，死生师友。宿昔齐名非忝窃，试看杜陵消瘦，曾不灭夜郎僝愁。薄命长辞知己别，问人生到此凄凉否？千万恨，为君剖。　兄生辛未吾丁丑。共些时冰霜摧折，早衰蒲柳。词赋从今须少作，留取心魂相守。但愿得河清人寿，归日急翻行戍稿，把虚名料理传身后。言不尽，观顿首。（《贺新郎》）

这两首和元微之那三首《悼亡》，算得过去文学界的双绝。他是"三板一眼"唱得出来的一封信，以体裁论，已算创作。他的好处，全在句句都是实感，没有浮光掠影的话，有点子血性的人，读了不能不感动。后来成容若用尽力量把吴汉槎救回，全是受了这两首词的刺激。容若赠梁汾的《贺新郎》，末几句："绝塞生还吴季子，算眼前此外皆闲事。知我者，梁汾耳。"就是这两首词结束的历史。所以我说情感是一种催眠术。

清代大词家固然很多，但头两把交椅，却被前后两位旗人——成容若、文叔问占去，也算奇事！容若的词，自然以含蓄蕴藉的小令为最佳。但我们要知道这个人有他特别的性格：他是当时一位权相明珠的儿子，是独一无二的一位阔公子，他父母又很钟爱他。就寻常人眼光看来，他应该没有什么不满足。他不晓为什么总觉得他所处的环境是可怜的。他的夫人早死，算是他极惨痛的一件事，但不能便认为总原因，说他无病呻吟，的确不是，他受不过环境的压迫，三十多岁便死了。所以批评这个人，只能用两句旧话，说："古之伤心人，别有怀抱。"他的文学，常常表现出这种狂热的怪性。我们试背它几首：

(1) 辛苦最怜天上月，一昔如环，昔昔都成玦。若似月轮终皎洁，不辞冰雪为卿热。 无那尘缘容易绝，燕子依然，软踏帘钩说。唱罢秋坟愁未歇，春丛认取双飞蝶。(《蝶恋花》)

(2) 如今才道当时错，心绪低迷。红泪偷垂，满眼春风百事非。 情知此后来无计，强说欢期。一别如斯，落尽梨花月又西。(《采桑子》)

像这类的作品，真所谓"哀乐无端"，情感热烈到十二分，刻入到十二分。许多人说《红楼梦》的宝玉，写的就是成容若，我们虽然不愿意轻率附会，但容若的奇情，只怕有点像宝玉哩。

文叔问的词格，很近稼轩、白石，但幽咽的作品，比他们多。此老怕要算填词界最后的一个名家了。他的名作，我不大背得出，只记得几句：

……延伫，销魂处，早漏泄幽盟，隔帘鹦鹉，残花过影，镜中情事如许。西风一夜惊庭绿，问天上人间见否？……(《月下笛》)

题目是《戊戌八月十三日宿王御史宅闻邻笛》，咏的是戊戌政变时事。"隔帘鹦鹉"，指袁世凯泄漏我们的秘密。"一夜惊庭绿"等语，很表得出当时社会一般人对于这件事的情感。

此外宋、清两代这类表情法的好词还很多，我所举的也不能都算得代表的作品，不过凭我记得的背背罢了。

曲本里头，用回荡表情法用得好的很不少，《西厢记》《琵琶记》里头就有好些，可惜我背不出来。我脑子里头印得最深的，是《牡丹亭》的《寻梦》：

> 最撩人春色是今年。少什么高就低来粉画垣。原来春心无处不飞悬。哎！睡荼蘼抓住了裙钗线，恰便是花似人心向好处牵。
>
> 为什呵玉真重溯武陵源？也则为水点花飞在眼前。是天公不费买花钱，则咱人心上有啼红怨。唉！孤负了春三二月天。
>
> ……
>
> 偶然间，心似缱，梅树边。这般花花草草由人恋。生生死死随人愿，便酸酸楚楚无人怨。……
>
> ……一时间望一时间望眼连天，忽忽地伤心自怜。知怎生，情怅然。知怎生，泪暗悬。
>
> 春归人面，整相看，无一言。我待要折我待要折的那柳枝儿问天，我如今悔我如今悔不与题笺。……
>
> 为我慢归休缓留连，听听这不如归春暮天。难道我再难道我再到这亭园，则挣的个长眠和短眠。……

像这种文学，不晓得怎么样的沁人心脾！像我们这种半百岁数的人，自信得过不会偷闲学少年，理会什么闲愁闲恨，却是一日念它百回也不厌！

其次便是《长生殿》的《弹词》。他写李龟年流落江南，带着个琵琶卖技换饭吃，一面弹，一面唱出那种今昔兴亡之感。那龟年初出台唱

149

的是：

> 不提防余年值乱离，逼拶得歧路遭穷败！受奔波，风尘颜面黑。叹衰残，霜雪鬓须白。今日个流落天涯，只留得琵琶在！……

跟着唱完了十几段，那听的人觉得他形迹蹊跷，苦苦盘问他是谁。他让人瞎猜了一大堆，才自己说明来历道：

> 俺只为家亡国破兵戈沸，因此上孤身流落在江南地。……您官人絮叨叨苦问俺为谁，则俺老伶工名唤龟年身姓李。

中间唱的那十几段，段段都好，尤为精彩的是写马嵬坡兵变那一段：

> 恰正好呕呕哑哑霓裳歌舞，不提防扑扑突突渔阳战鼓。划地里出出律律纷纷攘攘奏边书，急得个上上下下都无措。早则是喧喧嗾嗾惊惊遽遽仓仓卒卒挨挨拶拶出延秋西路，銮舆后携着个娇娇滴滴贵妃同去。又只见密密匝匝的兵恶恶狠狠的话闹闹炒炒轰轰割割四下喳呼，生逼散恩恩爱爱疼疼热热帝王夫妇。霎时间画就这一幅惨惨凄凄绝代佳人绝命图。

这种文学，不是曲本不能有。它的激刺性，比杜工部的《哀江头》白香山的《长恨歌》，只怕还要强几倍哩！那整出的结构，像神龙天矫，非全读看不出来。

凡长篇的写情韵文，煞尾总须用些重笔，像特别拿电气来震荡几下，才收束得住。如《离骚》讲了许多漫游宽解的话，最后几句是：

陟升皇之赫戏兮，忽临睨乎旧乡。仆夫悲余马怀兮，蜷局顾而不行。

《招魂》说了一大堆及时行乐的话，最后几句是：

皋兰被径兮斯路渐，湛湛江水兮上有枫。目极千里兮伤春心，魂兮归来哀江南。

都是用这种方法，把全篇增几倍精彩。曲本里头得这诀窍的，要算《桃花扇》最后《余韵》那出的《哀江南》：

（1）山松野草带花挑，猛抬头秣陵重到！残军留废垒，瘦马卧空壕。村郭萧条，城对着夕阳道。

（2）野火频烧，护墓长楸多半焦。田羊群跑，守陵阿监几时逃。鸽翎蝠粪满堂抛，枯枝败叶当阶罩。谁祭扫，牧儿打碎龙碑帽。

（3）横白玉八根柱倒，堕红泥半堵墙高。碎琉璃瓦片多，烂翡翠窗棂少。舞丹墀燕雀常朝，直入宫门一路蒿，住几个乞儿饿莩。

（4）问秦淮旧日窗寮，破纸迎风，坏槛当潮。目断魂销，当年粉黛，何处笙箫。罢灯船端阳不闹，收酒旗重九无聊。白鸟飘飘，绿水滔滔，嫩黄花有些蝶飞，瘦红叶无个人瞧。

（5）你记得跨青溪半里桥，旧红板没一条。秋水长天人过少。冷清清的落照，剩一树柳弯腰。

（6）行到那旧院门何用轻敲。也不怕小犬哰哰，无非是断井颓巢，不过些砖苔砌草。手种的花条柳梢，尽意儿采樵。这黑灰是谁家的厨灶？

（7）俺曾见金陵玉树莺啼晓，秦淮水榭花开早，谁知道容易冰消。眼看他起朱楼，眼看他宴宾客，眼看他楼塌了。这青苔碧瓦堆，俺曾睡风流觉。将五十年兴亡看饱。那乌衣巷不姓王，莫愁湖鬼夜哭，凤凰台栖枭鸟。残山梦最真，旧境丢难掉。不信这舆图换稿，谩一套《哀江南》，放悲声唱到老。

《桃花扇》是明末南京的历史剧，借秦淮河里头几个人物写兴亡之感。末后这一出余韵，把几位遗老，扮作渔翁樵夫，发他们的感慨。《哀江南》这一首，是那樵夫唱的，是全剧的收场，所以把全剧关系地点，逐一描写它的现状，作个总结。第一段写南京城，第二段写孝陵，第三段写皇宫，都是亡国后公共的悲感。第四段写秦淮，第五段写河上的长桥，第六段写河那边的旧院（当时冶游胜处），都是剧中人物枨触旧游的特别悲感。第七段是把各种情感归拢起来，带血带泪，尽情倾吐，真所谓"悲歌当哭"了。有了这出，能把剧中情节，件件都再现一番，令它印象更深。

这种表情法，是文学上最通用的，我们中国人也用得很精熟，能够尽态极妍。我们从《三百篇》起到曲本止，把那代表的名作比较比较，也看得出进化的线路。

六

我讲完了回荡写情法，要附带论着一件事。

我们的诗教，本来以温柔敦厚为主，完全表示诸夏民族特性，《三百篇》就是唯一的模范。《楚辞》是南方新加入之一种民族的作品，它们已经同化于诸夏，用诸夏的文化工具来写情感，掺入他们固有思想中那种半神秘的色彩，于是我们文学界添出一个新境界。汉人本来不长于文学，所以承袭了《三百篇》《楚辞》这两份大遗产，没有什么变化扩大。到了"五胡乱华"时候，西北方有好几个民族加进来，渐渐成了中华民族的新分子。他们民族的特性，自然也有一部分溶化在诸夏民族性的里头，不知不觉间，便令我们的文学顿增活气。这是文学史上很重要的关键，不可不知。

这种新民族特性，恰恰和我们的温柔敦厚相反，他们的好处，全在伉爽真率。《三百篇》里头，只有《秦风》的《小戎》《驷驖》《无衣》诸篇，很有点伉爽真率气象，这就是西戎系的秦国民族性和诸夏不同处。可惜春秋以后，秦国的文学作品，没有一篇流传。燕赵古称多慷慨悲歌之士，文学总应该有异采，可惜除了《易水歌》之外，也看不着第二首。到五胡南北朝时候，西北蛮族，纷纷侵入，内中以鲜卑人为最强盛。鲜卑人在诸蛮族中，文化像是最高，后来同化于我们也最速。他们像很爱文学和音乐，唐代流传的"马上乐"，十有九都出鲜卑。他们初初学会中国话，用中国文字表他情感，完全现出异样的色彩。试写它几首：

上马不捉鞭，反折杨柳枝。蹀座吹长笛，愁杀行客儿。
腹中愁不乐，愿作郎马鞭。出入搂郎臂，蹀坐郎膝边。
放马两泉泽，忘不着连羁。担鞍逐马走，何得见马骑。
遥看孟津河，杨柳郁婆娑。我是虏家儿，不解汉儿歌。
健儿须快马，快马须健儿。跸跋黄尘下，然后别雄雌。

《折杨柳歌》

男儿欲作健，结伴不须多。鹞子经天飞，群雀两向波。
放马大泽中，草好马着膘。牌子铁裲裆，钲钤鸜尾条。
前行看后行，齐着铁裲裆。前头看后头，各着铁钲钤。
男儿可怜虫，出门怀死忧。尸丧狭谷中，白骨无人收。

《企喻歌》

新买五尺刀，悬着中梁柱。一日三摩挲，剧于十五女。
客行依主人，愿得主人强。猛虎依深山，愿得松柏长。

《琅琊王歌》

慕容攀墙视，吴军无边岸。我身分自当，枉杀墙外汉。

慕容愁愤愤，烧香作佛会。愿作墙里燕，高飞出墙外。

《慕容垂歌》

可怜白鼻骢，相将入酒家。无钱但共饮，画地作交赊。

何处骒騑来，两颊色如火。自有桃花容，莫言人劝我。

《高阳乐人歌》

李波小妹字雍容，褰裙逐马如转蓬，左射右射必叠双。

女子尚如此，男子安可逢。

《李波小妹歌》

　　读这几首，可以大略看出他们"虏家儿"是怎么个气象了。他们生活是异常简单，思想是异常简单，心直口直，有一句说一句，他们的情感，是"没遮拦"的，你说他好也罢，说他坏也罢，总是把真面孔搬出来。别的且不管它，专就男女两性关系而论，也看出许多和从前文学态度不同的表现。试举它几首：

青青黄黄，雀石颓唐。槌杀野牛，押杀野羊。

驱羊入谷，自羊在前。老女不嫁，蹋地唤天。

侧侧力力，念郎无极。枕郎左臂，随郎转侧。

摩挱郎须，看郎颜色。郎不念女，各自努力。

《地驱歌》

烧火烧野田，野鸭飞上天。童男娶寡妇，壮女笑杀人。

《紫骝马歌》

谁家女子能行步，反着袂禅后裙露。

天生男女共一处，愿得两个成翁妪。

华阴山头百丈井，下有流水彻骨冷。

可怜女子能照影，不见其余见斜领。

黄桑柘屐蒲子履，中央有丝两头系。

小时怜母大怜婿，何不早嫁论家计。

《捉搦歌》

　　像这种毫不隐瞒毫不扭捏的表情，在《三百篇》和汉、魏人五言诗里头，绝对的找不出来。这些都是北朝文学，试拿来和并时的南朝文学比较，像那有名的《子夜》《团扇》《懊侬》《青溪》《碧玉》《桃叶》各歌曲，虽然各有各的妙处，但前者以真率胜，后者以柔婉胜，双方的分野，显然可见。

　　经南北朝几百年民族的化学作用，到唐朝算是告一段落。唐朝的文学，用温柔敦厚的底子，加入许多慷慨悲歌的新成分，不知不觉，便产生出一种异彩来。盛唐各大家，为什么能在文学史上占很重的位置呢？他们的价值，在能洗却南朝的铅华靡曼，参以伉爽真率，却又不是北朝粗犷一路。拿欧洲来比方，好像古代希腊、罗马文明，挽入些森林里头日耳曼蛮人色彩，便开辟一个新天地。试举几位代表作家的作品，如李太白的：

　　金尊清酒斗十千，玉盘珍羞直万钱。停杯投箸不能食，拔剑四顾心茫然。欲渡黄河冰塞川，将登太行雪满天。闲来垂钓碧溪上，忽复乘舟梦日边。行路难，行路难！多歧路，今安在？长风破浪会有时，直挂云帆济沧海！（《行路难》）

杜工部的：

　　朝进东门营，暮上河阳桥。落日照大旗，马鸣风萧萧。平沙列万幕，部伍各见招。中天悬明月，令严夜寂寥。悲笳数声动，壮士惨不骄。借问大将谁，恐是霍嫖姚。（《后出塞》）

中国韵文里头所表现的情感

挽弓当挽强，用箭当用长。射人先射马，擒贼先擒王。杀人亦有限，立国自有疆。苟能制侵陵，岂在多杀伤。(《前出塞》)

高适的：

汉家烟尘在东北，汉将辞家破残贼。男儿本自重横行，天子非常赐颜色。……山川萧条极边土，胡骑凭陵杂风雨。战士军前半死生，美人帐下犹歌舞。大漠穷秋塞草衰，孤城落日斗兵稀。身当恩遇常轻敌，力尽关山未解围。铁衣远戍辛勤久，玉箸应啼别离后。少妇城南欲断肠，征人蓟北空回首。边庭飘飘那可度，绝域苍茫更何有。杀气三时作阵云，寒声一夜传刁斗。……(《燕歌行》)

这类作品，不独《三百篇》《楚辞》所无，即汉、魏、晋、宋也未曾有。从前虽然有些摹写侠客的诗，但豪迈气概，总不能写得尽致。内中鲍明远最喜作豪语，但总有点不自然。所以这种文学，可以说是经过一番民族化合以后，到唐朝才会发生。那时的音乐和美术，都很受民族化合的影响，文学自然也逃不出这个公例。

写关塞景况，寓悲壮情感，是唐以后新增的诗料（前此虽有，但不多，且不好）。词曲以缘情绮靡为主，用这种资料却不多。范文正有一首最好：

塞外秋来风景异，衡阳雁去无留意。四面边声连角起，千嶂里，长烟落日孤城闭。浊酒一杯家万里，燕然未勒归无计。羌管悠悠霜满地，人不寐，将军白发征夫泪。(《渔家傲》)

词里头的苏辛派，自然都带几分这种色彩。内中最粗豪的，如稼轩的：

> 醉里挑灯看剑，醒来吹角连营。八百里分麾下炙，五十弦翻塞外声。沙场秋点兵。　马作的卢飞快，弓如霹雳弦惊。了却君王天下事，赢得生前身后名。可怜白发生！（《破阵子》）

名家的词，最粗犷的莫过刘后村，几乎全部集都是这一类的话。他最著名的一首是：

> 何处相逢，登宝钗楼，访铜雀台。唤厨人斫就，东溟鲸脍，圉人呈罢，西极龙媒。天下英雄，使君与操，余子何堪共酒杯？车千乘，载燕南代北，剑客奇才。　酒酣鼻息如雷，谁信被晨鸡催唤回。叹年光过尽，功名未立。书生老矣，气运方来。使李将军，遇高皇帝，万户侯何足道哉？推衣起，但凄凉感旧，慷慨生哀。（《沁园春》）

这一派词，我本来不大喜欢，因为他有烂名士爱说大话的习气。但他确带点北朝气味，在文学史上应备一格的。

曲本里头，有一首杂剧，像是明末清初的作品，演的是"鲁智深醉打山门"。那鲁智深拜别他的师父时，唱道：

> 漫洒英雄泪，相离处士家。谢你慈悲剃度在莲台下。没缘法，转眼分离乍。赤条条来去无牵挂。那里讨烟蓑雨笠卷单行，一任俺芒鞋破钵随缘化。

也是刻意从粗犷一面做，因为替粗犷的人表情，不如此便失真了。

中国韵文里头所表现的情感

七

这回讲的，是含蓄蕴藉的表情法。这种表情法，向来批评家认为文学正宗，或者可以说是中华民族特性的最真表现。这种表情法，和前两种不同。前两种是热的，这种是温的。前两种是有光芒的火焰，这种是拿灰盖着的炉炭。这种表情法也可以分三类：第一类是，情感正在很强的时候，他却用很有节制的样子去表现它，不是用电气来震，却是用温泉来浸，令人在极平淡之中，慢慢地领略出极渊永的情趣。这类作品，自然以《三百篇》为绝唱。如：

瞻彼日月，悠悠我思。道之云远，曷云能来。

如：

昔我往矣，杨柳依依。今我来思，雨雪霏霏。行路迟迟，载渴载饥。

如：

君子于役，不知其期。曷至哉？鸡栖于埘。日之夕矣，牛羊下来。君子于役，如之何勿思？

拿这类诗和前头几回所引的相比较：前头的像外国人吃咖啡，炖到极浓，还搀上白糖牛奶。这类诗像用虎跑泉泡出的雨前龙井，望过去连颜色也没有，但吃下去几点钟，还有余香留在舌上。他是把情感收敛到十足，微微发放点出来，藏着不发放的还有许多，但发放出来的，确是全部的灵影，所以神妙。

汉魏五言诗，以这一类为正声。如李陵的：

携手上河梁，游子暮何之。徘徊蹊路侧，恨恨不能辞。行人难久留，各言长相思。安知非日月，弦望自有时。努力崇明德，皓首以为期。

那神味和"瞻彼日月"一章完全相同，真算得"含毫邈然"。又如《古诗十九首》里头的：

迢迢牵牛星，皎皎河汉女。纤纤擢素手，札札弄机杼。终日不成章，泣涕零如雨。河汉清且浅，相去复几许。盈盈一水间，脉脉不得语。

涉江采芙蓉，兰泽多芳草。采之欲遗谁，所思在远道。还顾望旧乡，长路漫浩浩。同心而离居，忧伤以终老。

这类诗都是用淡笔写浓情，算得汉人诗格的代表。后来如曹子建的：

高台多悲风，朝日照北林。之子在万里，江湖迥且深。……

阮嗣宗的：

嘉时在今辰，零雨洒尘埃。临路望所思，日夕复不来。……

陶渊明的：

……情通万里外，形迹滞江山。君其爱体素，来会在何年。

谢玄晖的:

> 大江流日夜，客心悲未央。徒念关山近，终知返路长。……

都是这一派。汉魏六朝诗，这一类的好作品很多。

这一派，到初唐时，变了样子。他们把这类诗改做"长言永叹"的形式，很有些长篇。但着墨虽多，依然是以淡写浓。我譬喻它，好像一桌极讲究的素菜全席。有张若虚一首，可算代表作品：

> 春江潮水连海平，海上明月共潮生。滟滟随波千万里，何处春江无月明。江流宛转绕芳甸，月照花林皆如霰。空里流霜不觉飞，汀上白沙看不见。江天一色无纤尘，皎皎空中孤月轮。江畔何时初见月，江月何年初照人？人生代代无穷已，江月年年望相似。不知江月待何人，但见长江送流水。白云一片去悠悠，青枫江上不胜愁。谁家今夜扁舟子，何处相思明月楼？可怜楼上月徘徊，应照离人妆镜台。玉户帘中卷不去，捣衣砧上拂还来。此时相望不相闻，愿逐月华流照君。鸿雁长飞光不度，鱼龙潜跃水成纹。昨夜闲潭梦落花，可怜春半不还家。江水流天去欲尽，江潭落月复西斜。斜月沉沉藏海雾，碣石潇湘无限路。不知乘月几人归，落月摇情满江树。（《春江花月夜》）

这首诗读起来，令人飘飘有出尘之想。"江畔何人初见月，江月何年初照人"，"谁家今夜扁舟子，何处相思明月楼"，这类话，真是诗家最空灵的境界。全首读来，固然回肠荡气，但那音节，既不是哀丝豪竹一路，也不是急管促板一路，专用和平中声，出以摇曳，确是《三百篇》正脉。

初唐佳作，都是这一路。虽然悲慨的情感，总用极和平的音节表它。如李峤的：

> ……自从天子去秦关，玉辇金舆不复还。珠帘羽帐长寂寞，鼎湖龙髯安可攀。千龄人事一朝空，四海为家此路穷。雄豪意气今何在？坛场官馆尽蒿蓬。道旁故老长叹息，世事回环不可测。昔时青楼对歌舞，今日黄埃聚荆棘。山川满目泪沾衣，富贵荣华能几时？不见只今汾水上，惟有年年秋雁飞。
>
> (《汾阴行》)

相传唐明皇幸蜀时候，听人背这首诗，泣数下行，叹道："李峤真才子！"这种诗的品格高下，别一问题，但确是初唐代表，确是中国诗界传统的正声。后来白香山从这里一转手，吴梅村再从这里一转手，但可惜越转越卑弱。

盛唐以后，这一派自然也不断，好的作品自然也不少。但在古体里头，已经不很通用，因为五古很难出汉魏范围，七古很难出初唐范围。倒是近体很从这方面开拓境界，因为近体篇幅短，非用含蓄之笔，取弦外之音，便站不住。内中五律七绝为尤甚。唐人著名的七绝，和孟、王、韦、柳的五律，都是这一派。杜工部诗虽以热烈见长，他的五律，如"凉风起天末""今夜鄜州月""幽意忽不惬"等篇，也都是这一派。

王渔洋专提倡神韵，他所标举的话，是"不着一字，尽得风流"，"羚羊挂角，无迹可寻"，虽然太偏了些，但总不能不认为诗中高调。我想：他这种主张是对的，但这类诗做得好不好，全问意境如何。我们若依然仅有《三百篇》、汉、魏、初唐人的意境，任凭你运笔怎样灵妙，也不能出他们的范围，只有变成打油派，令人讨厌。我们生当今日，新意境是比较容易取得的。那么，这一派诗，我们还是要尽力的提倡。

第二类的蕴藉表情法，不直写自己的情感，乃用环境或别人的情感烘托出来。用别人情感烘托的，例如《诗经》：

陟彼冈兮，瞻望兄兮。兄曰："嗟！予弟行役，夙夜必偕。上慎旃哉，犹来无死！……"（《陟岵》）

这篇诗三章，第一章父，第二章母，第三章兄。不说他怎样地想念爹妈哥哥，却说爹妈哥哥怎样地想念他。写相互间的情感，自然加一层浓厚。

用环境烘托的，例如《诗经》：

我徂东山，慆慆不归。我来自东，零雨其濛。鹳鸣于垤，妇叹于室。洒扫穹窒，我征聿至。有敦瓜苦，烝在栗薪。自我不见，于今三年。（《东山》）

且不说回家会着家人的情况，但对一件极琐碎的事物——柴堆上头一棚瓜说："咱们违教三年了。"言外的感慨，不知有多少。

古乐府《孔雀东南飞》，最得此中三昧。兰芝和焦仲卿言别，该篇中最悲惨的一段，他却悲呀泪呀……不见一个字。但说：

妾有绣腰襦，葳蕤自生光。红罗复斗帐，四角垂香囊。箱奁六七十，绿碧青丝绳。物物各自异，种种在其中。人贱物亦鄙，不足迎新人。留待作遗施，于今无会因。……（《古诗为焦仲卿妻作》）

专从纪念物上头讲，用物来做人的象征，不说悲，不说泪，倒比说出来的还深刻几倍。到别小姑时，却把悲情尽地发泄了。

却与小姑别，泪落连珠子。"新妇初来时，小姑始扶床。今日被驱遣，小姑如我长。勤心养公姥，好自相扶将。初七及

下九，嬉戏莫相忘。"……（同上）

兰芝的眼泪，不向丈夫落，却向小姑落。和小姑说话，不说现时的凄惨，只叙过去的情爱。没有怨恨话，只有宽慰和劝勉的话。只这一段，便能把兰芝极高尚的人格极浓厚的爱情，全盘涌现出来。

后来用这类表情法，也是杜工部最好。如他的《羌村》三首：

　　峥嵘赤云西，日脚下平地。柴门鸟雀噪，归客千里至。妻孥怪我在，惊定还拭泪。世乱遭飘荡，生还偶然遂。邻人满墙头，感叹亦歔欷。夜阑更秉烛，相对如梦寐。

　　晚岁迫偷生，还家少欢趣。娇儿不离膝，畏我复却去。忆昔好追凉，故绕池边树。萧萧北风劲，抚事煎百虑。赖知禾黍收，已觉糟床注。如今足斟酌，且用慰迟暮。

　　群鸡正乱叫，客至鸡斗争。驱鸡上树木，始闻叩柴荆。父老四五人，问我久远行。手中各有携，倾榼浊复清。苦辞"酒味薄，黍地无人耕。兵革既未息，儿童尽东征。"请为父老歌，艰难愧深情。歌罢仰天叹，四座泪纵横。

这三首实写自己情感的地方很少（第二首有少欢趣煎百虑等语，在三首中这首却是次一等），只是说日怎么样，云怎么样，鸟怎么样，鸡怎么样，老妻怎么样，儿子怎么样，邻居怎么样，合起来，他所谓"死去凭谁报，归来始自怜"的情感，都表现出了。还有《北征》里头的一段，也是这种笔法：

　　……况我堕胡尘，及归尽华发。经年至茆屋，妻子衣百结。……平生所娇儿，颜色白胜雪。见耶背面啼，垢腻脚不袜。床前两小女，补绽才过膝。海图坼波涛，旧绣移曲折。天吴及紫凤，颠倒在裋褐。……那无囊中帛，救汝寒凛慄。粉黛亦解苞，衾裯稍罗列。瘦妻面复光，痴女头自栉。学母无不为，晓妆随手抹。移时施朱铅，狼藉画眉阔。……问事竞挽须，谁能即嗔喝。……

这种诗所用表情技术，可以说和《陟岵》同一样，不写自己情感，专写别人情感，写别人情感，专从极琐末的实境表出，这一点又是和《东山》同样。这一类诗，我想给它一个名字，叫做"半写实派"。它所写的事实，是用来做烘出自己情感的手段，所以不算纯写实。它所写的事实，全用客观的态度观察出来，专从断片的表出全相，正是写实派所用技术，所以可算得半写实。

第三类蕴藉表情法，索性把情感完全藏起不露，专写眼前实景（或是虚构之景），把情感从实景上浮现出来。这种写法，《三百篇》中很少，勉强举个例，如：

> 春日载阳，有鸣仓庚。女执懿筐，遵彼微行，爰求柔桑。春日迟迟，采蘩祁祁。女心伤悲，殆及公子同归。（《七月》）

这是专从节物上写那种和乐融泄的景象，作者的情绪，自然跟着表现出来。

但这首还有人在里头，带着写别人的情感，不能纯粹属于此类。此类的真正代表，可以举出几首。其一，曹孟德的：

> 东临碣石，以观沧海。水何澹澹，山岛竦峙。树木丛生，百草丰茂。秋风萧瑟，洪波涌起。日月之行，若出其中。星汉粲烂，若出其里。（《观沧海》）

这首诗仅仅写映在他眼中的海景，他自己对着这景有什么枨触，一个字未尝道及。但我们读起来，觉得他那宽阔的胸襟，豪迈的气概，一齐流露。

北齐有一位名将斛律光，是不识字的，有一天皇帝在殿上要各人做诗，他冲口作了一首，便成千古绝唱。那诗是：

> 敕勒川，阴山下，天似穹庐，笼盖四野。天苍苍，野茫茫，风吹草低见牛羊。（《敕勒歌》）

这诗是独自一个人骑匹马在万里平沙中所看见的宇宙，他并没说出有什么感想，我们读过去，觉得有一个粗豪沉郁的人格活跳出来。

阮嗣宗《咏怀》里头有一首：

> 独坐空堂上，谁可与欢者。出门临永路，不见行车马。登高望九州，悠悠分旷野。孤鸟西北飞，离兽东南下。日暮思亲友，晤言用自写。

这首诗一起一结，虽然也轻轻地点出他的情感，但主要处全在中间几句，从环境上写出那种百无聊赖哀乐万端的情绪，把那位哭穷途的先生全副面孔活现出来。

杜工部用这种表情法也用得最好。试举它两首：

> 竹凉侵卧内，野月满庭隅。重露成涓滴，稀星乍有无。暗飞萤自照，水宿鸟相呼。万事干戈里，空悲清夜徂。（《倦夜》）

这首诗题目是"倦夜"，看它前面仅仅三十个字，从初夜到中夜到后夜，初时看见月看见露，月落了看见星看见萤，天差不多亮了听见水鸟，写的全是自然界很微细的现象，却是通宵睡不着很疲倦的人才能看出。那"倦"的情绪，自在言外，末两句一点便够。又：

165

中国韵文里头所表现的情感

　　风急天高猿啸哀，渚清沙白鸟飞回。无边落木萧萧下，不尽长江滚滚来。……（《登高》）

　　这首是工部最有名的七律，小孩子都读过的。假令我们当作没有读过，掩住下半首，闭眼想一想情形，谁也该想得到是在长江上游——四川、湖北交界地方秋天一个独客登高时候所见的景物，底下"万里悲秋常作客，百年多病独登台"那两句，不过章法结构上顺手一点，其实不用下半首，已经能把全部情绪表出。

　　须知这类诗和单纯写景诗不同。写景诗以客观的景为重心，它的能事在体物入微，虽然景由人写，景中离不了情，到底是以景为主。这类诗以主观的情为重心，客观的景，不过借来做工具。试把工部的"竹凉侵卧内"和王右丞的：

　　万壑树参天，千山响杜鹃。山中一夜雨，树杪百重泉。……

　　比较，便见得王作是纯客观的，杜作是主观气氛甚重。

　　第四类的蕴藉表情法，虽然把情感本身照原样写出，却把所感的对象隐藏过去，另外拿一种事物来做象征。这类方法，《三百篇》里头很少——前所举《鸱鸮》篇，可以归入这类。"山有榛隰有苓""谁能烹鱼溉之釜鬵"等篇，也带点这种气味；但属少数，且不纯粹——因为《三百篇》的原则，多半是借一件事物起兴，跟着便拍归本旨，像那种打灯谜似的象征法，那时代的诗人不大用它。但作诗的人虽然如此，后来读诗的人却不同了。试打开《左传》一看，当时凡有宴会都要赋诗，赋诗的人在《三百篇》里头随意挑选一篇借来表示自己当时所感。同一篇诗，某甲借来表这种感想，某乙也可以借来表那种感想。拿我们今日眼光看去，很有些莫名其妙。所以我说，《三百篇》的作家没有象征派，然而《三百篇》久已作象征的应用。

　　纯象征派之成立，起自楚辞。篇中许多美人芳草，纯属代数上的符

166

号，他意思别有所指。如《离骚》中：

　　览相观于四极兮，周流乎天余乃下。望瑶台之偃蹇兮，见有娀之佚女。吾令鸩为媒兮，鸩告余以不好。雄鸠之鸣逝兮，余犹恶其佻巧。心犹豫而狐疑兮，欲自适而不可。凤皇既受诒兮，恐高辛之先我。欲远集而无所止兮，聊浮游以逍遥。及少康之未家兮，留有虞之二姚。理弱而媒拙兮，恐导言之不固。世溷浊而嫉贤兮，好蔽美而称恶。……

又：

　　时缤纷其变易兮，又何可以淹留。兰芷变而不芳兮，荃蕙化而为茅。何昔日之芳草兮，今直为此萧艾也？……余以兰为可恃兮，羌无实而容长。委厥美以从俗兮，苟得列乎众芳。椒专佞以慢慆兮，樧又欲充夫佩帏。既干进而务入兮，又何芳之能祇。固时俗之从流兮，又孰能无变化。览椒兰其若兹兮，又况揭车与江蓠。……

　　这类话若不是当作代数符号看，那么，屈原到处调情到处拈酸吃醋，岂不成了疯子？蕙会变茅，兰会变艾，天下哪有这情理？太史公说得好："其志洁故其称物芳。"他怀抱着一种极高尚纯洁的美感，于无可比拟中，借这种名词来比拟。他既有极浓温的情感本质，用他极微妙的技能，借极美丽的事物做魂影，所以着墨不多，便尔沁人心脾。如：

　　惜吾不及见古人兮，吾谁与玩此芳草。（《思美人》）

如：

中国韵文里头所表现的情感

167

沅有芷兮澧有兰，思公子兮未敢言。(《湘夫人》)

如：

夫人自有兮美子，荪何为兮愁苦。(《少司命》)

如：

心不同兮媒劳，恩不甚兮轻绝。(《湘君》)

这都是带一种神秘性的微妙细乐，经千百年后按奏，都能使人心弦震荡。

自楚辞开宗后，汉魏五言诗，多含有这种色彩。如"庭中有奇树""迢迢牵牛星"等篇，乃至张平子的《四愁》，都是寄兴深微一路，足称楚辞嗣音。

中晚唐时，诗的国土，被盛唐大家占领殆尽；温飞卿、李义山、李长吉诸人，便想专从这里头辟新蹊径。飞卿太靡弱，长吉太纤仄，且不必论，义山确不失为一大家。这一派后来衍为西昆体，专务掕撦词藻，受人诟病。近来提倡白话诗的人不消说是极端反对他了。平心而论，这派固然不能算诗的正宗，但就"唯美的"眼光看来，自有它的价值。如义山集中近体的《锦瑟》《碧城》《圣女祠》等篇，古体的《燕台》《河内》等篇，我敢说它能和中国文字同其运命。就中如《碧城》三首的第一首：

碧城十二曲阑干，犀辟尘埃玉辟寒。阆苑有书多附鹤，女床无树不栖鸾。星沉海底当窗见，雨过河源隔座看。若使晓珠明又定，一生长对水晶盘。

这些诗，他讲的什么事，我理会不着。拆开一句一句叫我解释，我连文义也解不出来。但我觉得它美，读起来令我精神上得一种新鲜的愉快。须知，美是多方面的，美是含有神秘性的。我们若还承认美的价值，对于这种文学，是不容轻轻抹煞啊！

<h1 style="text-align:center">八</h1>

现在要附一段专论女性文学和女性情感。

《三百篇》中——尤其《国风》——女子作品，实在不少。如《绿衣》《燕燕》《谷风》《泉水》《柏舟》《载驰》《氓》《竹竿》《伯兮》《君子于役》《狡童》《褰裳》《鸡鸣》，或传说上确有作者主名，或从文义推测得出。我们因此可想见那时候女子的教育程度和文学兴味比后来高些，或者是男女社交不如后世之闭绝，所以她们的情感有发舒之余地，而且能传诵出来。内中有好几篇最能发挥女性优美特色。如：

> 黾勉同心，不宜有怒。采葑采菲，无以下体。德音莫违，
> 及尔同死。(《谷风》)

如：

> 匪我愆期，子无良媒。将子毋怒，秋以为期。(《氓》)

这两首都是弃妇所作，追述从前爱情，有不堪回首之想。一种温厚敦笃之情，在几句话上全盘托出。又如：

> 君子于役，苟无饥渴。(《君子于役》)

伤离念远，四个字抵得千百句话。又如：

> 泛彼柏舟，在彼中河。髧彼两髦，实为我仪。之死矢靡
> 他。母也天只！不谅人只！（《柏舟》）

这首相传是卫共姜所作，父母逼她离婚，她不肯。那坚强的意志和专一敦笃的爱情都表现出来，却是怨而不怒，纯是女子身分。又如：

> 载驰载驱，归唁卫侯。驱马悠悠，言至于漕。大夫跋涉，
> 我心则忧。
> 既不我嘉，不能旋反。视尔不臧，我思不远。既不我嘉，
> 不能旋济。视尔不臧，我思不閟。
> 陟彼阿丘，言采其蝱。女子善怀，亦各有行。许人尤之，
> 众穉且狂。
> 我行其野，芃芃其麦。控于大邦，谁因谁极。大夫君子，
> 无我有尤。百尔所思，不如我所之。（《载驰》）

这首是许穆夫人所作。她是卫国女儿，卫国亡了，她要回去省视她兄弟，许国人不许她，因此作诗。一派缠绵悱恻，把女性优美完全表出。

女子很少专门文学家，不惟中国，外国亦然，想是成年以后受生理上限制所致。汉魏以来女性作品，如秦嘉妻徐淑，如班婕妤，各有一两首，都很平平。蔡文姬的《胡笳十八拍》，似是唐人所谱。《悲愤》两首，大概是真。她遭乱被掠入匈奴，是人生极不幸的遭际。她自己说：

> 薄志节兮念死难，虽苟活兮无形颜。

可怜她情爱的神圣，早已为境遇所牺牲了，所剩只有母子情爱，到底也保不住。她诗说：

> ……已得自解免，当复弃儿子。……儿前抱我颈，"问母欲何之。人言母当去，岂复有还时。阿母常仁恻，今何更不慈？我今未成人，奈何不顾思？"见此崩五内，恍惚生狂痴，号泣手抚摩，当发复回疑。……

我们读这诗，除了同情之外，别无可说，她的情爱到处被蹂躏，她所写全是变态，但从变态中还见出爱芽的实在。

窦滔妻苏蕙的《回文锦》，真假不敢断定，大约真的分数多。这个作品技术的致巧，不惟空前，或者竟可说是绝后。但太雕凿违反自然了。她说："非我佳人（指窦滔）莫之能解"，只能算是她两口子猜谜，不能算文学正宗。若说这作品在我们文学史上有价值，只算它能够代表女性细致头脑的部分罢了。

苏伯玉妻《盘中诗》：

> 山树高，鸟鸣悲。泉水深，鲤鱼肥。空仓雀，常苦饥。吏人妇，会夫稀。出门望，见白衣。谓当是，而更非。还入门，中心悲。……

这首不敢断定必为女性作品，但情绪写得很好。

古乐府中有几首，不得作者主名，不知为男为女。假定若出女子，便算得汉魏间女性文学中翘楚了。如：

> 上山采蘼芜，下山逢故夫。长跪问故夫，"新人复何如？""新人虽然好，未若故人姝。颜色类相似，手爪不相如。"新人从门入，故人从阁去。新人工织缣，故人工织素。

织缣日一匹，织素五丈余。将缣来比素，新人不如故。

又如：

> ……夫婿从南来，斜倚西北眄。语卿"且勿眄，水清石自见。"石见何累累，远行不如归。

这类诗很表示女性的真挚和纯洁，我们若认它是女性作品，价值当不在《谷风》《氓》之下。

唐宋以后，闺秀诗虽然很多，有无别人捉刀，已经待考，就令说是真，够得上成家的可以说没有。词里头算有几位，宋朱淑真的《断肠词》，李易安的《漱玉词》，清顾太清的《东海渔歌》，可以说不愧作者之林。内中惟易安杰出，可与男子争席，其余也不过尔尔。可怜我们文学史上极贫弱的女界文学，我实在不能多举几位来撑门面。

男子作品中写女性情感——专指作者替女性描写情感，不是指作者对于女性相互间情感——以《楚辞》为嚆矢。前段所讲"美人芳草"，就是这一类。如：

> 君不行兮夷犹，蹇谁留兮中洲。美要眇兮宜修，沛吾乘兮桂舟。令沅湘兮无波，使江水兮安流。望夫君兮未来，吹参差兮谁思。……（《湘君》）
>
> 帝子降兮北渚，目眇眇兮愁予。嫋嫋兮秋风，洞庭波兮木叶下。……沅有茝兮澧有兰，思公子兮未敢言。荒忽兮远望，观流水兮潺湲。……（《湘夫人》）
>
> 入不言兮出不辞，乘回风兮载云旗。悲莫悲兮生别离，乐莫乐兮新相知。荷衣兮蕙带，倏而来兮忽而逝。夕宿兮帝郊，君谁须兮云之际。与汝游兮九河，冲风至兮水扬波。与汝沐兮咸池，晞汝发兮阳之阿。……（《少司命》）

这几首都是描写极美丽极高洁的女神，我们读起来，和看见希腊名雕温尼士女神像同一美感，可谓极技术之能事。这种文学优美处，不在字句艳丽而在字句以外的神味。后来摹仿的很多，到底赶不上。李义山的《重过圣女祠》：

　　白石岩扉碧藓滋，上清沦谪得归迟。一春梦雨常飘瓦，尽日灵风不满旗。……

全从以上几首脱胎，飘逸华贵诚然可喜，但女神的情感，便不容易着一字了。

汉魏古诗，写两性间相互情爱者很多，专描女性者颇少，今不细论。六朝时南北人性格很有些不同，在他们描写女性上也可以看出。北朝写女性之美，专喜欢写英爽的姿态。如：

　　……好妇出迎客，颜色正敷愉。伸腰再拜跪，问客平安无。请客北堂上，坐客青氍毹。清白各异樽，酒上正华疏。酌酒持与客，客言主人持。却略再拜跪，然后持一杯。谈笑未及竟，左顾敕中厨，促令办粗饭，慎莫使稽留。废礼送客出，盈盈府中趋。送客亦不远，足不过门枢。……（《陇西行》）

读起来仿佛入到欧洲交际社会，一位贵妇人极和霭极能干的美态，活现目前。又如：

　　……朝辞爷娘去，暮宿黄河边。不闻爷娘唤女声，但闻黄河流水鸣溅溅。旦辞黄河去，暮至黑山头。不闻爷娘唤女声，但闻燕山胡骑声啾啾。……可汗问所欲，木兰不用尚书郎。愿借明驼千里足，送儿还故乡。……（《木兰词》）

中国韵文里头所表现的情感

173

这首写女子从军，虽然是一种异态，但决非南朝人意想中所能构造。最妙者是刚健之中处处含婀娜，确是女性最优美之点。

南朝人便不同了。他们理想中女性之美，可以拿梁元帝的《西洲曲》做代表：

> 忆梅下西洲，折梅寄江北。单衫杏子红，双鬓鸦雏色。西洲在何处，两桨桥头渡。日暮伯劳飞，风吹乌桕树。树下即门前，门中露翠钿。开门郎不至，出门采红莲。采莲南塘秋，莲花过人头。低头弄莲子，莲子清如水。置莲怀袖中，莲心彻底红。忆郎郎不至，仰首视飞鸿。飞鸿满汀洲，望郎上青楼。楼高望不见，尽日阑干头。阑干十二曲，垂手明如玉。卷帘天自高，海水摇空绿。海水梦悠悠，君愁我亦愁。南风知我意，吹梦到西洲。

这首诗写怀春女儿天真烂漫的情感，总算很好，所写的人格，亦并不低下。但总是南派绮靡的情绪，和北派截然两样。后来作家，大概脱不了这窠臼。

唐诗写女性最好的，莫过于杜工部的《佳人》：

> 绝代有佳人，幽居在空谷。自云良家子，零落依草木。……在山泉水清，出山泉水浊。侍婢卖珠回，牵萝补茅屋。摘花不插鬓，采柏动盈掬。天寒翠袖薄，日暮倚修竹。

工部理想的佳人，品格是名贵极了，性质是高抗极了，体态是幽艳极了，情绪是浓至极了。有人说这首诗便是他自己写照，或者不错。总之描写女性之美，我说这首是千古绝唱。

太白《长干曲》摹仿《西洲》很像，写小家儿女的情爱，也还逼真，但价值不过尔尔。

李义山写女性的诗，几居全集三分之一，但义山是品性堕落的诗人，他理想中美人不过倡妓，完全把女子当男子玩弄品，可以说是侮辱女子人格。义山天才确高，爱美心也很强，倘使他的技术用到正途，或者可以做写女性情感的圣手，看他《悼亡》诸作可知。可惜他本性和环境都太坏，仅成就得这种结果。不惟在文学界没有好影响，而且留下许多遗毒，真是我们文学史上一件不幸了。

词里头写女性最好的，我推苏东坡的《洞仙歌》：

> 冰肌玉骨，自清凉无汗。水殿风来暗香满。绣帘开，一点明月窥人，人未寝，欹枕钗横鬓乱。 起来携素手，庭户无声，时见疏星度河汉。试问夜如何？夜已三更，金波淡玉绳低转。但屈指西风几时回，又不道流年暗中偷换。

好处在情绪的幽艳，品格的清贵，和工部《佳人》不相上下。稼轩的：

> 蓦然回首，那人却在，灯火阑珊处。（《青玉案》）

白石的：

> 想珮环夜月归来，化作此花幽独。（《疏影》）

都能写出品格。柳屯田写女性词最多，可惜毛病和义山一样，藻艳更在义山下。

曲本每部总有女性在里头，但写得好的很少。因为他们所构曲中情节，本少好的，描写曲中人物，自然不会好。例如《西厢记》一派，结局是调情猥亵，如何能描出清贵的人格？又如《琵琶记》一派，主意在劝惩，并不注重女性的真美。所以曲本写女性虽多，竟找不出能令我心折的作品。内中惟汤玉茗是最浪漫式的人。《牡丹亭·惊梦》里头，确有些新境界。如：

> 可知我常一生儿爱好是天然。恰三春好处无人见。……

"爱好是天然"这句话，真所谓为爱美而爱美，从前没有人能道破，写女性高贵，此为极品了。底下跟着衍这段意思，也有许多名句。如：

> 朝飞暮卷，云霞翠轩。雨丝风片，烟波画船。锦屏人忒看得韶光贱。

如：

> 则为俺生小婵娟，拣名门一例一例里神仙眷。甚良缘把青春抛得远，俺的睡情谁见。……

如：

> 则为你如花美眷，似水流年。是答儿闲寻遍，在幽闺自怜。

这些词句，把情绪写得像酒一般浓，却不失闺秀身分，在艳词中算是最上乘了。

这段末后，还有几句话要讲讲。近代文学家写女性，大半以"多愁多病"为美人模范，古代却不然。《诗经》所赞美的是"硕人其颀"，是"颜如舜华"。楚辞所赞美的是"美人既醉朱颜酡，娭光眇视目层波"。汉赋所赞美的是"精耀华烛俯仰如神"，是"翩若惊鸿矫若游龙"。凡这类形容词，都是以容态之艳丽和体格之俊健合构而成，从未见以带着病的恹弱状态为美的。以病态为美，起于南朝，适足以证明文学界的病态。唐宋以后的作家，都汲其流，说到美人便离不了病，真是文学界一件耻辱。我盼望往后文学家描写女性，最要紧先把美人的健康恢复才好。

九

欧洲近代文坛，浪漫派和写实派迭相雄长。我国古代，将这两派划然分出门庭的可以说没有。但各大家作品中，路数不同，很有些分带两派倾向的。今先说浪漫的作品。

《三百篇》可以说代表诸夏民族平实的性质，凡涉及空想的一切没有。我们文学含有浪漫性的自《楚辞》始。春秋、战国时候的中原人都来说"楚人好巫鬼"，大抵他们脑海中，含有点野蛮人神秘意识，后来渐渐同化于诸夏，用诸夏公用的文化工具表现他们的感想，带着便把这种神秘意识放进去，添出我们艺术上的新成分。这种意识，或者从远古传来，乃至和我们民族发源地有什么关系也未可知。试看，《楚辞》里头讲昆仑的最多——大约不下十数处，像是对于昆仑有一种渴仰，构成他们心中极乐国土。这种思想渊源，和中亚细亚地方有无关系，今尚为历史上未决问题。他们这种超现实的人生观，用美的形式发掘出来，遂为我们文学界开一新天地。《楚辞》的最大价值在此。

楚辞浪漫的精神表现得最显者，莫如《远游》篇。它起首那段有几句：

惟天地之无穷兮，哀人生之长勤。往者余弗及兮，来者吾不闻。（《远游》）

屈原本身有两种矛盾性：他头脑很冷，常常探索玄理，想象"天地之无穷"；他心肠又很热，常常悲悯为怀，看不过"民生之多艰"（《离骚》语）。他结果闹到自杀，都因为这两种矛盾性交战，苦痛忍受不住了。他作品中把这两种矛盾性充分发挥，有一半哭诉人生冤苦，有一半是寻求他理想的天国。《远游》篇就是属于后一类。他说：

> 载营魄而登霞兮，掩浮云而上征。命天阍其开关兮，排阊阖而望予。召丰隆使先导兮，问太微之所居。集重阳入帝宫兮，造旬始而观清都。朝发轫于太仪兮，夕始临乎於微闾。屯余车之万乘兮，纷溶与而并驰。驾八龙之婉婉兮，载云旗之逶蛇。建雄虹之采旄兮，五色杂而炫耀。服偃蹇以低昂兮，骖连蜷以骄骜。骑胶葛以杂乱兮，斑漫衍而方行。撰余辔而正策兮，吾将过乎句芒。历太皓以右转兮，前飞廉以启路。阳杲杲其未光兮，凌天地以径度。……（同上）

如此之类有好几段，完全是幻构的境界。最末一段道：

> 经营四方兮，周流六漠。上至列缺兮，降望大壑。下峥嵘而无地兮，上寥廓而无天。视儵忽而无见兮，听惝恍而无闻。超无为以至清兮，与泰初而为邻。（同上）

这类文学，纯是求真美于现实界以外，以为人类五官所能接触的境界都是污浊，要搬开它别寻心灵净土。《离骚》《涉江》中一部分，也是这样。

《招魂》——据太史公说也是屈原所作。其想象力之伟大复杂实可惊。前半说上下四方到处痛苦恐怖的事物，都出乎人类意境以外。后半说浮世的快乐，也全用幻构的笔法写得淋漓尽致。末后一段说这些快乐，到头还是悲哀，以"魂兮归来哀江南"一句，结出作者情感根苗。这篇名作的结构和思想，都有点和嗰特的《浮士达》相仿佛。

楚辞中纯浪漫的作品，当以《九歌》的《山鬼》为代表。今录其全文：

> 若有人兮山之阿，被薜荔兮带女萝。既含睇兮又宜笑，子慕余兮善窈窕。
>
> 乘赤豹兮从文狸，辛夷车兮结桂旗。被石兰兮带杜衡，折芳馨兮遗所思。
>
> 余处幽篁兮终不见天，路险艰兮独后来。
>
> 表独立兮山之上，云容容兮而在下。杳冥冥兮羌昼晦，东风飘兮神灵雨。
>
> 留灵修兮憺忘归，岁既晏兮孰华予。
>
> 采三秀兮于山间，石磊磊兮葛蔓蔓。思公子兮憺忘归，君思我兮不得闲。山中人兮芳杜若，饮石泉兮荫松柏。君思我兮然疑作。
>
> 雷填填兮雨冥冥，猨啾啾兮又夜鸣。风飒飒兮木萧萧，思公子兮徒离忧。（《山鬼》）

这篇和《远游》《离骚》《招魂》等篇作法不同：那几篇都写作者自身和所构幻境的关系，这篇完全另写一第三者作影子。我们若把这篇当画材，将那山鬼的环境面影性格画来，便活现出屈原的环境面影性格。这种纯粹浪漫的作法，在我们文学界里头，当以此篇为嚆矢。

陶渊明的《桃花源诗序》，正是浪漫派小说的鼻祖。那首诗自然也是浪漫派绝好韵文。里头说的：

> ……相命肆农耕，日入随所憩。桑竹垂余荫，菽稷随时艺。春蚕收长丝，秋熟靡王税。荒路暧交通，鸡犬互鸣吠。……童孺纵行歌，斑白欢游诣。草荣识节和，木衰知风厉。虽无纪历志，四时自成岁。怡然有余乐，于何劳智慧？……

这是渊明理想中绝对自由绝对平等无政府的互助的社会状况，最主要的精神是"超现实"。但它和《楚辞》不同处，在不带神秘性。

神仙的幻想，在我们文学界中很占势力，这种幻想，自然是导源于《楚辞》，但后人没有屈原那种剧烈的矛盾性，从形式上模仿蹈袭，往往讨厌。如曹子建也有一首《远游篇》，读去便味如嚼蜡。嵇中散的《游仙诗》，也看不出什么异彩。到郭景纯十几首《游仙》，便瑰丽多了。其中如：

> 翡翠戏兰苕，容色更相鲜。绿萝结高林，蒙茏盖一山。中有冥寂士，静啸抚清弦。放情凌霄外，嚼蕊挹飞泉。……

虽然纯从《山鬼》篇脱胎，却把幽愤境界变为飘逸。又如：

> 杂县寓鲁门，风暖将为灾。吞舟涌海底，高浪驾蓬莱。神仙排云出，但见金银台。陵阳挹丹溜，容成挥玉杯。姮娥扬妙音，洪崖颔其颐。升降随长烟，飘飘戏九垓。奇龄迈五龙，千岁方婴孩。燕昭无云气，汉武非仙才。

这类诗像是佛教入中国后，参些印度人梵天的幻想。但每首总爱把作者的宇宙观人生观直白点出，未免有些词费。

浪漫派文学，总是想象力愈丰富愈奇诡便愈见精彩。这一点，盛唐大家李太白，确有他的特长。如他的《公无渡河》全从古乐府《箜篌引》敷演出来。《箜篌引》十六个字千古绝唱，如何可拟作？他这首的前半"黄河西来决昆仑，……其害乃去茫然风沙"，已经把这条黄河写得像有神秘性。到下半首依传说略叙事实后，更有虚构可怖的幻象。说：

被发之叟狂而痴，清晨径流欲奚为？旁人不惜妻止之，公
无渡河苦渡之。虎可搏，河难凭，公果溺死流海湄。有长鲸白
齿若雪山，公乎公乎挂骨于其间。箜篌所谣竟不还。

这诗把原来的《箜篌引》，赋与一种浪漫性，便成创作。又如《飞
龙引》的：

……载玉女，过紫皇。紫皇乃赐白兔所捣之药方。后天而
老彫三光。下视瑶池见王母，蛾眉萧飒如秋霜。

如《蜀道难》的：

……蚕丛及鱼凫，开国何茫然。尔来四万八千岁，不与秦
塞通人烟。西当太白有鸟道，可以横绝峨眉颠。地崩山摧壮士
死，然后天梯石栈相钩连。……

太白集中像这类的很多，都可以证明他想象力之伟大，能构造出别
人所构不出的境界。他还有两首词，把他的美感表得十分圆满。词调是
《桂殿秋》，文如下：

仙女下，董双成。汉殿夜凉吹玉笙。曲终却从仙宫去，万
户千门惟月明。
河汉女，玉炼颜。云軿往往在人间。九霄有路去无迹，袅
袅香风生珮环。

后来这类作品，我最爱者为王介甫的《巫山高》二首：

巫山高，十二峰。上有往来飘忽之猿猱，下有出没瀺灂之

中国韵文里头所表现的情感

蛟龙，中有倚薄缥缈之神宫。神人处子冰雪容，吸风饮露虚无中，千岁寂寞无人逢，邂逅乃与襄王通。丹崖碧嶂深重重，白月如日明房栊，象床玉几来自从，锦屏翠幔金芙蓉。阳台美人多楚语，只有纤腰能楚舞，争吹凤管鸣鼍鼓。那知襄王梦时事，但见朝朝暮暮长云雨。

巫山高，偃薄江水之滔滔。水于天下实至险，山亦起伏为波涛。其巅冥冥不可见，崖岸斗绝悲猿猱。赤枫青栎生满谷，山鬼白日樵人遭。窈窕阳台彼神女，朝朝暮暮能云雨。以云为衣月为褚，乘光服暗无留阻。昆仑曾城道可取，方丈蓬莱多伴侣。块独守此嗟何求，况乃低徊梦中语。

这类诗词，从唯美的见地看去，很有价值。他们并无何种寄托，只是要表那一片空灵纯洁的美感。太白、介甫一流人，胸次高旷，所以能有这类作品。像杜工部虽然是情圣，他却不会作此等语。

苏东坡也是胸次高旷的人，但他的文学不含神秘性，纯浪漫的作品较少。他贬谪琼州的时候，坐在山轿子上打盹，正在遇雨，梦中得了十个字的名句："千山动鳞甲，万壑酣笙钟。"醒来续成一首诗道：

四洲环一岛，百洞蟠其中。我行西北隅，如度月半弓。登高望中原，但见积水空。此身将安归？四顾真途穷。眇观大瀛海，坐咏谈天翁。茫茫太仓间，稀米谁雌雄。幽怀忽破散，咏啸来天风。千山动鳞甲，万壑酣笙钟。焉知非群仙，钧天宴未终。喜我归有期，举酒属青童。急雨岂无意，催诗走群龙。梦中忽变色，笑电亦改容。应怪东坡老，颜衰语徒工。久矣此妙声，不闻蓬莱宫。

他作诗时候所处的境界，恰好是最浪漫的，他便将那一刹那间的实感写出来，不觉便成浪漫派中上乘作品。

浪漫派特色，在用想象力构造境界。想象力用在醇化的美感方面，固然最好。但何能个个人都如此？所以多数走入奇谲一路。楚辞的《招魂》已开其端绪，太白作品，也半属此类。中唐以后，这类作风益盛。韩昌黎的《陆浑山火和皇甫湜》《孟东野失子》《二鸟诗》等篇，都带这种色彩。我们可以给它一个绰号，叫做"神话文学"。神话文学的代表作品，应推卢玉川。他有名的《月蚀诗》二千多字，完全像希腊神话一般。内中一段：

> ……传闻古老说，蚀月虾蟇精。径圆千里入汝腹，汝此痴骸阿谁生？……忆昔尧为天，十日烧九州，金铄水银流，玉烛丹砂焦，六合烘为窑，尧心增百忧。帝见尧心忧，勃然发怒决洪流，立拟沃杀九日妖。天高日走沃不及，但见万国赤子臞臞生鱼头。此时九御导九日，争持节幡麾幢旒，驾车六九五十四头蛟，螭虬掣电九火辀。汝若蚀开颙龋轮，御辔执索相爬钩。推荡轰訇入汝喉，红鳞焰鸟烧口快，翎鬣倒侧声醆邹，撑肠柱肚礧块如山丘，自可饱死更不偷，不独填饥坑，亦解尧心忧。……

又如《与马异结交诗》中一段：

> 伏羲画八卦，凿破天心胸。女娲本是伏羲妇，恐天怒，捣炼五色石，引日月之针五星之缕把天补。补了三日不肯归婚家，走向日中放老鸦。月里栽桂养虾蟆，天公发怒化龙蛇。此龙此蛇得死病，神农合药救死命。天怪神农党龙蛇，罚神农为牛头令载元气车。不知药中有毒药，药杀元气天不觉。……

这种诗取采资料，都是最荒唐怪诞的神话，还添上本人新构的幻想，变本加厉。这种诗好和歹且不管它，但我们不能不承认作者胆量大，替诗界作一种解放，又不能不承认是诗界一种新国土，将来很有继续开辟的余地。

玉川最喜欢把人类意识赋与人类以外诸物。《观放鱼歌》："鸂鶒鸧鸥凫，喜观争叫呼。小虾亦相庆，绕岸摇其须"便是。他还有二十首小诗，设为石、竹、井、马兰、蛱蝶、虾蟆，相互谈话。内中石说道："我在天地间，自是一片物。可得杠压我，使我头不出。"他所假设一场谈话，虽然没有什么深奥哲理，但也算诗界一种创作，比陶渊明的《形影神问答》进一步。

同时李长吉也算浪漫派的别动队，他的诗字字句句都经过千锤百炼，但他的特别技能不仅在字句的锤炼，实在想象力的锤炼。他的代表作品，如《金铜仙人辞汉歌》：

> 茂陵刘郎秋风客，夜间马嘶晓无迹。画栏桂树悬秋香，三十六宫土花碧。魏官牵车指千里，东关酸风射眸子。空将汉月出官门，忆君清泪如铅水。衰兰送客咸阳道，天若有情天亦老。携盘独出月荒凉，渭城已远波声小。

此外如"昆山玉碎凤皇叫，芙蓉泣露香兰笑"，如"女娲炼石补天处，石破天惊逗秋雨"，如"洞庭雨脚来吹笙，酒酣喝月使倒行"，如"银浦流云学水声"，如"呼龙耕烟种瑶草"，如"南风吹山作平地，帝遣天吴移海水"，此等语句，不知者以为是卖弄词藻，其实每一句都有它特别的意境。大抵长吉脑里头幻象很多，每一个幻象，他自己立限只许用十来个字把它写出，前人评他作诗是"呕心"，真不错。这种诗自然不该学，但我们不能不承认它在文学史上的价值。

十

现在要讲写实派。写实派作法，作者把自己情感收起，纯用客观态度描写别人情感。作法要领，是要将客观事实照原样极忠实地写出来，还要写得详尽。因为如此，所以所写的多是三几个寻常人的寻常行事或是社会上众人共见的现象，截头截尾单把一部分状态委细曲折传出。简单说，是专替人类作断片的写照。

这种作品，在《三百篇》里头不能说没有。如《卫风》的《硕人》，《郑风》的《大叔于田》《褰裳》，《豳风》的《七月》，都有点这种意思。但《三百篇》以温柔敦厚为主，不肯作露骨的刻画，自然不能当这派作品的模范。《楚辞》纯属浪漫的作风，和这派正极端反对，当然没有可征引了。

汉人乐府中有一首《孤儿行》，可以说是纯写实派第一首诗。全录如下：

孤儿生，孤儿遇生命当独苦。

父母在时，乘坚车驾驷马。父母已去，兄嫂令我行贾。

南到九江，东到齐与鲁。腊月来归，不敢自言苦。

头多虮虱，面目多尘土。

大兄言办饭，大嫂言视马。上高堂行趣殿，下堂，孤儿泪下如雨。

使我朝行汲暮得水，来归手为错，足下无扉。

怆怆履霜，中多蒺藜。拔断蒺藜，肠肉中怆欲悲。泪下渫渫，清涕累累。

冬无复襦，夏无单衣。居生不乐，不如早去下从地下黄泉。

春气动，草萌芽。三月蚕桑，六月收瓜。将是瓜车，来还到家。

中国韵文里头所表现的情感

185

瓜车反覆，助我者少，啖瓜者多。愿还我蒂，兄与嫂严独且急，归当与校计。

乱曰：里中一何诡诡！愿欲寄尺书将与地下父母，兄嫂难与久居。

这首诗只是写寻常百姓家一个可怜的孩子，将他日常经历直叙，并不下一字批评，读起来能令人同情心到沸度，可以说是写实派正格。

《孔雀东南飞》是最有结构的写实诗。它写十几个人问答语，各人神情毕肖，真是圣手。内中"妾有绣丝襦……""着我绣袄裙……""青雀白鹄舫……"三段，铺叙实物，尤见章法。可惜所铺叙过于富丽，稍失写实家本色。又篇末松梧交枝鸳鸯对鸣等语，已经搀入象征法。虽然如此，这诗总算写实妙品。

魏晋写实的五言，以左太冲《娇女诗》为第一。

吾家有娇女，皎皎颇白皙。小字为织素，口齿自清历。鬒发覆广额，双耳似连璧。明朝弄梳台，黛眉类扫迹。浓朱衍丹唇，黄吻烂漫赤。娇语若连琐，忿速乃明憶。握笔利彤管，篆刻未期益。执书爱绨素，诵习矜所获。其姊字惠芳，面目灿如画。轻妆喜娄边，临镜忘纺绩。举觯拟京兆，立的成复易。玩弄眉颊间，剧兼机杼役。从容好赵舞，延袖像飞翮。上下弦柱际，文史辄卷襞。顾盼屏风画，如见己指摘。丹青日尘暗，明义为隐赜。驰骛翔园林，果下皆生摘。红葩缀紫蒂，萍实骤抵掷。贪华风雨中，倏忽数百适。务蹑霜雪戏，重綦常累积。并心注肴馔，端坐理盘槅。翰墨戢闲案，相与数离逖。动为炉钲屈，屣履任之适。止为茶荈据，吹嘘对鼎钖。脂腻漫白袖，烟熏染阿锡。衣被皆重池，难与沉水碧。任其孺子意，羞受长者责。瞥闻当予杖，掩泪俱向壁。

这首诗活画出两位天真烂漫性情活泼娇小玲珑又爱美又不懂事的女孩子。尤当注意者，太冲对于这两位女孩子，取什么态度，有何等情感，诗中一个字没有露出。他的目的全在那映到他眼里的小女孩子情感，他用极冷静的态度忠实观察它忠实描写它，所以入妙。后来模仿这首诗的不少，但都赶不上它。如李义山的《骄儿诗》，即是其中之一首。依着《骄儿诗》看来，义山那位衮师少爷顽劣得可厌，是不管他。——也许是义山照样写实，那么少爷虽不好，诗还是好。但那诗中说旁人对于他儿子怎样批评，又说他自己对于儿子怎样希望，还把自己和儿子比较，发一段牢骚，这是何苦呢？我们拿这两首诗比一比，便可以悟出写实派作法的要诀。

　　前回曾举出杜工部半写实派的几首诗。其实工部纯写实派的作品也很不少而且很好。如：

　　　　献凯日继踵，两蕃静无虞。渔阳游侠地，击鼓吹笙竽。云帆转辽海，粳稻来东吴。越裳与楚练，照耀舆台躯。主将位益崇，气骄凌上都。边人不敢议，议者死路衢。（《后出塞》）

　　这首诗是安禄山还未造反时作的，所指就是安禄山那一班军阀。仅仅六十个字，把他们豪奢骄蹇情形都写完了。他却并没有一个字批评，只是用巧妙技术把实况描出，令读者自然会发厌恨忧危种种情感。这是写实文学最大作用。又如：

　　　　三月三日天气新，长安水边多丽人。态浓意远淑且真，肌理细腻骨肉匀。绣罗衣裳照暮春，蹙金孔雀银麒麟。头上何所有，翠为匌叶垂鬓唇。背后何所见，珠压腰衱稳称身。就中云幕椒房亲，赐名大国虢与秦。紫驼之峰出翠釜，水精之盘行素鳞。犀箸厌饫久未下，鸾刀缕切空纷纶。黄门飞鞚不动尘，御厨络绎送八珍。箫鼓哀吟感鬼神，宾从杂遝实要津。后来鞍马何逡巡，当轩下马入锦茵。杨花雪落覆白苹，青鸟飞去衔红巾。炙手可热势绝伦，慎莫近前丞相嗔。

又如：

    步屧随春风，村村自花柳。田翁逼社日，邀我尝春酒。酒酣夸新尹，畜眼未见有。回头指大男，"渠是弓弩手。名在飞骑籍，长番岁时久。前日放营农，辛苦救衰朽。差科死则已，誓不举家走。今年大作社，拾遗能住否？"叫妇开大瓶，盆中为吾取。感此气扬扬，须知风化首。语多虽杂乱，说尹终在口。朝来偶然出，自卯将及酉。久客惜人情，如何拒邻叟。高声索果栗，欲起时被肘。指挥过无礼，未觉村野丑。月出遮我留，仍嗔问升斗。

这首和前两首不同，前两首是一般写实家通行作法，专写社会黑暗方面，这首却是写社会光明方面，读起来令人感觉乡村生活之优美。那"田父"一种真率气象以及他对于社交之亲切对于国家义务之认真，都一一流露。

写实家所标旗帜，说是专用冷酷客观，不搀杂一丝一毫自己情感，这不过技术上的手段罢了。其实凡写实派大作家都是极热肠的。因为社会的偏枯缺憾，无时不有，无地不有，只要你忠实观察，自然会引起你无穷悲悯。但倘若没有热肠，那么他的冷眼也决看不到这种地方，便不成为写实家了。杜工部这类写实文学开派以后，继起的便是白香山。香山自己说：

    惟歌生民病，……甘受时人嗤。

他自己编定诗集，用诗的性质分类。第一类便是"讽喻"。讽喻类主要作品是十首《秦中吟》和五十首《新乐府》。这六十首诗，可以说完成写实派壁垒，替我们文学史吐出光焰万丈。但他的作风，与纯写实派有点不同，每篇之末，总爱下主观的批评，不过批评是"微而婉"罢了。里头纯客观的只有几首。如：

　　帝城春欲暮，喧喧车马度。共道牡丹时，相随买花去。贵贱无常价，酬直看花数。灼灼百朵红，戋戋五束素。上张幄幕庇，旁织巴篱护。水洒复泥封，移来色如故。家家习为俗，人人迷不悟。有一田舍翁，偶来买花处。低头独长叹，此叹无人喻。一丛深色花，十户中人赋。（《秦中吟·买花》）

如：

　　卖炭翁，伐薪烧炭南山中。满面尘灰烟火色，两鬓苍苍十指黑。卖炭得钱何所营？身上衣裳口中食。可怜身上衣正单，心忧炭贱愿天寒。夜来城上一尺雪，晓驾炭车辗冰辙。牛困人饥日已高，市南门外泥中歇。翩翩两骑来是谁？黄衣使者白衫儿。手把文书口称敕，回车叱牛牵向北。一车炭重千余斤，官使驱将惜不得。半匹红纱一丈绫，系向牛头充炭直。（《新乐府·卖炭翁》）

　　像这类不将批评主意明点出来的，约居全部十分之一，其余都把自己对于这件事情的意见说出。他的《新乐府》自序说：

　　……首句标其目，卒章显其志，三百篇之意也。其辞质而径，欲见之者易喻也。其言直而切，欲闻之者深诫也。其事覈而实，使采之者传信也。……

189

中国韵文里头所表现的情感

他并不是为诗而作诗。他替那些穷苦的人们提起公诉，他向那些作恶的人们宣说福音。所以他不采那种藏锋含蓄的态度，将主观的话也写出来。但是以作风论，我们还认他是写实派，因为他对于客观写得极忠实极详尽。

写实派固然注重在写人事的实况，但也要写环境的实况，因为环境能把人事烘托出来。写环境实况的模范作品，如鲍明远《芜城赋》中一段：

> 泽葵依井，荒葛罥涂。坛罗虺蜮，阶斗麏鼯。木魅山鬼，野鼠城狐。风噪雨啸，昏见晨趋。饥鹰厉吻，寒鸱吓雏。伏虣藏虎，乳血餐肤。崩榛塞路，峥嵘古馗。白杨早落，塞草前衰。稜稜霜气，蒗蒗风威。孤蓬自振，惊沙坐飞。灌莽杳而无际，丛薄纷其相依。通池既已夷，峻隅又已穨。直视千里外，唯见起黄埃。凝思寂听，心伤已摧。

所写全是客观现象，然而读起来自然会令情感涌出。妙处全在铺叙得淋漓透彻。学写实派的不可不知。

（1922 年 3 月 25 日完稿，清华学校文学社讲演稿。原载《改造》1922 年第 4 卷第 6 期、第 8 期。）

屈原研究

一

中国文学家的老祖宗，必推屈原。从前并不是没有文学，但没有文学的专家。如《三百篇》及其他古籍所传诗歌之类，好的固不少，但大半不得作者主名，而且篇幅也很短。我们读这类作品，顶多不过可以看出时代背景或时代思潮的一部分。欲求表现个性的作品，头一位就要研究屈原。

屈原的历史，在《史记》里头有一篇很长的列传，算是我们研究史料的人可欣慰的事。可惜议论太多，事实仍少。我们最抱歉的，是不能知道屈原生卒年岁和他所享年寿。据传文大略推算，他该是西纪前三三八至二八八年间的人，年寿最短亦应在五十上下。和孟子、庄子、赵武灵王、张仪等人同时。他是楚国贵族。贵族中最盛者昭、屈、景三家，他便是三家中之一。他曾做过"三闾大夫"。据王逸说："三闾之职，掌王族三姓，曰昭、屈、景。屈原序其谱属率其贤良以厉国士。"然则他是当时贵族总管了。他曾经得楚怀王的信用，官至"左徒"。据《本传》说："入则与王图议国事以出号令，出则接遇宾客，应对诸侯，王甚任之。"可见他在政治上曾占很重要的位置，其后被上官大夫所逸，怀王疏了他。怀王在位三十年（西纪前三二八至二九七）。屈原做左徒，不知是哪年的事，但最迟亦在怀王十六年（前三一二）以前。因为那年怀王受了秦相张仪所骗，已经是屈原见疏之后了。假定屈原做左徒在怀王十年前后，那时他的年纪最少亦应二十岁以上，所以他的生年，不能晚于西纪前三三八年。屈原在位的时候，楚国正极强盛。屈原的政策，大概是主张联合六国共摈强秦保持均势。所以虽见疏之后，还做过齐国公使。可惜怀王太没有主意，时而摈秦，时而联秦，任凭纵横家摆弄。卒至"兵挫地削，亡其六郡，身客死于秦，为天下笑"。（《本传》）怀王死了不到六十年，楚国便亡了。屈原当怀王十六年以后，政治生涯，像已经完全断绝。其后十四年间，大概仍居住郢都（武昌）一带。因为怀王三十年将入秦之时，屈原还力谏，可见他和怀王的关系，仍是藕断丝连了。怀王死后，顷襄王立（前二九八）。屈原的反对党，越发得志，便把他放逐到湖南地方去，后来竟闹到投水自杀。

屈原什么时候死呢？据《卜居》篇说："屈原既放，三年不得复见。"《哀郢》篇说："忽若不信兮，至今九年而不复。"假定认这两篇为顷襄王时作品，则屈原最少当西纪前二八八年仍然生存。他脱离政治生活专做文学生活，大概有二十来年的日月。

屈原所走过的地方有多少呢？他著作中所见的地名如下：

令沅湘兮无波，使江水兮安流。

邅吾道兮洞庭。

望涔阳兮极浦。

遗余佩兮澧浦。　（《湘君》）

洞庭波兮木叶下。

沅有芷兮澧有兰。

遗余褋兮澧浦。　（《湘夫人》）

哀南夷之莫吾知兮，旦余济乎江湘。

乘鄂渚而反顾兮。

邸余车兮方林。

乘舲船余上沅兮。

朝发枉陼兮夕宿辰阳。

入溆浦余儃佪兮，迷不知吾之所如。深林杳以冥冥兮，乃猿狖之所居。……山峻高以蔽日兮，下幽晦以多雨。霰雪纷其无垠兮，云霏霏而承雨。　（《涉江》）

发郢都而去闾兮。

过夏首而西浮兮，顾龙门而不见。

背夏浦而西思兮。

惟郢路之辽远兮，江与夏之不可涉。　（《哀郢》）

长濑湍流，泝江潭兮。狂顾南行，聊以娱心兮。

低徊夷犹宿北姑兮。　（《抽思》）

浩浩沅湘，纷流汩兮。　（《怀沙》）

遵江夏以娱忧。　（《思美人》）

指炎神而直驰兮，吾将往乎南疑。　（《远游》）

路贯庐江兮左长薄。　（《招魂》）

内中说郢都，说江夏，是他原住的地方，洞庭、湘水，自然是放逐后常来往的，都不必多考据。最当注意者，《招魂》说的"路贯庐江兮左长薄"，像江西庐山一带，也曾到过。但《招魂》完全是浪漫的文学，不敢便认为事实。《涉江》一篇，含有纪行的意味，内中说"乘舲船余上沅"，说"朝发枉陼，夕宿辰阳"，可见他曾一直溯着沅水上游，到过辰州等处。他说的"峻高蔽日，霰雪无垠"的山，大概是衡岳最高处了。他的作品中，像"幽独处乎山中"、"山中人兮芳杜若"，这一类话很多。我想他独自一人在衡山上过活了好些日子。他的文学，谅来就在这个时代大成的。

最奇怪的一件事，屈原家庭状况如何？在《本传》和他的作品中，连影子也看不出。《离骚》有"女媭之婵媛兮，申申其詈余"两语。王逸注说："女媭，屈原姊也。"这话是否对，仍不敢说。就算是真，我们也仅能知道他有一位姐姐，其余兄弟妻子之有无，一概不知。就作品上看来，最少他放逐到湖南以后过的都是独身生活。

二

我们把屈原的身世大略明白了，第二步要研究那时候为什么会发生这种伟大的文学？为什么不发生于别国而独发生于楚国？何以屈原能占这首创的地位？第一个问题，可以比较的简单解答。因为当时文化正涨到最高潮，哲学勃兴，文学也该为平行线的发展。内中如《庄子》《孟子》及《战国策》中所载各人言论，都很含着文学趣味。所以优美的文学出现，在时势为可能的。第二第三两个问题，关系较为复杂。依我的观察，我们这华夏民族，每经一次同化作用之后，文学界必放异彩。楚国当春秋初年，纯是一种蛮夷。春秋中叶以后，才渐渐地同化为"诸夏"。屈原生在同化完成后约二百五十年。那时候的楚国人，可以说是中华民族里头刚刚长成的新分子，好像社会中才成年的新青年。从前楚国人，本来是最信巫鬼的民族，很含些神秘意识和虚无理想，像小孩子喜欢幻构的童话。到了与中原旧民族之现实的伦理的文化相接触，自然会发生出新东西来。这种新东西之体现者，便是文学。楚国在当时文化史上之地位既已如此。至于屈原呢，他是一位贵族，对于当时新输入之中原文化，自然是充分领会。他又曾经出使齐国，那时正当"稷下先生"数万人日日高谈宇宙原理的时候，他受的影响，当然不少。他又是有怪脾气的人，常常和社会反抗。后来放逐到南荒，在那种变化诡异的山水里头，过他的幽独生活。特别的自然界和特别的精神作用相击发，自然会产生特别的文学了。

屈原有多少作品呢？《汉书·艺文志·诗赋略》云："屈原赋二十五篇。"据王逸《楚辞章句》所列，则《离骚》一篇，《九歌》十一篇，《天问》一篇，《九章》九篇，《远游》一篇，《卜居》一篇，《渔父》一篇。尚有《大招》一篇。注云："屈原，或言景差。"然细读《大招》，明是摹仿《招魂》之作，其非出屈原手，像不必多辩。但别有一问题颇费研究者。《史记·屈原列传》赞云："余读《离骚》、《天问》、《招魂》、《哀郢》，悲其志。"是太史公明明认《招魂》为屈原作，然而王逸说是宋玉作。逸，后汉人，有何凭据，竟敢改易前说？大概他以为添上这一篇，便成二十六篇，与《艺文志》数目不符。他又想这一篇标题，像是屈原死后别人招他的魂，所以硬把他送给宋玉。依我看，《招魂》的理想及文体，和宋玉其他作品很有不同处，应该从太史公之说，归还屈原。然则《艺文志》数目不对吗？又不然。《九歌》末一篇《礼魂》，只有五句，实不成篇。《九歌》本侑神之曲，十篇各侑一神。《礼魂》五句，当是每篇末后所公用，后人传钞贪省，便不逐篇写录，总摆在后头作结。王逸闹不清楚，把它也算成一篇，便不得不把《招魂》挤出了。我所想象若不错，则屈原赋之篇目应如下：

《离骚》一篇

《天问》一篇

《九歌》十篇　《东皇太一》《云中君》《湘君》《湘夫人》《大司命》
　　　　　　　《少司命》《东君》《河伯》《山鬼》《国殇》

《九章》九篇　《惜诵》《涉江》《哀郢》《抽思》《思美人》《惜往日》
　　　　　　　《橘颂》《悲回风》《怀沙》

《远游》一篇

《招魂》一篇

《卜居》一篇

《渔父》一篇

今将这二十五篇的性质，大略说明。

（一）《离骚》　据本传，这篇为屈原见疏以后使齐以前所作，当是他最初的作品。起首从家世叙起，好像一篇自传。篇中把他的思想和品格，大概都传出，可算得全部作品的缩影。

（二）《天问》　王逸说："屈原……见楚先王之庙及公卿祠堂图画天

195

屈原研究

地山川神灵琦玮谲诡，及古贤圣怪物行事，……因书其壁，呵而问之。"我想这篇或是未放逐以前所作，因为"先王庙"不应在偏远之地。这篇体裁，纯是对于相传的神话发种种疑问。前半篇关于宇宙开辟的神话所起疑问，后半篇关于历史神话所起疑问。对于万有的现象和理法怀疑烦闷，是屈原文学思想出发点。

（三）《九歌》 王逸说："沅湘之间，其俗信鬼而好祀，其祠必作乐鼓舞以乐诸神。屈原放逐，窜伏其域。……见其词鄙陋，因为作《九歌》之曲，上陈事神之敬，下以见己之冤。"这话大概不错。"九歌"是乐章旧名，不是九篇歌，所以屈原所作有十篇。这十篇含有多方面的趣味，是集中最"浪漫式"的作品。

（四）《九章》 这九篇并非一时所作，大约《惜诵》《思美人》两篇，似是放逐以前作。《哀郢》是初放逐时作。《涉江》是南迁极远时作。《怀沙》是临终作。其余各篇，不可深考。这九篇把作者思想的内容分别表现，是《离骚》的放大。

（五）《远游》 王逸说："屈原履方直之行，不容于世。……章皇山泽，无所告诉。乃深惟元一，修执恬漠。思欲济世，则意中愤然。文采秀发，遂叙妙思。托配仙人，与俱游戏。周历天地，无所不到。然犹怀念楚国，思慕旧故。"我说，《远游》一篇，是屈原宇宙观人生观的全部表现，是当时南方哲学思想之现于文学者。

（六）《招魂》 这篇的考证，前文已经说过。这篇和《远游》的思想，表面上像恰恰相反，其实仍是一贯。这篇讲上下四方，没有一处是安乐土，那么，回头还求现世物质的快乐怎么样呢？好吗？它的思想，正和葛得的《浮士特》（Goethe Faust）剧上本一样，《远游》便是那剧的下本。总之这篇是写怀疑的思想历程最恼闷最苦痛处。

（七）《卜居》及《渔父》《卜居》是说两种矛盾的人生观，《渔父》是表自己意志的抉择，意味甚为明显。

三

　　研究屈原，应该拿他的自杀做出发点。屈原为什么自杀呢？我说，他是一位有洁癖的人为情而死。他是极诚专虑地爱恋一个人，定要和她结婚。但他却悬着一种理想的条件，必要在这条件之下，才肯委身相事。然而他的恋人老不理会他！不理会他，他便放手，不完结吗？不不！他决然不肯！他对于他的恋人，又爱又憎，越憎越爱。两种矛盾性日日交战，结果拿自己生命去殉那"单相思"的爱情！他的恋人是谁？是那时候的社会。

　　屈原脑中，含有两种矛盾原素。一种是极高寒的理想，一种是极热烈的感情。《九歌》中《山鬼》一篇，是他用象征笔法描写自己人格。其文如下：

　　　　若有人兮山之阿，被薜荔兮带女萝。

　　　　既含睇兮又宜笑，子慕予兮善窈窕。

　　　　乘赤豹兮从文狸，辛夷车兮结桂旗。被石兰兮带杜衡，折芳馨兮遗所思。

　　　　余处幽篁兮终不见天，路险艰兮独后来。

　　　　表独立兮山之上，云容容兮而在下。杳冥冥兮羌昼晦，东风飘兮神灵雨。

　　　　留灵修兮憺忘归，岁既晏兮孰华予。

　　　　采三秀兮于山间，石磊磊兮葛蔓蔓。怨公子兮怅忘归，君思我兮不得闲。

　　　　山中人兮芳杜若，饮石泉兮荫松柏。君思我兮然疑作。

　　　　雷填填兮雨冥冥，猿啾啾兮狖夜鸣。风飒飒兮木萧萧，思公子兮徒离忧。

　　我常说，若有美术家要画屈原，把这篇所写那山鬼的精神抽显出

屈原研究

197

来，便成绝作。他独立山上，云雾在脚底下，用石兰、杜若种种芳草庄严自己，真所谓"一生儿爱好是天然"，一点尘都染污他不得。然而他的"心中风雨"，没有一时停息，常常向下界"所思"的人寄他万斛情爱。那人爱他与否，他都不管。他总说"君是思我"，不过"不得闲"罢了，不过"然疑作"罢了。所以他十二时中的意绪，完全在"雷填填雨冥冥，风飒飒木萧萧"里头过去。

他在哲学上有很高超的见解；但他决不肯耽乐幻想，把现实的人生丢弃。他说：

> 惟天地之无穷兮，哀人生之长勤。往者余弗及兮，来者吾
> 不闻。(《远游》)

他一面很达观天地的无穷，一面很悲悯人生的长勤，这两种念头，常常在脑里轮转。他自己理想的境界，尽够受用。他说：

> 道可受兮不可传，其小无内兮其大无垠。无滑而魂兮，彼
> 将自然。壹气孔神兮，于中夜存。虚以待之兮，无为之先。庶
> 类以成兮，此德之门。(《远游》)

这种见解，是道家很精微的所在。他所领略的，不让前辈的老聃和并时的庄周。他曾写那境界道：

> 经营四荒兮，周流六漠。上至列缺兮，降望大壑。下峥嵘
> 而无地兮，上寥廓而无天。视儵忽而无见兮，听惝恍而无闻。
> 超无为以至清兮，与泰初而为邻。(《远游》)

然则他常住这境界翛然自得，岂不好吗？然而不能。他说：

余固知謇謇之为患兮，忍而不能舍也。（《离骚》）

他对于现实社会，不是看不开，但是舍不得。他的感情极锐敏，别人感不着的苦痛，到他脑筋里，便同电击一般。他说：

微霜降而下沦兮，悼芳草之先零。……谁可与玩斯遗芳兮，晨向风而舒情。……（《远游》）

又说：

惜吾不及见古人兮，吾谁与玩此芳草。（《思美人》）

一朵好花落去，"干卿甚事"？但在那多情多血的人，心里便不知几多难受。屈原看不过人类社会的痛苦，所以他：

长太息以掩涕兮，哀民生之多艰。（《离骚》）

社会为什么如此痛苦呢？他以为由于人类道德堕落。所以说：

时缤纷其变易兮，又何可以淹留。兰芷变而不芳兮，荃蕙化而为茅。何昔日之芳草兮，今直为此萧艾也！岂其有他故兮，莫好修之害也。……固时俗之从流兮，又孰能无变化？览椒兰其若此兮，又况揭车与江蓠？（《离骚》）

所以他在青年时代便下决心和恶社会奋斗，常怕悠悠忽忽把时光耽误了。他说：

汩余若将不及兮，恐年岁之不吾与。朝搴阰之木兰兮，夕

揽洲之宿莽。日月忽其不淹兮，春与秋其代序。惟草木之零落兮，恐美人之迟暮。不抚壮而弃秽兮，何不改乎此度也。(《离骚》)

要和恶社会奋斗，头一件是要自拔于恶社会之外。屈原从小便矫然自异，就从他外面服饰上也可以见出。他说：

余幼好此奇服兮，年既老而不衰。带长铗之陆离兮，冠切云之崔巍。被明月兮珮宝璐。世浑浊而莫余知兮，吾方高驰而不顾。(《涉江》)

又说：

高余冠之岌岌兮，长余佩之陆离。芳与泽其杂糅兮，惟昭质其犹未亏。(《离骚》)

《庄子》说："尹文作为华山之冠以自表。"当时思想家作些奇异的服饰以表异于流俗，想是常有的。屈原从小便是这种气概。他既决心反抗社会，便拿性命和它相搏。他说：

民生各有所乐兮，余独好修以为常。虽体解吾犹未变兮，岂余心之可惩。(《离骚》)

又说：

既替余以蕙纕兮，又申之以揽茝。亦余心之所善兮，虽九死其犹未悔。(《离骚》)

又说：

> 与前世而皆然兮，吾又何怨乎今之人。吾将董道而不豫
> 兮，固将重昏而终身。(《涉江》)

他从发心之日起，便有绝大觉悟，知道这件事不是容易。他赌咒
和恶社会奋斗到底，他果然能实践其言，始终未尝丝毫让步。但恶社会
势力太大，他到了"最后一粒子弹"的时候，只好洁身自杀。我记得在
罗马美术馆中曾看见一尊额尔达治武士石雕遗像，据说这人是额尔达治
国几百万人中最后死的一个人，眼眶承泪，颊唇微笑，右手一剑自刺左
胁。屈原沉汨罗，就是这种心事了。

四

> 余既滋兰之九畹兮，又树蕙之百亩。畦留夷以揭车兮，杂
> 杜蘅与芳芷。冀枝叶之峻茂兮，愿俟时乎吾将刈。虽萎绝其亦
> 何伤兮，哀众芳之芜秽。(《离骚》)

这是屈原追叙少年怀抱。他原定计划，是要多培植些同志出来，协
力改革社会。到后来失败了。一个人失败有什么要紧，最可哀的是从前
满心希望的人，看着堕落下去。所谓"众芳芜秽"，就是"昔日芳草今
为萧艾"，这是屈原最痛心的事。

他想改革社会，最初从政治入手。因为他本是贵族，与国家同休
戚，又曾得怀王的信任，自然是可以有为。他所以"奔走先后"与闻国
事，无非欲他的君王能够"及前王之踵武"(《离骚》)，无奈怀王太不是
材料。

　　初既与余成言兮，后悔遁而有他。余既不难夫离别兮，伤灵修之数化。(《离骚》)

　　昔君与我诚言兮，曰黄昏以为期。羌中道而回畔兮，反既有此他志。(《抽思》)

他和怀王的关系，就像相爱的人已经定了婚约，忽然变卦。所以他说：

　　心不同兮媒劳，恩不甚兮轻绝。……交不忠兮怨长，期不信兮告余以不闲。(《湘君》)

他对于这一番经历，很是痛心，作品中常常感慨。内中最缠绵沉痛的一段是：

　　吾谊先君而后身兮，羌众人之所仇。专惟君而无他兮，又众兆之所雠。壹心而不豫兮，羌不可保也。疾亲君而无他兮，有招祸之道也。思君其莫我忠兮，忽忘身之贱贫。事君而不贰兮，迷不知宠之门。忠何罪以遇罚兮，亦非余心之所志。行不群以颠越兮，又众兆之所咍……(《惜诵》)

他年少时志盛气锐，以为天下事可以凭我的心力立刻做成，不料才出头便遭大打击。他曾写自己心理的经过。说道：

　　昔余梦登天兮，魂中道而无杭。吾使厉神占之兮，曰有志极而无旁。……吾闻作忠以造怨兮，忽谓之过言。九折臂而成医兮，吾至今而知其信然。(《惜诵》)

他受了这一回教训，烦闷之极。但他的热血，常常保持沸度，再不肯冷下去。于是他发出极沉挚的悲音。说道：

> 闺中既已邃远兮，哲王又不寤。怀朕情而不发兮，余焉能
> 忍与此终古。(《离骚》)

似屈原的才气，倘肯稍为迁就社会一下，发展的余地正多。他未尝
不盘算及此，他托为他姐姐劝他的话，说道：

> 女媭之婵媛兮，申申其詈余。曰："鲧婞直以亡身兮，终
> 然夭乎羽之野。汝何博謇而好修兮，纷独有此姱节。薋菉葹以
> 盈室兮，判独离而不服。众不可户说兮，孰云察余之中情。世
> 并举而好朋兮，夫何茕独而不余听？"……(《离骚》)

又托为渔父劝他的话，说道：

> 夫圣人者，不凝滞于物，而能与世推移。举世皆浊，何不
> 淈其泥而扬其波？众人皆醉，何不餔其糟而歠其醨？(《渔父》)

他自己亦曾屡屡反劝自己，说道：

> 惩于羹者而吹齑兮，何不变此志也？欲释阶而登天兮，犹
> 有曩之态也。(《惜诵》)

说是如此，他肯吗？不不！他断然排斥"迁就主义"。他说：

> 刓方以为圜兮，常度未替。易初本迪兮，君子所鄙。……
> 玄文处幽兮，矇瞍谓之不章。离娄微睇兮，瞽以为无明。……
> 邑犬群吠兮，吠所怪也。非俊疑杰兮，固常态也。(《怀沙》)

他认定真理正义，和流俗人不相容。受他们压迫，乃是当然的。自己最要紧是立定脚跟，寸步不移。他说：

> 嗟尔幼志，有以异兮。独立不迁，岂不可喜兮。深固难徙，廓其无求兮。苏世独立，横而不流兮。（《橘颂》）

他根据这"独立不迁"主义，来定自己的立场。所以说：

> 固时俗之工巧兮，偭规矩而改错。背绳墨以追曲兮，竞周容以为度。忳郁邑余侘傺兮，吾独穷困乎此时也。宁溘死以流亡兮，余不忍为此态也。鸷鸟之不群兮，自前世而固然。何方圆之能周兮，夫孰异道而相安。屈心而抑志兮，忍尤而攘垢。伏清白以死直兮，固前圣之所厚。（《离骚》）

易卜生最喜欢讲的一句话：All or nothing（要整个不然宁可什么也没有）。屈原正是这种见解。"异道相安"，他认为和方圆相周一样，是绝对不可能的事。中国人爱讲调和，屈原不然，他只有极端。"我决定要打胜他们，打不胜我就死"，这是屈原人格的立脚点。他说也是如此说，做也是如此做。

<h2 style="text-align:center">五</h2>

不肯迁就，那么，丢开罢，怎么样呢？这一点，正是屈原心中常常交战的题目。丢开有两种：一是丢开楚国，二是丢开现社会。丢开楚国的商榷，所谓：

思九州之博大兮，岂惟是其有女。……

何所独无芳草兮，尔何怀乎故宇。(《离骚》)

这种话就是后来贾谊吊屈原说的"历九州而相君兮，何必怀此都也"。屈原对这种商榷怎么呢？他以为举世浑浊，到处都是一样。他说：

溘吾游此春宫兮，折琼枝以继佩。及荣华之未落兮，相下女之可诒。

吾令丰隆乘云兮，求宓妃之所在。解佩纕以结言兮，吾令蹇修以为理。纷緫緫其离合兮，忽纬繣其难迁。……望瑶台之偃蹇兮，见有娀之佚女。吾令鸩为媒兮，鸩告余以不好。雄鸠之鸣逝兮，余犹恶其佻巧。……

及少康之未家兮，留有虞之二姚。理弱而媒拙兮，恐导言之固。时浑浊而嫉贤兮，好蔽美而称恶。……(《离骚》)

这些话怎么解呢？对于这一位意中人，已经演了失恋的痛史了，再换别人，只怕也是一样。宓妃吗？纬繣难迁。有娀吗？不好，佻巧。二姚吗？导言不固。总结一句，就是旧戏本说的笑话："我想平儿，平儿老不想我。"怎么样她才会想我呢？除非我变个样子。然而我到底不肯。所以任凭你走遍天涯地角，终久找不着一个可意的人来结婚。于是他发出绝望的悲调，说：

忽反顾以流涕兮，哀高丘之无女。(《离骚》)

他理想的女人，简直没有。那么，他非在独身生活里头甘心终老不可了。

举世浑浊的感想，《招魂》上半篇表示得最明白。所谓：

魂兮归来，东方不可以托些。……魂兮归来，南方不可以止些。……魂兮归来，西方之害流沙千里些。……魂兮归来，北方不可以止些。……魂兮归来，君无上天些。……魂兮归来，君无下此幽都些。……

似此"上下四方多贼奸"，有哪一处可以说是比"故宇"强些呢？所以丢开楚国，全是不彻底的理论，不能成立。

丢开现社会，确是彻底的办法。屈原同时的庄周，就是这样。屈原也常常打这个主意。他说：

悲时俗之迫阨兮，愿轻举以远游。（《远游》）

他被现社会迫阨不过，常常要和它脱离关系宣告独立。而且实际上他的神识，亦往往靠这一条路得些安慰。他作品中表现这种理想者最多。如：

驾青虬兮骖白螭，吾与重华游兮瑶之圃。登昆仑兮食玉英。与天地兮同寿，与日月兮同光。（《涉江》）

与女游兮九河，冲风起兮水扬波。乘水车兮荷盖，驾两龙兮骖螭。登昆仑兮四望，心飞扬兮浩荡。（《河伯》）

春秋忽其不淹兮，奚久留此故居。轩辕不可攀援兮，吾将从王乔而游戏。餐六气而饮沆瀣兮，漱正阳而含朝霞。保神明之清澄兮，精气入而粗秽除。顺凯风以从游兮，至南巢而一息。见王子而宿之兮，审壹气之和德。（《远游》）

穆眇眇之无垠兮，莽芒芒之无仪。声有隐而相感兮，物有纯而不可为。藐蔓蔓之不可量兮，缥绵绵之不可纤。……上高岩之峭岸兮，处雌蜺之标颠。据青冥而攄虹兮，遂倏忽而扪天。……（《悲回风》）

邅吾道夫昆仑兮，路修远以周流。扬云霓之晻蔼兮，鸣玉鸾之啾啾。朝发轫于天津兮，夕余至乎西极。凤皇翼其承旂兮，高翱翔之翼翼。忽吾行此流沙兮，遵赤水而容与。麾蛟龙使梁津兮，诏西皇使涉余。……屯余车其千乘兮，齐玉轪而并驰。驾八龙之婉婉兮，载云旗之委蛇。抑志而弭节兮，神高驰之邈邈。奏九歌而舞韶兮，聊假日以媮乐。（《离骚》）

诸如此类，所写都是超现实的境界，都是从宗教的或哲学的想象力构造出来。倘使屈原肯往这方面专做他的精神生活，他的日子原可以过得很舒服。然而不能。他在《远游》篇，正在说"绝氛埃而淑尤兮，终不反其故都"，底下忽然接着道：

　　恐天时之代序兮，耀灵晔而西征。微霜降而下沦兮，悼芳草之先零。

他在《离骚》篇，正在说"假日媮乐"，底下忽然接着道：

　　陟升皇之赫戏兮，忽临睨夫旧乡。仆夫悲余马怀兮，蜷局顾而不行。

乃至如《招魂》篇把物质上娱乐敷陈了一大堆，煞尾却说道：

　　皋兰被径兮斯路渐，湛湛江水兮上有枫。目极千里兮伤春心，魂兮归来哀江南。

屈原是情感的化身，他对于社会的同情心，常常到沸度。看见众生苦痛，便和身受一般。这种感觉，任凭用多大力量的麻药也麻他不下。正所谓"此情无计可消除，才下眉头，却上心头"。说丢开吗？如何能够呢？他自己说：

> 登高吾不说兮，入下吾不能。（《思美人》）

这两句真是把自己心的状态，全盘揭出。超现实的生活不愿做，一般人的凡下现实生活又做不来，他的路于是乎穷了。

六

对于社会的同情心既如此其富，同情心刺激最烈者，当然是祖国，所以放逐不归，是他最难过的一件事。他写初去国时的情绪道：

> 发郢都而去闾兮，怊荒忽之焉极。楫齐扬以容与兮，哀见君而不再得。望长楸而太息兮，涕淫淫其若霰。过夏首而西浮兮，顾龙门而不见。……将运舟而下浮兮，上洞庭而下江。去终古之所居兮，今逍遥而来东。羌灵魂之欲归兮，何须臾而忘返。背夏浦而西思兮，哀故都之日远。（《哀郢》）
>
> 望孟夏之短夜兮，何晦明之若岁。惟郢路之辽远兮，魂一夕而九逝。曾不知路之曲直兮，南指月与列星。愿径逝而不得兮，魂识路之营营。（《抽思》）

内中最沉痛的是：

> 曼余目以流观兮，冀一反之何时。鸟飞返故居兮，狐死必首丘。信非余罪而放逐兮，何日夜而忘之。（《哀郢》）

这等作品，真所谓"一声何满子，双泪落君前"。任凭是铁石人，读了怕都不能不感动哩！

他在湖南过的生活，《涉江》篇中描写一部分如下：

> 乘舲船余上沅兮，齐吴榜以击汰。船容与而不进兮，淹回水而凝滞。朝发枉渚兮，夕宿辰阳。苟余心其端直兮，虽僻远之何伤。入溆浦余僔徊兮，迷不知吾所如。深林杳以冥冥兮，乃猿狖之所居。山峻高以蔽日兮，下幽晦以多雨。霰雪纷其无垠兮，云霏霏而承宇。哀吾生之无乐兮，幽独处乎山中。吾不能变心而从俗兮，固将愁苦而终穷。

大概他在这种阴惨岑寂的自然界中过那非社会的生活，经了许多年。像他这富于社会性的人，如何能受？他在那里：

> 退静默而莫余知兮，进号呼又莫吾闻。（《惜诵》）

他和恶社会这场血战，真已到矢尽援绝的地步。肯降服吗？到底不肯。他把他的洁癖坚持到底。说道：

> 妄能以身之察察，受物之汶汶者乎？宁赴湘流，葬于江鱼腹中。又安能以皓皓之白，而蒙世俗之尘埃乎？（《渔父》）

他是有精神生活的人，看着这臭皮囊，原不算什么一回事。他最后觉悟到他可以死而且不能不死，他便从容死去。临死时的绝作说道：

> 人生有命兮，各有所错兮。定心广志，余何畏惧兮。曾伤爰哀，永叹喟兮。世浑不吾知，人心不可谓兮。知死不可让兮，愿勿爱兮。明告君子，吾将以为类兮。（《怀沙》）

西方的道德论，说凡自杀皆怯懦。依我们看，犯罪的自杀是怯懦，义务的自杀是光荣。匹夫匹妇自经沟渎的行为，我们诚然不必推奖他。至于"志士不忘在沟壑，勇士不忘丧其元"，这有什么见不得人之处？屈原说的"定心广志何畏惧"、"知死不可让愿勿爱"，这是怯懦的人所能做到吗？

《九歌》中有赞美战死的武士一篇，说道：

> ……出不入兮往不反，平原忽兮路超远。带长剑兮挟秦弓，首虽离兮心不惩。诚既勇兮又以武，终刚强兮不可陵。身既死兮神以灵，子魂魄兮为鬼雄。（《国殇》）

这虽属侑神之词，实亦写他自己的魄力和身分。我们这位文学老祖宗留下二十多篇名著，给我们民族偌大一份遗产，他的责任算完全尽了。末后加上这汨罗一跳，把他的作品添出几倍权威，成就万劫不磨的生命，永远和我们相摩相荡。呵呵！"诚既勇兮又以武，终刚强兮不可陵。"呵呵！屈原不死！屈原惟自杀故，越发不死！

七

以上所讲，专从屈原作品里头体现出他的人格，我对于屈原的主要研究，算是结了。最后对于他的文学技术，应该附论几句。

屈原以前的文学，我们看得着的只有《诗经》三百篇。《三百篇》好的作品，都是写实感。实感自然是文学主要的生命，但文学还有第二个生命，曰想象力。从想象力中活跳出实感来，才算极文学之能事。就这一点论，屈原在文学史上的地位，不特前无古人，截到今日止，仍是后无来者。因为屈原以后的作品，在散文或小说里头，想象力比屈原优胜的或者还有，在韵文里头，我敢说还没有人比得上他。

他作品中最表现想象力者，莫如《天问》《招魂》《远游》三篇。《远游》的文句，前头多已征引，今不再说。《天问》纯是神话文学，把宇宙万有，都赋予它一种神秘性，活像希腊人思想。《招魂》前半篇，说了无数半神半人的奇情异俗，令人目摇魄荡；后半篇说人世间的快乐，也是一件一件从他脑子里幻构出来。至如《离骚》，什么灵氛，什么巫咸，什么丰隆、望舒、蹇修、飞廉、雷师，这些鬼神，都拉来对面谈话，或指派差事。什么宓妃，什么有娀佚女，什么有虞二姚，都和他商量爱情。凤皇、鸩、鸩、鹥鸟，都听他使唤，或者和他答话。虬、龙、虹霓、鸾，或是替他拉车，或是替他打伞，或是替他搭桥。兰、茝、桂、椒、芰荷、芙蓉，……无数芳草，都做了他的服饰。昆仑、县圃、咸池、扶桑、崦嵫、阊阖、阆风、穷石、洧盘、天津、赤水、不周，……种种地名或建筑物，都是他脑海里头的国土。又如《九歌》十篇，每篇写一神，便把这神的身分和意识都写出来。想象力丰富瑰伟到这样，何止中国，在世界文学作品中，除了但丁《神曲》外，恐怕还没有几家够得上比较哩！

班固说："不歌而诵谓之赋。"从前的诗，谅来都是可以歌的，不歌的诗，自"屈原赋"始。几千字一篇的韵文，在体格上已经是空前创作。那波澜壮阔，层叠排奡，完全表出他气魄之伟大。有许多话讲了又讲，正见得缠绵悱恻，一往情深。有这种技术，才配说"感情的权化"。

写客观的意境，便活给它一个生命，这是屈原绝大本领。这类作品，《九歌》中最多。如：

君不行兮夷犹，蹇谁留兮中洲。美要眇兮宜修，沛吾乘兮桂舟。令沅湘兮无波，使江水兮安流。（《湘君》）

帝子降兮北渚，目眇眇兮愁予。袅袅兮秋风，洞庭波兮木叶下。……沅有芷兮澧有兰，思公子兮未敢言。……（《湘夫人》）

秋兰兮麋芜，罗生兮堂下。绿叶兮素枝，芳菲菲兮袭予。……秋兰兮青青，绿叶兮紫茎。满堂兮美人，忽独与余兮目成。入不言兮出不辞，乘回风兮载云旗。悲莫悲兮生别离，乐莫乐兮新相知。荷衣兮蕙带，倏而来兮忽而逝。夕宿兮帝郊，君谁须兮云之际。……（《少司命》）

子交手兮东行，送美人兮南浦。波滔滔兮来迎，鱼鳞鳞兮媵予。（《河伯》）

这类作品，读起来，能令自然之美，和我们心灵相触逗。如此，才算是有生命的文学。太史公批评屈原道：

其文约，其辞微，其志洁，其行廉。其称文小而其指极大，举类迩而见义远。其志洁，故其称物芳。其行廉，故死而不容自疏。濯淖污泥之中，蝉蜕于浊秽。不获世之滋垢，皭然泥而不滓者也。推此志也，虽与日月争光可也。（《史记》本传）

虽未能尽见屈原，也算略窥一斑了。我就把这段话作为全篇的结束。

（1922 年 11 月 3 日南京东南大学文哲学会讲演稿。
原载《晨报副镌》1922 年 11 月 18—24 日。）

情圣杜甫

一

今日承诗学研究会嘱托讲演，可惜我文学素养很浅薄，不能有甚么新贡献，只好把咱们家里老古董搬出来和诸君摩挲一番，题目是"情圣杜甫"。在讲演本题以前，有两段话应该简单说明：

第一，新事物固然可爱，老古董也不可轻轻抹煞。内中艺术的古董，尤为有特殊价值。因为艺术是情感的表现，情感是不受进化法则支配的。不能说现代人的情感一定比古人优美，所以不能说现代人的艺术一定比古人进步。

第二，用文字表出来的艺术——如诗词、歌剧、小说等类，多少总含有几分国民的性质。因为现在人类语言未能统一，无论何国的作家，总须用本国语言文字做工具。这副工具操练得不纯熟，纵然有很丰富高妙的思想，也不能成为艺术的表现。

我根据这两种理由，希望现代研究文学的青年，对于本国二千年来的名家作品，着实费一番工夫去赏会它。那么，杜工部自然是首屈一指的人物了。

二

杜工部被后人上他徽号叫做"诗圣"。诗怎么样才算"圣"？标准很难确定，我们也不必轻轻附和。我以为工部最少可以当得起情圣的徽号。因为他的情感的内容，是极丰富的，极真实的，极深刻的。他表情的方法又极熟练，能鞭辟到最深处，能将它全部完全反映不走样子，能像电气一般一振一荡地打到别人的心弦上。中国文学界写情圣手，没有人比得上他，所以我叫他做情圣。

我们研究杜工部，先要把他所生的时代和他一生经历略叙梗概，看出他整个的人格。两晋六朝几百年间，可以说是中国民族混成时代。中原被异族侵入，搀杂许多新民族的血。江南则因中原旧家次第迁渡，把原住民的义化提高了。当时文艺上南北派的痕迹显然，北派真率悲壮，南派整齐柔婉。在古乐府里头，最可以看出这分野。唐朝民族化合作用，经过完成了，政治上统一，影响及于文艺，自然会把两派特性合冶一炉，形成大民族的新美。初唐是黎明时代，盛唐正是成熟时代。内中玄宗开元间四十年太平，正孕育出中国艺术史上黄金时代。到天宝之乱，黄金忽变为黑灰。时事变迁之剧，未有其比。当时蕴蓄深厚的文学界，受了这种激刺，益发波澜壮阔。杜工部正是这个时代的骄儿。他是河南人，生当玄宗开元之初。早年漫游四方，大河以北都有他足迹，同时大文学家李太白、高达夫都是他的挚友。中年值安禄山之乱，从贼中逃出，跑到甘肃的灵武谒见肃宗，补了个"拾遗"的官。不久告假回家，又碰着饥荒，在陕西的同谷县几乎饿死。后来流落到四川，依一位故人严武。严武死后，四川又乱，他避难到湖南，在路上死了。他有两位兄弟、一位妹子，都因乱离难得见面。他和他的夫人也常常隔离，他一个小儿，因饥荒饿死，两个大儿子，晚年跟着他在四川。他一生简单的经历大略如此。

他是一位极热肠的人，又是一位极有脾气的人。从小便心高气傲，不肯趋承人。他的诗道：

以兹悟生理，独耻事干谒。(《奉先咏怀》)

又说：

白鸥没浩荡，万里谁能驯。(《赠韦左丞》)

可以见他的气概。严武做四川节度，他当无家可归的时候去投奔他，然而一点不肯趋承将就。相传有好几回冲撞严武，几乎严武容他不下哩。他集中有一首诗，可以当他人格的象征：

绝代有佳人，幽居在空谷。自言良家子，零落依草木。……在山泉水清，出山泉水浊。侍婢卖珠回，牵萝补茅屋。摘花不插鬓，采柏动盈掬。天寒翠袖薄，日暮倚修竹。(《佳人》)

这位佳人，身分是非常名贵的，境遇是非常可怜的，情绪是非常温厚的，性格是非常高抗的。这便是他本人自己的写照。

三

他是个最富于同情心的人。他有两句诗：

穷年忧黎元，叹息肠内热。(《奉先咏怀》)

这不是瞎吹的话，在他的作品中，到处可以证明。这首诗底下便有两段说：

> 彤庭所分帛，本自寒女出。鞭挞其夫家，聚敛贡城阙。（同上）

又说：

> 况闻内金盘，尽在卫霍室。中堂舞神仙，烟雾散玉质。暖客貂鼠裘，悲管逐清瑟。劝客驼蹄羹，霜橙压香橘。朱门酒肉臭，路有冻死骨。……（同上）

这种诗几乎纯是现代社会党的口吻。他作这诗的时候，正是唐朝黄金时代，全国人正在被镜里雾里的太平景象醉倒了。这种景象映到他的眼中，却有无限悲哀。

他的眼光，常常注视到社会最下层。这一层的可怜人那些状况，别人看不出，他都看出。他们的情绪，别人传不出，他都传出。他著名的作品《三吏》《三别》，便是那时代社会状况最真实的影戏片。《垂老别》的：

> 老妻卧路啼，岁暮衣裳单。孰知是死别，且复伤其寒。此去必不归，还闻劝加餐。

《新安吏》的：

> 肥男有母送，瘦男独伶俜。白水暮东流，青山犹哭声。莫自使眼枯，收汝泪纵横。眼枯即见骨，天地终无情。

《石壕吏》的：

三男邺城戍。一男附书至，二男新战死。存者且偷生，死者长已矣。

这些诗是要作者的精神和那所写之人的精神并合为一，才能做出。他所写的是否为他亲闻亲见的事实，抑或他脑中创造的影像，且不管它。总之他做这首《垂老别》时，他已经化身做那位六七十岁拖去当兵的老头子。做这首《石壕吏》时，他已经化身做那位儿女死绝衣食不给的老太婆。所以他说的话，完全和他们自己说一样。

他还有《戏呈吴郎》一首七律，那上半首是：

堂前扑枣任西邻，无食无儿一妇人。不为家贫宁有此，只缘恐惧转须亲。……

这首诗，以诗论，并没什么好处，但叙当时一件琐碎实事，——一位很可怜的邻舍妇人偷他的枣子吃，因那人的惶恐，把作者的同情心引起了。这也是他注意下层社会的证据。

有一首《缚鸡行》，表出他对于生物的泛爱，而且很含些哲理：

小奴缚鸡向市卖，鸡被缚急相喧争。家人厌鸡食虫蚁，未知鸡卖还遭烹。虫鸡于人何厚薄，吾叱奴人解其缚。鸡虫得失无时了，注目寒江倚山阁。

有一首《茅屋为秋风所破歌》，结尾几句说道：

……安得广厦千万间，大庇天下寒士俱欢颜。风雨不动安如山。呜呼！何时眼前突兀见此屋，吾庐独破受冻死亦足。

有人批评他是名士说大话。但据我看来，此老确有这种胸襟。因为他对于下层社会的痛苦看得真切，所以常把他们的痛苦当作自己的痛苦。

<h2 style="text-align:center">四</h2>

他对于一般人如此多情，对于自己有关系的人更不待说了。我们试看他对朋友，那位因陷贼贬做台州司户的郑虔，他有诗送他道：

> ……便与先生应永诀，九重泉路尽交期。

又有诗怀他道：

> 天台隔三江，风浪无晨暮。郑公纵得归，老病不识路。……（《有怀台州郑十八司户》）

那位因附永王璘造反长流夜郎的李白，他有诗梦他道：

> 死别已吞声，生别常恻恻。江南瘴疠地，逐客无消息。故人入我梦，明我长相忆。恐非平生魂，路远不可测。魂来枫林青，魂返关塞黑。君今在罗网，何以有羽翼。落月满屋梁，犹疑照颜色。水深波浪阔，毋使蛟龙得。（《梦李白》二首之一）

这些诗不是寻常应酬话，他实在拿郑、李等人当一个朋友，对于他们的境遇，所感痛苦和自己亲受一样，所以作出来的诗句句都带血带泪。

他集中想念他兄弟和妹子的诗，前后有二十来首，处处至性流露。最沉痛的如《同谷七歌》中：

有弟有弟在远方，三人各瘦何人强。生别展转不相见，胡尘暗天道路长。前飞驾鹅后鹙鸧，安得送我置汝旁。呜呼！三歌兮歌三发，汝归何处收兄骨。

有妹有妹在钟离，良人早没诸孤痴。长淮浪高蛟龙怒，十年不见来何时。扁舟欲往箭满眼，杳杳南国多旌旗。呜呼！四歌兮歌四奏，林猿为我啼清昼。

他自己直系的小家庭，光景是很困苦的，爱情却是很浓挚的。他早年有一首思家诗：

今夜鄜州月，闺中只独看。遥怜小儿女，未解忆长安。香雾云鬟湿，清辉玉臂寒。何时倚虚幌，双照泪痕干。（《月夜》）

这种缘情旖旎之作，在集中很少见，但这一首已可证明工部是一位温柔细腻的人。他到中年以后，遭值多难，家属离合，经过不少的酸苦。乱前他回家一次，小的儿子饿死了。他的诗道：

……老妻寄异县，十口隔风雪。谁能久不顾，庶往共饥渴。入门闻号咷，幼子饿已卒。吾宁舍一哀，里巷亦呜咽。所愧为人父，无食致夭折。……（《奉先咏怀》）

乱后和家族隔绝，有一首诗：

去年潼关破，妻子隔绝久。……自寄一封书，今已十月后。反畏消息来，寸心亦何有。……（《述怀》）

其后从贼中逃归，得和家族团聚。他有好几首诗写那时候的光景，

《羌村》三首中的第一首：

> 峥嵘赤云西，日脚下平地。柴门鸟雀噪，归客千里至。妻孥怪我在，惊定还拭泪。世乱遭飘荡，生还偶然遂。邻人满墙头，感叹亦歔欷。夜阑更秉烛，相对如梦寐。

《北征》里头的一段：

> 况我堕胡尘，及归尽华发。经年至茅屋，妻子衣百结。恸哭松声回，悲泉共呜咽。平生所娇儿，颜色白胜雪。见耶背面啼，垢腻脚不袜。床前两小女，补绽才过膝。海图坼波涛，旧绣移曲折。天吴及紫凤，颠倒在裋褐。老夫情怀恶，呕咽卧数日。那无囊中帛，救汝寒凛慄。粉黛亦解苞，衾裯稍罗列。瘦妻面复光，痴女头自栉。学母无不为，晓妆随手抹。移时施朱铅，狼藉画眉阔。生还对童稚，似欲忘饥渴。问事竞挽须，谁能即嗔喝。翻思在贼愁，甘受杂乱聒。

其后挈眷避乱，路上很苦。他有诗追叙那时情况道：

> 忆昔避贼初，北走经险艰。夜深彭衙道，月照白水山。尽室久徒步，逢人多厚颜。……痴女饥咬我，啼畏虎狼闻。怀中掩其口，反侧声愈嗔。小儿强解事，故索苦李餐。一旬半雷雨，泥泞相牵攀。……（《彭衙行》）

他合家避乱到同谷县山中，又遇着饥荒，靠草根木皮活命，在他困苦的全生涯中，当以这时候为最甚。他的诗说：

> 长镵长镵白木柄，我生托子以为命。黄独无苗山雪盛，短

衣数挽不掩胫。此时与子空归来，男呻女吟四壁静。……（《同谷七歌》之二）

以上所举各诗写他自己家庭状况，我替它起个名字叫做"半写实派"。他处处把自己主观的情感暴露，原不算写实派的作法。但如《羌村》《北征》等篇，多用第三者客观的资格，描写所观察得来的环境和别人情感，从极琐碎的断片详密刻画，确是近世写实派用的方法，所以可叫做半写实。这种作法，在中国文学界上，虽不敢说是杜工部首创，却可以说是杜工部用得最多而最妙。从前古乐府里头，虽然有些，但不如工部之描写之微。这类诗的好处，在真事愈写得详，真情愈发得透。我们熟读它，可以理会得"真即是美"的道理。

五

杜工部的"忠君爱国"，前人恭维他的很多，不用我再添话。他集中对于时事痛哭流涕的作品，差不多占四分之一，若把它分类研究起来，不惟在文学上有价值，而且在史料上有绝大价值。为时间所限，恕我不征引了。内中价值最大者，在能确实描写出社会状况，及能确实讴吟出时代心理。刚才举出半写实派的几首诗，是集中最通用的作法，此外还有许多是纯写实的。试举它几首：

献凯日继踵，两蕃静无虞。渔阳豪侠地，击鼓吹笙竽。云帆转辽海，粳稻来东吴。越裳与楚练，照耀舆台躯。主将位益崇，气骄凌上都。边人不敢议，议者死路衢。（《后出塞》五首之四）

读这些诗，令人立刻联想到现在军阀的豪奢专横——尤其逼肖奉、直战争前张作霖的状况。最妙处是不着一个字批评，但把客观事实直写，自然会令读者叹气或瞪眼。又如《丽人行》那首七古，全首将近二百字的长篇，完全立在第三者地位观察事实。从"三月三日天气新"到"青鸟飞去衔红巾"，占全首二十六句中之二十四句，只是极力铺叙那种豪奢热闹情状，不惟字面上没有讥刺痕迹，连骨子里头也没有。直至结尾两句：

炙手可热势绝伦，慎莫近前丞相嗔。

算是把主意一逗。但依然不着议论，完全让读者自去批评。这种可以说讽刺文学中之最高技术。因为人类对于某种社会现象之批评，自有共同心理，作家只要把那现象写得真切，自然会使读者心理起反应，若把读者心中要说的话，作者先替他倾吐无余，那便索然寡味了。杜工部这类诗，比白香山《新乐府》高一筹，所争就在此。《石壕吏》《垂老别》诸篇，所用技术，都是此类。

工部的写实诗，十有九属于讽刺类。不独工部为然，近代欧洲写实文学，哪一家不是专写社会黑暗方面呢？但杜集中用写实法写社会优美方面的亦不是没有。如《遭田父泥饮》那篇：

步屧随春风，村村自花柳。田翁逼社日，邀我尝春酒。酒酣夸新尹，畜眼未见有。回头指大男，"渠是弓弩手。名在飞骑籍，长番岁时久。前日放营农，辛苦救衰朽。差科死则已，誓不举家走。今年大作社，拾遗能住否？"叫妇开大瓶，盆中为吾取。……高声索果栗，欲起时被肘。指挥过无礼，未觉村野丑。月出遮我留，仍嗔问升斗。

这首诗把乡下老百姓极粹美的真性情，一齐活现。你看他父子夫妇间何等亲热，对于国家的义务心何等郑重，对于社交，何等爽快何等恳切。我们若把这首诗当个画题，可以把篇中各人的心理从面孔上传出，便成了一幅绝好的风俗画。我们须知道，杜集中关于时事的诗，以这类为最上乘。

六

工部写情，能将许多性质不同的情绪，归拢在一篇中，而得调和之美。例如《北征》篇，大体算是忧时之作。然而"青云动高兴，幽事亦可悦"以下一段，纯是玩赏天然之美。"夜深经战场，寒月照白骨"以下一段，凭吊往事。"况我堕胡尘"以下一大段，纯写家庭实况，忽然而悲，忽然而喜。"至尊尚蒙尘"以下一段，正面感慨时事，一面盼望内乱速平，一面又忧虑到凭借回鹘外力的危险。"忆昨狼狈初"以下到篇末，把过去的事实，一齐涌到心上。像这许多杂乱情绪并在一篇，调和得恰可，非有绝大力量不能。

工部写情，往往愈拗愈紧，愈转愈深，像《哀王孙》那篇，几乎一句一意，试将现行新符号去点读它，差不多每句都须用"。"符或"；"符。他的情感，像一堆乱石，突兀在胸中，断断续续地吐出，从无条理中见条理，真极文章之能事。

工部写情，有时又淋漓尽致一口气说出，如八股家评语所谓"大开大合"。这种类不以曲折见长，然亦能极其美。集中模范的作品，如《忆昔行》第二首，从"忆昔开元全盛日"起到"叔孙礼乐萧何律"止，极力追述从前太平景象，从社会道德上赞美，令意义格外深厚。自"岂闻一缣直万钱"到"复恐初从乱离说"，翻过来说现在乱离景象，两两比对，令读者胆战肉跃。

工部还有一种特别技能，几乎可以说别人学不到。他最能用极简的语句，包括无限情绪，写得极深刻。如《喜达行在所》三首中第三首的头两句：

情圣杜甫

死去凭谁报，归来始自怜。

仅仅十个字，把十个月内虎口余生的甜酸苦辣都写出来，这是何等魄力。又如前文所引《述怀》篇的：

反畏消息来。

五个字，写乱离中担心家中情状，真是惊心动魄。又《垂老别》里头：

势异邺城下，纵死时犹宽。

死是早已安排定了，只好拿期限长些作安慰（原文是写老妻送行时语），这是何等沉痛。又如前文所引的：

郑公纵得归，老病不识路。

明明知道他绝对不得归了，让一步虽得归，已经万事不堪回首。此外如：

带甲满天地，胡为君远行。（此题原缺，为《送远》。编者注）
万方同一概，吾道竟何之。（《秦州杂诗》）
国破山河在，城春草木深。（此题原缺，为《春望》。编者注）
亲朋无一字，老病有孤舟。（《登岳阳楼》）
古往今来皆涕泪，断肠分手各风烟。（《公安送韦二少

府》)

之类，都是用极少的字表极复杂极深刻的情绪。他是用洗炼功夫用得极到家，所以说："语不惊人死不休。"此其所以为文学家的文学。

悲哀愁闷的情感易写，欢喜的情感难写。古今作家中，能将喜情写得逼真的，除却杜集《闻官军收河南河北》外，怕没有第二首。那诗道：

> 剑外忽闻收蓟北，初闻涕泪满衣裳。却看妻子愁何在，漫卷诗书喜欲狂。白日放歌须纵酒，青春结伴好还乡。即从巴峡穿巫峡，便下襄阳向洛阳。

那种手舞足蹈情形，从心坎上奔迸而出，我说它和古乐府的《公无渡河》是同一样笔法。彼是写忽然剧变的悲情，此是写忽然剧变的喜情，都是用快光镜照相照得的。

七

工部流连风景的诗比较少，但每有所作，一定于所咏的景物观察入微，便把那景物做象征，从里头印出情绪。如：

> 竹凉侵卧内，野月满庭隅。重露成涓滴，稀星乍有无。暗飞萤自照，水宿鸟相呼。万事干戈里，空悲清夜徂。(《倦夜》)

题目是"倦夜"，景物从初夜写到中夜后夜，是独自一个人有心事睡不着疲倦无聊中所看出的光景，所写环境，句句和心理反应。又如：

　　风急天高猿啸哀，渚清沙白鸟飞回。无边落木萧萧下，不尽长江滚滚来。……（《登高》）

　　虽然只是写景，却有一位老病独客秋天登高的人在里头，便不读下文"万里悲秋常作客，百年多病独登台"两句，已经如见其人了。又如：

　　细草微风岸，危樯独夜舟。星垂平野阔，月涌大江流。……（《旅夜书怀》）

　　从寂寞的环境上领略出很空阔很自由的趣味。末两句说："飘飘何所似，天地一沙鸥。"把情绪一点便醒。

　　所以工部的写景诗，多半是把景做表情的工具。像王、孟、韦、柳的写景，固然也离不了情，但不如杜之情的分量多。

八

　　诗是歌的笑的好呀，还是哭的叫的好？换一句话说，诗的任务在赞美自然之美呀，抑在呼诉人生之苦？再换一句话说，我们应该为做诗而做诗呀，抑或应该为人生问题中某项目的而做诗？这两种主张，各有极强的理由，我们不能作极端的左右祖，也不愿作极端的左右祖。依我所见，人生目的不是单调的，美也不是单调的。为爱美而爱美，也可以说为的是人生目的。因为爱美本来是人生目的的一部分。诉人生苦痛，写人生黑暗，也不能不说是美。因为美的作用，不外令自己或别人起快感。痛楚的刺激，也是快感之一。例如肤痒的人，用手抓到出血，越抓越畅快。像情感怎么热烈的杜工部，他的作品，自然是刺激性极强，近于哭叫人生目的那一路，主张人生艺术观的人，固然要读它。但还要知道，他的哭声，是三板一眼地哭出来，节节含着真美，主张唯美艺术观的人，也非读它不可。我很惭愧，我的艺术素养浅薄，这篇讲演，不能充分发挥"情圣"作品的价值，但我希望这位情圣的精神，和我们的语言文字同其寿命，尤盼望这种精神有一部分注入现代青年文学家的脑里头。

（1922 年 5 月 21 日诗学研究会讲演稿。
原载《晨报副镌》1922 年 5 月 28—29 日。）

陶渊明之文艺及其品格

一

批评文艺有两个着眼点，一是时代心理，二是作者个性。古代作家能够在作品中把他的个性活现出来的，屈原以后，我便数陶渊明。

汉朝的文学家——司马相如、扬雄、班固、张衡之类，大抵以作"赋"著名。最传诵的几篇赋，都带点子字书或类书的性质，很难在里头发见出什么性灵。五言诗和乐府，虽然在汉时已经发生，但那些好的作品，大半不能得作者主名。李陵苏武唱和诗之靠不住，固不消说，《玉台新咏》里头所载枚乘傅毅各篇，《文选》便不记撰人名氏，可见现存的汉诗十有九和《诗经》的《国风》一样，连撰人带时代都不甚分明。我们若贸贸然据后代选本所指派的人名，认定某首诗是某人所作，我觉得很危险，就令有几首可以证实，然而片鳞单爪，也不能推出作者面目。所以两汉四百年间文学界的个性作品，我虽不敢说是没有，但我也不敢说有哪几家我们确实可以推论。

诗的家数应该从"建安七子"以后论起，七子中曹子建、王仲宣作品，比较的算最多，往后便数阮嗣宗、陆士衡、潘安仁、陶渊明、谢康乐、颜延年、鲍明远、谢玄晖……等，这些人都有很丰富的资料供我们研究，但我以为想研究出一位文学家的个性，却要他作品中含有下列两种条件。第一，要"不共"。怎样叫做不共呢？要他的作品完全脱离摹仿的套调，不是能和别人共有。就这一点论，像"建安七子"，就难看出各人个性，曹子植子建兄弟、王仲宣、阮元瑜彼此都差不多（也许是我学力浅看不出他们的分别）。我们读了只能看出"七子的诗风"，很难看出哪一位的诗格。第二，要"真"。怎样才算真呢？要绝无一点矫揉雕饰，把作者的实感，赤裸裸地全盘表现。就这一点论，像潘、陆、鲍、谢，都太注重词藻了，总有点像涂脂抹粉的佳人，把真面目藏去几分。所以我觉得唐以前的诗人，真能把他的个性整个端出来和我们相接触的，只有阮步兵和陶彭泽两个人，而陶尤为甘脆鲜明。所以我最崇拜他而且大著胆批评他。但我于批评之前尚须声明一句，这位先生身分太高了，原来用不著我们恭维，从前批评的人也很多，我所说的未必有多少能出古人以外，至于对不对更不敢自信了。

二

陶渊明生于东晋咸安二年壬申，卒于宋元嘉四年丁卯（西纪三七二——四二七）。他的曾祖是历史上有名的陶侃，官至八州都督封长沙郡公，在东晋各位名臣里头，算是气魄最大品格最高的一个人，渊明《命子诗》颂扬他的功德，说道："功遂辞归，临宠不忒，孰谓斯心，而近可得。"陶侃有很烜赫的功名，这诗却专崇拜他"功遂辞归"这一点，可以见渊明少年志趣了（《命子诗》是少作）。他祖父和父亲都做过太守，《命子诗》说他父亲"寄迹风云，寘兹愠喜"，想来也是一位胸襟很阔的人。他的外祖父孟嘉是陶侃女婿，——他的外祖母也即他的祖姑。渊明曾替孟嘉作传，说他"行不苟合，言无夸矜，未尝有喜愠之容，好酣饮，逾多不乱，至于任怀得意，融然远寄，傍若无人"。我们读这篇传，觉得孟嘉活是一个渊明小影。渊明父母两系都有这种遗传，可见他那高尚人格，是从先天得来了。——以上说的是陶渊明的家世。

陶渊明之文艺及其品格

东晋一代政治，常常有悍将构乱，跟着也有名将定乱，所以向来政象虽不甚佳，也还保持水平线以上的地位。到渊明时代却不同了，谢安、谢玄一辈名臣相继凋谢。渊明二十岁到三十岁这十年间，都是会稽王司马道子和他的儿子元显柄国，很像清末庆亲王奕劻和他儿子载振一般，招权纳贿，弄得政界混浊不堪，各地拥兵将帅，互争雄长。到渊明三十一岁时，桓玄把道子杀了，明年便篡位，跟着刘裕起兵讨灭桓玄，像有点中兴气象，中间平南燕平姚秦，把百余年间五胡蹂躏的山河，总算恢复一大半转来。可惜刘裕做皇帝的心事太迫切，等不到完全成功，便引军南归，中原旋复陷没。渊明五十岁那年，刘裕篡晋为宋。过六年，渊明便死了。

渊明少年，母老家贫，想靠做官得点俸禄。当桓玄未篡位以前，曾做过刘牢之的参军，约摸三年，和刘裕是同僚。到刘裕讨灭桓玄之后，又曾做过刘敬宣的参军，又做过彭泽令，首尾仅一年多，从此便浩然归去，终身不仕。有名的《归去来辞》，便是那年所作，其时渊明不过三十四岁。萧统作渊明传谓："自以曾祖晋世宰辅，耻复屈身后代，自宋高祖王业渐隆，不复肯仕。"其实渊明只是看不过当日仕途的混浊，不屑与那些热官为伍，倒不在乎刘裕的王业隆与不隆。若说专对刘裕吗？渊明辞官那年，正是刘裕拨乱反正的第二年，何以见得他不能学陶侃之功遂辞归，便料定他二十年后会篡位呢？本集《感士不遇赋》的序文说道："自真风告逝，大伪斯兴，闾阎懈廉退之节，市朝驱易进之心。"当时士大夫浮华奔竞，廉耻扫地，是渊明最痛心的事。他纵然没有力量移风易俗，起码也不肯同流合污，把自己人格丧掉。这是渊明弃官最主要的动机，从他的诗文中到处都看得出来。若说所争在什么姓司马的姓刘的，未免把他看小了。——以上说的是陶渊明的时代。

北襟江，东南吸鄱阳湖，有"以云为衣"、"万古青濛濛"的五老峰，有"海风吹不断，山月照还空"的香炉瀑布，到处溪声，像卖弄它的"广长舌"，无日无夜，几千年在那里说法，丹的黄的紫的绿的……

杂花，四时不断，像各各抖擞精神替山容打扮，清脆美丽的小鸟儿，这里一群，那里一队，成天价合奏音乐，却看不见它们的歌舞剧场在何处，呵呵，这便是——一千多年来诗人讴歌的天国——庐山了。山麓的西南角——离归宗寺约摸二十多里，一路上都是"沟塍刻镂，原隰龙鳞，五谷垂颖，桑麻铺棻"。三里五里一个小村庄，那庄稼人老的少的丑的俏的，早出晚归做他的工作，像十分感觉人生的甜美。中间有一道温泉，泉边的草，像是有人天天梳剪它，葱蒨整齐得可爱，那便是栗里——便是南村了。再过十来里，便是柴桑口，是那"雄姿英发"的周郎谈笑破曹的策源地，也即绝代佳人陶渊明先生生长、钓游、永藏的地方了。我们国里头四川和江西两省，向来是产生大文学家的所在，陶渊明便是代表江西文学第一个人。——以上说的是陶渊明的乡土。

三国两晋以来之思想界，因为两汉经生破碎支离的反动，加以时世丧乱的影响，发生所谓谈玄学风，要从《易经》、老庄里头找出一种人生观。这种人生观有点奇怪，一面极端的悲观，一面从悲观里头找快乐，我替它起一个名叫做"厌世的乐天主义"。这种人生观批析到根柢到底有无好处，另是一个问题。但当时应用这种人生观的人，很给社会些不好影响。因为万事看破了，实际上仍找不出个安心立命所在，十有九便趋于颓废堕落一途。两晋社会风尚之坏，未始不由此。同时另外有一种思潮从外国输入的，便是佛教。佛教虽说汉末已经传到中国，但认真研究教理组成系统，实自鸠摩罗什以后。罗什到中国，正当渊明辞官归田那一年（晋义熙元年苻秦光始五年）。同时有一位大师慧远在庐山的东林结社说法三十多年。东林与渊明住的栗里，相隔不过二十多里。渊明和慧远方外至交，常常来往。渊明本是儒家出身，律己甚严，从不肯有一毫苟且卑鄙放荡的举动，一面却又受了当时玄学和慧远一班佛教徒的影响，形成他自己独得的人生见解，在他文学作品中充分表现出来。——以上说的是陶渊明那时的时代思潮。

三

陶渊明之冲远高洁，尽人皆知，他的文学最大价值也在此。这一点容在下文详论。但我们想觑出渊明整个人格，我以为有三点应先行特别注意。

第一须知他是一位极热烈极有豪气的人。他说：

> 忆我少壮时，无乐自欣豫。猛志逸四海，骞翮思远翥。
> (《杂诗》)

又说：

> 少时壮且厉，抚剑独行游。(《拟古》)

这些诗都是写自己少年心事，可见他本来意气飞扬不可一世。中年以后，渐渐看得这恶社会没有他施展的余地了，他发出很感慨的悲音道：

> 日月掷人去，有志不获骋。感此怀悲凄，终晓不能静。
> (《杂诗》)

直到晚年，这点气概也并不衰减，在极闲适的诗境中，常常露出些奇情壮思来，如《读〈山海经〉》十三首里说道：

> 精卫衔微木，将以填沧海。刑天舞干戚，猛志固常在。
> (《读〈山海经〉》)

又说：

夸父诞宏志，乃与日竞走。……余迹寄邓林，功竟在身后。
（同上）

《读〈山海经〉》是集中最浪漫的作品，所以不知不觉把他的"潜在意识"冲动出来了。又如《拟古》九首里头的一首：

辞家夙严驾，当往至无终。问君今何行，非商复非戎。闻有田子泰，节义为士雄。其人久已死，乡里习其风。生有高世名，既没传无穷。不学狂驰子，直在百年中。

又如《咏荆轲》那首：

燕丹善养士，志在报强嬴。招集百夫良，岁暮得荆卿。君子死知己，提剑出燕京。素骥鸣广陌，慷慨送我行。雄发指危冠，猛气冲长缨。饮饯易水上，四座列群英。渐离击悲筑，宋意唱高声。萧萧哀风逝，淡淡寒波生。商音更流涕，羽奏壮士惊。心知去不归，且有后世名。登车何时顾，飞盖入秦庭。凌厉越万里，逶迤过千城。图穷事自至，豪主正怔营。惜哉剑术疏，奇功遂不成。其人虽已没，千载有余情。

他所崇拜的是田畴、荆轲一流人，可以见他的性格是哪一种路数了。朱晦庵说："陶却是有力，但诗健而意闲，隐者多是带性负气之人。"此语真能道着痒处，要之渊明是极热血的人，若把他看成冷面厌世一派，那便大错了。

第二须知他是一位缠绵悱恻最多情的人。读集中《祭程氏妹文》《祭从弟敬远文》《与子俨等疏》，可以看出他家庭骨肉间的情爱热烈到什么地步。因为文长，这里不全引了。

他对于朋友的情爱，又真率，又浓挚。如《移居篇》写的：

> 春秋多佳日，登高赋新诗。过门更相呼，有酒斟酌之。农务各自归，闲暇辄相思。相思则披衣，言笑无厌时。……

一种亲厚甜美的情意，读起来真活现纸上。他那"闲暇辄相思"的情绪，有《停云》一首写得最好。

> 停云，思亲友也。罇湛新醪，园列初荣，愿言弗从，叹息弥襟。
>
> 霭霭停云，濛濛时雨。八表同昏，平路伊阻。静寄东轩，春醪独抚。良朋悠邈，搔首延伫。
>
> 停云霭霭，时雨濛濛。八表同昏，平陆成江。有酒有酒，闲饮东窗。愿言怀人，舟车靡从。
>
> 东园之树，枝条再荣。竞用新好，以招余情。人亦有言，日月于征。安得接席，说彼平生。
>
> 翩翩飞鸟，息我庭柯。敛翮闲止，好声相和。岂无他人，念子实多。愿言不获，抱恨如何。

这些诗真算得温柔敦厚情深文明了。

集中送别之作不甚多，内中如答庞参军的结句："情通万里外，形迹滞江山。君其爱体素，来会在何年。"只是很平淡的四句，读去觉得比千尺的桃花潭水还情深哩。

集中写男女情爱的诗，一首也没有，因为他实在没有这种事实。但他却不是不能写，《闲情赋》里头，"愿在衣而为领……"底下一连叠十句"愿在……而为……"，熨贴深刻，恐古今言情的艳句，也很少比得上。因为他心苗上本来有极温润的情绪，所以要说便说得出。

宋以后批评陶诗的人，最恭维他"耻事二姓"，几乎首首都是眷念故君之作。这种论调，我们是最不赞成的。但以那么高节那么多情的陶渊明，看不上那"欺人孤儿寡妇取天下"的新主，对于已覆灭的旧朝不胜眷恋，自然是情理内的事。依我看，《拟古》九首，确是易代后伤时感事之作。内中两首：

荣荣窗下兰，密密堂前柳。初与君别时，不谓行当久。出门万里客，中道逢嘉友。未言心相醉，不在接杯酒。兰枯柳亦衰，遂令此言负。多谢诸少年，相知不忠厚。意气倾人命，离隔复何有。

仲春遘时雨，始雷发东隅。众蛰各潜骇，草木从横舒。翩翩新来燕，双双入我庐。先巢故尚在，相将还旧居。自从分别来，门庭日荒芜。我心固匪石，君情定何如。

这些诗都是从深痛幽怨发出来，个个字带着泪痕，和《祭妹文》一样的情操。顾亭林批评他道："淡然若忘于世，而感愤之怀，有时不能自止而微见其情者，真也。"这话真能道出渊明真际了。

第三须知他是一位极严正——道德责任心极重的人。他对于身心修养，常常用功，不肯放松自己。集中有《荣木》一篇，自序云："荣木，念将老也。日月推迁，已复九夏，总角闻道，白首无成。"那诗分四章，末两章云：

嗟予小子，禀兹固陋。徂年既流，业不增旧。志彼不舍，安此日富。我之怀矣，怛焉内疚。

先师遗训，余岂云坠。四十无闻，斯不足畏。脂我名车，策我名骥。千里虽遥，孰敢不至。

这首诗从词句上看来，当然是四十岁以后所作，又《饮酒篇》"少年罕人事，游好在六经。行行向不惑，淹留竟无成"，《杂诗》"前涂当

陶渊明之文艺及其品格

几许，未知止泊处。古人惜寸阴，念此使人惧"，也是同一口吻。渊明得寿仅五十六岁，这些诗都是晚年作品，你看他进德的念头，何等恳切，何等勇猛。许多有暮气的少年，真该愧死了。

他虽生长在玄学佛学氛围中，他一生得力处和用力处，却都在儒学。《饮酒篇》末章云：

> 羲农去我久，举世少复真。汲汲鲁中叟，弥缝使其淳。凤鸟虽不至，礼乐暂得新。洙泗辍微响，漂流逮狂秦。诗书复何罪，一朝成灰尘。区区诸老翁，为事诚殷勤。如何绝世下，六籍无一亲。终日驰车走，不见所问津。……

当时那些谈玄人物，满嘴里清静无为，满腔里声色货利。渊明对于这班人，最是痛心疾首，叫他们做"狂驰子"，说他们"终日驰车走，不见所问津"。简单说，就是可怜他们整天价说的话丝毫受用不着。他有一首诗，对于当时那种病态的思想表示怀疑态度。说道：

> 苍苍谷中树，冬夏常如兹。年年见霜雪，谁谓不知时。厌闻世上语，结友到临淄。稷下多谈士，指彼决吾疑。装束既有日，已与家人辞。行行停出门，还坐更自思。不畏道里长，但畏人我欺。万一不合意，永为世笑嗤。伊怀难具道，为君作此诗。（《拟古》）

这首诗和屈原的《卜居》用意差不多，只是表明自己有自己的见解，不愿意随人转移。他又说：

> 行止千万端，谁知非与是。是非苟相形，雷同共誉毁。三季多此事，达者似不尔。咄咄俗中愚，且当从黄绮。（《饮酒》）

这是对于当时那些"借旷达出风头"的人施行总弹劾，他们是非雷同，说的天花乱坠，在渊明眼中，只算是"俗中愚"罢了。渊明自己怎么样呢？他只是平平实实将儒家话身体力行。他说：

先师有遗训，忧道不忧贫。瞻望邈难逮，转欲志长勤。（《癸卯岁始春怀古田舍》）

又说：

历览千载书，时时见遗烈，高操非所攀，谬得固穷节。（《癸卯岁十二月中作与从弟敬远》）

他一生品格立脚点，大略近于孟子所说"有所不为""不屑不洁"的狷者，到后来操养纯熟，便从这里头发现出人生真趣味来，若把他当作何晏、王衍那一派放达名士看待，又大错了。

以上三项，都是陶渊明全人格中潜伏的特性。先要看出这个，才知道他外表特性的来历。

四

渊明一世的生活，真算得最单调的了。老实说，他不过庐山底下一位赤贫的农民，耕田便是他唯一的事业。他这种生活，虽是从少年已定下志趣，但中间也还经过一两回波折，因为他实在穷得可怜，所以也曾转念头想做官混饭吃，但这种勾当，和他那"不屑不洁"的脾气，到底不能相容。他精神上很经过一番交战，结果觉得做官混饭吃的苦痛，比捱饿的苦痛还厉害，他才决然弃彼取此，有名的《归去来兮辞序》，便是这段事实和这番心理的自白。其全文如下：

余家贫，耕植不足以自给。幼稚盈室，缾无储粟，生生所资，未见其术，亲故多劝余为长吏，脱然有怀，求之靡途，会有四方之事，诸侯以惠爱为德。家叔以余贫苦，遂见用于小邑，于时风波未静，心惮远役。彭泽去家百里，公田之利，足以为润，故便求之。少日，眷然有归与之情。何则？质性自然，非矫厉所得。饥冻虽切，违己交病，尝从人事，皆口腹自役，于是怅然慷慨，深愧平生之志，犹望一稔，当敛裳宵逝，寻程氏妹丧于武昌，情在骏奔，自免去职。仲秋至冬，在官八十余日。因事顺心，命篇曰归去来兮。乙巳岁十一月也。

这篇小文，虽极简单极平淡，却是渊明全人格最忠实的表现。苏东坡批评他道："欲仕则仕，不以求之为嫌。欲隐则隐，不以去之为高。"这话对极了。古今名士，多半眼巴巴盯着富贵利禄，却扭扭捏捏说不愿意干，《论语》说的"舍曰欲之而必为之辞"，这种丑态最为可厌。再者，丢了官不做，也不算什么稀奇的事，被那些名士自己标榜起来，说如何如何的清高，实在适形其鄙。二千年来文学的价值，被这类人的鬼话糟塌尽了。渊明这篇文，把他求官弃官的事实始末和动机赤裸裸照写出来，一毫掩饰也没有。这样的人，才是"真人"，这样的文艺，才是"真文艺"。后人硬要说他什么"忠爱"，什么"见几"，什么"有托而逃"，却把妙文变成"司空城旦书"了。

乙巳年之弃官归田，确是渊明全生涯中之一个大转折，从前他的生活，还在漂摇不定中，到这会才算定了。但这个"定"字，实属不易，他是经过一番精神生活的大奋斗才换得来。他说："怅然慷慨，深愧平生之志。"《归去来辞》本文中又说："既自以心为形役，奚惆怅而独悲。"可见他当做官的时候，实感觉无限痛苦。他当头一回出佐军幕时作的诗，说道："望云惭高鸟，临水愧游鱼。"到晚年追述旧事的诗，也说道："畴昔苦长饥，投耒去学仕。将养不得节，冻馁固缠己。是时向立年，志意多所耻。遂尽介然分，拂衣归田里。"就常人眼光看来，做官也不是什么对不住人的事，有什么可惭可愧可耻可悲呀。呵呵，大文学家真文学家和我们不同的就在这一点。他的神经极锐敏，别人不感觉的苦痛他会感觉。他的情绪极热烈，别人受苦痛搁得住，他却搁不住。渊明在官场里混那几年，像一位"一生儿爱好是天然"的千金小姐，强逼着去倚门卖笑，那种惭耻悲痛，真是深刻入骨。一直到摆脱过后，才算得着精神上解放了。所以他说："觉今是而昨非。"

何以见得他的生活是从奋斗得来呢？因为他物质上的境遇，真是难堪到十二分，他却能始终抵抗，没有一毫退屈。他集中屡屡实写饥寒状况，如《杂诗》云：

> 代耕本所望，所业在田桑。躬亲未曾替，寒馁常糟糠。岂期过满腹，但愿饱粳粮。御冬足大布，粗缔以应阳。政尔不能得，哀哉亦可伤。……

《有会而作》篇的序文云：

> 旧谷既没，新谷未登。颇为老农，而值年灾。日月尚悠，为患未已。登岁之功，既不可希。朝夕所资，烟火裁通。旬日已来，始念饥乏。岁云夕矣，慨然永怀。今我不述，后生何闻哉。

诗云：

> 弱年逢家乏，老至更长饥。……馁也已矣夫，在昔余多师。

《怨诗楚调》篇云：

……炎火屡焚如，螟蜮恣中田。风雨纵横至，收敛不盈廛。夏日长抱饥，寒夜无被眠。造夕思鸡鸣，及晨愿乌迁。（按此二语，言夜则愿速及旦，旦则愿速及夜，皆极写日子之难过。）……

寻常诗人，叹老嗟卑，无病呻吟，许多自己发牢骚的话，大半言过其实，我们是不敢轻信的。但对于陶渊明不能不信，因为他是一位最真的人。我们从他全部作品中可以保证他真是穷到彻骨，常常没有饭吃。那《乞食》篇说的：

饥来驱我去，不知竟何之。行行至斯里，叩门拙言辞。主人知余意，投赠副虚期。谈谐终日夕，觞至辄倾卮。情欣新知欢，兴言遂赋诗。感子漂母惠，愧我非韩才。衔戢知何谢。冥报以相贻。

乞食乞得一顿饭，感激到他"冥报相贻"的话，你想这种情况，可怜到什么程度。但他的饭肯胡乱吃吗？哼哼，他决不肯。本传记他一段故事道："江州刺史檀道济往候之，偃卧瘠馁有日矣。道济谓曰：'贤者处世，天下无道则隐，有道则至。今子生文明之世，奈何自苦如此？'对曰：'潜也何敢望贤，志不及也。'道济馈以粱肉，麾而去之。"他并不是好出圭角的人，待人也很和易，但他对于不愿意见的人不愿意做的事，宁可饿死，也不肯丝毫迁就。孔子说的"志士不忘在沟壑"，他一生做人的立脚，全在这一点。《饮酒》篇中一章云：

清晨闻叩门，倒裳往自开。问子为谁欤，田父有好怀。壶浆远见候，疑我与时乖。"褴缕茅庐下，未足为高栖。一世皆尚同，愿君汩其泥。"深感父老言，禀气寡所谐。纡辔诚可学，违己讵非迷。且共欢此饮，吾驾不可回。

这些话和屈原的《卜居》《渔父》一样心事，不过屈原的骨鲠显在外面，他却藏在里头罢了。

五

檀道济说他"奈何自苦如此"！他到底苦不苦呢？他不惟不苦，而且可以说是世界上最快乐的一个人。他最能领略自然之美，最能感觉人生的妙味。在他的作品中，随处可以看得出来。如《读〈山海经〉》十三首的第一首：

> 孟夏草木长，绕屋树扶疏。众鸟欣有托，吾亦爱吾庐。既耕亦已种，时还读我书。门巷隔深辙，颇回故人车。欢然酌春酒，摘我园中蔬。微雨从东来，好风与之俱。泛览周王传，流观山海图。俯仰终宇宙，不乐复何如？

如《和郭主簿》二首的第一首：

> 蔼蔼堂前林，中夏贮清阴。凯风因时来，回飙开我襟。息交游闲业，卧起弄书琴。园蔬有余滋，旧谷犹储今。营己良有极，过足非所钦。春秫作美酒，酒熟吾自斟。弱子戏我侧，学语未成音。此事真复乐，聊用忘华簪。遥遥望白云，怀古一何深。

如《饮酒》二十首的第五首：

> 结庐在人境，而无车马喧。问君何能尔？心远地自偏。采

菊东篱下，悠然见南山。山气日夕佳，飞鸟相与还。此中有真意，欲辩已忘言。

如《移居》二首：

> 昔欲居南村，非为卜其宅。闻多素心人，乐与数晨夕。怀此颇有年，今日从兹役。敝庐何必广，取足蔽床席。邻曲时时来，抗言谈在昔。奇文共欣赏，疑义相与析。
>
> 春秋多佳日，登高赋新诗。过门更相呼，有酒斟酌之。农务各自归，闲暇辄相思。相思则披衣，言笑无厌时。此理将不胜，无为忽去兹。衣食须当纪，力耕不吾欺。

如《饮酒》的第十三首：

> 故人赏我趣，挈壶相与至。班荆坐松下，数斟已复醉。父老杂乱言，觞酌失行次。不觉知有我，安知物为贵。悠悠迷所留，酒中有深味。

集中像这类的诗很多，虽写穷愁，也含有翛然自得的气象。他临终时给他儿子们的遗嘱——《与子俨等疏》，内中有一段写自己的心境，说道：

> 少学琴书，偶爱闲静。开卷有得，便欣然忘食。见树木交荫，时鸟变声，亦复欢然有喜。常言五六月中北窗下卧，遇凉风暂至，自谓是羲皇上人。

读这些作品，便可以见出此老胸中，没有一时不是活泼泼的，自然界是他爱恋的伴侣，常常对着他微笑，他无论肉体上有多大苦痛，这位伴侣都能给他安慰。因为他抓定了这位伴侣，所以在他周围的人事，也都变成微笑了。他说："即事多所欣。"据我们想来，他终日所接触的，果然全是可欣的资料。因为这样，所以什么饥咧寒咧，在他全部生活上，便成了很小的问题。《拟古》九首的第五首云：

> 东方有一士，被服常不完。三旬九遇食，十年著一冠。辛苦无此比，常有好容颜。我欲观其人，晨去越河关。青松夹路生，白云宿檐端。知我故来意，取琴为我弹。上絃惊别鹤，下絃操孤鸾。愿留就君住，从今到岁寒。

"辛苦无此比，常有好容颜。"这两句话，可算得他老先生自画"行乐图"。我们可以想象出一位冷若冰霜艳如桃李的绝代佳人，你说他像当时那一派"放浪形骸之外"的名士吗？那却是大大不然。他的快乐不是从安逸得来，完全从勤劳得来。

《庚戌岁九月中于西田获早稻篇》云：

> 人生归有道，衣食固其端。孰是都不营，而以求自安。开春理常业，岁功聊可观。晨出肆微勤，日夕负未还。山中饶霜露，风气亦先寒。田家岂不苦，不获辞此难。四体诚乃疲，庶无异患干。盥濯息檐下，斗酒散襟颜。遥遥沮溺心，千载乃相关。但愿长如此，躬耕非所叹。

近人提倡"劳作神圣"，像陶渊明才配说懂得劳作神圣的真意义哩。"四体诚乃疲，庶无异患干"两句话，真可为最合理的生活之准鹄。曾文正说："勤劳而后休息，一乐也。"渊明一生快乐，都是从勤劳后的休息得来。

渊明是"农村美"的化身。所以他写农村生活，真是入妙。如：

……方宅十余亩，草屋八九间，榆柳荫后园，桃李罗堂前。暧暧远人村，依依墟里烟，狗吠深巷中，鸡鸣桑树颠。……（《归田园居》）

野外罕人事，穷巷寡轮鞅。白日掩荆扉，虚室绝尘想。时复墟曲中，披草共来往。相见无杂言，但道桑麻长。……（同上）

……漉我新熟酒，只鸡招近局，日入室中暗，荆薪代明烛。欢来苦夕短，已复至天旭。（同上）

……秉耒欢时务，解颜劝农人。平畴交远风，良苗亦怀新。……（《怀古田舍》）

……饥者欢初饱，束带候鸣鸡。扬楫越平湖，汛随清壑回。郁郁荒山里，猿声闲且哀。悲风爱静夜，林鸟喜晨开。……（《下潠田舍获稻》）

后来诗家描写田舍生活的也不少，但多半像乡下人说城市事，总说不到真际。生活总要实践的才算，养尊处优的士大夫，说什么田家风味，配吗？渊明只把他的实历实感写出来，便成为最亲切有味之文。

渊明有他理想的社会组织，在《桃花源记》和诗里头表现出来。《记》云：

晋太元中，武陵人捕鱼为业。缘溪行，忘路之远近。忽逢桃花林，夹岸数百步，中无杂树，芳草鲜美，落英缤纷，渔人甚异之。复前行，欲穷其林，林尽水源，便得一山。山有小口，仿佛若有光，便舍船从口入。初极狭，才通人，复行数十步，豁然开朗，土地平旷，屋舍俨然，有良田美池桑竹之属。阡陌交通，鸡犬相闻。其中往来种作男女衣着，悉如外人。黄发垂髫，并怡然自乐。见渔人乃大惊，问所从来，具答之。便要还家，设酒杀鸡作食，村中闻有此人，咸来问讯。自云先世避秦时乱，率妻子邑人来此绝境，不复出焉，遂与外人间隔。问今是何世，乃不知有汉，无论魏晋。此人一一为具言，所闻皆叹惋。余人各复延至其家，皆出酒食，停数日，辞去。此中人语云：不足为外人道也。既出，得其船，便扶向路，处处志之，及郡下，诣太守说如此。太守即遣人随其往，寻向所志，遂迷不复得路。南阳刘子骥，高尚士也。闻之，欣然亲往，未果。寻病终，后遂无问津者。

诗云：

嬴氏乱天纪，贤者避其世。黄绮之商山，伊人亦云逝。往迹浸复湮，来径遂芜废。相命肆农耕，日入从所憩。桑竹垂余荫，菽稷随时艺。春蚕收长丝，秋熟靡王税。荒路暧交通，鸡犬互鸣吠。俎豆犹古法，衣裳无新制。童孺纵行歌，班白欢游诣。草荣识节和，木衰知风厉。虽无纪历志，四时自成岁。怡然有余乐，于何劳智慧。奇踪隐五百，一朝敞神界。淳薄既异源，旋复还幽蔽。借问游方士，焉测尘嚣外。愿言蹑轻风，高举寻吾契。

这篇记可以说是唐以前第一篇小说，在文学史上算是极有价值的创作。这一点让我论小说沿革时再详细说它。至于这篇文的内容，我想起它一个名叫做东方的 Utopia（乌托邦），所描写的是一个极自由极平等之爱的社会。荀子所谓"美善相乐"，惟此足以当之。桃源，后世竟变成县名。小说力量之大，也无出其右了。后人或拿来附会神仙，或讨论它的地方年代，真是痴人前说不得梦。

六

渊明何以能有如此高尚的品格和文艺，一定有他整个的人生观在背后。他的人生观是什么呢？可以拿两个字包括它，"自然"。他替他外祖孟嘉做传说道："……又问（桓温问孟嘉）听妓，丝不如竹，竹不如肉。答曰：渐近自然。……"（《晋故征西大将军长史孟府君传》）

《归田园居》诗云：

> 久在樊笼里，复得返自然。

《归去来辞序》云：

> 质性自然，非矫厉所得，饥冻虽切，违己交病。

他并不是因为隐逸高尚有什么好处才如此做，只是顺着自己本性的自然。"自然"是他理想的天国，凡有丝毫矫揉造作，都认作自然之敌，绝对排除。他做人很下坚苦功夫，目的不外保全他的"自然"。他的文艺只是"自然"的体现，所以"容华不御"恰好和"自然之美"同化。后人用"斫雕为朴"的手段去学他，真可谓"刻画无盐唐突西子"了。

爱自然的结果，当然爱自由。渊明一生，都是为精神生活的自由而奋斗。斗的什么？斗物质生活。《归去来辞》说："尝从人事，皆口腹自役。"又说："以心为形役。"他觉得做别人奴隶，回避还容易，自己甘心做自己的奴隶，便永远不能解放了。他看清楚耳目口腹……等等，绝对不是自己，犯不着拿自己去迁就它们。他有一首诗直写这种怀抱云：

> 在昔曾远游，直至东海隅。道路迥且长，风波阻中途。此行谁使然，似为饥所驱。倾身营一饱，少许便有余。恐此非名计，息驾归闲居。

因为"倾身营一饱，少许便有余"，所以"求己良有极，过足非所钦"。他并不是对于物质生活有意克减，他实在觉得那类生活，便丰赡也用不着。宋鈃说："人之情欲寡而皆以为己之情欲多，过也。"渊明正参透这个道理，所以极刻苦的物质生活，他却认为"复归于自然"。他对于那些专务物质生活的人有两句诗批评他们道：

　　　　客养千金躯，临化消其宝。(《饮酒》)

　　这两句名句，可以抵七千卷的《大藏经》了。
　　集中有形影神三首，第一首《形赠影》，第二首《影答形》，第三首《神释》。这三首诗正写他自己的人生观，那《神释》篇的末句云：

　　　　纵浪大化中，不喜亦不惧。应尽便须尽，无复独多虑。

《杂诗》里头亦说：

　　　　壑舟无须臾，引我不得住。前途当几许，未知止泊处。

《归去来辞》末句亦说：

　　　　聊乘化以归尽，乐夫天命复奚疑。

　　就佛家眼光看来，这种论调，全属断见，自然不算健全的人生观。但渊明却已够自己受用了，他靠这种人生观，一生能够"酣饮赋诗，以乐其志"，"忘怀得失，以此自终"(《五柳先生传》)。一直到临死时候，还是倏然自得，不慌不忙地留下几篇自祭自挽的妙文。那《自挽诗》云：

有生必有死，早终非命促。昨暮同为人，今旦在鬼录。魂气散何之，枯形寄空木。娇儿索父啼，良友抚我哭。得失不复知，是非安能觉。千秋万岁后，谁知荣与辱。但恨在世时，饮酒不得足。

在昔无酒饮，今但湛空觞。春醪生浮蚁，何时更能尝。肴案盈我前，亲旧哭我傍。欲语口无音，欲视眼无光。昔在高堂寝，今宿荒草乡。一朝出门去，归来良未央。

荒草何茫茫，白杨亦萧萧。严霜九月中，送我出远郊。四面无人居，高坟正嶕峣。马为仰天鸣，风为自萧条。幽室一已闭，千年不复朝。千年不复朝，贤达无奈何。向来相送人，各自还其家。亲戚或余悲，他人亦已歌。死去何所道，托体同山阿。

《自祭文》云：

岁惟丁卯，律中无射，天寒夜长，风气萧索，鸿雁于征，草木黄落，陶子将辞逆旅之馆，永归于本宅。故人凄其相悲，同祖行于今夕。羞以嘉蔬，荐以清酌。候颜已冥，聆音愈漠。呜呼哀哉，茫茫大块，悠悠苍旻，是生万物，余得为人。自余为人，逢运之贫，箪瓢屡罄，绤绤冬陈，含欢谷汲，行歌负薪，翳翳柴门，事我宵晨，春秋代谢，有务中园，载耘载耔，乃育乃繁，欣以素牍，和以七弦，冬曝其日，夏濯其泉，勤靡余劳，心有常闲，乐天委分，以至百年。惟此百年，夫人爱之，惧彼无成，愒日惜时，存为世珍，殁亦见思，嗟我独迈，曾是异兹，宠非己荣，涅岂吾缁，捽兀穷庐，酣饮赋诗，识运知命，畴能罔眷，余今斯化，可以无恨，寿涉百龄，身慕肥遁，从老得终，奚所复恋，寒暑逾迈，亡既异存，外姻晨来，良友宵奔，葬之中野，以安其魂。窅窅我行，萧萧墓门，奢耻宋臣，俭笑王孙，廓兮已灭，慨焉以遐，不封不树，日月遂过，匪贵前誉，孰重后歌，人生实难，死如之何？呜呼，哀哉！

这三首诗一篇文，绝不是像寻常名士平居游戏故作达语，的确是临死时候所作。因为所记年月，有传记可以互证。古来忠臣烈士慷慨就死时几句简单的绝命诗词，虽然常有，若文学家临死留下很有理趣的作品，除渊明外像没有第二位哩。我想把文中"勤靡余劳，心有常闲，乐天委分，以至百年"十六个字，作为渊明先生人格的总赞。

（选自《陶渊明》，1923 年作。
原载《饮冰室合集》第 12 册第九十六，
中华书局 1989 年版。）

陶渊明之文艺及其品格

诗　话

◆谭浏阳志节学行思想，为我中国二十世纪开幕第一人，不待言矣。其诗亦独辟新界而渊含古声。丙申在金陵所刻《莽苍苍斋诗》，自题为"三十以前旧学第二种"，盖非其所自憙者也。浏阳殉国时，年仅三十二，故所谓新学之诗，寥寥极希。余所见惟题麦孺博扇有《感旧》四首之三，其一曰："无端过去生中事，兜上朦胧业眼来。灯下髑髅谁一剑，尊前尸冢梦三槐。金裘喷血和天斗，云竹闻歌匝地哀。徐甲傥容心忏悔，愿身成骨骨成灰。"其二曰："死生流转不相值，天地翻时忽一逢。且喜无情成解脱，欲追前事已冥濛。桐花院落乌头白，芳草汀洲雁泪红。再世金镮弹指过，结空为色又俄空。"其三曰："柳花夙有何冤业，萍末相遭乃尔奇？直到化泥方是聚，只今堕水尚成离。焉能忍此而终古？亦与之为无町畦。我佛天亲魔眷属，一时撒手劫僧只。"其言沉郁哀艳，盖浏阳集中所罕见者，不知其何所指也。然遣情之中，字字皆学道有得语，亦浏阳之所以为浏阳，新学之所以为新学欤。

◆近世诗人能熔铸新理想以入旧风格者，当推黄公度。丙申、丁酉间，其《人境庐诗稿》本，留余家者两月余，余读之数过。然当时不解诗，故缘法浅薄，至今无一首能举其全文者，殊可惜也。近见其七律一首，亦不记全文，惟能诵两句云："文章巨蟹横行日，世界群龙见首时。"

余甚爱之。

◆希腊诗人荷马（旧译作和美耳），古代第一文豪也。其诗篇为今日考据希腊史者独一无二之秘本，每篇率万数千言。近世诗家，如莎士比亚、弥儿敦、田尼逊等，其诗动亦数万言。伟哉！勿论文藻，即其气魄固已夺人矣。中国事事落他人后，惟文学似差可颉颃西域。然长篇之诗，最传诵者，惟杜之《北征》，韩之《南山》，宋人至称为日月争光。然其精深盘郁雄伟博丽之气，尚未足也。古诗《孔雀东南飞》一篇，千七百余字，号称古今第一长篇诗。诗虽奇绝，亦只儿女之语，于世运无影响也。中国结习，薄今爱古，无论学问文章事业，皆以古人为不可几及。余生平最恶闻此言。窃谓自今以往，其进步之远轶前代，固不待蓍龟，即并世人物，亦何遽让于古所云哉！生平论诗，最倾倒黄公度，恨未能写其全集。顷南洋某报录其旧作一章，乃煌煌二千余言，真可谓空前之奇构矣。荷、莎、弥、田诸家之作，余未能读，不敢妄下比骘。若在震旦，吾敢谓有诗以来所未有也。以文名名之，吾欲题为《印度近史》，欲题为《佛教小史》，欲题为《地球宗教论》，欲题为《宗教政治关系说》。然是固诗也，非文也。有诗如此，中国文学界，足以豪矣。因亟录之以饷诗界革命军之青年。（此则下略，编者注）

◆南海先生不以诗名，然其诗固有非寻常作家所能及者，盖发于真性情，故诗外常有人也。先生最嗜杜诗，能诵全杜集，一字不遗，故其诗虽非刻意有所学，然一见殆与杜集乱楮叶。余能记诵百余首，所最爱者，《己丑出都》七律四首之一云：“沧海飞波百怪横，唐衢痛哭万人惊。高峰突出诸山妒，上帝无言百鬼狞。漫有汉廷追贾谊，岂教江夏贬祢衡。陆沉忽望中原叹，他日应思鲁二生。”又《绝句十首》之二云：“此去南山与北山，猿鹤哀号松柏顽。或劝蹈海未忍去，且歌《惜誓》留人间。”“南山之下豆苗肥，北山之上猿鹤飞。百亩耕桑五亩宅，先生归去未必非。”《戊戌国变纪事》四首之三三云：“历历维新梦，分明百日中。庄严对宣室，哀痛起桐宫。祸水滔中夏，尧台悼圣躬。小臣东海泪，望帝杜鹃红。""遮云金翅鸟，啄食小龙飞。海水看翻立，昊天怨式微。哀哀呼后土，惨惨梦金闺。千载鼋鼍恨，王孙有是非。""吾君真可悼，哀痛诏频闻。未竟维新业，先传禅让文。中原皆沸鼎，党狱起愁云。上帝哀臣罪，巫阳筮予魂。"

◆黄公度尝语余云："四十以前所作诗多随手散佚，庚辛之交，随使欧洲，愤时势之不可为，感身世之不遇，乃始荟萃成编，藉以自娱。"即在湘所见之稿也。公度既不屑以诗人自居，未肯公之同好。余又失之交臂，未录副本。近于诗话中称其诗，海内外诗人贻书索阅者甚多，然急切无从觅致也。念其官日本参赞时，如重野安绎、森春涛、龟谷行诸君，皆有唱酬。又闻天南某氏曾在新嘉坡领事署抄存《人境庐诗》一卷。余因征之东瀛南岛，幸得数十篇。自今以往，每次诗话中可必有一鳞一爪矣。但所刊录，未必为公度得意之作。要之公度之诗，独辟境界，协然自立于二十世纪诗界中，群推为大家，公论不容诬也。

◆吾尝推公度、穗卿、观云为近世诗家三杰，此言其理想之深邃闳远也。若以诗人之诗论，则邱仓海（逢甲）其亦天下健者矣。尝记其《己亥秋感八首》之一云："遗偈争谈黄蘖禅，荒唐说饼更青田。戴鳌岂应迁都兆？逐鹿休讹厄运年。心痛上阳真画地，眼惊太白果经天。只愁谶纬非虚语，落日西风意惘然。"盖以民间流行最俗最不经之语入诗，而能雅驯温厚乃尔，得不谓诗界革命一巨子耶？仓海诗行于世者极多，余于前后《秋感》各八首外，酷爱其《东山感秋诗六首》。诗云："痛哭秋风又一年，舳舻梦落楚江天。拾遗冷作诸侯客，袍笏空教拜杜鹃。""天涯心逐白云飞，瑟瑟秋芦点客衣。回首大宛山上月，更无缄札问当归。""斜日江声走急滩，残棋别墅局方难。后堂那有残丝竹，陶写东山老谢安？""寒蛟海上趁人来，漠漠秋尘扫不开。满目桑田清浅水，五云楼阁是蓬莱。""冷落山斋运甓身，天门八翼梦无因。西风吹起神州恨，麈尾清谈大有人。""老树秋声撼睡童，读书情趣逊欧公。挑灯自写纫兰句，一卷《离骚》当国风"。

◆平子不以诗名，偶有所作，温柔敦厚，芳馨悱恻，盖平子性情中人也。余记其庚子秋，东渡日本，舟中作四绝云："急雨渡春江，狂风入秋海。辛苦总为君，可怜君不解。"（一解）"山被白云封，水把青山绕。一样是多情，郎心道谁好？"（二解）"宵坐纫春衣，晨兴刈秋草。十指岂辞劳，寸心终悄悄。"（三解）"三更满窗风，五更一楼雨。野渡断人行，梦魂不知处。"（四解）吾酷爱之，谓其为《离骚》之音也。平子又为觉顿书箑，录旧作一章云："不相菲薄不相羡，人世皇皇出世间。独立中流喧日夜，万山无语看焦山。"盖纯乎学道有得之言。余昔记曾重伯诗有"万朵红莲礼白莲"之语，余尝叹以为妙想妙语，得未曾有。平子"万山无语看焦山"一句，警策相类，而意境似犹过之，可谓无独有偶。

◆王紫诠之翻译事业，无精神，无条理，毫无足称道者。我国学界中，亦久忘其人矣。虽然，其所译《普法战纪》中，有德国法国国歌各一篇，皆彼中名家之作，于两国立国精神，大有关系者。王氏译笔，亦尚能传其神韵，是不可以人废也。《德国祖国歌》一长篇，已见《新民丛报》第十一号《军国民》篇。今复录其《法国国歌》四章如下："法国荣光自民著，爰举义旗宏建树。母号妻啼家不完，泪尽词穷何处诉。吁王虐政猛于虎，乌合爪牙广招募。岂能复睹太平年，四出搜罗困奸蠹。奋勇兴师一世豪，报仇宝剑已离鞘。进兵须结同心誓，不胜捐躯义并高。"（一解）"维今暴风已四播，屠王相继民悲咤。荒郊犬吠战声哀，田野苍凉城阙破。恶物安能著眼中，募兵来往同相佐。祸流远近恶贯盈，罪参在上何从赦。奋勇兴师一世豪，报仇宝剑已离鞘。进兵须结同心誓，不胜捐躯义并高。"（二解）"维王泰侈弗可说，贪婪不足为残贼。揽权怙势溪壑张，如纳象躯入鼠穴。驱使我民若马牛，瞻仰我王逾日月。维人含灵齿发俦，讵可鞭笞日摧缺？奋勇兴师一世豪，报仇宝剑已离鞘。进兵须结同心誓，不胜捐躯义并高。"（三解）"我民秉政贵自主，相联肢体结心膂。脱身束缚在期时，奋发英灵振威武。天下久已厌乱离，诈伪相承徒自苦。自主刀锋正犀利，安得智驱而术取？奋勇兴师一世豪，报仇宝剑已离鞘。进兵须结同心誓，不胜捐躯义并高。"（四解）

◆中国人无尚武精神，其原因甚多，而音乐靡曼亦其一端，此近世识者所同道也。昔斯巴达人被围，乞援于雅典，雅典人以一眇目跛足之学校教师应之，斯巴达人惑焉。及临阵，此教师为作军歌，斯巴达人诵之，勇气百倍，遂以获胜。甚矣声音之道感人深矣。吾中国向无军歌，其有一二，若杜工部之前后《出塞》，盖不多见。然于发扬蹈厉之气尤缺。此非徒祖国文学之缺点，抑亦国运升沉所关也。往见黄公度《出军歌》四章，读之狂喜，大有"含笑看吴钩"之乐，尝以录入《小说报》第一号。顷复见其全文，乃知共二十四首，凡出军、军中、还军各八章。其章末一字，义取相属。以"鼓勇同行，敢战必胜，死战向前，纵横莫抗，旋师定约，张我国权"二十四字殿焉。其精神之雄壮活泼沉浑深远不必论，即文藻亦二千年所未有也，诗界革命之能事至斯而极矣。吾为一言以蔽之曰：读此诗而不起舞者必非男子。（此则下略，编者注）

◆复生自憙其新学之诗。然吾谓复生三十以后之学，固远胜于三十以前之学，其三十以后之诗，未必能胜三十以前之诗也。盖当时所谓新诗者，颇喜挦扯新名词以自表异。丙申、丁酉间，吾党数子皆好作此体，提倡之者为夏穗卿，而复生亦綦嗜之。此八篇中尚少见，然"寰海惟倾毕士马"，已其类矣。其《金陵听说法》云："纲伦惨以喀私德，法会盛于巴力门。"喀私德即 Caste 之译音，盖指印度分人为等级之制也。巴力门即 Parliament 之译音，英国议院之名也。又赠余诗四章中，有"三言不识乃鸡鸣，莫共龙蛙争寸土"等语，苟非当时同学者，断无从索解。盖所用者乃《新约全书》中故实也。其时夏穗卿尤好为此。穗卿赠余诗云："滔滔孟夏逝如斯，亹亹文王鉴在兹。帝杀黑龙才士隐，书飞赤鸟太平迟。"又云："有人雄起琉璃海，兽魄蛙魂龙所徒。"此皆无从臆解之语。当时吾辈方沉醉于宗教，视数教主非与我辈同类者，崇拜迷信之极，乃至相约以作诗非经典语不用。所谓经典者，普指佛、孔、耶三教之经。故《新约》字面，络绎笔端焉。谭、夏皆用"龙蛙"语，盖时共读约翰《默示录》，录中语荒诞曼衍，吾辈附会之，谓其言龙者指孔子，言蛙者指孔子教徒云，故以此徽号互相期许。至今思之，诚可发笑。然亦彼时一段因缘也。

◆过渡时代，必有革命。然革命者，当革其精神，非革其形式。吾党近好言诗界革命。虽然，若以堆积满纸新名词为革命，是又满洲政府变法维新之类也。能以旧风格含新意境，斯可以举革命之实矣。苟能尔尔，则虽间杂一二新名词，亦不为病。不尔，则徒示人以俭而已。侪辈中利用新名词者，麦孺博为最巧，其近作有句云："圣军未决蔷薇战，党祸惊闻瓜蔓抄。"又云："微闻黄祸锄非种，欲为苍生赋《大招》。"皆工绝语也。吾自题所著《新中国未来记》二诗，有云："青年心死秋梧悴，老国魂归蜀道难。"亦颇为平生得意之句。

◆去年闻学生某君入东京音乐学校，专研究乐学，余喜无量。盖欲改造国民之品质，则诗歌音乐为精神教育之一要件，此稍有识者所能知也。中国乐学，发达尚早。自明以前，虽进步稍缓，而其统犹绵绵不绝。前此凡有韵之文，半皆可以入乐者也。《诗》三百篇，皆为乐章尚矣（孔子称诵诗三百，歌诗三百，弦诗三百，舞诗三百）。如《楚辞》之《招魂》《九歌》，汉之《大风》《柏梁》，皆应弦赴节，不徒乐府之名如其实而已。下至唐代绝句，如"云想衣裳""黄河远上"莫不被诸弦管。宋之词，元之曲，又其显而易见者也。盖自明以前，文学家多通音律，而无论雅乐、剧曲，大率皆由士大夫主持之。虽或衰靡，而俚俗犹不至太甚。本朝以来，则音律之学，士夫无复过问，而先王乐教，乃全委诸教坊优伎之手矣。读泰西文明史，无论何代，无论何国，无不食文学家之赐。其国民于诸文豪，亦顶礼而尸祝之。若中国之词章家，则于国民岂有丝毫之影响耶？推原其故，不得不谓诗与乐分之所致也。郑夹漈有言："古之诗曰歌行，后之诗曰古、近二体。歌行主声，二体主文。诗为声也，不为文也。浩歌长啸，古人之深趣。今人既不尚啸，而又失其歌诗之旨，所以无乐事也。凡律其辞则谓之诗，声其诗则谓之歌，诗未有不歌者也。（中略）呜呼！诗在于声不在于义。孔子曰：《关雎》乐而不淫，哀而不伤。亦谓《关雎》之声和平，能令闻者感发而不失其度耳。若诵其文，习其理，能有哀乐之事乎？二体之作，失其诗矣。"（《通志·乐略》）其言可谓特识。夹漈时已然，挽近乃益甚。至于今日，而诗、词、曲三者，皆成为陈设之古玩，而词章家真社会之虱矣。顷读杂志《江苏》，屡陈中国音乐改良之义，其第七号已谱出军歌、学校歌数阕，读之拍案叫绝，此中国文学复兴之先河也。惜余亦一门外汉，仅如夹漈所谓诵其文习其理而已。寄语某君，自今以往，更委身于祖国文学，据今所学，而调和之以渊懿之风格，微妙之辞藻，苟能为索士比亚、弥儿顿，其报国民之恩者，不已多乎！

◆美人香草，寄托遥深，古今诗家一普通结习也。谈空说有，作口头禅，又唐宋以来诗家一普通结习也。狄楚卿之诗，殆兼此两种结习而和合之，每诗皆含有幽怨与解脱之两异原质，亦佳构也。兹录其近作一章："……又有东风拂耳过，任他飞絮自蹉跎。金轮转转牵情出，帝网重重酿梦多。珠影量愁分碧月，镜波掠眼接银河。为谁竟著人天界，便出人天也奈何。……"此体殆出于谭浏阳。浏阳诗"无端过去生中事，兜上朦胧业眼来。徐甲傥容心忏悔，愿身成骨骨成灰""死生流转不相值，天地翻时忽一逢。却喜无情成解脱，欲追前事已冥濛"等句，皆是也。

（节选自《诗话》。原载《新民》1902 年—1907 年。）

晚清两大家诗钞题辞

一

晚清两大家诗是什么？一部是元和金亚匏先生的《秋蟪吟馆诗》，一部是嘉应黄公度先生的《人境庐诗》。我认这两位先生是中国文学革命的先驱，我认这两部诗集是中国有诗以来一种大解放。这诗钞是我拿自己的眼光，将两部集里头最好的诗——最能代表两先生精神，而且可以为解放模范的，钞将下来。所钞约各占原书三分一的光景。

我为什么忽然编起这部书来呢？我想，文学是人生最高尚的嗜好，无论何时，总要积极提倡的。即使没有人提倡它，它也不会灭绝。不惟如此，你就想禁遏它，也禁遏不来。因为稍有点子的文化的国民，就有这种嗜好。文化越高，这种嗜好便越重。但是若没有人往高尚的一路提倡，它却会委靡堕落，变成社会上一种毒害。比方男女情爱，禁是禁不来的，本质原来又是极好的，但若不向高尚处提，结果可以流于丑秽。还有一义，文学是要常常变化更新的，因为文学的本质和作用，最主要的就是"趣味"。趣味这件东西，是由内发的情感和外受的环境交媾发生出来。就社会全体论，各个各个时代趣味不同。就一个人而论，趣味亦刻刻变化。任凭怎么好的食品，若是顿顿照样吃，自然讨厌。若是将剩下来的嚼了又嚼，那更一毫滋味都没有了。我因为文学上高尚和更新两种目的，所以要编这部书。

我又想，文学是无国界的。研究文学，自然不当限于本国。何况近代以来，欧洲文化，好像万流齐奔，万花齐茁。我们侥幸生在今日，正应该多预备"敬领谢"的帖子，将世界各派的文学尽量输入。就这点看来，研究外国文学，实在是比研究本国的趣味更大益处更多。但却有一层要计算到，怎么叫做输入外国文学呢？第一件，将人家的好著作，用本国语言文字译写出来。第二件，采了它的精神，来自己著作，造出本国的新文学。要想完成这两种职务，必须在本国文学上有相当的素养。因为文学是一种"技术"，语言文字是一种"工具"。要善用这工具，才能有精良的技术；要有精良的技术，才能将高尚的情感和理想传达出来。所以讲别的学问，本国的旧根柢浅薄些，都还可以。讲到文学，却是一点儿偷懒不得。我因为在新旧文学过渡期内，想法教我们把向来公用的工具，操练纯熟，而且得有新式运用的方法，来改良我们的技术，所以要编这部书。

二

我要讲这两部诗的价值，请先将我向来对于诗学的意见，略略说明。

诗，不过文学之一种，然确占极重要之位置，在中国尤甚。欧洲的诗，往往有很长的。一位大诗家，一生只作得十首八首，一首动辄数万言。我们中国却没有。有人说是中国诗家才力薄的证据，其实不然。中国有广义的诗，有狭义的诗。狭义的诗，"三百篇"和后来所谓"古近体"的便是。广义的诗，则凡有韵的皆是，所以赋亦称"古诗之流"，词亦称"诗余"。讲到广义的诗，那么从前的"骚"咧，"七"咧，"赋"咧，"谣"咧，"乐府"咧，后来的"词"咧，"曲本"咧，"山歌"咧，"弹词"咧，都应该纳入诗的范围。据此说来，我们古今所有的诗，短的短到十几个字，长的长到十几万字，也和欧人的诗没什么差别。只因分科发达的结果，"诗"字成了个专名，和别的有韵之文相对待，把诗的范围弄窄了。后来作诗的人在这个专名底下，摹仿前人，造出一种自己束缚自己的东西，叫做什么"格律"，诗却成了苦人之具了。如今我们提倡诗学，第一件是要把"诗"字广义的观念恢复转来，那么自然不受格律的束缚。为什么呢？凡讲格律的，诗有诗的格律，赋有赋的格律，词有词的格律。专就诗论，古体有古体的格律，近体有近体的格律。这都是从后起的专名产生出来。我们既知道赋呀词呀⋯⋯呀都是诗，要作好诗，须把这些的精神都容纳在里头，这还有什么格律好讲呢！只是独往独来，将自己的性情，和所感触的对象，用极淋漓极微妙的笔力写将出来，这才算是真诗。这是我对于诗的头一种见解。

格律是可以不讲的，修辞和音节却要十分注意。因为诗是一种技术，而且是一种美的技术。若不从这两点着眼，便是把技术的作用，全然抹杀，虽有好意境，也不能发挥出价值来。所谓修辞者，并非堆砌古典僻字，或卖弄浮词艳藻，这等不过不会作诗的人，借来文饰他的浅薄处。试看古人名作，何一不是文从字顺，谢去雕凿？何尝有许多深文谜语来？虽然，选字运句，一巧一拙，而文章价值，相去天渊。白香山诗，不是说"老妪能解"吗？天下古今的老妪，个个能解。天下古今的诗人，却没有几个能做。说是他的理想有特别高超处吗？其实并不见得。只是字句之间，说不出来的精严调协，令人读起来，自然得一种愉快的感受。古来大家名作，无不如是，这就是修辞的作用。所谓音节者，亦并非讲究"声病"。这种浮响，实在无足重轻。但"诗"之为物，本来是与"乐"相为体用。所以《尚书》说："诗言志，歌永言，声依永，律和声。"古代的好诗，没有一首不能唱的。那"不歌而诵"之赋，所以势力不能和诗争衡，就争这一点。后来乐有乐的发达，诗有诗的发达，诗乐不能合一。所以乐府咧，词咧，曲咧，层层继起，无非顺应人类好乐的天性。今日我们做诗，虽不必说一定要能够入乐，但最少也要抑扬抗坠，上口琅然。近来欧人，倡一种"无韵诗"，中国人也有学它的。旧诗里头，我只在刘继庄的《广阳杂记》，见过一首，系一位和尚做的，很长，半有韵，半无韵。继庄说它是天地间奇文，我笨得很，却始终不能领会出它的好处。但我总以为音节是诗的第一要素，诗之所以能增人美感，全赖乎此。修辞和音节，就是技术方面两根大柱。想作名诗，是要实质方面和技术方面都下工夫。实质方面是什么？自然是意境和资料。若没有好意境好资料，算是实质亏空，任凭怎样好的技术，也是白用。若仅有好意境好资料，而词句冗拙，音节饦饤，自己意思，达得不如法，别人读了，不能感动，岂不是因为技术不够，连实质也遭蹋了吗？这是我对于诗的第二种见解。

因这种见解，我要顺带着评一评白话诗问题。我并不反对白话诗，我当十七年前，在《新民丛报》上作的诗话，因为批评招子庸粤讴，也曾很说白话诗应该提倡。其实白话诗在中国并不算什么稀奇，自寒山拾得以后，邵尧夫《击壤集》全部皆是，《王荆公集》中也不少，这还是狭意的诗。若连广义的诗算起来，那么周清真柳屯田的词，十有九是全首白话。元明人曲本，虽然文白参半，还是白多。最有名的《琵琶记》，佳处都是白话。在我们文学史上，白话诗的成绩，不是已经粲然可观吗？那些老先生忽然把它当洪水猛兽看待起来，只好算少见多怪。至于有一派新进青年，主张白话为唯一的新文学，极端排斥文言，这种偏激之论，也和那些老先生不相上下。就实质方面论，若真有好意境好资料，用白话也做得出好诗，用文言也做得出好诗。如其不然，文言诚属可厌，白话还加倍可厌。这是大众承认，不必申说了。就技术方面论，却很要费一番比较研究。我不敢说白话诗永远不能应用最精良的技术，但恐怕要等到国语经几番改良蜕变以后。若专从现行通俗语底下讨生活，其实有点不够。第一，凡文以词约义丰为美妙，总算得一个原则。拿白话和文言比较，无论在文在诗，白话总比文言冗长三分之一。因为名词动词，文言只用一个字的，白话非用两个字不能成话。其他转词助词等，白话也格外用得多。试举一个例：杜工部《石壕吏》的"存者且偷生，死者长已矣"，译出白话来是："活着的捱一天是一天，死过的算永远完了。"我这两句还算译得对吗，不过原文十字变成十七字了。所以讲到修洁两个字，白话实在比文言加倍困难。第二，美文贵含蓄，这原则也该大家公认。所谓含蓄者，自然非廋词谜语之谓，乃是言中有意，一种匣剑帷灯之妙，耐人寻味。这种技术，精于白话的人，固然也会用，但比文言总较困难。试拿宋代几位大家的词一看，同是一人，同写一样情节，白话的总比文言的浅露寡味。可见白话本身，实容易陷入一览无余的毛病。（容易二字注意，并不是说一定。）更举一个切例：本书中黄公度的《今别离》四首，大众都认它是很有价值的创作。试把它翻成白话，或取它的意境自作四首白话，不惟冗长了许多，而且一定索然无味。白话诗含蓄之难，可以类推。第三，字不够用，这是做"纯白话体"的人最感苦痛的一桩事。因为我们向来语文分离，士大夫不注意到说话的进化。"话"的方面，却是绝无学问的多数人，占了势力。凡传达稍高深思想的字，多半用不着。所以有许多字，文言里虽甚通行，白话里却成僵弃。我们若用纯白话体作说理之文，最苦的是名词不够。若一一求其通俗，一定弄得意义浅薄，而且不正确。若作英文，更添上形容词动词不够的苦痛。陶渊明的"暧暧远人村，依依墟里烟"，李太白的"黄河从西来，窈窕入远山"，这种绝妙的形容词，我们话里头就没有方法找得出来。杜工部的"欲觉闻晨钟，令人发深省"。"深省"两个字，白话要用几个字呢？字多也罢了，意味却还是不对。这不过随手举一两个例，若细按下去，其实触目皆是。所以我觉得极端的"纯白话诗"，事实上算是不可能。若必勉强提倡，恐怕把将来的文学，反趋到笼统浅薄的方向，殊非佳兆。以上三段，都是从修辞的技术上比较研究。第四，还有音节上的技术。我不敢说白话诗不能有好音节，因为音乐节奏，本发于人性之自然，所以山歌童谣，亦往往琅琅可听，何况文学家刻意去做，哪里有做不到的事！现在要研究的，还是难易问题。我也曾读过胡适之的《尝试集》，大端很是不错，但我觉得他依着词家旧调谱下来的小令，格外好些。为什么呢？因为五代两宋的大词家，大半都懂音乐，他们所创的调，都是拿乐器按拍出来的。我们依着它填，只要意境字句都新，自然韵味双美。我们自创新音，何尝不能？可惜我们不懂音乐，只成个"有志未逮"。而纯白话体有最容易犯的一件毛病，就是枝词太多，动辄伤气。试看文言的诗词，"之乎者也"，几乎绝对的不用。为什么呢？就因为它伤气，有妨音节。如今作白话诗的人，满纸"的么了哩"，试问从哪里得好音节来？我常说"作白话文有个秘诀"，是"的么了哩"越少用越好，就和文言的"之乎者也"，可省则省，同一个原理。现在报章上一般的白话文，若叫我点窜，最少也把它的"的么了哩"删去一半。我们看《镜花缘》上君子国的人掉书包，满嘴"之乎者也"，谁不觉得头巾俗气，可厌可笑。如今作白话文的人，却是"新之乎者也"不离口，还不是一种变相的头巾气。做文尚且不可，何况拿来入诗！字句既不修饰，加上许多滥调的语助辞，真成了诗的"新八股腔"了。

以上所说，是专就技术上研究白话诗难工易工的问题，并不是说白话诗没有价值。我想白话诗将来总有大成功的希望，但须有两个条件：第一，要等到国语进化之后，许多文言，都成了"白话化"。第二，要等到音乐大发达之后，做诗的人，都有相当音乐智识和趣味。这却是非需以时日不能。现在有人努力去探辟这殖民地，自然是极好的事。但绝对的排斥文言，结果变成奖励俗调，相习于粗糙浅薄，把文学的品格低下了，不可不虑及。其实文言白话，本来就没有一定的界限。"暮投石壕村，有吏夜捉人。老翁逾墙走，老妇出门看"，算文言呀，还是算白话？"浔阳江头夜送客，枫叶荻花秋瑟瑟。主人下马客在船，举酒欲饮无管弦"，算文言呀，还是算白话？再高尚的，"行行重行行，与君生别离"，"采菊东篱下，悠然见南山"，算文言呀，还是算白话？就是在律诗里头，"尚想旧情怜婢仆，也曾因梦送钱财。情知此恨人人有，贫贱夫妻百事哀"，算文言呀，还是算白话？那最高超雄浑的，"吴楚东南坼，乾坤日夜浮。亲朋无一字，老病有孤舟"，算文言呀，还是算白话？若说是定要满纸"的么了咧"……定要将《石壕吏》三、四两句改作"有一位老头子爬墙头跑了，一位老婆子出门口张望张望"才算白话，老实说，我就不敢承教。若说我刚才所举出的那几联都算得白话，那么白话文言，毕竟还有什么根本差别呢？老实讲一句，我们的白话文言，本来就没有根本差别。最要紧的，不过语助词有些变迁或是单字不便上口，改为复字。例如文言的"之""者"，白话变为"的"；文言的"矣"，白话变为"了"；文言的"乎""哉"，白话变为"么""吗"；文言单用"因"字"为"字，白话总要"因为"两字连用；文言"故"字"所以"字随便用，白话专用"所以"。"的""了""么""吗"，固然是人人共晓；"之""者""矣""乎""哉"，何尝不也是人人共晓？《论语》只用"斯"字，不用"此"字。后人作文，若说定要把"此"改作"斯"才算古雅，固然可笑。若说"斯"字必不许用，又安有此理？"能饮一杯无"，古文应作"能饮一杯乎"？白话应作"能饮一杯么"？其实"乎""无""么"三字原只是一字，不过口音微变，演成三体。用"乎"用"无"用"么"，尽听人绝对的自由选择，读者一样的尽人能解。近来有人将文言比欧洲的希腊文拉丁文，将改用白话体比欧洲近世各国之创造国语文学，这话实在是夸张太甚，违反真相。希腊拉丁语和现在的英法德语，语法截然不同，字体亦异，安能不重新改造？譬如我中国人治佛学的，若使必要诵习梵文，且著作都用梵文写出，思想如何能普及？自然非用本国通行文字写它不可。中国文言、白话的差别，只能拿现在英国通俗文和索士比亚时代英国古文的差别做个比方，绝不能拿现在英法德文和古代希腊拉丁文的差别做个比方。现代英国人，排斥希腊拉丁，是应该的，是可能的；排斥《索士比亚集》，不惟不应该，而且不可能。因为现代英文和《索士比亚集》并没有根本不同，绝不能完全脱离了它，创成独立的一文体。我中国白话之与文言，正是此类。何况文字不过一种工具，它最要紧的作用：第一，是要把自己的思想和感情完全传达出来；第二，是要令对面的人读下去能确实了解。就第二点论，读"活着的捱一天是一天，死过的算永远完了"这两句话能够了解的人，读"存者且偷生，死者长已矣"这两句话，亦自会了解。质言之，读《水浒传》《红楼梦》能完全了解字句的人，读《论语》《孟子》

也差不多都了解；《论语》《孟子》一字不解的，便《水浒》《红楼》亦哪里读得下去！——这专就普通字句论。若书中的深意，自然是四种书各各都有难解处；又字句中仍有须特别注释的，四种书都有。——就第一点论，却是文言白话，各有各的特长。例如描写社会实状委曲详尽，以及情感上曲折微妙传神之笔，白话最擅长；条约法律等条文，非文言不能简明正确；普通说理叙事之文，两者皆可，全视作者运用娴熟与否为工拙。我这段话自问总算极为持平，所以我觉得文言白话之争，实在不成问题。一两年来，大家提倡白话，我是极高兴。高兴什么？因为文学界得一种解放。若翻过来极端地排斥文言，那不是解放，却是别造出一种束缚了。标榜白话文的格律义法，还不是"桐城派第二"？这总由脱不了二千年来所谓"表章甚么罢黜甚么"的劣根性，我们今日最宜切戒。依我的主张，是应采绝对自由主义。除了用艰僻古字，填砌陈腐典故，以及古文家缛笔肤语，应该排斥外，只要是朴实说理，恳切写情，无论白话文言，都可尊尚，任凭作者平日所练习以及一时兴会所到，无所不可。甚至一篇里头，白话文言，错杂并用，只要调和得好，也不失为名文。这是我对于文学上一般的意见。

专就讨论：第一，押险韵，用僻字，是要绝对排斥的。第二，用古典作替代语，变成"点鬼簿"，是要绝对排斥的。第三，美人芳草，托兴深微，原是一种象征的作用，做得好的自应推尚，但是一般诗家陈陈相袭，变成极无聊的谜语，也是要相对排斥的。第四，律诗有篇幅的限制，有声病的限制，束缚太严，不便于自由发掘性灵，也是该相对的排斥。然则将来新诗的体裁该怎么样呢？第一，四言，五言，七言，长短句，随意选择。第二，骚体、赋体、词体、曲体，都拿来入诗，在长篇里头，只要调和得好，各体并用也不妨。第三，选词以最通行的为主，俚语俚句，不妨杂用，只要能调和。第四，纯文言体或纯白话体，只要词句显豁简炼，音节谐适，都是好的。第五，用韵不必拘拘于《佩文诗韵》，且至唐韵古音，都不必多管，惟以现在口音谐协为主，但韵却不能没有，没有只好不算诗。白话体自然可用，但有两个条件，应该注意：第一，凡字而及句法有用普通文言可以达意者，不必定换俚字俗语，若有意如此，便与旧派之好换僻字自命典雅者，同属一种习气，徒令文字冗长惹厌。第二，语助辞愈少用愈好，多用必致伤气，便像文言诗满纸"之乎者也"，还成个什么诗呢？若承认这两个条件，那么白话诗和普通文言诗，竟没有很显明的界线。寒山、拾得、白香山，就是最中庸的诗派。我对于白话诗的意见大略如此。

因为研究诗的技术方面，涉及目前一个切要问题，话未免太多了，如今要转向实质方面。我们中国诗家有一个根本的缺点，就是厌世气味太重。我的朋友蒋百里曾有一段话，说道："中国的哲学，北派占优势；可是文学的势力，实在是南派较强。南派的祖宗，就是那怀石沉江的屈子。他的一个厌世观，打动了多少人心。所以贾长沙的哭，李太白的醉，做了文人一种模范。到后来末流，文人自命清高，对于人生实在生活，成一种悲观的态度，好像'世俗'二字，和'文学'是死对头一般。"（《改造》第一号《谈外国文学之先决条件》）这段话真是透辟。我少年时亦曾有两句诗，说道："平生最恶牢骚语，作态呻吟苦恨谁。"（《饮冰室诗稿》）我想，我们若不是将这种观念根本打破，在文学界断不能开拓新国土。第二件，前人都说，诗到唐朝极盛。我说，诗到唐朝始衰。为什么呢？因为唐以诗取士，风气所趋，不管什么人都学诌几句，把诗的品格弄低了。原来文学是一种专门之业，应该是少数天才俊拔而且性情和文学相近的人，摒弃百事，专去研究它，做成些优美创新的作品，供多数人赏玩。那多数人只要去赏玩它，涵养自己的高尚性灵便够了，不必人人都作，这才是社会上人才经济主义。如今却好了，科学既废，社会对于旧派的词章家，带一种轻薄态度，做诗不能换饭吃。从今以后，若有喜欢做诗的人，一定是为文学而研究文学，根柢已经是纯洁高尚。加以现代种种新思潮输入，人生观生大变化，往后做文学的人，一定不是从前那种消极理想。所以我觉得，中国诗界大革命，时候是快到了。其实就以中国旧诗而论，那几位大名家所走的路，并没有错。其一，是专玩味天然之美，如陶渊明、王摩诘、李太白、孟襄阳一派。其二，是专描写社会实状，如杜工部、白香山一派。中国最好的诗，大都不出这两途；还要把自己真性情表现在里头，就算不朽之作。往后的新诗家，只要把个人叹老嗟卑，和无聊的应酬交际之作一概删汰，专从天然之美和社会实相两方面着力，而以新理想为之主干，自然会有一种新境界出现。至于社会一般人，虽不必个个都做诗，但诗的趣味，最要涵养，如此然后在这实社会上生活，不至干燥无味，也不至专为下等娱乐所夺，致品格流于卑下。这是我对于诗的第三种见解。

金、黄两先生的诗，能够完全和我理想上的诗相合吗？还不能，但总算有几分近似了。我如今要把两先生所遭值的环境和他个人历史，简单叙述，再对于他的诗略下批评。（未完）

（1920 年作。

原载《饮冰室合集》第 5 册第四十三，

中华书局 1989 年版。）

秋蟪吟馆诗钞序

昔元遗山有"诗到苏黄尽"之叹，诗果无尽乎？自《三百篇》而汉魏而唐而宋，途径则既尽开，国土则既尽辟，生千岁后而欲自树壁垒于古人范围以外，譬犹居今世而思求荒原于五大部洲中，以别建国族，夫安可得？诗果有尽乎？人类之识想若有限域，则其所发宜有限域。世法之对境若一成不变，则其所受宜一成不变。而不然者，则文章千古其运无涯，谓一切悉已函孕于古人。譬言今之新艺术新器可以无作，宁有是处？大抵文学之事，必经国家百数十年之平和发育，然后所积受者厚，而大家乃能出乎其间。而所谓大家者，必其天才之绝特，其性情之笃挚，其学力之深博，斯无论已。又必其身世所遭值有以异于群众，甚且为人生所莫能堪之境。其振奇磊落之气，百无所寄泄，而壹以迸集于此一途，其身所经历，心所接构，复有无量之异象以为之资。以此为诗，而诗乃千古矣。唐之李杜，宋之苏黄，欧西之莎士比亚、戛狄尔（今通译歌德，编者注），皆其人也。余尝怪前清一代，历康雍乾嘉百余岁之承平，蕴蓄深厚，中更滔天大难，波诡云谲，一治一乱，皆极有史之大观。宜于其间有文学界之健者，异军特起，以与一时之事功相辉映。然求诸当时之作者，未敢或许也。及读金亚匏先生集，而所以移我情者，乃无涯畔。吾于诗所学至浅，岂敢妄有所论列？吾惟觉其格律无一不轨于古，而意境气象魄力，求诸有清一代未睹其偶，比诸远古，不名一家，而亦非一家之境界所能域也。呜呼！得此而清之诗史为不寥寂也已。集初为排印本，余校读既竟，辄以意有所删选，既复从令子仍珠假得先生手写稿帙，增若干首为今本，仍珠乃付精椠，以永其传。先生自序述其友束季苻之言，谓其诗他日必有知者。夫启超则何足以知先生，然以李杜万丈光焰，韩公犹有群儿多毁之叹，岂文章真价必易世而始章也！噫嘻！乙卯十月新会梁启超。

（1915 年作。

原载《饮冰室合集》第 4 册第三十三，

中华书局 1989 年版。）

曾刚父诗集序

　　刚父之诗凡三变。早年近体宗玉溪，古体宗大谢，峻洁遒丽，芳馨悱恻，时作幽咽凄断之声，使读者醰醰如醉。中年以降，取径宛陵，摩垒后山斫雕为朴，能皱能折能瘦能涩，然而腴思中含，劲气潜注，异乎貌袭江西，以狞态向人者矣。及其晚岁，直凑渊微，妙契自然，神与境会，所得往往入陶柳圣处。生平于诗不苟作，作必备极锤炼。炼辞之功十二三，炼意之功十八九。洗伐糟魄，至于无复可洗伐，而犹若未餍。所存者则光晶炯炯，惊心动魄，一字而千金也。故为诗数十年，而手自写定者仅此。孟子曰："诵其诗不知其人可乎？"善读刚父诗者，盖可以想其为人，抑得其为人，然后其所以为诗者乃益可见也。刚父与物无竞，而律己最严。自出处大节，乃至一话一言之细，靡不以先民为之法程，从不肯藉口于俗人所即安者，降格焉以自恕。其于事有所不为也，于其所当为者，及所可为者，则为之不厌，且常精力弥满以赴之，以求其事之止于至善。不屑不洁，其天性也，顾未尝立崖岸焉以翘异于众，而世俗之秽累，自不足以入之。其择友至严峻，非心所期许者弗与亲也。其所亲者，则挚爱久敬，如其处父母昆弟之间者然，壹以真性情相见。当其盛年，鞅掌度支，起曹郎迄卿贰，历二纪余，综理密微，一部之事皆取办，盖在清之季，谙悉食货掌故，能究极其利病症结也，舍刚父无第二人。及清鼎潜移，则于逊位诏书未下之前一日，毅然致其仕而去，盖稍一濡滞忽已处于致无可致之地，烛先机以自洁，如彼其明决也。鼎革之际，神奸张毅以弄一世才智之士，彼固夙知刚父，则百计思所以縻之。刚父不恶而严，异词自免，而凛然示之以不可辱。自刚父之在官也，俸入外既一介不取，且常以所俭蓄者周恤姻族，急朋友之难，故去官则无复余财以自活，刚父泊然安之，斥卖其所藏图籍画书陶瓦之属以易米，往往不得宿饱，而斗室高歌，不怨不尤不欹不畔者十五年。呜呼！刚父之所蕴蓄以发而为诗者，其本原略如此。昔太史公之序屈子也，曰其志洁，故其称物芳，蝉蜕于浊秽，以浮游尘埃之外，喻此志也，可以读刚父之诗矣。刚父长余六岁，其举乡试，与余为同年。余计偕京师，日与刚父游，时或就其所居之潮州馆共住。每瀹茗谈艺，达夜分为常。春秋佳日，辄策蹇并辔出郊外，揽翠微潭柘之胜，谓此乐非裋褐子所能晓也。甲午丧师后，各忧伤憔悴，一夕对月坐碧云寺门之石桥，语国事相抱恸哭。既而余南归，刚父送以诗，曰："前路残春亦可惜，柳条藤蔓有啼莺"，又曰："他年独自亲调马，愁见山花故故红。"念乱伤离，恻然若不能为怀也。余亡命十余年而归，归后屡值世难，不数数相见。刚父虽谢客，顾以余为未汩于世俗也，视之日益亲。去岁六月刚父六十生日，余造焉。甫就坐，则出一卷相属，曰："手所写诗，子为我定之。"余新病初起，疗于海滨，将以归后卒读而有所论列。归则刚父病已深，不复能相谈笑矣。刚父既没，余与叶玉虎暨二三故旧襄治其丧。玉虎曰："此一卷者，刚父精神寓焉，且手泽也，宜景印以传后，子宜为序。"乃序如右。（指上，编者注。）刚父讳习经，亦号蛰庵居士，潮之揭阳人，光绪己丑举人，庚寅进士，起家户部主事，历官至度支部左丞，卒时年六十。其卒后一年，岁在丁卯三月之望。新会梁启超序。

（1927 年作。

原载《饮冰室合集》第 5 册第四十三，中华书局 1989 年版。）

中国之美文及其历史

古歌谣及乐府

序　论

韵文之兴，当以民间歌谣为最先。歌谣是不会作诗的人（最少也不是专门诗家的人）将自己一瞬间的情感，用极简短极自然的音节表现出来，并无意要它流传。因为这种天籁与人类好美性最相契合，所以好的歌谣，能令人人传诵，历几千年不废。其感人之深，有时还驾专门诗家的诗而上之。

诗和歌谣最显著的分别：歌谣的字句音节是新定的，或多或少、或长或短，都是随一时情感所至，尽量发泄，发泄完便戛然而止。诗呢，无论四言、五言、七言，乃至楚骚体，最少也有略固定的字数、句法和调法，所以词胜于意的地方多少总不能免。简单说，好歌谣纯属自然美，好诗便要加上人工的美。

但我们不能因此说只要歌谣不要诗，因为人类的好美性决不能以天然的自满足，对于自然美加上些人工，又是别一种风味的美。譬如美的璞玉，经琢磨雕饰而更美；美的花卉，经栽植布置而更美。原样的璞玉、花卉，无论美到怎么样，总是单调的，没有多少变化发展。人工的琢磨雕饰栽植布置，可以各式各样月异而岁不同。诗的命运比歌谣悠长，境土比歌谣广阔，都为此故。后代的诗，虽与歌谣划然异体，然歌谣总是诗的前驱。一时代的歌谣往往与其诗有密切的影响，所以歌谣在韵文界的地位，治文学史的人首当承认。

歌谣自然是用来唱的，但严格论之，歌与谣又自有别。《诗经·魏风·园有桃》篇："我歌且谣。"《毛传》云："合乐曰歌，徒歌曰谣。"然则有乐谱者谓之歌，无者谓之谣。虽然，人类必先有歌而后有乐，凡歌没有不先自徒歌起者。及专门音乐家出，乃取古代或现代有名的歌谣按制成谱。于是乎有合乐之歌，则后世所谓乐府也。

诗并不是一定用来唱的，"不歌而诵"的也是诗之一体。但音乐发达的时代，好的诗多半被采入乐，几乎有诗乐合一之观。《史记》说："《诗》三百篇，孔子皆弦而歌之，以求合《韶》《武》《雅》《颂》之音。"大抵《三百篇》里头，除三《颂》或者是专为协乐而作诗之外，其余十五《国风》多半是各地"徒歌"的民谣，二《雅》则诗人所作"不歌而诵"的诗，自孔子以后，却全部变成乐府了。后世乐府，其成立发达的次序，大概也是一样。

乐府之名，起于西汉。《汉书·艺文志》云："自孝武立乐府（官名）而采歌谣，于是有代赵之讴，秦楚之风，皆感于哀乐，缘事而发。"这几句话叙乐府来历，大概是不错的。但有当注意的一点，当时是采歌谣以入乐府，并非先有乐府而后制歌谣。大抵汉代乐府可大别为二类：其一，《郊祀》《房中》诸歌，歌词与乐谱同时并制，性质和《诗经》的三《颂》略同；其二，即乐府所采之民谣，其中大半是"徒歌"，而乐官被之以音乐。《铙歌鼓吹曲》之《朱鹭》《思悲翁》……等十八调，《横吹曲》之《陇头》《折杨柳》……，《相和歌辞》之《鸡鸣》《乌生八九子》《陌上桑》……等皆是也（看第三章），性质和《诗经》的十五《国风》略同。汉乐府属于第二类者盖十而七八，此类乐府，大率采各地方之诗，而还被以各地方之乐（《汉书·艺文志·诗赋略》载有《吴楚汝南歌诗》十五篇、《燕代讴雁门云中陇西歌诗》九篇、《邯郸河间歌诗》

四篇、《齐郑歌诗》四篇、《淮南歌诗》四篇、《左冯翊秦歌诗》三篇、《京兆尹秦歌诗》五篇、《河东蒲反歌诗》一篇、《雒阳歌诗》四篇、《河南周歌诗》七篇、《河南周歌诗声曲折》七篇、《周谣歌诗》七十五篇、《周谣歌诗声曲折》七十五篇"。可见当时乐府，以地为别。又别有所谓"声曲折"者，则乐谱也。）但后来有其诗而亡其谱，音节之异同，久已无考了。

汉代乐府，谅来都是能唱的（最少也可以徒歌），所以和普通的诗可以划然分出界限。魏晋以后，用乐府的调名来做五言诗的题目，虽号称乐府，已经和"不歌而诵"的诗没有分别了。此如《三百篇》与乐相丽，汉以后的四言诗便与乐相离；宋词与乐相丽，元明词便与乐相离；元明曲与乐相丽，近人曲便与乐相离。虽时代嬗变不得不然，然而名实之间，却不可含糊看过。要之乐府一体，自西汉中叶始出现，至东汉末年而消沉，乐府在汉代文学史的地位，恰如诗之在唐，词之在宋，确为一时代之代表产物。过此以往，虽继续摹仿者不少，价值却完全两样了。

南北朝以降，摹仿汉乐府的作品，已并吞在五言诗范围中。但其时却另有一种类似乐府之短歌谣，其格调和当时诗家的诗大有不同。把几个时代这类作品比而观之，可以见出数百年间平民文学变迁的实况。

本卷所叙录，以汉乐府为中坚，而上溯古歌谣以穷其源，下附南北朝短调杂曲以竟其委，魏晋后用乐府调名标题诸作，则各以归诸其时代之诗，不复在此论列。

第一章　秦以前之歌谣及其真伪

歌谣既为韵文中最早产生者，则其起源自当甚古。质而言之，远在有史以前，半开化时代，一切文学美术作品没有，歌谣便已先有。试看现在苗子，连文字都没有，却有不少的歌谣。我族亦何独不然？虽然，古歌谣发达虽甚早，传留却甚难，不著竹帛，口口相传，无论传诵如何广远，终久总要遗失。何况歌谣之为物，本是当时之人自写其实感，社会状况变迁，情感的内容亦随而变。甲时代人极有趣的作品，乙时代人听起来或者索然无味。现代欧美一时流行的曲子，过了几年便无人过问者往往而有，况于一千几百年前的古歌？想它流传不坠，谈何容易。现在古书中传下来这类古董，也有好十几件，我们虽甚珍惜，却有审查真伪的必要。

最古之歌谣见于经书者，有帝舜与皋陶唱和的歌：

股肱起哉，元首喜哉，百工熙哉。

元首明哉，股肱良哉，庶事康哉。

元首丛脞哉，股肱惰哉，万事堕哉。

右（指上，编者注。下同，不另注。）歌见《尚书·皋陶谟》，在我们未能把《皋陶谟》的编辑时代从新考定以前，只得相信它是真。那么，这三首歌便是中国最古的古歌，距今约四五千年了。但即令是真，也不过君臣谈话之间，用韵语互相劝勉，在情感的文学上，当然没有什么价值。

《尚书·大传》也载有性质略同的三首歌：

卿云烂兮，糺漫漫兮，日月光华，旦复旦兮。

明明上天，烂然星陈，日月光华，弘于一人。

日月有常，星辰有行。四时顺经，万姓允诚。于予论乐，配天之灵。迁于贤善，莫不咸听。鼗乎鼓之，轩乎舞之。菁华已竭，褰裳去之。

这三首歌，就诗论诗，总还算好。第一首且已采作国歌了，但以文学史的眼光仔细观察，这诗的字法、句法、音节，不独非三代前所有，也还不是春秋战国时所有，显然是汉人作品。《尚书·大传》相传是伏生作，真否已属问题，就算是真，伏生已是汉初人了。据说第一首是帝舜倡，第二首是八伯和，第三首是舜载歌，显是依傍《皋陶谟》那三首造出来的无疑。

此外还有什么帝尧时代的《击壤歌》（日出而作，日入而息；凿井而饮，耕田而食。帝力于我何有哉！），见晋皇甫谧的《帝王世纪》；什么帝舜的《南风歌》（南风之薰兮，可以解吾民之愠兮；南风之时兮，可以阜吾民之财兮），见晋王肃的伪《家语》。娘家的来历先自靠不住，更无考证之余地了（伪《列子》有尧时《康衢歌》四句，全钞《诗经》。此外各书还有尧舜时歌数篇，皆无征引之价值）。

《离骚》说："启九辩与九歌兮，夏康娱以自纵，不顾难以图后兮，五子用失乎家巷。"据此，则夏代的歌，战国时或尚有传闻，但其辞当已久佚了。枚赜伪《古文尚书·五子之歌》篇因此造出五首诗来，近人久已知其伪，不必辨了。要之夏代歌诗，一首无存。无已，则《孟子》书中有晏子所引夏谚："吾王不游，吾何以休；吾王不豫，吾何以助；一游一豫，为诸侯度。"或算得是夏代仅存的韵语。《孟子》这书固然不假，但它根据何经何典，是否春秋战国时人依托之作，我们却未敢轻下判断。

殷代歌诗，传者依然很少，《商颂》五篇，是否有殷遗文在内，抑全属周时宋人之作，已属疑问。此外见于《史记》者有殷末周初之歌两首：

箕子《过殷墟歌》：

    《史记·宋世家》："箕子朝周，过故殷墟，感宫室毁坏，生禾黍，箕子伤之，欲哭则不可，欲泣为其近妇人，乃作麦秀之诗以歌咏之。……殷民闻之，皆为流涕。"

    麦秀渐渐兮，禾黍油油。彼狡童兮，不与我好兮。（司马迁释之曰："所谓狡童者，纣也。"）

伯夷《采薇歌》：

《史记·伯夷列传》："武王已平殷乱，天下宗周，而伯夷、叔齐耻之，义不食周粟，隐于首阳山，采薇而食之。及饿且死，作歌，其辞曰：

登彼西山兮，采其薇矣。以暴易暴兮，不知其非矣。黄农虞夏忽焉没兮，我安适归矣？于嗟徂兮，命之衰矣！"

《史记》固然是最有价值的古史，但所记三代前事，很多令人怀疑之处。这两首歌我们不敢说一定就是原文，但周初诗歌，《三百篇》著录已不少，其有流传之可能性甚明，然则这两首歌，大概也当可信。歌中文辞之优美，意味之浓厚，不待我赞叹了。

西周和春秋初期的歌诗，当以《三百篇》为代表，此处不再说了。其次，则《左传》所载零碎歌谣及其他韵语还不少，今摘录若干章以觇沿革：

周辛甲《虞箴》（襄四年）：

茫茫禹迹，画为九州，经启九道。民有寝庙，兽有茂草，各有攸处，德用不扰。在帝夷羿，冒于原兽，亡（同忘）其国恤，而思其麀牝。武不可重。用不恢于夏家。兽臣司原，敢告仆夫。

辛甲乃周武王时太史，《左传》不过追述其语。

宋正考父鼎铭（昭七年）：

一命而偻，再命而伛，三命而俯，循墙而走，亦莫余敢侮。饘于是，粥于是，以糊予口。

正考父为孔子远祖，在宋佐戴武宣三公，盖□□时人，《左传》追述之。

右两篇本非歌谣，因其为韵文之一体，见于《左传》，故类录之。

鲁羽父引周谚（隐十一年）：

山有木，工则度之，宾有礼，主则择之。

晋士蒍引谚（闵元年）：

心苟无瑕，何恤乎无家。

晋士蒍赋（僖五年）：

狐裘蒙茸，一国三公，吾谁适从？

晋卜偃引童谣（僖五年）：

丙之辰，龙尾伏辰，均服振振，取虢之旂。鹑之奔奔，天策焞焞，火中成军，虢公其奔。

宋筑城者嘲华元讴（宣二年）：

睅其目，皤其腹，弃甲而复。于思于思（同鸟腮），弃甲复来。

鲁声伯梦中闻歌（成十七年）：

济洹之水，赠我以琼瑰。归乎归乎，琼瑰盈吾怀乎。

鲁人为臧纥诵（襄四年）：

臧之狐裘，败我于狐骀。我君小子，侏儒是使。侏儒侏儒，使我败于邾。

郑人为子产诵（襄三十年）：

取我衣冠而褚之，取我田畴而伍之，孰杀子产，吾其与之。（右子产初执政时所歌。）

我有子弟，子产诲之，我有田畴，子产殖之，子产而死，谁其嗣之。（右执政三年后所歌。）

鲁人为南蒯歌（昭十二年）：

我有圃，生之杞乎！从我者子乎，去我者鄙乎，倍其邻者耻乎！已乎已乎！非吾党之士乎！

鲁鸲鹆谣（昭二十五年）：

鸲之鹆之，公出辱之。鸲鹆之羽，公在外野。往馈之马，鸲鹆跦跦。公在乾侯，征褰与襦。鸲鹆之巢，远哉遥遥。稠父丧劳，宋父以骄。鸲鹆鸲鹆，往歌来哭。

吴申叔仪歌（哀十三年）：

佩玉繠兮，余无所系之。旨酒一盛兮，余与褐之父睨之。

卫侯梦浑良夫噪（哀十七年）：

　　登此昆吾之虚，绵绵生之瓜。余为浑良夫，叫天无辜。

　　右所录并未完备，不过把文学成分较多的摘出来便了。内中最有趣的是嘲华元讴，一群平民一面做工一面唱歌，把对面的人面目写得活现。最奇诡的是浑良夫噪，一个冤鬼被发跳掷的情状，在纸上飒飒有声。

　　右所录有许多要参考当时的本事，可看《左传》原文，今不赘录。

　　我们读这些谣谚，当然会感觉它和《三百篇》风格不同，尤其是后半期——襄、昭、定、哀间的作品，句法是长短句较多，格调多轻俊，藻泽加浓厚，虽彼此文体本不从同，亦可以见诗风变迁之一斑了。（《三百篇》中惟"胡为乎株林……"一章与《左传》诸歌谣最相似，此章乃陈灵公时诗，《三百篇》中最晚的一篇了。）

　　周代歌谣见于《左传》以外者尚不少，但真伪问题却大半要当心了。内中时代最早的则所谓□□西王母《白云谣》：

　　白云在天，山陵自出。道里悠远，山川间之。将子无死，尚复能来。

　　这首谣见《穆天子传》，说是周穆王上昆仑山见西王母，临归，王母觞之于瑶池，唱这谣送他，穆王还有和章（恕不录。）。《穆天子传》这部书，乃晋太康三年在汲县魏安厘王冢中，与《竹书纪年》同时出土，书之真伪，问题很杂，若认为全伪，那么便是晋人手笔，若认为真，便是战国人所记，可算中国最古的小说。若谓西周时的穆王真有此事真有此诗，未免痴人前说不得梦了。诗却甚佳，但和《三百篇》风格划然不同，细读自能辨。

　　次则所谓齐宁戚《饭牛歌》：

南山矸，白石烂，生不逢尧与舜禅。短布单衣适至骭，从
昏饭牛薄夜半，长夜漫漫何时旦！

这首诗始见于《史记集解》引应劭，云出《三齐记》。宁戚是管仲
同时人，此诗若真，便是孔子前一百多年的作品了。但我们当注意者，
《吕氏春秋·举难篇》《淮南子·道应篇》，并详载宁戚饭牛事，但皆仅
言其"扣牛角而歌"，并没有载他的歌词。而《后汉书·马融传》注引
《说苑》则云："宁戚饭牛于康衢，击车辐而歌硕鼠。"（今本作歌顾见，
字形近而讹。）高诱《吕氏春秋》注亦云："歌硕鼠也。"并将《诗经·硕
鼠》篇全文录入注中。所歌是否必为硕鼠，虽未确知，但南山白石之篇
为刘向、高诱所未见，总算有确实反证。《三齐记》已佚，不知何人所
撰，恐是晚汉依托之作耳。（又《艺文类聚》及《文选·啸赋》李善注
又各载有《宁戚歌》一首，与此文不同。《文选》注那首末句云："吾将
与尔适楚国"，似是因原有歌硕鼠之传说乃将《硕鼠》篇"逝将去妆，
适彼乐国"敷衍成文。《艺文类聚》那首，前四句和《三齐记》那首大
同小异。末句云："吾将舍汝相齐国"，似是将那两首改头换面凑成。要
之，三首皆不可信也。）此诗就诗论诗，原是很好的，若果真，那么便
是七言诗之祖。但我敢说这种诗格，决非春秋时所有，摆在东汉乐府里
头，倒还算上乘。（其实宁戚饭牛事便根本不可信。布衣立谈取卿相，
乃战国风气，春秋初期，决无有此事，本是战国游说之士造出来。诗则
东汉末伪中生伪。）

其次则所谓秦百里奚妻之歌：

百里奚，五羊皮，忆别时，烹伏雌，炊扊扅。今日富贵，
忘我为。

此诗见应劭《风俗通》（劭东汉末人）。百里奚为秦穆公时人，诗若

真，也是春秋初期作品了。但奚以五羊之皮要穆公，本是战国人造的谣言，孟子已经辩过，这诗句法，颇似汉《郊祀歌》，当属汉人依托，诗亦寡味。

其次则伍子胥自楚亡命时，渔人救之，作歌：

> 日月昭昭乎侵已驰，与子期乎芦之漪。
> 日已夕兮，余心忧悲，月已驰兮，何不渡为。事且急兮将奈何。
> 芦中人，芦中人，岂非穷士乎？

此歌见东汉袁康所著《吴越春秋》。这部书为半小说体的，所载事迹，我们未敢全信，但此歌尚朴，与《左传》所载春秋末歌谣还不甚相远，姑且算它是真的罢。(《吴越春秋》还载有伍子胥《河上歌》《申包胥歌》《扈子琴曲》《越王夫人歌》《采葛妇歌》等，皆一望而知为汉人手笔，因此我连这首《渔父辞》，也不能不有些怀疑。)

次则《论语》所载《楚狂接舆歌》：

> 凤兮凤兮，何德之衰？往者不可谏，来者犹可追。已而已而，今之从政者殆而！

此歌见《论语》，我们当然该相信。但据近人崔适的考证，则《论语》末五篇之真伪还有问题。内中曾否有战国人窜乱，尚未可定。《庄子·人间世》篇亦载此歌而其词加长，末段有："迷阳迷阳，无伤吾行。吾行郤曲，无伤吾足"等语，似是从《论语》衍出。

《庄子·人间世》篇载有孟子反、琴张吊子桑户歌云："嗟来桑户乎，嗟来桑户乎，尔已反其真，而我犹为人猗！"三人皆孔子时人，孟子反即孟之反，子桑户即子桑伯子，俱见《论语》。琴张见《孟子》，似是孔子弟子。但这首歌大概是庄周寓言代撰，未必为孔子时作品。

次则有孔子所闻的《孺子歌》

沧浪之水清兮，可以濯我缨，沧浪之水浊兮，可以濯
我足。

此歌见《孟子》，且述有孔子赞美解释之词，我们应认为真。

孔子最爱唱歌，我们在《论语》和别的书里头，处处可以看出。
（《论语》说："子于是日哭则不歌"，然则不哭之日必歌矣。）但所歌像都
是前人旧诗，自己作的很少见。各书中所载孔子诗歌比较可信者只有下
列三首：

彼妇之口，可以出走。彼女之谒，可以死败。盖优哉游
哉，维以卒岁。

见《史记·孔子世家》，说是孔子相鲁，齐人馈女乐间之，孔子去
鲁，作此。

违山十里，蟪蛄之声犹尚在耳。

见《说苑》，还加以解释，说是"政尚静而恶哗"。

泰山其颓乎，梁木其坏乎，哲人其萎乎！

见《礼记·檀弓》篇，说是孔子临没时负杖逍遥所作。

这三首歌所出的书，比较可信，但都是西汉人著述，那时的孔子早
已变成半神话的人物，即如《孔子世家》中所载事迹，我们便有一半要
怀疑。所以这三首歌是否必出孔子，仍未敢断，歌词也不见什么好处。

此外号称孔子诗者还有若干首，例如什么《适赵临河歌》（狄水

衍兮风扬波，舟楫颠倒更相加，归来归来胡为斯。）见《水经注》。什么《却楚聘歌》（大道隐兮礼为基，贤人窜兮将待时，天下如一兮欲何之？）。什么《获麟歌》（唐虞世兮风麟游，今非其时兮来何求？麟兮麟兮我心忧！），俱见伪《孔丛子》。什么《龟山操》（予欲望鲁兮龟山蔽之，手无斧柯奈龟山何！），见晋人所辑《琴操》。这些显然是魏晋以后赝作，本不足论列，但因一般人尚多崇信，是以录而辨之。

　　世传《琴操》二卷，题汉蔡邕撰。内载《琴曲歌辞》四十二首，其中三代人作品居十之九。此书若可信，那么真是《三百篇》以外之商周乐府，何等宝贵！然《后汉书·蔡邕传》并不言其著有《琴操》，《隋书·经籍志》有《琴操》三卷，则晋人孔衍所撰，今所传本若为《隋志》之旧，则亦晋人所作耳。晋人最好造伪书伪古曲，凡那时代所出现之书言上古事者本极难信，《琴操》所录歌辞，无一首不滥俗恶劣，不惟非三代旧文，即两汉亦无此恶札也。故今一概不录，因《龟山操》事，附论于此。

战国韵文，除屈原宋玉几篇巨制震古铄今外，别的绝少流传，北方尤为稀见，勉强找一首，则惟赵武灵王梦中所闻歌：

　　美人荧荧兮，颜若苕之荣，命乎命乎，曾无我嬴。

此歌见《史记·赵世家》，说武灵王所闻者乃一处女鼓琴而歌，情节和词藻，都和《左传》所记声伯梦中闻歌有点相类。

《楚辞》以外战国时江南诗歌，《说苑·善说篇》所载《越女棹歌》，说是楚国的王子鄂君子皙乘船在越溪游耍，船家女孩子"拥楫而歌"，歌的是越音，其词如下："滥兮抃草滥予昌枑泽予昌州州𩾌乎秦胥胥缦予乎昭澶秦逾渗堤随河湖"，鄂君听着，自然一字不懂，于是叫人译成楚国语如下：

> 今夕何夕兮，搴舟中流，今日何日兮，得与王子同舟。
> 蒙羞被好兮，不訾诟耻，心几顽而不绝兮，知得王子。
> 山有木兮木有枝，心说君兮君不知。

在中国古书上找翻译的文字作品，这首歌怕是独一无二了。歌词的旖旎缠绵，读起来令人和后来南朝的"吴歌"发生联想。《说苑》虽属战国末著述，但战国时楚越之地，像有发生这种文体之可能，况且还有钩辀鴂舌的越语原文，我想总不是伪造的。

到秦汉之交，却有两首千古不磨的杰歌，其一，荆轲的《易水歌》，其二，项羽的《垓下歌》。

《易水歌》：

> 《史记·刺客列传》记荆轲为燕太子丹刺秦始皇事云：
> "……太子及宾客知其事者皆白衣冠以送之。至易水之上，既取祖道，高渐离击筑，荆轲和而歌，为变徵之声，士皆垂泪涕泣。又前而歌曰……"
> 风萧萧兮易水寒，壮士一去兮不复还！

据《史记》，荆轲的歌当有两首。前一首作"变徵声"，大概是叙怆恻的别情，所以满坐垂泪，可惜歌词已失传了。这一首乃最后所歌，史言："复为'羽声'慷慨，士皆瞋目，发尽上指冠。"至今我们读起来，还有一样的同感，当时更可想见了。虽仅仅两句，把北方民族武侠精神完全表现，文章魔力之大，殆无其比。

《垓下歌》：

> 《史记·项羽本纪》叙羽最后战败，汉兵围之于垓下："项

王则夜起饮帐中，有美人名虞，常幸从；骏马名骓，常骑之。于是项王乃悲歌慷慨，自为诗曰……歌阕，美人和之，左右皆泣，莫能仰视。"

　　力拔山兮气盖世，时不利兮骓不逝，骓不逝兮可奈何！虞兮虞兮奈若何！

这位失败英雄写自己最后情绪的一首诗，把他整个人格活活表现，读起来像看加尔达支勇士最后自杀的雕像。则今二千多年，无论哪一级社会的人几乎没有不传诵，真算得中国最伟大的诗歌了。(世俗传有虞美人和诗，乃是一首打油的五言唐律，更无辨证之价值。)

综观以上所录，可见中国含有美术性的歌谣，自殷末周初，始有流传作品。(起喜歌不能算美术的。)就此少数传品而论，周代八百年中，也很看出变迁痕迹。前期的格调，和《三百篇》有点相近；后期便和《楚辞》有点相近；到《易水》《垓下》两歌，已纯然汉风了。最可惜是战国时代传品太少，不甚能看出嬗变的径路，史料阙乏，无可如何了。

第二章　两汉歌谣

本章所录，一、除却有曲调的正式乐府，二、除却句律严整的五言诗，所以范围甚窄，但此三种界限，原很难划分。不过为全书组织之便，姑别立此章以便于叙述。读者须与本卷第三章及第四卷第一章合参，方能见出历史全影。

汉代最有名歌谣，自然首推高祖的《大风歌》：

　　《史记·高祖本纪》："十二年，高祖还归过沛，留。置酒沛宫，悉召故人父老子弟纵酒，发沛中儿得百二十人教之歌。酒酣，高祖击筑，自为歌诗曰……令儿皆和习之。高祖乃起舞，慷慨伤怀，泣数行下。

　　大风起兮云飞扬，威加海内兮归故乡，安得猛士兮守四方！

这首诗和项羽《垓下歌》对照，得意失意两极端，令人生无限感慨。诗虽不如《垓下》之美，但确表现他豪迈的人格，无怪乎多年传诵不衰。

高祖还有一首《鸿鹄歌》：

　　《史记·留侯世家》："上欲废太子，立戚夫人子赵王如意。（后不果）戚夫人泣，上曰：'为我楚舞，吾为若楚歌。'歌曰……"

　　鸿鹄高飞，一举千里。羽翮已就，横绝四海。横绝四海，将可奈何！虽有矰缴，尚安所施！

这首诗虽仅为一爱姬而作，但意态雄杰，依然流露句下。《汉书·艺文志》诗歌类首载"高祖歌诗二篇"，想他生平所作仅此。他本非文学家，然而这两首却已不弱了。

西汉文物全盛，端推武帝时代。专以文学方面，枚乘、司马相如……等辈，布满朝列，述作斐然。武帝自己也爱弄笔墨，流传的诗歌颇不少，但其中真伪颇有问题。见于正史最可信者，莫如《瓠子》《天马》两歌，但辞并不见佳，录之备参考。

《瓠子歌》二首（见《史记·河渠书》）：

　　瓠子决兮将奈何？浩浩洋洋兮虑殚为河！殚为河兮地不得宁，功无已时兮吾山平。吾山平兮巨野溢，鱼弗郁兮柏（同迫）冬日。正道弛兮离常流，蛟龙骋兮放远游。归旧川兮神哉沛，不封禅兮安知外！为我谓河伯兮何不仁，泛滥不止兮愁吾人？啮桑浮兮淮泗满，久不返兮水维缓。

河汤汤兮激潺湲，北渡回兮迅湍难。搴长筊兮湛美玉，河伯许兮薪人属。薪不属兮卫人罪，烧萧条兮噫乎何以御水！隤竹林兮楗石菑，宣房塞兮万福来。

《蒲捎天马歌》（见《史记·大宛列传》）：

> 天马来兮从西极，经万里兮归有德。
> 承灵威兮得外国，涉流沙兮四夷服。

这两首歌出于武帝的大手笔，殆无可疑。但就文学家眼光看来，简直和清高宗的打油诗没有多少分别。他有较好的一首曰《李夫人歌》，见于《汉书·外戚传》。歌云：

> 是耶？非耶？立而望之，翩何姗姗其来迟！

此诗是他的爱姬李夫人死后，他悲悼不已，令方士摄其魂来，在帐后仿佛望见，退而作此。《艺文志》载有"李夫人及幸贵人歌诗三篇"，此当即其一。《外戚传》又云："令乐府诸音家弦歌之"，然则此歌又已入乐，不算"徒歌"了。此歌还算颇有诗趣，能写实感，但怎么好处也说不上。（王子年《拾遗记》还有《落叶哀蝉曲》一篇，也说是武帝思李夫人作其词为："罗袂兮无声，玉墀兮尘生，……"云云，一望而知为六朝作品，故不复录。）

此外还有一首很流丽的诗，向来都公认为汉武帝所作，名曰《秋风辞》：

> 秋风起兮白云飞，草木黄落兮雁南归。兰有秀兮菊有芳，
> 怀佳人兮不能忘。泛楼船兮济汾河，横中流兮扬素波。箫鼓鸣

兮发棹歌，欢乐极兮哀情多，少壮几时兮奈老何！

这首诗《史记》《汉书》及其他汉人著述皆不见，惟见于《汉武帝故事》。《故事》号称班固撰，《四库提要》已断定是假的了。这首诗柔媚剽滑，丝毫没有西京朴拙气，和武帝别的作品尤其不类。起句分明抄袭《大风歌》，"兰秀""菊芳"两句分明抄袭《楚辞》之"沅有芷兮澧有兰，思公子兮未敢言"。末两句像是有感慨，其实意浅而调滥，我实不敢信为汉人诗，且很不解二千年来何以人人赞赏它。

别有一首怪诗，据说是元封三年柏梁台落成，武帝宴集群臣作的，后人名之曰《柏梁诗》。这首诗是武帝和群臣每人作一句，每句七字，集合成篇。因为体格新奇，所以名为"柏梁体"。诗辞如下：

日月星辰和四时（帝）。	骖驾驷马从梁来（梁孝王武）。
郡国士马羽林材（大司马）。	总领天下诚难治（丞相）。
和抚四夷不易哉（大将军）。	刀笔之吏臣执之（御史大夫）。
撞钟伐鼓声中诗（太常）。	宗室广大日益滋（宗正）。
周卫交戟禁不时（卫尉）。	总领从宗柏梁台（光禄勋）。
平理清谳决嫌疑（廷尉）。	修饰舆马待驾来（太仆）。
郡国吏功差次之（大鸿胪）。	乘舆御物主治之（少府）。
陈粟万石扬以箕（大司农）。	微道宫下随讨治（执金吾）。
三辅盗贼天下危（左冯翊）。	盗阻南山为民灾（右扶风）。
外家公主不可治（京兆尹）。	椒房率更领其材（詹事）。
蛮夷朝贺常会期（典属国）。	柱枅欂栌相枝持（大匠）。
枇杷橘栗桃李梅（太官令）。	走狗逐兔张罘罳（上林令）。
啮妃女唇甘如饴（郭舍人）。	迫窘诘屈几穷哉（东方朔）。

这首诗据说初见于《三秦记》，但《三秦记》已佚，不可考了。大概是小说家言，不足为信史。此诗诗句朴俚，颇有西汉古泽，所以向来

都公认为真的。梁朝任昉的《文章缘起》，且推为七言之祖，联句之祖。但其中很有可疑的地方，既云此诗作于元封三年，然梁孝王薨于孝景之世，何以能列席？光禄勋、大鸿胪、大司农、执金吾、京兆尹、左冯翊、右扶风诸官，皆太初元年所更名，元封三年何以预书？然则此诗为后人拟作无疑。拟者是否汉人，则未敢断耳。

其他西汉诸臣之作及民间歌谣见于《史记》《汉书》者摘录如下：

朱虚侯刘章《耕田歌》（见《史记·齐悼惠王世家》）（高后时作，暗斥诸吕弄权。）：

> 深耕溉种，立苗欲疏。非其种者，锄而去之。（案此歌似无韵，或是两"种"字为韵，"疏"字与"去"字为韵。）

戚夫人《永巷歌》（见《汉书·外戚传》）（高祖所爱戚姬生子如意封赵王，吕后临朝，囚戚于永巷。髡钳，衣赭衣，令春。戚且春且歌。）：

> 子为王，母为虏，终日春薄暮，常与死为伍。相离三千里，当谁使告汝。

《赵幽王友歌》（见《汉书·高五王传》）（友高祖子，吕后妻以诸吕女。不爱，爱他姬。吕后幽絷之，饿死。饿中作歌。）：

> 诸吕用事兮刘氏微，迫胁王侯兮强授我妃。我妃既妒兮诬我以恶，谗女乱国兮上曾不寤。我无忠臣兮何故去国，自快（案疑当作决）中野兮苍天与直（案直者枉之对文，言望上天主持公道）。于嗟不可悔兮宁早自贼，为王饿死兮谁者怜之！吕氏绝理兮托天报仇！

此两歌虽无藻丽之辞，然抒情极质而丰。

文帝时民歌（见《汉书·淮南王传》）（淮南厉王长，高帝子，文帝时以罪废死蜀道。民有作此歌者，文帝闻之，为置园如诸侯仪。）：

> 一尺布，尚可缝。一斗粟，尚可舂。兄弟二人不相容。

《李延年歌》（见《汉书·外戚传》）（延年知音，善歌舞，武帝爱之。尝侍帝起舞，歌此，帝曰"世岂有此人耶？"因进其女弟，是为李夫人。延年后为协律都尉。）：

> 北方有佳人，绝世而独立。一顾倾人城，再顾倾人国。宁不知倾城与倾国，佳人难再得。

此篇在汉歌中传诵最广，固是佳作。武帝时乐府，盖由延年主持，于汉代音乐最有关系。

武帝时《匈奴歌》（见《汉书·匈奴传》）（元狩二年春，霍去病伐匈奴过焉支山，其夏又攻祁连山，匈奴人作歌。焉支山即燕支山，后世所谓胭脂也。）：

> 失我焉支山，使我妇女无颜色。失我祁连山，使我六畜不蕃息。

《匈奴传》尚载有高帝时民歌云："平城之下亦诚苦，七日不食，不能彀弩。"盖歌高祖被匈奴围困于白登时事，与此歌对照，可略见当时两个交战民族的情绪。

《乌孙公主歌》（见《汉书·西域传》）（武帝元封中结乌孙以制匈奴，遣江都王建女细君妻乌孙昆莫，公主悲愁，作歌。）：

吾家嫁我兮天一方，远托异国兮乌孙王。穹庐为室兮旃为墙，以肉为食兮酪为浆。居常土思兮心内伤，愿为黄鹄兮归故乡。

此歌情绪甚真，后来《王昭君辞》之类，都是摹仿依拟它。

李陵《别苏武歌》(见《汉书·苏武传》)(昭帝时，匈奴与汉和亲，汉使求苏武等，单于许武还。李陵置酒贺武曰："异域之人，一别长绝"，因起舞而歌，泣数行下)：

径万里兮度沙漠，为君将兮奋匈奴。路穷绝兮矢刃摧，士众灭兮名已隤。老母已死，虽报恩将安归！

苏李往还诗，见正史者只此一首，词句甚质俚，还不及戚夫人、乌孙公主诸作。后人因此附会，造出"河梁""结发"等五言诗七首，殊不足信，辨详次章。

《燕王旦及华容夫人歌》(见《汉书》本传)(昭帝时，燕王旦与上官桀谋反，霍光诛之。事将发觉，旦忧懑置酒万载宫，令宾客群臣妃妾坐饮，旦自歌，华容夫人起舞和之，坐中皆泣。)：

归空城兮，狗不吠，鸡不鸣。横术(街道也)何广广兮，固知国中之无人。(右《王旦》)

发纷纷兮置渠，骨藉藉兮无居，母求死子兮妻求死夫，裴回两渠间兮君子独安居！(安居言何处可容身也。)(右《华容》)

我极赏识刘旦这首歌，谓与项羽《垓下》同一绝调。但畏罪引决，人格自然远非项羽之比，但这诗恰写出他自己一刹那间情绪，那时亦何至无鸡鸣狗吠街上无人行，但他脑子里萧条凄惨的景象是如此，抓住这点幻影写出来，所以独绝。华容歌虽稍显露，亦自不恶。（广陵王胥有罪自杀，亦留一歌，不甚佳，故不复录。）

《广川王去歌》（见《汉书》本传）（去之妃妒，闭绝诸姬妾，去为姬崔修成作歌。）：

> 愁莫愁，生无聊。心重结，意不舒。内弗郁，忧哀积，上
> 不见天生何益！日崔聩，时不再，愿弃躯，死无悔！

此歌几全用三言，颇似当时郊祀歌体格，后此苏伯玉妻《盘中诗》仿之。

杨恽《拊缶歌》（见《汉书》本传）（恽以罪废家居怨望，报其友孙会宗书云："……田家作苦，岁时伏腊，烹羊炰羔，斗酒自劳。家本秦也，能为秦声；妇，赵女也，雅善鼓瑟，奴婢歌者数人，酒酣耳热，仰天拊缶而呼乌乌。其诗曰……"）：

> 田彼南山，芜秽不治。种一顷豆，落而为萁。人生行乐
> 耳，须富贵何时！

恽为司马迁外孙，《史记》就是由他传授出来。这首短歌，有点像诗家之诗了。

成帝时童谣二首（俱见《汉书·五行志》）：

> 燕燕尾涎涎，张公子，时相见。木门仓琅根，燕飞来，啄
> 皇孙。皇孙死，燕啄矢。
> 邪径败良田，谗口乱善人。桂树华不实，黄爵巢其颠。昔
> 为人所羡，今为人所怜。

右两谣并非同时出现，当时言五行灾异者，指为某种事变之谶兆，

我们可不必理它。但它的歌词，确有文学的价值。别的童谣多质俚，此独妍美。第二首绝似五言诗，我们若信民谣和诗人之诗有相互影响，那么，因这首黄爵谣，可略推定五言诗起于西汉之季。

王莽时汝南童谣（见《汉书·翟方进传》）：

坏陂谁，翟子威，饭我豆食羹芋魁。反乎覆，陂当复，谁云者，两黄鹄。

此歌亦丰于文学的趣味。

东汉一代，五言渐兴，许多乐府古辞也像是这时代的作品，容在次章再叙。东汉歌谣，可采录者不如西汉之多，仅录数章，以作代表。

马援《武溪歌》（见崔豹《古今注》）：

滔滔武溪一何深，鸟飞不度，兽不敢临。嗟哉，武溪多毒淫。

马援为光武功臣，然极长于文学，观本传所录各信札可见。此歌虽不见正史，想当不伪。寥寥数句，抵得太白一篇《蜀道难》。

梁鸿《五噫歌》（见《后汉书》本传）：

陟彼北芒兮，噫！顾览帝京兮，噫！宫室崔嵬兮，噫！民之劬劳兮，噫！辽辽未央兮，噫！

鸿字伯鸾，明帝章帝时人，传高士者首称之。这首歌格调崭新，音节谐美，意味渊永，无怪几千年传诵。

张衡《四愁诗》（见《文选》）：

我所思兮在太山，欲往从之梁父艰，侧身东望涕沾翰。美人赠我金错刀，何以报之英琼瑶。路远莫致倚逍遥，何为怀忧心烦劳。

我所思兮在桂林，欲往从之湘水深，侧身南望涕沾襟。美人赠我金琅玕，何以报之双玉盘。路远莫致倚惆怅，何为怀忧心烦伤。

我所思兮在汉阳，欲往从之陇阪长，侧身西望涕沾裳。美人赠我貂襜褕，何以报之明月珠。路远莫致倚踟蹰，何为怀忧心烦纡。

我所思兮在雁门，欲往从之雪纷纷，侧身北望涕沾巾。美人赠我锦绣段，何以报之青玉案。路远莫致倚增叹，何为怀忧心烦惋。

张衡为当时一大文学家（小传见卷二叶），别的文学作品很不少，这首诗采楚骚之神髓，而自创体格，情词曲折斐亹，所以别成一绝调。

以上三首，本应该在汉诗篇论列，因欲令读者知两汉歌谣格调变迁之迹，故改录于此。

《鸡鸣歌》（见《乐府诗集》）：

东方欲明星烂烂，汝南晨鸡登坛唤。曲终漏尽废具陈，月明星稀天下旦。千门万户递鱼钥，宫中城上飞乌鹊。

《晋太康地记》云："后汉时，固始、鲷阳、公安、细阳四县术士习此曲于阙下歌之，今《鸡鸣歌》是也。"

桓帝初童谣二首（俱见《续汉书·五行志》）：

小麦青青大麦枯，谁当获者妇与姑。丈人何在？西击胡。吏买马，君具车，请为诸君鼓咙胡。

城上乌，尾毕逋，一年生九雏。公为吏，子为徒。一徒死，百乘车。车班班，入河间。河间姹女工数钱，以钱为室金作堂。石上慊慊舂黄粱，梁下有悬鼓，我欲击之丞相怒。

这两首谣，字句意味都有些不可解之处，也不必深究。但试把它和西汉初童谣比对，当然觉得有点不同。第一，字句较多，音节较长，第二，词藻较缛丽，诗的趣味越更浓厚。因此我们可以推测许多时代不明的乐府古辞，大概都是在这个时候发生。

此外《后汉书》中载有许多对人的歌谣，如："说经不穷，戴侍中""五经无双，许叔重""天下无双，江夏黄童""汝南太守范孟博，南阳宗资之画诺……""廉叔度，来何暮……""生世不谐，作太常妻……"等等。当时重名誉，喜标榜声气，臧否人物，故此类歌谣特多。因其与诗风无甚关系，故一概不录。

第三章　汉魏乐府

乐府起于西汉，本为官署之名，后乃以名此官署所编制之乐歌。浸假而凡入乐之歌皆名焉，浸假而凡用此种格调之诗歌无论入乐不入乐者皆名焉。

《汉书·礼乐志》记有"孝惠时乐府令夏侯宽"，然则乐府之官，汉初已有，或承秦之旧亦未可知。但此官有记载价值，则自武帝时始。《艺文志》云："自孝武立乐府而采歌谣，于是有赵代之讴，秦楚之风。"《礼乐志》又云："至武帝定郊祀之礼，……乃立乐府，……以李延年为协律都尉，多举司马相如等数十人造为诗歌。……"《李延年传》亦云："延年善歌，为新变声。是时上欲造乐，令司马相如等作诗颂，延年辄承弦歌所造诗，为之新声曲。"是知最初之乐府，皆李延年调其音节，制成乐谱。其歌辞则或为司马相如辈所作，或采自民间歌谣，于是此等有谱之歌，即名"乐府"。

至哀帝时，罢乐府官（见《乐志》颜注）。东汉一代，此官存置无考，然民间流行之歌谣，知音者辄被以乐而制为谱，于是乐府日多。汉魏禅代之际，曹氏父子兄弟祖孙——魏武帝操、文帝丕、陈思王植、明帝睿——咸有文采，解音律，或沿旧谱而改新辞，或撰新辞而并创新谱，乐府于兹极盛矣。

关于记载乐府歌辞及其沿革之书，可考者列举如下：

《汉书·礼乐志》（汉班固撰，存）。

志中叙乐府起源及录载房中歌、郊祀歌全文，最为可宝。

《乐府歌诗》十卷、《太乐歌辞》二卷（晋荀勖撰，佚）。

见《唐书·艺文志》。前种似久佚，后种宋时犹存。《郡斋读书志》著录又《古今乐录》曾引荀《录》语，系由《技录》转引，想亦为荀勖所著，不知即在此二书内否？勖为晋代大音乐家，其所著《笛律》今尚存，亦有歌辞传后。

《元素正声技录》一卷（宋张解撰，佚）。

《隋书·经籍志》称梁有此书，唐初已亡。《古今乐录》又曾引张永《技录》，不知永与解是否一人。

《伎录》（宋王僧虔撰，佚）。

各史皆不著录，惟《古今乐录》引之。郑樵、郭茂倩亦屡引之，不知是否宋时仍存，抑郑、郭从《乐录》转引？郑樵之乐府分类，多本此《录》，似是一有系统之书。

《广乐记》（景祐撰）。

祐不知何时人，此书各史志皆未著录，惟《宋书·乐志》引之，则当为沈约以前书。

《宋书·乐志》（梁沈约撰，存）。

叙汉魏晋乐府变迁沿革颇详，汉《铙歌》及许多乐府古辞皆赖以传。

《南齐书·乐志》（梁萧子显撰，存）。

拂舞歌词，赖此以传。

《古今乐录》十三卷（陈释智匠撰，佚）。（新旧《唐书》皆作智丘。）

此书当为六朝时叙录乐府总汇之书，隋、唐、宋《志》皆著录，想元初犹存。郑樵、郭茂倩所引甚多，辑之尚可成帙。

《乐府歌辞》八卷、《乐府声调》六卷（隋郑译撰，佚）。

前一种惟《新唐书·经籍志》著录，后一种《隋志》、新旧《唐志》皆著录。译为隋代音乐大家，隋雅乐出其手定。

此书未见他书征引，不知是否专纪隋乐。

《晋书·乐志》（唐太宗敕撰，存）。

全采沈约《宋志》，间有加详之处。隋唐以后各史《乐志》与古乐府无甚关系，不复论列。

《乐府歌诗》十卷（唐翟子撰，佚）。

《乐府志》十卷（唐苏夔撰，佚）。

《乐府杂录》一卷（唐段安节撰，存，《学海类编》本）。

此书多言乐器沿革，间及唐乐章，关于汉魏乐府资料甚少。

俱见《唐书·经籍志》。

《乐府古题要解》二卷（唐吴兢撰，存，《津逮秘书》本）。

此书分相和歌、拂舞歌、白纻歌、铙歌、清商、杂题、琴曲等类。各列曲题，每题考证其来历，实研究乐府最重要之资料。兢尚有《古乐府词》十卷，《郡斋读书志》著录，今佚。

《乐府古今解题》三卷（唐郄昂撰，或云王昌龄撰，佚）。

见《唐志》。

《乐府解题》（失名，佚）。

《宋史·艺文志》著录，《乐府诗集》征引甚多，当是郭茂倩以前人所著。但据郭所引，十九皆吴兢原文，想是宋人剽窃兢书而作耳。

《乐府广题》二卷（沈建撰，佚）。

见《宋史·艺文志》，建何时人，待考。

《通典·乐典》（唐杜佑撰，存）。

此书虽特别资料不多，然清商乐诸曲调之存佚，言之颇详。

297

《通志·乐略》（宋郑樵撰，存）。

樵论古最有特识，著述最有条理，此书将乐府曲调名网罗具备，详细分类，眉目极清，甚便学者。但樵主张"诗乐合一"之说太过，将许多不能入乐之五言一并收入，是其疵谬。又分类亦有错误处，下文详辨。

《系声乐谱》二十四卷（宋郑樵撰，佚）。

《乐略》云："臣谨考摭古今，编系节奏。"此书见《宋史·艺文志》，想即其编系节奏之本。质言之，即乐府声谱也。惜书已佚，但汉魏乐府之节奏，樵时能否尚存，实不能无疑。

《乐府诗集》一百卷（宋郭茂倩撰，存）。

此书集各家大成，搜罗最富，研究乐府者必以此为唯一之主要资料。但录后代仿拟之作太多，贪博而不知别裁，有喧宾夺主之患，是其短处。

《古乐苑》五十二卷，《衍录》四卷（明梅鼎祚撰，存）。

此书因袭郭著，有删有补，较为洁净。

《古诗纪》一百五十卷（明冯惟讷撰，存）。

此书虽非专录乐府，但所收歌谣之类最多，可补郭著之阙。

关于乐府之著述，存佚合计，略具于此。其现存可供主要参考品者，则汉宋二《志》、吴郑郭三书，其最也。

乐府之分类，似草创于王僧虔《技录》，而郑樵《乐略》益加精密。今将樵所分列表如下：

第一类………短箫铙歌二十二曲

第二类………{ 鞞舞歌五曲
拂舞歌五曲 }

第三类………{ 鼓角横吹十五曲
胡角十角 }

$$
第四类相和歌
\begin{cases}
汉旧歌三十曲 \\
吟叹四曲 \\
四弦一曲 \\
平调七曲 \\
清调六曲 \\
瑟调三十八曲 \\
楚调十曲
\end{cases}
$$

第五类…………大曲十五曲

第六类…………白纻一曲

第七类…………清商八十四曲

右正声之一，以比风雅之声。

$$
第八类………
\begin{cases}
汉郊祀十九章 \\
东都五诗 \\
梁十二雅 \\
唐十二和
\end{cases}
$$

右正声之二，以比颂声。

$$
第九类………
\begin{cases}
汉三侯诗一章 \\
汉房中乐十七章 \\
隋房内二曲 \\
梁十曲 \\
陈四曲 \\
北齐二曲 \\
唐五十五曲
\end{cases}
$$

右别声，非正乐之用。

$$
第十类…………琴曲
\begin{cases}
九引 \\
十二操 \\
三十六杂曲
\end{cases}
$$

右正声之余。

第十一类………舞曲 { 文武舞二十曲
唐三大舞

右别声之余。

第十二类………有辞无谱者四百十九曲（内又分二十五门，今不备录）

右遗声，以配逸诗。

原文录八百八十九曲，分为五十二类，今依其性质，归并为十二类。

郑樵把自汉至唐的曲调搜辑完备，严密分类，令我们知道乐府性质和内容是怎么样，这是他最大功劳。因为正史《乐志》，专详郊祀乐章，至多下及铙歌而止，别的部分都抹杀。其实相和、清商诸调，占乐府最主要之部分，史家以其无关朝廷典制而轻视之，实属大误。郑氏之书，最足补此缺点。但其分类错谬之处似仍不少，下文当详辨之。

郭茂倩《乐府诗集》，其分类与郑樵稍有异同：

卷一至卷一二　郊庙歌辞

卷一二至一三　燕射歌辞

卷一四至二〇　鼓吹曲辞　（即短箫铙歌）

卷二一至二五　横吹曲辞　（即鼓角及胡角）

卷二六至四三　相和歌辞

　　　　　　一 六引 二 曲 三 吟叹曲 四 四弦曲 五 平调曲

　　　　　　六 清调曲 七 瑟调曲 八 楚调曲 九 大曲

卷四四至五一　清商曲辞

　　　　　　一 吴声歌曲 二 神弦歌 三 西曲 四 江南弄

　　　　　　五 上云乐 六 梁雅歌

卷五二至五六　舞曲歌辞

卷五七至六〇　琴曲歌辞

卷六一至七八　杂曲歌辞

卷七九至八二　近代曲辞

卷八三至八九　杂歌谣辞

卷九〇至一百　新乐府辞

右目录中所谓近代曲辞者，乃隋唐以后新谱，下及五代北宋小词，与汉魏乐府无涉，所谓新乐府辞者，乃唐以后诗家自创新题号称乐府，实则并未尝入乐；所谓杂歌谣辞，则"徒歌"之谣，如前章所录者是。以上三种，严格论之，皆不能谓为乐府。舞曲、琴曲，则古代皆有曲无辞，如《小雅》之"六笙诗"，其辞大率六朝以后人补作也。自余郊庙、燕射、鼓吹、横吹、相和、清商、杂曲七种，则皆导源汉魏，后代循而衍之。狭义的乐府，当以此为范围。

今根据郑、郭两书，分类叙录乐府作品，以汉魏为断。其六朝作品，次章别论，唐以后不复列。

一　郊庙乐章

今所传汉乐府，非惟不知撰人名氏，即年代亦难确指。其可决为西汉作品者，惟《汉书·礼乐志》所载《房中》《郊祀》两歌。

《房中歌》十七章（分章依殿版《汉书》，原文但只得十六章，疑中有两章误合为一。）：

大孝备矣，纯德昭清。高张四县（注县古悬字），乐充宫廷。芬树羽林，云景杳冥。金支秀华，庶旄翠旌。（附记：称注者，颜师古原注，下同。）

七始华始，肃倡和声。神来宴娭（颜注娭，戏也），庶几是听。粥粥音送，细齐人情。（晋灼云："微感人情使之齐肃也。"超案，齐当读作剂，言能调剂人之情感。）忽乘青玄，熙事备成。清思眑眑，经纬冥冥。

我定历数，人告其心。敕身齐戒，施教申申。乃立祖庙，敬明尊亲。大矣孝熙，四极爱轃。

王侯秉德，其邻翼翼，显明昭式。（案此三句，每句有

中国之美文及其历史

301

韵。）清明鬯矣，皇帝孝德。竟全大功，抚安四极。海内有奸，纷乱东北。诏抚成师，武臣承德。行乐交逆（刘敞曰：“逆，迎也。”），箫勺群慝（言以礼乐化强暴）。肃为济哉，盖定燕国。

大海荡荡水所归，高贤愉愉民所怀。大山崔，百卉殖，民何贵，贵有德。

安其所，乐终产。乐终产，世继绪。飞龙秋，游上天。高贤愉，乐民人。（注“言驾马腾骧，秋秋然也。扬雄赋曰：‘秋秋跄跄入西园’，其义亦同。”超案，释龙为马恐非。此正用《易》之飞龙在天耳。又案，前章言“高贤愉愉”，此言“高贤愉”，与秋秋省作秋同一文法。前章“大山崔”，次章“丰草葽”，亦崔崔葽葽之省。）

丰草葽，女萝施。善何如，谁能回。大莫大，成教德。长莫长，被无极。

雷震震，电耀耀。明德乡，治本约。（颜注：“乡，方也；约，读曰要。”）治本约，泽弘大。加被宠，咸相保。德施大，世曼寿。

都荔遂芳，窅窊桂华。孝奏天仪，若日月光。乘玄四龙，回驰北行。羽旄殷盛，芬哉芒芒。孝道随世，我署文章。

冯冯翼翼，承天之则。吾易久远，烛明四极。慈惠所爱，美若休德。杳杳冥冥，克绰永福。

硙硙即即，师象山则。乌呼孝哉，案抚戎国。蛮夷竭欢，象来致福。兼临是爱，终无兵革。

嘉荐芳矣，告灵飨矣。告灵既飨，德音孔臧。惟德之臧，建侯之常。承保天休，令问不忘。

皇皇鸿明，荡侯休德。嘉承天和，伊乐厥福。在乐不荒，惟民之则。

浚则师德，下民咸殖。令问在旧，孔容翼翼。

孔容之常，承帝之明。下民之乐，子孙保光。承顺温良，受帝之光。嘉荐令芳，寿考不忘。

　　承帝明德，师象山则。云施称民，永受厥福。承容之常，承帝之明。下民安康，受福无疆。

汉志云："《房中祠乐》，高祖唐山夫人所作也。（服虔曰：'高帝姬也。'超案，《汉书·外戚传》无唐山名。）周有《房中乐》，至秦名曰《寿人》。凡乐，乐其所生，礼不忘本。高祖乐楚声，故《房中乐》楚声也。孝惠二年，使乐府令夏侯宽备其箫管，更名曰《安世乐》。"因歌名《房中》，又成于妇人之手，后世望文生义，或指为闺房之乐。此种误解，盖自汉末已然。魏明帝时，侍中缪袭奏言："往昔议者以《房中》歌后妃之德，……省读汉《安世歌》，说'神来燕享，嘉荐令仪'，无有《二南》后妃风化天下之言。……宜改曰《享神歌》。"今案，袭说甚是。《房中歌》盖宗庙乐章，故发端有"大孝备矣"之文。然虽经缪袭辨明，而后世沿讹者仍不少。郑樵依违其说，乃曰："《房中乐》者，妇人祷祠于房中也。"可谓瞎说。"房"，本古人宗庙陈主之所，这乐在陈主房奏，故以《房中》为名。后来房字意义变迁，作为闺房专用，故有此误解耳。此歌为秦汉以来最古之乐章，格韵高严，规模简古，胎息出于《三百篇》，而词藻稍趋华泽，音节亦加舒曼，周汉诗歌嬗变之迹，最可考见。又此为汉诗第一篇，而成于一夫人之手，足为中国妇女文学增重。

《郊祀歌》十九章：

　　练时日，侯有望（颜注：练，选也）。炀膋萧，延四方。（李奇曰："膋，肠间脂也。萧，香蒿也。"注以萧炀脂合馨香也。）九重开，灵之游，垂惠恩，鸿祐休。灵之车，结玄云，驾飞龙，羽旄纷。灵之下，若风马，左仓龙，右白虎。灵之来，神哉沛，先以雨，般裔裔。灵之至，庆阴阴，相放怫，震澹心。（注："放怫，犹髣髴也。澹，动也。"）灵已至，五音饬，虞至旦，承灵亿。（注："虞，乐也。亿，安也。"超案，虞即娱字。）牲茧栗，粢盛香，尊桂酒，宾八乡。灵安留，吟青黄，遍观此，眺瑶堂。众嫭并，绰奇丽，（孟康曰："嫭，好也。"）颜如荼，兆逐靡。被华文，厕雾縠。（注："厕，杂也。"）曳阿锡，佩珠玉。侠嘉夜，芭兰芳（超案，侠，当读如浃旬之浃）。澹容与，献嘉觞。　右《练时日》第一

帝临中坛，四方承宇，绳绳意变，备得其所。清和六合，制数以五。海内安宁，兴文偃武。后土富媪，昭明三光。穆穆优游，嘉服上黄。　右《帝临》第二

青阳开动，根荄以遂，膏润并爱，跂行毕逮。霆声发荣，垆处顷听，（注："顷，读曰倾。言蛰虫处岩厓者，倾听而起。"）枯槁复产（产，生也），乃成厥命。众庶熙熙，施及夭胎。群生啿啿，惟春之祺。　右《青阳》第三

朱明盛长，旉与万物，桐生茂豫，靡有所诎。（刘攽曰："桐，幼稚也。"）敷华就实，即阜既昌，登成甫田，百鬼迪尝。广大建祀，肃雍不忘，神若宥之，传世无疆。（注："若，善也。宥祐也。"）　右《朱明》第四

西颢沉砀，秋气肃杀，含秀垂颖，续旧不废。（注："废，合韵音发。"）奸伪不萌，妖孽伏息，隅辟越远，四貉咸服。既畏兹威，惟慕纯德，附而不骄，正心翊翊。　右《西颢》第五

玄冥陵阴，蛰虫盖臧（古藏字）。草木零落，抵冬降霜。易乱除邪，革正异俗，兆民反本，抱素怀朴。条理信义，望礼五岳，籍敛之时，掩收嘉谷。　右《玄冥》第六。（以上四章分咏四时。原跋云："邹子乐。"）

惟泰元尊，媪神蕃釐。（注："泰元，天也。媪神，地也。蕃，多也。釐，福也。"）经纬天地，作成四时。精建日月，星辰度理，阴阳五行，周而复始。云风雷电，降甘露雨，百姓蕃滋，成循厥绪。继统共勤，顺皇之德，鸾路龙鳞，（原跋云：

"建始元年丞相匡衡奏改此句为'涓选休成'。") 罔不肸饰。嘉
笾列陈，庶几宴享，灭除凶灾，烈腾八荒。钟鼓竽笙，云舞翔
翔，招摇灵旗，九夷宾将。　右《惟泰元》第七

　　天地并况，惟予有慕，爰熙紫坛，思求厥路。恭承礼祀，
缊豫为纷，黼绣周张，承神至尊。千童罗舞成八溢，合好效欢
虞泰一。九歌毕奏斐然殊，鸣琴竽瑟会轩朱。璆磬金鼓，灵其
有喜。百官济济，各敬厥事。盛牲实俎进闻膏，神奄留，临须
摇。长丽前掞光耀明，寒暑不忒况皇章。展诗应律铠玉鸣，函
宫吐角激徵清。发梁扬羽申以商，造兹新音永久长。声气远条
凤鸟羡，神夕奄虞盖孔享。　右《天地》第八

　　日出入安穷，时世不与人同。故春非我春，夏非我夏，秋
非我秋，冬非我冬。泊如四海之池（超案，池读如陀），遍观
是邪谓何？吾知所乐，独乐六龙，六龙之调，使我心若（超
案，若，顺也，善也。言若能调御六龙以升天，则我心顺遂）。
訾，黄，其何不徕下。（注："訾，嗟叹之辞。黄，乘黄也。
叹乘黄不来下。"应劭曰："乘黄，龙翼而马身，黄帝乘以升
天。"）　右《日出入》第九

　　太一况，天马下，霑赤汗，沫流赭。志俶傥，精权奇，策
浮云，晻上驰。体容与，迣万里，今安匹，龙为友。

　　天马徕，从西极，涉流沙，九夷服。天马徕，出泉水，虎
脊两，化若鬼。天马徕，历无草，径千里，循东道。天马徕，
执徐时，将摇举，谁与期。天马徕，开远门，竦予身，逝昆
仑。天马徕，龙之媒，游阊阖，观玉台。　右《天马》第十

　　天门开，詄荡荡，穆并骋，以临飨。光夜烛，德信著，灵
浸平而鸿，长生豫。大朱涂广，夷石为堂，饰玉梢以舞歌，体
招摇若永望。星留俞，塞陨光，照紫幄，珠烦黄。幡比翄回
集，贰双飞常羊。月穆穆以金波，日华耀以宣明。假清风轧
忽，激长至重觞。神裴回若留放，殣翼亲以肆章。函蒙祉福常

若期，寂漻上天知厥时。泛泛滇滇从高斿，殷勤此路胪所求。伮正嘉吉弘以昌，休嘉砰隐溢四方。专精厉意逝九阕，纷云六幕浮大海。　右《天门》第十一

景星显见，信星彪列，象载昭庭，日亲以察。参侔开阖，爰推本纪，汾脽出鼎，皇佑元始。五音六律，依韦响昭，杂变并会，雅声远姚。空桑琴瑟结信成，四兴递代八风生。殷殷钟石羽籥鸣，河龙供鲤醇牺牲。百末旨酒布兰生，泰尊柘浆析朝酲。微感心攸通修名，周流常羊思所并。穰穰复正直往宁，冯馪切和疏写平。上天布施后土成，穰穰丰年四时荣。　右《景星》第十二

齐房产草，九茎连叶。宫童效异，披图案牒。玄气之精，回复此都。蔓蔓日茂，芝成灵华。　右《齐房》第十三

后皇嘉坛，玄玄黄服。物发冀州，兆蒙祉福。沇沇四塞，假狄合处。经营万亿，咸遂厥宇。　右《后皇》第十四

华烨烨，固灵根，神之斿，过天门，车千乘，敦昆仑。神之出，排玉房，周流杂，拔兰堂。神之行，旌容容，骑沓沓，般纵纵。神之徕，泛翊翊，甘露降，庆云集。神之愉，临坛宇，九疑宾，夔龙舞。神安坐，羝吉时，共翊翊，合所思。神嘉虞，申贰觞，福滂洋，迈延长。沛施祐，汾之阿，扬金光，横泰河，莽若云，增扬波。遍胪欢，腾天歌。　右《华烨》第十五

五神相，包四邻，土地广，扬浮云。抎嘉坛，椒兰芳，璧玉精，垂华光。益亿年，美始兴，交于神，若有承。广宣延，咸毕觞，灵舆位，偃蹇骧。卉汩胪，析奚遗，淫渌泽，洼然归。　右《五神》第十六

朝陇首，览西垠，雷电寮，获白麟。爰五止，显黄德，图匈虐，熏鬻殛。辟流离，抑不详，宾百僚，山河绚。掩回辕，騔长驰，腾雨师，洒路陂。流星陨，感惟风，籴归云，抚怀

心。　右《朝陇首》第十七

象载瑜，白集西，食甘露，饮荣泉。赤雁集，六纷员，殊
翁杂，五采文。神所见，施祉福，登蓬莱，结无极。　右《象
载瑜》第十八

赤蛟绥，黄华盖，露夜零，画晻溢。百君礼，六龙位，勺
椒浆，灵已醉。灵既享，锡吉祥，芒芒极，降嘉觞。灵殷殷，
烂扬光，延寿命，永未央。杳冥冥，塞六合，泽汪濊，辑万
国。灵襛襛，象舆轪，票然逝，旗逶蛇。礼乐成，灵将归，托
玄德，长无衰。　右《赤蛟》第十九

《汉书·礼乐志》云："……至武帝定郊祀之礼，……乃立乐府，……
以李延年为协律都尉，多举司马相如等数十人造为诗赋，略论律吕以合
八音之调，作十九章之歌。以正月上辛用事甘泉圜丘，使童男女七十人
俱歌。……"据此，知此歌为武帝时司马相如等所作，而李延年制其
谱，但成之非一时。《天马》《景星》《齐房》《朝陇首》《象载瑜》诸章，
各叙年分事繇，其不叙者想亦历若干年陆续作成，但时日难确考了。作
歌者非一人，想随时更互有订改。（观成帝时匡衡尚改两句，可知，前
此亦有之。）故不著明某章为某人作，惟《青阳》《朱明》《西颢》《玄冥》
四章，注明为"邹子乐"，当是邹阳作。阳，景帝时人，似不逮事武帝，
想是当时乐府采其词以制谱。然则十九章中，此四章时代又较早了。

朝廷歌颂之作，无真性情可以发掘，本极难工，况郊庙诸歌，越发
庄严，亦越发束缚，无论何时何人，当不能有很好的作品。这十九章在
一般韵文里头，原不算什么佳妙，但专就这类诗歌而论，已是"后无来
者"。试把晋、宋、隋、唐四《志》所载王粲、缪袭、傅玄、荀勖、沈
约……诸家乐章一比较，便见。

这十九章在韵文史里头所以有特殊价值，因为它总算创作。它的体
裁和气格，有点出自《诗经》的三《颂》，却并不袭三《颂》面目，有
点出自《楚辞》的《九歌》，也不袭《九歌》面目，最少也是镕铸三

《颂》《九歌》，别成自己的生命。

十九章中，三言、四言、五言、七言皆有，又或一章中诸言长短并用，开后世作家无限法门。

各章价值，又自分高下，邹子四章最醇古，有《雅》《颂》遗音。分咏四时，各各写出它的美和善。春则"枯槁复产乃成厥命"，夏则"桐生茂豫靡有所诎"，秋则"沆砀肃杀续旧不废"，冬则"革除反木抱素怀朴"，皆从自然界的顺应，看出人生美善相乐的意义。

《练时日》《天门开》二章，想象力丰富，选辞腴而不缛，实诸章最上乘。《景星》章七言句，遒丽浑健，远非《秋风辞》靡靡之比。《天马》二章亦有逸气，其余诸章便稍差了。

二　郊庙乐章以外之汉乐府在魏晋间辞谱流传者

我的研究汉乐府歌辞所靠的资料，除前所录《房中》《郊祀》两歌见《汉志》外，最古者便是沈约《宋书·乐志》。（《晋书》所记事迹时代虽在前，其编著却在后。其《乐志》不过誊抄《宋志》而已。）彼《志》所录魏晋以后辞皆标明某人作，内有不载作者姓名而单题曰"古词"者。沈约自言其体例云："凡乐章古词今之存者，并汉世街陌谣讴，《江南可采莲》《乌生十五子》《白头吟》之属是也。"据此可知凡《宋志》中所谓"古词"，决为汉人作品。（总在魏武帝诸作之前。）但汉运历四百年之久，诸谣讴究属何时所造，无从考证。依我推测，总该以属于东汉中叶以后者为最多。因为年代愈久则散佚愈易，西汉武帝时乐府所采，传下来的至多不过百中之一二罢了。

汉乐府词多有不能句读且文义绝对不可解者，此非如寻常古书文学传写讹夺而已。盖其词从伶工传习之本转录，而伶工所传，实为乐谱，将歌词与音符（后世之"工尺"）写在一起。景朐《广乐记》所谓"言字讹谬，声辞杂书"。《古今乐录》所谓"声、辞、艳相杂，不可复分"。（俱《宋志》引。）《宋志》于《宋饶歌》词下亦注云："乐人以音声相传，话不可复解。"盖我国乐谱制法拙劣，以致古乐一无遗留，间有一二，则声辞搅做一团，既不能传其声，反因而乱其辞，最可痛惜。试将《宋志》所载《汉铙歌》录出第一、第二两章以示其概：

《朱鹭曲》：

朱露鱼以鸟路訾邪鹭何食食茄下不之食不以吐将以问诛者

《思悲翁曲》：

思悲翁唐思夺我美人侵以遇悲翁也但我思蓬首狗逐狡兔食
交君枭子五枭母六拉沓高飞莫安宿

铙歌中有文义可解——且绝佳者，下文别录之，但其中大部分诘屈不可句读率类此。

试更取一章并录汉、魏、晋、宋四代歌词如下：

艾如张（铙歌第三章）：

（汉曲）
艾而张罗夷于
何行成之四时
和山出黄雀亦
有罗雀以高飞
奈雀何为此倚
欲谁肯礐室
（魏曲）
获吕布，
戮陈宫，
芟夷鲸鲵，
驱骋群雄，

囊括天下，

运掌中。

（晋曲）

征辽东，

敌失据。

威灵迈日域。

洲既授首，

群逆破胆，

咸震怖，

朔北响应。

海表景附。

武功赫赫，德云布。

（宋曲）

几令吾呼历舍居执来随

咄武子邪令乌衔针相风

其右其右

几令吾呼群议破荫执来随

吾咄武子邪令乌令乌令

脞入海相风及后

几令吾呼无公赫吾执来

随吐吾武子邪令乌与公

赫吾姬立诸布诸布

同一调谱，而魏辞最短，仅二十一字。汉晋辞皆三十五字，宋辞则多至八十字，可见所添之字，皆声辞相杂之结果。试想《卿云歌》仅十六字，今用为国歌，所用音符有多少个呢？若将音符逐一写作"上工尺一合六凡"等字，而与歌辞相杂，如何能读？《宋志》中极有限之"古词"，缘此而失其文义者又不少，真可惜极了！

汉乐府辞谱俱全流传最久者为《铙歌》，亦名《鼓吹曲》，实军乐也。凡二十二曲，内四曲佚其辞，今将其曲名、次第，及魏晋依谱所造新歌列表如下：

《铙歌》二十二曲：

（汉）

1 朱鹭

2 思悲翁

3 艾如张

4 上之回

5 雝离

6 战城南

7 巫山高

8 上陵

9 将进酒

10 君马黄

11 芳树

12 有所思

13 雉子班

14 圣人出

15 上邪

16 临马台

17 远如期

18 石留

19 务成 ⎫
20 玄云 ⎬ 此四曲歌辞佚
21 黄爵行 ⎪
22 钓竿 ⎭

（魏）

1 初之平

2 战荥阳

3 获吕布

4 克官渡

5 旧邦

6 定武功

7 屠柳城

8 平南荆

9 平关中

10 应帝期

11 雍熙

12 太和　魏仅用十二曲

（晋）

1 灵之祥

2 宣受命

3 征辽东

4 宣辅政

5 时运多难

6 景龙飞

7 平玉衡

8 百揆

9 因时运

10 惟庸蜀（当有所思）

11 天序

12 承运期（当上邪）

13 全灵运（当君马黄）

14 于穆我皇（当雉子班）

15 仲春振旅（当圣人出）

16 夏苗田

17 仲秋猕田

18 从天运

19 唐尧

20 玄云

21 伯益

22 钓竿

以上曲调名称，在文学上本无甚关系，因《铙歌》在乐府中最为重要，故稍详其历史沿革。

魏晋以后《铙歌》，乃由"帮闲文学家"按旧谱制新辞，一味恭维皇帝，读起来令人肉麻，更无文学上价值。《汉铙歌》则不然，其歌辞皆属"街陌谣讴"，大概是社会上本已流行的唱曲，再经音乐家审定制谱，所以能流传久远，很可惜声辞相混不能解读者过半。内中几首，虽间有三五讹字，然大体尚可读。今录之如下：

《战城南》（第六曲）：

战城南，死郭北，野死不葬乌可食。

为我谓乌："且为客豪，野死谅不葬，腐肉安能去子逃？"

水深激激，蒲苇冥冥，枭骑战斗死，驽马裴回鸣。

梁筑室，何以南？梁何北？（此九字似有讹。）禾黍而获

君何食？愿为忠臣安可得！

思子良臣，良臣诚可思，朝行出攻，莫不夜归。

此诗代表一般人民厌恶战争的心理，好处在倾泻胸膈，绝不含蓄。用这种歌词作军乐，就后人眼光看起来，很像有点奇怪。但当时只是用人人爱唱的，像并没有什么拣择和忌讳。这首歌写军中实感，虽过于悲

愤，亦含有马革裹尸的雄音。

《上陵》（第八曲）：

> 上陵何美美，下津风以寒。问客从何来？言从水中央。
> 桂树为君船，青丝为君筜，木兰为君棹，黄金错其间。
> 沧海之雀，赤翅鸿。白雁随，山林乍开乍合，曾不知日月明。
> 醴泉之水光泽何蔚蔚？芝为车，龙为马，览遨游，四海外。
> 甘露初二年，芝生铜池中，仙人下来饮，延寿千万岁。

这首诗差不多没有韵，但细读仍觉音节浑成，意境有点像《离骚》《远游》。

《君马黄》（第十曲）：

> 君马黄，臣马苍，二马同逐臣马良。
> 易之有骓蔡有赭。（此句不能解）
> 美人归以南，驾车驰马，美人伤我心。
> 佳人归以北，驾车驰马，佳人安终极。

此首像纯是童谣，意义在可解不可解之间，但拙得有味。

《有所思》（第十二曲）：

> 有所思，乃在大海南。何用问遗君？双珠玳瑁簪，
> 用玉绍缭之。闻君有他心，拉杂摧烧之。
> 摧烧之，当风扬其灰！从今以往，勿复相思！
> 相思与君绝。鸡鸣狗吠，兄嫂当知之。（此句不甚可解）
> 妃呼狶！秋风肃肃晨风飔，东方须臾高知之。（末句不审

有无讹脱)。

这一首恋歌，正是"温柔敦厚""怨而不怒"的反面，赌咒发誓，斩钉截铁，正见得一往情深。后代决无此奇作，专门诗家越发不能道其只字。

《上邪》(第十五曲)：

> 上邪(此二字不可解，或是感叹辞，和"妃呼豨"一样)。我欲与君相知。长命无绝衰。　山无陵，江水为竭，冬雷震震，夏雨雪，天地合，乃敢与君绝。

又是一首情感热到沸度的恋歌，意境、格调、句法、字法，无一不奇特。

《临高台》(第十六曲)：

> 临高台以轩，下有清水清且寒。江有香草目以兰，黄鹄高飞离哉翻。关弓射鹄，令我主寿万年。

《汉铙歌》十八首中，比较的可以成诵的就算这六首了，其余或仅几句可解，或全首都不可解，真是可惜。

《铙歌》成于汉代何时，今难确考，据《晋中兴书》，则谓武帝时已有。(《乐府诗集》引)我们虽不敢断定，但认为西汉作品，大概还不甚错，惟未必全部都出武帝时耳。(《上陵篇》有"甘露初二年"语恐是宣帝时作。)它那种古貌古心古香古泽，和别的乐府确有不同，我们既认许多乐府是东汉末年作，这十八首的时代当然要提前估算。

此外乐府曲调名经郑樵依据《伎录》《古今乐录》等书及宋、晋两《志》分类列目如下：

汉鞞舞歌五曲 { 关中有贤女 / 章和二年中 / 乐久长 / 四方皇 / 殿前生桂树

右汉代燕享所用，其辞至魏初已亡，魏晋皆依旧谱作新歌。

拂舞歌五曲 { 白鸠 / 济济 / 独漉 / 碣石 / 淮南王

右汉歌五曲，魏武帝更分《碣石》为四，共八曲。

鼓角横吹十五曲 {
黄鹄吟　洛阳道　骢马
陇头吟　长安道　雨雪
望行人　豪侠行　刘生
折杨柳　梅花落　古剑行
关山月　紫骝马　洛阳公子行

胡角横吹十曲 {
黄鹄　入塞
陇头　折杨柳
出关　黄覃子
入关　赤之杨
出塞　望行人

《晋志》云："胡角者，本以应胡笳之声，后渐用之横吹。张博望（骞）入西域，传其法于西京，惟得《摩诃兜勒》一曲。李延年因胡曲更造新声二十八解。《乘舆》以为武乐，后汉以给边将，和帝时，万人将军得之。魏晋以来，二十八解不复具存，用者有《黄鹄》《陇头》……《赤之杨》《望行人》十曲。"《乐府解题》云："后又有《关山月》《洛阳道》《长安道》《梅花落》《紫骝马》《骢马》《雨雪》《刘生》八曲，合十八曲。"(《乐府诗集》引）据此，则鼓角、胡角，实同一乐，乃从西域传来，李延年采以制谱者。外国音乐之输入，实自此始。郑樵将鼓角、胡角分为二，似未谛审。但延年之二十八解，非惟歌辞多佚，即调名亦半已无传。樵所录合二十五曲，除去重复四曲，余二十一曲，又除魏晋后新增八曲，余十三曲。然则延年旧曲名失考者，尚十五曲也。

相和歌三十曲
{
江南行　　短歌行　　艳歌何尝行
度关山　　燕歌行　　步出夏东门行
长歌行　　秋胡行　　野田黄雀行
薤露　　　苦寒行　　满歌行
蒿里　　　董逃行　　棹歌行
鸡鸣　　　塘上行　　雁门太守行
对酒　　　善哉行　　白头吟
乌生八九子　东门行　　气出唱
平陵乐　　西门行　　精列
陌上桑　　煌煌京洛行　东光
}

右三十曲，郑樵云："汉旧歌。"

相和歌吟叹四曲
{
大雅吟　　楚妃叹
王昭君　　王子乔
}

相和歌四弦一曲——蜀国四弦

右二项，郑樵云："据张永《元嘉技录》。"

相和歌平调七曲
{
长歌行　　君子行
短歌行　　燕歌行
猛虎行　　从军行
鞠歌行
}

相和歌清调六曲
{
苦寒行　　相逢狭路间
豫章行　　塘上行
董逃行　　秋胡行
}

相和歌瑟调三十八曲

善哉行	孤儿行	门有事马客行
陇西行	大墙上蒿行	墙上难为趋行
	野田黄雀行	日重光行
折杨柳	钓竿行	月重轮行
西门行	临高台行	蜀道难
东门行	长安城西行	棹歌行
东西门行	武舍之中行	有所思行
却东西门行	雁门太守行	蒲坂行
顺东西门行	艳歌何尝行	采梨橘行
饮马长城窟行	艳歌福钟行	白杨行
上留田行	艳歌双鸿行	胡无人行
新城安乐宫行	煌煌京洛行	青龙行
妇病行	帝王所居行	公无渡河行

相和歌楚调五曲

- 白头吟
- 泰山吟
- 梁甫吟
- 东武吟
- 怨歌行

右四项，郑樵云："据王僧虔《技录》。"

大曲十五曲

东门行—东行	煌煌京洛行—园桃	满歌行—相乐
折杨柳行—西山	艳歌何尝行—白鹄	步出夏门行—夏门
艳歌罗敷行—罗敷	步出夏门行—碣石	棹歌行—布大化
西门行—西门	艳歌何尝行—何尝	雁门太守行—洛阳令
折杨柳行—默默	野田黄雀行—置酒	白头吟

右一项，郑樵不言所本。今案，盖采《宋书·乐志》。

白纻歌一曲——白纻歌

清商曲七曲 {
子夜——即白紵
前溪
乌夜啼
石城乐
莫愁乐
襄阳乐
王昭君
}

右一项，郑樵不言所本。今案，盖采吴兢《乐府古题要解》也。

清商附三十二曲 {

白雪	欢闻歌	乌夜飞
公莫舞	团扇郎	杨叛儿
巴渝	懊侬	雅歌
明之君	长史变	骁壶
	丁督护	常林欢
铎舞	读曲	三洲
白鸠	乌夜啼	采桑度
白紵	估客乐	玉树后庭花
子夜	石城乐	堂堂
吴声四时歌	莫愁	泛龙舟
前溪	襄阳	春江花月夜

}

右一项，郑樵不言所本。今案，盖采杜佑《通典》。清商在唐武后时犹存六十三曲，至佑时则仅此三十三曲也。（此处三十三曲疑有误，应为三十二曲。编者注。）《唐书·乐志》亦采佑说。

$$
夷乐四十一曲
\begin{cases}
西凉五曲 \\
龟兹二十曲 \\
天竺二曲 \\
康国四曲 \\
疏勒三曲 \\
安国三曲 \\
高丽二曲 \\
礼毕二曲
\end{cases}
$$

琴操五十七曲（曲名不录）

遗声四百十八曲（曲名不录）

遗声者，郑樵谓本有节奏而后乃失之也，以比古之逸诗。但所列四百十八曲之曲名，率多魏晋六朝人五言诗，并非乐府。

右郑樵所搜录者如此，其后郭茂倩虽稍有分合，然大体皆与樵同。内曲名重复互见者虽甚多。然搜辑之勤，我们对他总该表谢意。然樵有大错误者一点，在把"清商"与"相和"混为一谈。均于《相和歌》三十曲以外，复列相和平调、清调、瑟调、楚调四种，而清商则仅列七曲，附三十三曲，皆南朝新歌，一若汉魏只有相和别无清商者，殊不知惟清商为有清、平、瑟三调（楚调是别出的，是否为清商未可知），而相和则未闻有之。凡樵据王僧虔《伎录》所录之五十一曲，皆清商也。《宋书·乐志》（以下省称《宋志》）云："《相和》，汉高歌也，丝竹更相和，执节者歌。本十七曲，朱生、宋识、列和等合之为十三曲。"此十三曲《宋志》全录："1《气出唱》、2《精列》、3《江南》、4《度关山》、5《东光乎》、6《十五》、7《薤露》、8《蒿里》、9《对酒》、10《鸡鸣》、11《乌生八九子》、12《平陵》、13《陌上桑》。"魏明帝时所传相和歌止此，并无三十曲之说也。至于清商，则杜佑《通典》云："《清商三调》，并汉氏以来旧典，歌章古调与魏三祖所作者皆备于史籍。"佑所谓史籍，即指《宋志》也。《宋志》录完《相和》十三曲之后，另一行云："《清商三调》歌诗，荀勖撰旧词施用者。"此下即分列《平调》六曲，《清调》六曲，《瑟调》八曲，则此三调皆属于清商甚明。王僧虔所录，《平调》增一曲，《瑟调》增三十曲。僧虔与沈约同时，所增者约盖亦见，但作史有别裁，不能全录，但录荀勖造谱之二十曲耳。而郑樵读《宋志》时，似将"《清商三调》荀勖撰"一行滑眼漏掉，漫然把《宋书》卷二十一所录诸歌，全都归入《相和》，造出"相和平调"……等名目。于是本来仅有十三曲的《相和》，无端增出几十曲来，本有几十曲的《清商》，除《吴声》七曲外，汉魏歌辞一首都没有。樵亦自知不可通，于是复曲为之说，谓："汉时所谓清商者，但尚其音耳。晋宋间始尚辞，观吴兢所纂七曲，皆晋宋间曲也。"殊不知《清商三调》，本惟其音不惟其辞，《魏书·乐志》载陈仲孺奏云："瑟调以角为主，清调以商为主，平调以宫为主"，其性质如宋乐府之有南吕宫、仙吕宫、大石调、小石调……等。本属有声无辞，其被之以辞，则衍为若干曲，有《陌上桑》《相逢》《善哉》……诸名，则犹宋乐府各宫调中有《菩萨蛮》《浪淘沙》……诸曲。郑樵说："汉但尚音"，实则晋宋何尝不是尚音？他说："晋宋尚辞"，实则晋宋间辞倒逐渐散亡了。《宋志》载王僧虔奏云："今之清商，实犹铜雀，魏氏三祖，风流可怀。京洛相高，江左九重，而情变听改，稍复零落。十数年间，亡者将半。……"这便是清商汉魏间有辞而晋宋间散佚之明证。郑樵的话，刚刚说倒了。大抵替清商割地，始自吴兢，而郑樵、郭茂倩沿其误。今据王僧虔、沈约所记载，复还其旧。又《宋志》于三调之外，复有所谓"大曲""及楚调"，其性质如何虽难确考，既王僧虔以类相次，则宜并属清商。至《通典》所载清商诸曲，则专就唐时现存者言。清商在南朝递有增加，至唐时则远代之汉魏曲尽亡，存者仅近代之梁陈曲耳。今依鄙见别造乐府类别表如下：

乐府
- 1 公式专用
  - 1 用诸祭祀者
    - 1 房中歌　宗庙用
    - 2 郊祀歌　郊社用
  - 2 用诸军旅者
    - 1 短箫铙歌
    - 2 鼓角横吹
- 2 公私并用
  - 1 歌舞兼者
    - 1 鞞舞曲
    - 2 拂舞曲
    - 3 白纻歌
  - 2 唯歌者
    - 1 相和歌（《宋志》所录十三曲）
    - （《宋志》复载"但歌"一种，声辞俱佚不复列入）
    - 2 清商
      - 1 汉魏旧曲
        - 1 平清瑟三调
          - 1 荀勖制谱者（《宋志》所录二十曲）
          - 2 旧谱流传者（王僧虔所录在《宋志》外者）
        - 2 大曲（《宋志》所录十五曲）
        - 3 楚调（《宋志》所录一曲及王僧虔所录四曲）
      - 2 南朝新声——吴兢所录七曲杜佑所录三十三曲

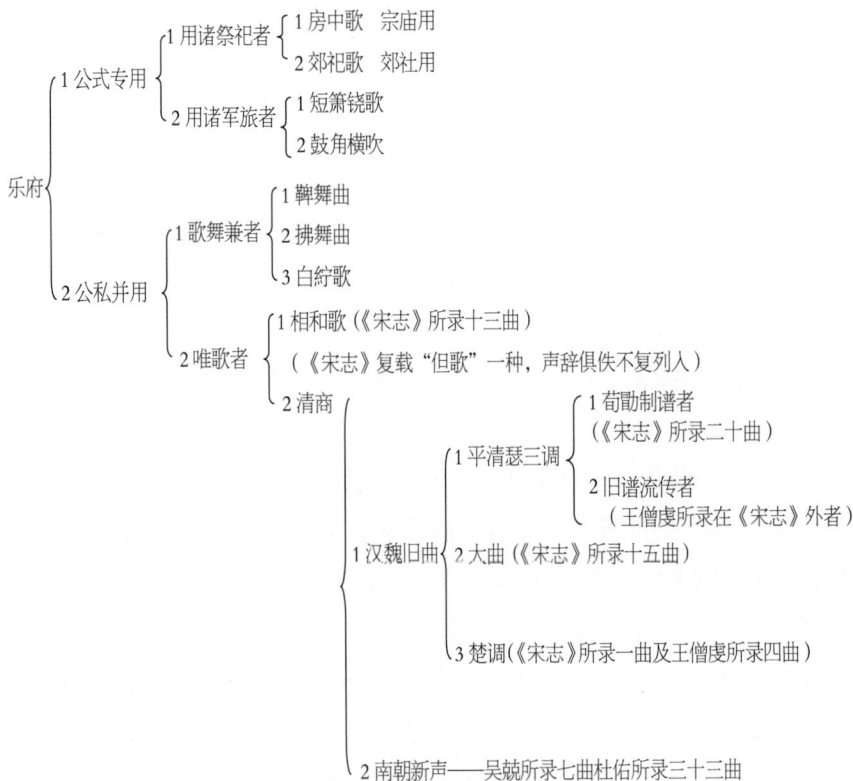

　　各种乐府除《房中》《郊祀》辞谱同时并制，《郊祀》多出当时著名文学家手笔外，自《铙歌》以下，皆《宋志》所谓"采自街陌谣讴"，所谓"始皆徒歌，既而被诸弦管"。故欲观两汉平民文学，必以乐府为其渊海。《房中》《郊祀》《铙歌》，前已具录，左方所录，断自鼓角横吹以下。

　　左方所录，全采《乐府诗集》之标题"古辞"者。"古辞"之名，起于《宋志》，后之录乐府者皆袭之。《宋志》定"古辞"界说，谓"并汉世街陌谣讴"，惟《乐府诗集》所录古辞，多于《宋志》一两倍，未必尽出汉代。今以意别择，其确知为魏晋后作品者不录，界在疑似间者姑录之，仍以鄙见间加考证焉。

《陇头》（横吹）：

> 陇头流水，流离四下。念吾一身，飘然旷野。
> 朝发欣城，暮宿陇头。寒不能语，舌卷入喉。
> 陇头流水，鸣声幽咽。遥望秦川，心肝断绝。

右一篇，《乐府诗集》编入《梁鼓角横吹曲》中，然《乐府古题要解》称汉横二十八曲，魏晋间存者十曲，《陇头》在焉。此词矫健朴茂，虽未必便出李延年，要是汉人作品。

《出塞》（横吹）：

> 候骑出甘泉，奔命入居延。旗作浮云影，阵如明月弦。

汉横吹二十八曲，据《晋书·乐志》言当时存者仅有《黄鹄》《陇头》《出关》《入关》《出塞》《入塞》《折杨柳》《黄覃子》《赤之杨》《望行人》十曲，今存者只此一曲。歌辞尚好，但对偶声病颇谨严，颇疑是齐梁后作品，最早亦不过晚汉人拟作。若谓出李延年，我断不敢信。

《紫骝马》（横吹）：

> 十五从军征，八十始得归。道逢乡里人，家中有阿谁？遥望是君家，松柏冢累累。兔从狗窦入，雉从梁上飞。中庭生旅谷，井上生旅葵。烹谷持作饭，采葵持作羹。羹饭一时熟，不知贻阿谁？出门东向望，泪落沾我衣。

《紫骝马》这调也是胡角横吹，但属后人所加，不见李延年廿八曲之内（《乐府解题》说），何时所加却无可考了。此歌《乐府诗集》载在《梁鼓角横吹》项下，全首之前尚有八句，又引《古今乐录》云："《十五从军征》以下是古辞"，然则非梁时作品明矣。依我看，全首风格朴茂，可以认为汉作，至其词之沉痛，又在杜老《三别》之上，不用我赞美了。

《箜篌引》（相和六引之一）：

> 崔豹《古今注》云："《箜篌引》者，朝鲜津卒霍里子高妻丽玉所作也。子高晨起刺船，有一白首狂夫被发提壶，乱流而渡。其妻随而止之，不及，遂坠河而死。于是援箜篌而歌曰：'公无渡河……'声甚凄惨，曲终亦投河死。子高还以语丽玉，丽玉伤之，乃引箜篌而写其声。"

> 公无渡河，公竟渡河。坠河而死，将奈公何！

这歌不用一点词藻，也不著半个哀痛悲怆字面，仅仅十六个字，而沉痛至此，真绝世妙文！

《江南曲》（一名《江南可采莲》）（相和）：

> 江南可采莲，莲叶何田田，鱼戏莲叶间。
> 鱼戏莲叶东，鱼戏莲叶西，鱼戏莲叶南，鱼戏莲叶北。

这歌像是相和歌中最古者，所以各书论及相和歌历史，便首举之。歌辞也不见什么特别好处，但质朴得有趣。

《薤露》《蒿里》（相和）：

> 崔豹《古今注》云："《薤露》、《蒿里》，并丧歌也。本出田横门人，横自杀，门人伤之，为作悲歌。言人命奄忽，如薤上之露易晞灭也。亦谓人死魂魄归于蒿里。至汉武帝时，李延年分为二曲，《薤露》送王公贵人，《蒿里》送士大夫庶人。使挽枢者歌之，亦谓之挽歌。"

薤上露，何易晞。露晞明朝更复落，人死一去何时归！

蒿里谁家地，聚散魂魄无贤愚。（《乐府诗集》云："蒿里，山名，在泰山南。"）鬼伯一何相催促，人民不得少踟蹰。

此二歌是否必出田横门人，虽不可知，要当在李延年以前，实汉歌中最古者。

《鸡鸣》（一名《鸡鸣高树巅》）（相和）：

鸡鸣高树颠，狗吠深宫中。荡子何所之，天下方太平。刑法非有贷，柔协正乱名。（一解）

黄金为君门，碧玉为轩阑。堂上双尊酒，作使邯郸倡。刘王碧青甓，复出郭门王。（案，此二句似有讹字。）（二解）

舍后有方池，池中双鸳鸯。鸳鸯七十二，罗列自成行。鸣声何啾啾，闻我殿东厢。（三解）

兄弟四五人，皆为侍中郎。五日一时来，观者满路傍。黄金络马头，颎颎何煌煌。（四解）

桃生露井上，李树生桃傍。虫来啮桃根，李树代桃僵。树木身相代，兄弟还相忘。（五解）

右歌旧不分解，今分作五解，每解六句，各解似皆独立，文义不相连属。又间有全句和别的歌大同小异者，殆当时乐人喜唱之语，故不嫌犯复，汉魏六朝乐府多如此。

《乌生》（一名《乌生八九子》，一名《乌生十五子》）（相和）：

乌生八九子，端坐秦氏桂树间。（案，乌而云"端坐"，用语奇特。）唶！我！（案，此歌连用"唶我！"二字凡五处，颇难解，窃疑"我"即"哦"，与"唶"字同为感叹辞，重叠叹之。）秦氏家有游荡子，工用睢阳强，苏合弹。（案，强当为弓之异名。）左手持强，弹两丸，出入乌东西。唶！我！一丸即发中乌身，乌死魂魄飞扬上天。阿母生乌子时，乃在南山岩石间。唶！我！人民安知乌子处，蹊径窈窕安从通。

白鹿乃在上林西苑中，射工尚复得白鹿脯。唶！我！黄鹄摩天极高飞，后宫尚复得烹煮之。鲤鱼乃在洛水深渊中，钓钩尚得鲤鱼口。

唶！我！人民生各各有寿命，死生何须复道前后！

此歌大旨言世路险峨，祸机四伏，难可避免。因睹乌子而触发，故详叙其事而述所感，复推想到白鹿黄鹄鲤鱼作陪以广其意，末二句点出实感。

《平陵东》（相和）：

《古今注》云："平陵东，汉翟义门人所作。"《乐府解题》云："义，丞相方进之少子，为东郡太守，以王莽方篡汉，举兵诛之。不克，见害。门人作歌以怨之也。"

平陵东，松柏桐，不知何人劫义公。

劫义公，在高堂下。交钱百万两走马。

两走马，亦诚难，顾见追吏心中恻。

心中恻，血出漉。归告我家卖黄犊！

《陌上桑》三解（一名《日出东南隅》，一名《艳歌行》）（大曲）：

（《古今注》言罗敷邯郸人，为千乘王仁妻，不知何据。《孔雀东南飞》亦有罗敷名，盖当时用以代表好女子，其事实可不必深考也。）

日出东南隅，照我秦氏楼，秦氏有好女，自名为罗敷。罗敷憙蚕桑，采桑城南隅。青丝为笼系，桂枝为笼钩。头上倭堕髻，耳中明月珠。缃绮为下裙，紫绮为上襦。行者见罗敷，下担捋髭须。少年见罗敷，脱帽著帩头。耕者忘其犁，锄者忘其锄。归来相怒怨，但坐观罗敷。（一解）

使君从南来，五马立踟蹰。使君遣吏往，问"是谁家姝？""秦氏有好女，自名为罗敷。""罗敷年几何？""二十尚不足，十五颇有余。"使君谢罗敷："宁可共载不？"罗敷前致辞："使君一何愚，使君自有妇，罗敷自有夫。"（二解）

"东方千余骑，夫婿居上头。何用识夫婿，白马从骊驹。青丝系马尾，黄金络马头。腰中鹿卢剑，可直千万余。十五府小史，二十朝大夫。三十侍中郎，四十专城居。为人洁白晳，鬑鬑颇有须。盈盈公府步，冉冉府中趋。坐中数千人，皆言夫婿殊。"（三解）

（《乐府诗集》原注云："三解前有艳，歌曲后有趋。"案，"艳"与"趋"皆音乐中特别名词，乐府中在末一解之前有"艳"，全曲之末有"趋"者不少。）

这首歌几乎人人共读，用不着我赞美的批评。我感觉最有趣的是第三解，没头没脑的赞她夫婿，大吹特吹，到末句戛然而止，这种结构，绝非专门诗家的诗所有。晋傅玄有《艳歌行》，将此歌改头换面，末两句作为罗敷告使君语云："天地正厥位，愿君改其图。"真臭腐得不可向迩。"呜呼，人之度量相越岂不远哉！"

《王子乔》（相和吟叹）：

王子乔，参驾白鹿云中遨。参驾白鹿云中遨，下游来。
王子乔，参驾白鹿上至云戏游遨。上建逋阴广里践近高。结仙官，过谒三台。东游四海五岳，山过蓬莱紫云台。
三王五帝不足令，令我圣朝应太平。养民若子事父明，当究天禄永康宁。

327

玉女罗坐吹笛箫嗟行，圣人游八极。呜吐街福翔殿侧，圣主享万年，悲吟皇帝延寿命。

"相和吟叹曲"凡四曲（曲目见前表），古辞现存者只此一曲，辞并不佳，且有讹字，因其稀罕，故录之以备历史。

《长歌行》其一（清商平调）：

青青园中葵，朝露待日晞。阳春布德泽，万物生光辉。常恐秋节至，焜黄华叶衰。百川东到海，何时复西归。少壮不努力，老大徒伤悲。

此歌音节谐顺，绝似建安七子诗，与其他汉乐府气格不同。但既相传为古辞，或是晚汉作品耳。

《长歌行》其二（清商平调）：

仙人骑白鹿，发短耳何长？导我上太华，揽芝获赤幢。来到主人门，奉药一玉箱。主人服此药，身体日康强。发一白更黑，延年寿命长。

岩岩山上亭，皎皎云间星。远望使心思，游子恋所生。驱车出北门，遥观洛阳城。凯风吹长棘，夭夭枝叶倾。黄鸟飞相追，咬咬弄音声。伫立望西河，泣下沾罗缨。

此歌《乐府诗集》连写作一首，细绎文义，似确是两首，当是传抄者误会耳。（拆作两首，每首字句与"青青园中葵"那首正相等。）前一首纯属汉乐府音节，后一首已带建安诗风。

《猛虎行》（清商平调）：

饥不从猛虎食，暮不从野雀栖。野雀安无巢，游子为谁骄。

此歌《乐府诗集》不录入正文，惟于魏文帝《猛虎行》之前著一小序引及之，未知其辞是否止于此。

《君子行》（清商平调）：

　　君子防未然，不处嫌疑间。瓜田不纳履，李下不整冠。嫂叔不亲授，长幼不比肩。劳谦得其柄，和光甚独难。周公下白屋，吐哺不及餐。一哺三握发，后世称圣贤。

此歌全属建安诗风，且亦不见佳。

《豫章行》（清商清调）：

　　白杨初生时，乃在豫章山。上叶摩青云，下根通黄泉。凉秋八九月，山客持斧斤。我□何皎皎，梯落□□□。根株已断绝，颠倒岩石间。大匠持斧绳，锯墨齐两端。一驱四五里，枝叶自□捐。□□□□□，会为舟船皤。身在洛阳宫，根在豫章山。多谢枝与叶，何时复相连。

　　吾生百年□，自□□□俱。何意万人巧，使我离根株。（空格皆原阙）

此歌与《乌生八九子》同一意境，气格亦略相类。

《董逃行》五解（清商清调）：

　　吾欲上谒从高山，山头危崄大难言。遥望五岳端，黄金为阙班璘，但见芝草叶落纷纷。（一解）

　　百鸟集来如烟，山兽纷纶，麟辟邪。（案，辟邪獬豸也。）其端鹍鸡声鸣，但见山兽援戏相拘攀。（二解）

　　小复前行，玉堂未心怀流还。（案，此七字疑有讹夺。）

传教出门来，"门外人何求所言？""欲从圣道求得一命延。"（三解）

　　教勑凡吏受言，"采取神药若木端。白兔长跪捣药，虾蟆丸。（案，谓使兔捣药，虾蟆丸之。丸者，搓使成团也。）奉上陛下一玉拌，服此药可得神仙。"（四解）

　　服尔神药，莫不欢喜。陛下长生老寿，四面肃肃稽首，天神拥护左右，陛下长与天相保守。（五解）

《续汉书·五行志》云：灵帝中平中，京都歌曰："承乐世，董逃。游四郭，董逃。蒙天恩，董逃。带金紫，董逃。行谢恩，董逃。整车骑，董逃。垂欲发，董逃。与中辞，董逃。出西门，董逃。瞻宫殿，董逃。望京城，董逃。日夜绝，董逃。心摧伤，董逃。"《风俗通》云："董卓以《董逃》之歌，主为己发，大禁绝之。"《古今注》云："《董逃歌》，后汉游童所作，终有董卓作乱，卒以逃亡，后人习之为歌章，乐府奏之。"超案，"董逃"二字本有音无义。殆童谣尾声用以凑节拍，如"丁当"耳。董卓心虚迷信，因其同音，认为己谶，如洪宪时禁卖元宵（袁消）也。但我们因此可以推定"上谒高山"之歌出现在董卓后，恐是汉乐府中最晚出的了。

《相逢行》（一名《相逢狭路间》，一名《长安有狭邪》）（清商清调）：

　　相逢狭路间，道隘不容车。不知何年少，夹毂问君家。君家诚易知，易知复难忘。黄金为君门，白玉为君堂。堂上置尊酒，作使邯郸倡。中庭生桂树，华灯何煌煌。兄弟两三人，中子为侍郎。五日一来归，道上自生光。黄金络马头，观者盈道傍。入门时左顾，但见双鸳鸯。鸳鸯七十二，罗列自成行。音声何噰噰，鹤鸣东西厢。大妇织绮罗，中妇织流黄。小妇无所为，挟瑟上高堂。丈人且安坐，调丝未遽央。

此歌与《鸡鸣高树巅》多相同之语句，窃疑两首中必有一首为当时伶人所造，采集当时通行歌语而谱以新调，乐府中类此者尚多。

《乐府诗集》别录有《长安有狭邪》古辞一首，其词与此首大同小异，两调本属一调，今不复录。

六朝人用法调袭此歌改换数字成篇者，不下十数家。荀昶、梁武帝、梁简文帝、庾肩吾、王囧、徐防、张率……等，俱见《乐府诗集》，真是文章孽海。辛稼轩词《调寄清平乐》云："茅檐低小，溪畔青青草。醉里吴音相媚好，白发谁家翁媪。大儿锄豆溪东，中儿正织鸡笼。最喜小儿无赖，溪头看剥莲蓬。"正从这首歌的"三妇"脱胎出来。像这样的模仿，才算有价值呢。

《善哉行》六解（清商瑟调）：

> 来日大难，口燥唇干。今日相乐，皆当喜欢。（一解）
> 经历名山，芝草翻翻。仙人王乔，奉药一丸。（二解）
> 自惜袖短，内（同纳）手知寒。惭无灵辄，以报赵宣。
> （三解）
> 月没参横，北斗阑干。亲交在门，饥不及餐。（四解）
> 欢日常少，戚日苦多。以何忘忧，弹筝酒歌。（五解）
> 淮南八公，要道不烦。参驾六龙，游戏云端。（六解）

此首在四言乐府中，音节最谐美，和魏武帝的"对酒当歌"颇相类，想时代相去不远。但魏武别有《善哉行》数首，此首必在其前耳。第一解语颇酸恻，生当乱世汲汲顾影的人确有这种感想。

《陇西行》（一名《步出夏门行》）（清商瑟调）：

> 天上何所有，历历种白榆。桂树夹道生，青龙对道隅。凤皇鸣啾啾，一母将九雏。顾视世间人，为乐甚独殊。——好妇

出迎客，颜色正敷愉。伸腰再拜跪，问客"平安不"？请客北堂上，坐客毡氍毹。清白各异樽，酒上正华疏。酌酒持与客，客言"主人持"。却略再拜跪，然后持一杯。谈笑未及竟，左顾敕中厨。促令"办粗饭"，慎勿使稽留。废礼送客出，盈盈府中趋。送客亦不远，足不过门枢。

取妇得如此，齐姜亦不如。健妇持门户，亦胜一丈夫。

乐府中意境新颖，结构瑰丽，全首无一懈弱之点者，莫如《陌上桑》和这篇。这篇以《陇西》为题，想是写陇西风俗。写的是一位有才干知礼义的主妇，却从天上人"顾视世间"的眼中看出来。写天上话不多，境界却是极美丽闲适。写主妇言语举动，琐琐如画。却无一点堆垛，可谓极技术之能事。

《步出夏门行》（即前调）（清商瑟调）：

邪径过空庐，好人常独居。卒得神仙道，上与天相扶。过谒王父母，乃在太山隅。离天四五里，道逢赤松俱。揽舆为我御，将吾上天游。天上何所有，历历种白榆。桂树夹道生，青龙对伏趺。

这首末四句和前首起四句全同，两首不知孰先孰后，当时乐府并不嫌字句抄袭，只要全首组织各有各妙处。

《折杨柳行》四解（大曲）：

默默施行违，厥罚随事来。妹喜杀龙逢，桀放于鸣条。
（一解）
祖伊言不用，纣头悬白旄。指鹿用为马，胡亥以丧躯。
（二解）
夫差临命绝，乃云负子胥。戎王纳女乐，以亡其由余。

（三解）

　　三夫成市虎，慈母投杼趋。卞和之削足，接舆归草庐。
（四解）

此首堆积若干件故事，别是一格，词却不佳。
《东门行》四解（大曲）：

　　出东门不顾，归来入门怅欲悲。盎中无斗储，还视桁上无
悬衣。（一解）
　　拔剑出门去，儿女牵衣啼。他家但愿富贵，贱妾与君共铺
糜。（二解）
　　"共铺糜，上用（以也，因为也）仓（同苍）浪天故，下
为黄口小儿（言上要对得起苍天，下要替儿女积福）。今时清
廉难犯，教言君复自爱莫为非。"（三解）
　　"今时清廉难犯，教言君复自爱莫为非！行吾（此二字不
可解，疑"吾"读作"乎"，感叹辞），去为迟！（此三字亦不
甚可解，疑有讹夺。）平慎行，望君归。"（四解）

　　此篇写一有气骨的寒士家庭，人格岳岳难犯，爱情却十分浓挚，又
是乐府中一别调。
　　（《乐府诗集》于此篇之前尚录有《西门行》古辞一篇，凡六解："出
西门，步念之。今日不作乐，当待何时……"云，但原书引《古今乐
录》谓"据王僧虔《技录》，古《西门》一篇今不传"。然则僧虔时该
诗已佚矣。《诗集》所录，乃据《乐府解题》者，但该诗辞意浅薄，采
《古诗十九首》中"生年不满百"一首添补而成，似非古辞。今从僧虔，
不录。）
　　《饮马长城窟行》（清商瑟调）：

青青河畔草，绵绵思远道。远道不可思，夙昔（朝夕也）梦见之。梦见在我旁，忽觉在他乡。他乡各异县，展转不相见。枯桑知天风，海水知天寒。入门各自媚，谁肯相为言。客从远方来，遗我双鲤鱼。呼儿烹鲤鱼，中有尺素书。长跪读素书，书中竟何如？上有"加餐食"，下有"长相忆"！

此诗《玉台新咏》题为蔡邕作，但《乐府诗集》据《解题》仍题古辞。格调纯类五言诗，想时代定不甚早，邕作之说或可信。

《上留田行》（清商瑟调）：

（《古今注》云："上留田，地名也，人有父母死不字其孤弟者，邻人为其弟作悲歌以风其兄。"）

里中有啼儿，似类亲父子。（谓亲父所生之子。）回车问啼儿，慷慨不可止。

底下所录《妇病》《孤儿》两首，以繁语写实感，此首以简语写实感，各极其妙。

《妇病行》（清商瑟调）：

妇病连年累岁，传呼丈人前一言。当言未及得言，不知泪下一何翩翩。"属累君两三孤子，莫我儿饥且寒。有过慎勿笪（音挞）笞，行当折摇思复念之。（此句疑有误字）"

乱曰："抱时无衣，襦复无里。闭门塞牖舍，孤儿到市。道逢亲交（疑当作父，下同）。泣坐不能起。对父（原作交，今以意改）啼泣泪不可止。我欲不伤悲，不能已。探怀中钱持授父（原作交，今以意改），入门见孤儿啼，索其母抱。徘徊空舍中，行复尔耳，弃置勿复道。"

病妇临终言："勿令儿饥寒。"乱曰以下，正写儿饥寒之状，有两三孤子。故稍长者能到市逢亲父，幼者啼索母抱，父始终未归，故旁观者"徘徊空舍"，叹惜"弃置"。

《孤儿行》（一名《放歌行》）（清商瑟调）：

> 孤儿生，孤儿遇生命独当苦。父母在时，乘坚车坐驷马。父母已去，兄嫂令我行贾。——
>
> 南到九江，东到齐与鲁。腊月来归，不敢自言苦。头多虮虱，面目多尘。大兄言办饭，大嫂言视马。上高堂行取殿（此三字难解，当是谒父母影堂）。下堂，孤儿泪下如雨。
>
> 使我朝行汲，暮得水。来归，手为措，足下无菲（草鞋）。怆怆履霜，中多蒺藜。拔断蒺藜，肠肉中怆欲悲。泪下渫渫，清涕累累。
>
> 冬无复襦，夏无单衣。
>
> 居生不乐，不如早去下从地下黄泉。
>
> 春气动，草萌芽。三月蚕桑，六月收瓜。将是瓜车，来到还家。瓜车反覆，助我者少。啖瓜者多，愿还我蒂。兄与嫂严独且急，归当与校计。
>
> 乱曰："里中一何谇谇，愿欲寄尺书将与地下父母，兄嫂难与久居。"

这首歌可算中国头一首写实诗，妙处在把琐碎情节委曲描写，内中行汲收瓜两段特别细叙，深刻情绪自然活现，是写生不二法门。

《雁门太守行》八解（清商瑟调）：

> 孝和帝在时，洛阳令王君，本自益州广汉蜀民，少行宦，学通五经论。（一解）
>
> 明知法令，历世衣冠。从温补洛阳令，治行致贤，拥护百

姓，子养万民。（二解）

外行猛政，内怀慈仁，文武备具，料民富贫。移恶子姓，篇著里端。（三解）

伤杀人，比伍同罪对门。禁鼚予八尺，捕轻薄少年，加答决罪，诣马市论。（四解）

无妄发赋，念在理冤，敕吏正狱，不得荷烦。财用钱三十，买绳理竿。（五解）

贤哉贤哉，我县王君。臣吏衣冠，奉事皇帝。功曹主簿，皆得其人。（六解）

临部居职，不敢行恩。清身苦体，夙夜劳勤。治有能名，远近所闻。（七解）

天年不遂，早就奄昏。为君作祠，安阳亭西。欲令后世，莫不称传。（八解）

此歌专颂一地方官功德（所颂为王涣字稚子，《后汉书》有传，石刻中存有《王稚子阙铭》），体例与他歌皆异。歌并不佳，但既为汉人作品，仍录之以备一格。

《艳歌何尝行》四解（一名《飞鹄行》）（大曲）：

飞来双白鹄，乃从西北来。十十五五，罗列成行。（一解）

妻卒被病，行不能相随。五里一反顾，六里一徘徊。（二解）

"吾欲衔汝去，口噤不能开。吾欲负汝去，毛羽何摧颓。"（三解）

乐哉新相知，忧来生别离。踌躇顾群侣，泪下不自知。（四解）

念与君离别，气结不能言。各各重自爱，远道归还难。妾

当守空房，闭门下重关。若生当相见，亡者会黄泉。今日乐相
乐，延年万岁期。（原注云："念与，下为趋。"）

此歌着语不多，然伉俪挚爱，表现到十二分。"五里反顾，六里徘
徊""吾欲衔汝，吾欲负汝"等句，我们悼亡的人，不能卒读。

此歌分五段，而旧本只云"四解"，原注又谓"念与下为趋"，然则
末段十句非本文矣。《古今乐录》引王僧虔云："大曲有艳有趋有乱，艳
在曲之前，趋与乱在曲之后，亦犹《吴声》《西曲》前有和后有送也。"
（《乐府诗集》引）案，"趋"或有歌辞，在本文中为附庸；或并无歌辞，
由乐工临时增入以凑音节。如《日出东南隅》等篇，原注云："曲后有
趋"，而其趋辞无传，想是听乐工自由增入也。本篇前四解皆"艳"，为
本文，后十句之"趋"则附庸。又最末两句"今日乐相乐，延年万岁
期"，与全文意义不相联属，殆乐工临时增唱者，乐府中类此者甚多。
（《相逢狭路间》之末两句"丈人且安坐，调丝未遽央"，性质亦与此同。
乐工唱完这一曲，说道还有他曲，请安心等等云耳。"调丝"并不连上
句之"挟瑟"而言。）

《艳歌何尝行》五解（大曲）：

何尝快，独无忧，但当饮醇酒炙肥牛。（一解）
长兄为二千石，中兄被貂裘。（二解）
小弟虽无官爵，鞍马躞躞，往来王侯长者游。（三解）
但当在王侯殿上，快独搏蒲六博对坐弹棋。（四解）
男儿居世，各当努力。蹙迫日暮，殊不久留。（五解）
少小相触抵，寒苦常相随。怨恚安足诤，吾中道与卿共
别离。约身奉事君，礼节不可亏。上惭沧浪之天，下顾黄口小
儿。奈何复老，心皇皇独悲，谁能知！（原注云："少小，下
为趋，曲前为艳。"）

这首亦有很长的"趋",不在原曲五解中,注所谓"曲前为艳",疑当作"前曲",盖谓"趋"以前之曲皆"艳"耳。这首的"趋",和前曲不相连属,当是伶工临时杂凑。"沧浪天""黄口小儿"等语,明明割裂《东门行》凑成。

《艳歌行》(清商瑟调):

(《古今乐录》曰:"《艳歌行》非一,有直云《艳歌》,即此《艳歌行》是也,若《罗敷》《何尝》《双鸿》《福钟》等行,亦皆艳歌。"[《乐府诗集》引]案,普通大曲,曲前有艳,或末解之前有"艳",此歌及《罗敷》《何尝》等四章,殆全曲皆"艳"的音节,故专以"艳歌"名。后人指香奁体为艳歌,误也。)

　　翩翩堂前燕,冬藏夏来见。兄弟两三人,流宕在他县。故衣谁当补,新衣谁当绽。赖得贤主人,览(同揽)取为我组。夫婿从门来,斜柯西北眄。语卿"且勿眄,水清石自见"。石见何垒垒,远行不如归。

此诗结构颇有趣,说的一位作客的人,流寓在别人家。那家的男人却亦出去作客,末句"远行不如归"总结两客。

《艳歌行》(清商瑟调):

　　南山石嵬嵬,松柏何离离。上枝拂青云,中心十数围。洛阳发中梁,松树窃自悲。斧锯截是松,松树东西摧。持作四轮车,载至洛阳宫。观者莫不叹,问是何山材?谁能刻镂此,公输与鲁班。被之用丹漆,薰用苏合香。本是南山松,今为宫殿梁。

此歌与《豫章行》同一命意,但辞不逮彼。

《艳歌》(清商瑟调):

今日乐相乐，相从步云衢。天公出美酒，河伯出鲤鱼。青龙前铺席，白虎持榼壶。南斗工鼓瑟，北斗吹笙竽。妲娥垂明珰，织女奉瑛琚。苍霞扬东讴，清风流西歈。垂露成帷幄，奔星抶轮舆。

此歌《乐府诗集》不录，据冯惟讷《古诗记》补入。此歌专讲享受自然界之美，颇富于想象也。但以格调论，除首二句外，全首对偶。末四句颇伤雕饰，疑非汉作，姑存之。

《白头吟》（大曲）：

皑如山上雪，皎似云间月。闻君有两意，故来相决绝。
今日斗酒会，明日沟水头。蹀躞御沟上，沟水东西流。
凄凄复凄凄，嫁娶不须啼。愿得一心人，白头不相离。
竹竿何袅袅，鱼尾何簁簁。男儿重意气，何用钱刀为！

《乐府诗集》载"晋乐所奏"，此曲凡分五解；首四句为第一解，次四句为第二解；但在解前添"平生共城中，何尝斗酒会"二句，共六句，此下添"郭东亦有樵，郭西亦有樵。两樵相推与，无亲为谁骄"四句，为第三解；"凄凄复凄凄"四句为第四解；"竹竿"以下为第五解；但末又添四句："蹴如马啖萁，川上高士嬉。今日相对乐，延年万岁期"，所添之句殊拙劣，且或与原辞文义不属。此皆乐工增改原文以求合音乐节拍，如元人曲本，明清伶人动多增改也。其所增改，或插入别的歌谣零句，如"郭东亦有樵"四句便是；或乐工自己杂凑，如"平生共城中"二句及末四句便是。乐府中类此者当甚多，后人或因其文义不连属，斥为不通；或又惊奇之以为特别好章法，皆无当也。

此诗《文选》采载，题为卓文君作，二千年来几公认为正确的故实。所以凡论五言诗者，率推枚乘、苏、李及此诗为最古之作。卓文君作《白头吟》事，始见于《西京杂记》,《杂记》为晋以后人伪书，久有定论，然则此事确否，已难征信。就算是确，那原辞恐决不是如此。此诗每四句一转韵，章节谐媚，最早也不过东汉末作品，西汉中叶断无此音调。王僧虔《技录》不著作者姓名，但题古辞（《乐府诗集》据《古今乐录》引），然则六朝初年人并不认为文君作也。

《怨诗行》（楚调）：

> 天德悠且长，人命一何促。百年未几时，奄若风吹烛。嘉宾难再遇，人命不可续。齐度游四方，各系太山录。人间乐未央，忽然归东岳。当须荡中情，游心恣所欲。

《满歌行》（大曲）：

> 为乐未几时，遭时险巇，逢此百罹。伶丁荼毒，愁苦难为。遥望极辰，天晓月移。忧来填心，谁当我知。
>
> 戚戚多思虑，耿耿殊不宁，祸福无形。惟念古人，逊位躬耕，遂我所敢。以兹自宁，自鄙栖栖。守此末荣，暮秋烈风。昔蹈沧海，心不能安。揽衣瞻夜，北斗阑干。星汉照我，去自无他。奉事二亲，劳心可言。穷达天为，智者不愁，多为少忧。安贫乐道，师彼庄周。遗名者贵，子退同游。往者二贤，名垂千秋。饮酒歌舞，乐复何须！照视日月，日月驰骋。辙轲人间，何有何无！贪财惜费，此一何愚！凿石见火，居代几时？为当欢乐，心得所喜。安神养性，得保遐期。

此歌并不佳，年代似亦不古。

右所录除《铙歌》外，凡《横吹曲》一首、《相和引》一首、《相和歌》七首、《相和吟叹曲》一首、《清商平调》四首、《清商清调》三首、《清商瑟调》十首、《楚调》一首、《大曲》八首，共二十九首，皆两汉古辞曾制谱入乐而其音节至魏晋时犹传者。(《乐府诗集》每首之下皆注:"右魏乐所奏""右晋乐所奏"字样,盖本诸《古今乐录》。)

《独漉》六解(拂舞):

> 独漉漉漉,水深泥浊。泥浊尚可,水深杀我。(解一)
>
> 雍雍双雁,游戏田畔。我欲射雁,念子孤散。(解二)
>
> 翩翩浮萍,得风摇轻。我心何合,与之同并。(解三)
>
> 空帷低床,谁知无人。夜衣锦绣,谁别伪真。(解四)
>
> 刀鸣削中,倚床无施。父冤不报,欲活何为。(解五)
>
> 猛虎斑斑,游戏山间。虎欲啮人,不避豪贤。(解六)

此《拂舞》五曲之一也,《南齐书·乐志》仅录第一解,云:"晋时《独漉舞歌》六解,此是前一解。"此歌为何时作品难确考。《晋书》云:"《拂舞》出自江左",而吴兢云:"读其辞,除《白鸠》一曲,余并非吴歌,未知所起。"然则亦汉魏古辞矣。《齐志》复引《伎录》所载曲词云:"求禄求禄,清白不浊。清白尚可,贪污杀我。"未知与此孰先。

《淮南王》(拂舞):

> 淮南王,自言尊,百尺高楼与天连。后园凿井银作床,金瓶素绠汲寒浆。
>
> 汲寒浆,饮少年。少年窈窕何能贤,扬声悲歌音绝天。
>
> 我欲渡河河无梁,愿化黄鹄还故乡。
>
> 还故乡,入故里。徘徊故乡,苦身不已。繁舞寄声无不泰,徘徊桑梓游天外。

此亦《拂舞》五曲之一,《古今注》谓"淮南王安死后,其徒思恋不已而作"。但辞靡意浅,断非西汉作品,或东汉末乐伶所造耳。

此外舞曲歌辞今有者尚有两篇,皆"声辞杂写,不可复辨"(《古今

中国之美文及其历史

341

乐录》语）。其一为《汉铎舞曲》："昔皇文武邪弥弥舍谁吾时吾行许……咄等邪乌素女有绝其圣乌乌武邪"，凡百八十一字，一为《汉巾舞曲》："吾不见公莫时吾何婴公来婴姥时吾哺……君去时思来婴吾去时母何何吾吾"，凡三百零三字。在王僧虔、沈约时已如读天书，我们更不用说了。

《俳歌》（一名《侏儒导》）（散乐）：

> 俳不言不语，呼俳嗜所。俳适一起，狼率不止。生拔牛
> 角，摩断肤耳。马无悬蹄，牛无上齿。骆驼无角，奋迅两耳。

此歌见《齐志》云："侏儒导舞人自歌之。古辞《俳歌》八曲，此是前一篇。二十二句，今侏儒所歌摘取之也。"作品年代无考，但侏儒演剧，汉武帝时已成行，这首歌辞也像很古。

右两首亦有音乐为节，但已不算正式乐府。

《蜨蝶行》（杂曲）：

> 蜨蝶遨游东园，奈何卒逢三月养子燕。接我苜蓿间，持我
> 入紫深宫中，行缠之传樀栌间。雀来，燕燕子见衔哺来，摇头
> 鼓翼，何斩奴轩。

这歌有些错字，不甚可读。作为被燕子捉去的胡蝶儿口吻，颇有趣。

《悲歌》（杂曲）：

> 悲歌可以当泣，远望可以当归。思念故乡，郁郁累累。
> 欲归家无人，欲渡河无船。心思不能言，肠中车轮转。

歌辞一句一字都有郁郁累累气象，乐府中无上妙品。

《前缓声歌》（杂曲）：

水中之马，必有（此二字无甚意义，或涉下文而衍）陆地
之船，但有意气，不能自前。心非木石荆根株数得覆天，当复
思——（此十四字中似有讹舛）。

东流之水，必有西上之鱼。不在大小，但有朝于后
来——（此处当有讹字或脱句）。

长笛续短笛，欲今皇帝陛下三千万岁。（末二句伶工作吉
语。）

《东飞伯劳歌》（杂曲）：

东飞伯劳西飞燕，黄姑织女时相见。谁家儿女对门居，开
颜发艳照里闾。南窗北牖挂月光，罗帷绮帐脂粉香。女儿年
岁十五六，窈窕无双颜如玉。三春已暮花从风，空留可怜谁
与同。

这首歌是好的，惟音节太谐协，和梁武帝《河中之水》、鲍照《行
路难》那一类诗极相近。我很疑是六朝作品，但既相传是古辞，姑录
于此。

《焦仲卿妻》（一名《孔雀东南飞》）（杂曲）：

原序云："汉末建安中，庐江府小吏焦仲卿妻刘氏为仲卿母所遣，自
誓不嫁。其家逼之，乃没水而死。仲卿闻之，亦自缢于庭树。时人伤之
而为此辞也。"

孔雀东南飞，五里一徘徊。"十三能织素，十四学裁衣。
十五弹箜篌，十六诵诗书。十七为君妇，心中常苦悲。君既为
府吏，守节情不移。贱妾留空房，相见常日稀。鸡鸣入机织，

夜夜不得息。三日断五匹，大人故嫌迟。非为织作迟，君家妇难为。妾不堪驱使，徒留无所施。便可白公姥，及时相遣归。”

府吏得闻之，堂上启阿母：“儿已薄禄相，幸复得此妇。结发同枕席，黄泉共为友。共事二三年，始尔未为久。女行无偏斜，何意致不厚？”

阿母谓府吏：“何乃太区区，此妇无礼节，举动自专由。吾意久怀忿，汝岂得自由。东家有贤女，自名秦罗敷。可怜体无比，阿母为汝求。便可速遣之，遣之慎莫留。”

府吏长跪告：“伏惟启阿母，今若遣此妇，终老不复取。”阿母得闻之，捶床便大怒：“小子无所畏，何敢助妇语。吾已失恩义，会不相从许。”

府吏默无声，再拜还入户。举言谓新妇，哽咽不能语：“我自不驱卿，逼迫有阿母。卿但暂还家，吾今且报府。不久当归还，还必相迎取。以此下心意，慎勿违吾语。”新妇谓府吏：“勿复重纷纭，往昔初阳岁，谢家来贵门。奉事循公姥，进止敢自专。昼夜动作息，伶俜萦苦辛。谓言无罪过，供养卒大恩。仍更被驱遣，何言复来还！妾有绣腰襦，葳蕤自生光。红罗复斗帐，四角垂香囊。箱帘六七十，绿碧青丝绳。物物各自异，种种在其中。人贱物亦鄙，不足迎后人。留待作遗施，于今无会因。时时为安慰，久久莫相忘。

鸡鸣外欲曙，新妇起严妆。著我绣夹裙，事事四五通。足下蹑丝履，头上玳瑁光。腰若流纨素，耳著明月珰。指如削葱根，口如含朱丹。纤纤作细步，精妙世无双。上堂拜阿母，阿母怒不止。“昔作女儿时，生小出野里。本自无教训，兼愧贵家子。受母钱帛多，不堪母驱使。今日还家去，念母劳家里。”却与小姑别，泪落连珠子：“新妇初来时，小姑始扶床。今日被驱遣，小姑如我长。勤心养公姥，好自相扶将。初七及下九，嬉戏莫相忘。”

出门登车去，涕落百余行。府吏马在前，新妇车在后。隐隐何甸甸，俱会大道口。下马入车中，低头共耳语："誓不相隔卿！且暂还家去，吾今且赴府。不久当还归，誓天不相负。"新妇谓府吏："感君区区怀，君既若见录，不久望君来。君当作盘石，妾当作蒲苇。蒲苇纫如丝，盘石无转移。我有亲父兄，性行暴如雷。恐不任我意，逆以煎我怀。"举手长劳劳，二情同依依。

入门上家堂，进退无颜仪。阿母大拊掌："不图子自归。十三教汝织，十四能裁衣。十五弹箜篌，十六知礼仪。十七遣汝嫁，谓言无誓违。汝今无罪过，不迎而自归。"兰芝惭阿母："儿实无罪过。"阿母大悲摧。

还家十余日，县令遣媒来，云有第三郎，窈窕世无双。年始十八九，便言多令才。阿母谓阿女："汝可去应之。"阿女含泪答："兰芝初还时，府吏见丁宁，决誓不别离。今日违情义，恐此事非奇。自可断来信，徐徐更谓之。"阿母白媒人："贫贱有此女，始适还家门，不堪吏人妇，岂合令郎君。幸可广问讯，不得便相许。"媒人去数日，寻遣丞请还。说："有兰家女，承籍有宦官。云有第五郎，娇逸未有婚。遣丞为媒人，主簿通语言。直说太守家，有此令郎君。既欲结大义，故遣来贵门。"阿母谢媒人："女子先有誓，老姥岂敢言。"阿兄得闻之，怅然心中烦。举言谓阿妹，"作计何不量，先嫁得府吏，后嫁得郎君。否泰如天地，足以荣汝身。不嫁义郎体，其往欲何云。"兰芝仰头答："理实如兄言。谢家事夫婿，中道还兄门。处分适兄意，那得自任专。虽与府吏要，渠会永无缘。"登即相许和，便可作婚姻。

媒人下床去，诺诺复尔尔。还部白府君："下官奉使命，言谈大有缘。"府君得闻之，心中大欢喜。视历复开书，便利此月内。六合正相应，良吉三十日。今已二十七，卿可去成婚。交语速装束，骆驿如浮云。青雀白鹄舫，四角龙子幡。婀娜随风转，金车玉作轮。踯躅青骢马，流苏金镂鞍。赍钱三百万，皆用青丝穿。杂彩三百匹，交广市鲑珍。从人四五百，郁郁登郡门。

阿母谓阿女："适得府君书，明日来迎汝。何不作衣裳，莫令事不举。"阿女默无声，手巾掩口啼，泪落便如泻，移我琉璃榻，出置窗前下，左手持刀尺，右手执绫罗。朝成绣夹裙，晚成单罗衫。晻晻日欲暝，愁思出门啼。

府吏闻此变，因求假暂归。未至二三里，摧藏马悲哀。新妇识马声，蹑履相逢迎。怅然遥相望，知是故人来。举手拍马鞍，嗟叹使心伤。"自君别我后，人事不可量，果不如先愿，又非君所详。我有亲父母，逼迫兼弟兄。以我应他人，君还何所望。"府吏谓新妇："贺君得高迁。盘石方且厚，可以卒千年。蒲苇一时纫，便作旦夕间。卿当日胜贵，吾独向黄泉。"新妇谓府吏："何意出此言！同是被逼迫，君尔妾亦然。黄泉下相见，勿违今日言！"执手分道去，各各还家门。生人作死别，恨恨那可论。念与世间辞，千万不复全。

府吏还家去，上堂拜阿母："今日大风寒，寒风摧树木，严霜结庭兰。儿今日冥冥，令母在后单。故作不良计，勿复怨鬼神。命如南山石，四体康且直。"阿母得闻之，零泪应声落："汝是大家子，仕宦于台阁。慎勿为妇死，贵贱情何薄。东家有贤女，窈窕艳城郭。阿母为汝求，便复在旦夕。"府吏再拜还，长叹空房中。作计乃尔立，转头向户里，渐见愁煎迫。

其日牛马嘶，新妇入青庐。奄奄黄昏后，寂寂人定初。我命绝今日，魂去尸长留。揽裙脱丝履，举身赴青池。府吏闻此事，心知长别离。徘徊庭树下，自挂东南枝。

两家求合葬，合葬华山傍。东西植松柏，左右种梧桐。枝枝相覆盖，叶叶相交通。中有双飞鸟，自名为鸳鸯。仰头相向鸣，夜夜达五更。行人驻足听，寡妇赴傍徨。多谢后世人，戒之慎勿忘。

　　这首诗几于人人共读，用不着我赞美了。刘克庄《后村诗话》疑这诗非汉人作品，他说汉人没有这种长篇叙事诗，应为六朝人拟作。我从前也觉此说新奇，颇表同意，但仔细研究，六朝人总不会有此朴拙笔墨。原序说焦仲卿是建安时人，若此诗作于建安末年，便与魏的黄初紧相衔接。那时候如蔡琰的《悲愤诗》、曹植的《赠白马王彪诗》，都是篇幅很长。然则《孔雀东南飞》也有在那时代成立的可能性，我们还是不翻旧案的好。

　　此诗与《病妇》《孤儿》两行，同为乐府中写实的作品。但其中有大不同的一点，《妇病》《孤儿》纯属"街陌谣讴"，——质而言之。纯是不会做诗的人做的，《孔雀东南飞》却是会做诗的人做的。所以那两首一句一字都是实在状况，这一首就不免有些缘饰造作的话。篇中"妾有绣腰襦"一段、"著我绣夹裙"一段、"青雀白鹄舫"一段，后来评家极力赞美，说它笔力排奡，为全篇生色。这些话我也相对的承认，因为全首一千多字都属谈话体，太干燥了，以文章技术论，不能不有几段铺叙之笔瑰丽之辞。但可惜这类铺叙，和写实的体裁已起了冲突了。因为所铺叙的富贵气太重，和"小吏"家门不称。又如"新妇初来时，小姑始扶床。今日被驱遣，小姑如我长"，分明和上文"共事二三年，始尔未为久"两句冲突。小姑哪里会长得这样快呢？又如"东家有贤女，自名秦罗敷"，分明是借用《日出东南隅》那首诗的典故，怎么"东方千骑、夫婿上头"的罗敷还会在闺中待字，又恰是庐江小吏的"东家"呢？凡此之类，都是经不起反驳的。文人凭他想象力所及，随意挥洒，原是可以的，笨伯吹毛挑剔，固是"痴人前说不得梦"。但这诗既是写实，此类语句，终不能不说是自乱其例。总之这首诗是诗人之诗，不免为技术而牺牲事实，我们不必为讳。

　　《枯鱼过河泣》（杂曲）：

枯鱼过河泣，何时悔复及。作书与鲂鱮，相教慎出入。

绝似一首绝句，但音节还近古，或是晚汉作品。
《咄唶歌》(一名《枣下何攒攒》)(杂曲)：

枣下何攒攒，荣华各有时。枣欲初赤时，人从四边来。枣适今日赐（此字疑有误），谁当仰视之。

《无题》(杂曲)：

秋风萧萧愁杀人，出亦愁，入亦愁。座中何人，谁不怀忧，令我白头！

胡地多飚风，树木何修修。

离家日趋远，衣带日趋缓。心思不能言，肠中车轮转。

此歌《乐府诗集》不载，据《古诗纪》补入，疑与前所录《悲歌》为同时作品。

右《杂曲》七首，皆无乐谱传在魏晋间者，郑樵谓之遗声，谓本有谱而后来失却也。但如《孔雀东南飞》等长篇，我们敢决其自始即未尝入乐，何从得有谱来？郑樵主张诗乐合一说太过，致有此偏见耳。《杂曲》之名，郭茂倩所用，今从之。

右所录先后次第，俱依《乐府诗集》。以歌曲之种类相从，凡横吹、相和、大曲、拂舞、散乐、杂曲共□十□首。《合诸房中歌》十七首、《郊祀歌》十九首、《铙歌》十八首，两汉乐府尽于此，大约总数不能逾百首。内中尚有年代可疑或应属六朝作品者若干首，有与五言诗界限不甚分明者若干首。

就篇幅之长短统计，则最短者为《箜篌引》，仅十六字，最长者为

《孔雀东南飞》□千□百□十□字。其余则二十字以上□首，五十字以上□首，百字以上□首，二百字以上□首，五百字以上□首。

就句法之长短统计，则全首三字句□首，全首四字句□首，全首五字句者□首，全首七字句者□首，长短句相杂者□首。

右各篇有作者姓名可考者，惟《郊祀歌》中《青阳》《朱明》《西颢》《玄冥》四首，《汉志》明载为邹阳作，其余十五首为"司马相如等"所造，已不能确指某首属某人。其《饮马长城窟》则见《蔡邕集》，《玉台新咏》亦指为邕作，此外则作者一无可考。沈约所谓"皆汉世街陌谣讴"，当属实情。故欲观两汉平民文学，必以乐府为总汇。

既无作者姓名，那么，各篇的年代先后自然也无从稽考。若勉强找过标准，则《郊祀歌》我们已知决为汉武帝时作品；《铙歌》假定是武昭宣间作品，可拿来作西汉中叶风格的代表；《饮马长城窟》假定是蔡邕作，可拿来作东汉末风格的代表。（还有次节所录曹氏父子各篇也可作这时代的代表。）用这两把尺来将各篇子细一量，总可以看出些消息，但也不过略知其概罢了。正确的标准到底没有，依我的见地，朴拙的作品，也许东汉时还有，流媚的作品，敢说西汉时必无。

三　建安黄初间有作者主名之乐府

汉乐府除武帝时所造《郊祀》雅歌外，余皆采自街陌谣讴。作者之名，靡得而指。及建安末，风流文采，盛于邺下。其尤卓荦者称"七子"（见第三卷）。而曹氏父子兄弟——武帝操、文帝丕、陈思王植为之领袖。于是五言诗规模大备，而乐府之作亦极盛。其时则杜夔深通古乐，而左延年善为新声，皆在操幕府。黄初太和间，则朱生、宋识、列和等以知音奉事宫廷，凡操、丕所作诗歌，率皆被诸弦管。其谱则依汉旧者十之七八，而新创者亦十之二三。但其时诗风已一变，乐府与五言诗几不复可分矣。今取《宋书·乐志》所录操、丕、植诸篇为当时伶官所奏者，择其尤异，录若干首，其《宋志》不载者，虽用乐府旧题，仍归诸次卷。

魏武帝曹操

操，字孟德，沛国谯人（今亳县）。汉桓帝永寿元年生，建安二十五年死，年六十六（西纪155—220）。事迹具史志，不待赘述。操虽以功业显，然学问极博，文翰尤长。自言年二十余筑精舍于谯东五十里，秋夏读书，冬春射猎，若将终身焉。有集三十卷，见《隋志》，久佚，明张溥辑为一卷。

《短歌行》（相和平调）：

> 对酒当歌，人生几何。譬如朝露，去日苦多。
>
> 慨当以慷，忧思难忘。何以解忧，惟有杜康。（杜康，古始造酒者。）
>
> 青青子衿，悠悠我心。但为君故，沈吟至今。
>
> 呦呦鹿鸣，食野之苹。我有嘉宾，鼓瑟吹笙。
>
> 明明如月，何时可掇？忧从中来，不可断绝。
>
> 越陌度阡，枉用相存。契阔谈燕，心念旧恩。
>
> 月明星稀，乌鹊南飞。绕树三匝，何枝可依！
>
> 山不厌高，水不厌深。周公吐哺，天下归心。

《宋志》载晋乐所奏，无"呦呦鹿鸣"及"月明星稀"两首，盖《短歌行》仅有六解，删原诗以就音节也。

《步出夏门行》（即《陇西行》）（相和瑟调）：

> 云行雨步，超越九江之皋。临观异同，心意怀游豫，不知当复何从？经过至我碣石，心惆怅我东海。（《宋志》原注云："云行至此为艳。"超案，此原诗小序，制谱者谱之，为导引也。）
>
> 东临碣石，以观沧海。水何澹澹，山岛竦峙。树木丛生，

百草丰茂。秋风萧瑟，洪波涌起。日月之行，若出其中。星汉灿烂，若出其里。幸甚至哉，歌以咏志。（一解）（《观沧海》）

孟冬十月，北风裵面。天气肃清，繁霜霏霏。鹍鸡晨鸣，鸿雁南飞。鸷鸟潜藏，熊罴窟栖。钱镈停置，农收积场。逆旅正设，以通贾商。幸甚至哉，歌以咏思。（二解）（《冬十月》）

乡土不同，河朔隆寒。流澌浮漂，舟船难行。锥不入地，丰蘱深奥。水竭不流，冰坚可蹈。士隐者贫，勇侠轻非。心常叹怨，戚戚多悲。幸甚至哉，歌以咏志。（三解）（《河朔寒》）

神龟虽寿，犹有竟时。腾蛇乘雾，终为土灰。老骥伏枥，志在千里。烈士暮年，壮心不已。盈缩之期，不独在天。养怡之福，可得永年。幸甚至哉，歌以咏志。（四解）（《龟虽寿》）

每解后"幸甚至哉，歌以咏志"二句，当是入乐时用以凑音节，是否原文所有，不敢断定。（《宋志》尚载魏武《秋胡行》四解，每解末句皆复首句"晨上散关山"。末二句云："歌以言志，晨上散关山。"二解以下同，亦当是添句凑音节，与此同例。）

右两篇在四言诗中，算是韦孟、邹阳以后一大革命。大抵两汉四言，过于矜严，遂乏诗趣。或貌袭《三百篇》，益成陈腐。魏武此两篇，以当时五言的风韵入四言，遂觉生气远出，能于《三百篇》外别树一壁垒。子建五言虽独步一时，至其四言——如《责躬》《应诏》等篇，实远出乃翁下也。可与抗衡者，惟前节所录汉乐府中《来日大难》一篇耳。然吾颇疑彼篇为魏武同时作品且或在其后。

"东临碣石""神龟虽寿"两章，是作者人格的表现。以"冬春射猎秋夏读书"之一少年，遭逢时会，戡定祸乱，卒至骑虎难下，取汉而代之。于豪迈英鸷中，常别有感慨怀抱。读此两篇仿佛见之。

《苦寒行》六解（相和）：

北上太行山，艰哉何巍巍。羊肠坂诘屈，车轮为之摧。

（一解）

　　树木何萧瑟，北风声正悲。熊罴对我蹲，虎豹夹路啼。

（二解）

　　溪谷少人民，雪落何霏霏。延颈长叹息，远行多所怀。

（三解）

　　我心何怫郁，思欲一东归。水深桥梁绝，中路正徘徊。

（四解）

　　迷惑失故路，薄暮无宿栖。行行日已远，人马同时饥。

（五解）

　　担囊行取薪，斧冰持作糜。悲彼东山诗，悠悠使我哀。

（六解）

　　《宋志》每解前二句皆叠写（北上太行山，艰哉何巍巍！北上太行山，艰哉何巍巍！），殆入乐时须叠唱一遍乃合节奏也。此歌盖北征乌桓时所作。

　　《薤露》（相和）：

　　惟汉二十世，所任诚不良，沐猴而冠带，知小而谋强。犹豫不敢断，因狩执君王。白虹为贯日，己亦先受殃。贼臣执国柄，杀主灭宇京。荡覆帝基业，宗庙以燔丧。播越西迁移，号泣而且行。瞻彼洛城郭，微子为哀鸣。

　　《蒿里》（相和）：

　　关东有义士，兴兵讨群凶。初期会盟津，乃心在咸阳。军合力不齐，踌躇而雁行。势利使人争，嗣还自相戕。淮南弟称号，刻玺于北方。铠甲生虮虱，万姓以死亡。白骨露于野，千里无鸡鸣。生民百遗一，念之断人肠。

右三首皆纯五言诗，被以乐府节奏，魏武五言甚平常，不及子建远矣。

《陌上桑》（相和）：

　　驾虹霓，乘赤云。登彼九疑历玉门。济天汉，至昆仑，见西王母谒东君。交赤松，及羡门，受要秘道爱精神。食芝英，饮醴泉，拄杖桂枝佩秋兰。绝人事，游浑元，若疾风游炎飘飘。景未移，行数千，寿如南山不忘愆。

此歌句法，绝似荀子《成相篇》。

试将前节所录《薤露》《蒿里》《陌上桑》三曲对照，可见同一曲调，而句法字数可以相去悬绝。

《气出倡》（相和）：

　　驾六龙乘风而行，行四海外，路下之八邦。历登高山，临溪谷，乘云而行，行四海外，东到泰山。仙人玉女下来遨游，骖驾六龙饮玉浆。河水尽，不东流。解愁腹，饮玉浆。奉持行，东到蓬莱山。上至天之门玉关，下引见得入，赤松相对，四面顾望，视正惶惶。开王心正兴，其气百道至，传告无穷。闭其口但当爱气，寿万年。东到海，与天连。神仙之道，出窈入冥。常当专之，心恬澹无所愒欲，闭门坐自守，天与期气。愿得神之人，乘驾云车，骖驾白鹿，上到天之门，来赐神之乐。跪受之，敬神齐。当如此，道自来。华阴山自以为大，高百丈，浮云为之盖。仙人欲来，出随风，列之雨。吹我洞箫鼓瑟琴，何闾闾，酒与歌戏。今日相乐诚为乐，玉女起，起舞移数时。鼓吹一何嘈嘈！从西北来时，仙道多驾烟、乘云、驾龙，郁何蓩蓩。邀游八极，乃到昆仑之山，西王母侧。神仙金止玉亭。来者为谁？赤松王乔，乃德旋之门。乐共饮食到黄昏。多驾合坐，万岁长，宜子孙。游君山，甚为真，碓磈砟硌，尔自为神。乃到王母台，金阶玉为堂，芝草生殿傍。东西厢，客满堂。主人当行觞，坐者长寿遽何央。长乐甫始宜孙子，常愿主人增年，与相守。

此歌不尽能句读，字句亦有一二处不可解，想是因入乐有添字添句，或传钞更有小讹，录之以备魏武长篇。

《宋志》录魏武歌辞凡十五篇，今未录者九篇，一《精列》、二《度关山》、三《对酒》（以上相和）、四《短歌行》（别一篇）、五《秋胡行》二篇、六《塘上行》（以上平调）、七《善哉行》二篇（以上瑟调），附其目于此。

魏文帝曹丕

丕，字子桓，操子，灵帝中和三年生，黄初七年死。年四十（一八六——二二六）。

《秋胡行》（清调）：

泛泛绿池，中有浮萍。寄身流波，随风靡倾。芙蓉含芳，菡萏垂荣。朝采其实，夕佩其英。采之遗谁，所思在庭。双鱼比目，鸳鸯交颈。有美一人，婉如清扬。知音识曲，善为乐方。

《善哉行》（瑟调）：

上山采薇，薄暮苦饥。溪谷多风，霜露沾衣。（一解）
野雉群雊，猴猿相追。远望故乡，郁何累累。（二解）
高山有崖，林木有枝。忧来无方，人莫之知。（三解）
人生如寄，多忧何为。今我不乐，岁月如驰。（四解）

汤汤川流，中有行舟。随波转薄，有似客游。（五解）

策我良马，被我轻裘。载驰载驱，聊以忘忧。（六解）

此篇笔力不让乃翁。

《善哉行》（瑟调）：

朝日乐相乐，酣饮不知醉。悲弦激新声，长笛吐清气。
（一解）

弦歌感人肠，四坐皆欢悦。寥寥高堂上，凉风入我室。
（二解）

持满如不盈，有德者皆卒。居子多苦心，所愁不但一。
（三解）

慊慊下白屋，吐握不可失。众宾饱满归，主人苦不悉。
（四解）

比翼翔云汉，罗者安所羁。冲静得自然，荣华何足为。
（五解）

《燕歌行》七解（平调）

秋风萧瑟天气凉，草木摇落露为霜。（一解）

群燕辞归雁南翔，念君客游多思肠。（二解）

慊慊思归恋故乡，君何淹留滞他乡。（三解）

贱妾茕茕守空房，忧来思君不可忘。（四解）

不觉泪下沾衣裳，援琴鸣弦发清商。（五解）

短歌微吟不能长，明月皎皎照我床。（六解）

星汉西流夜未央，牵牛织女遥相望，尔独何辜限河梁！
（七解）

355

《宋志》所载魏文《燕歌行》二篇，格调相同，今录其一。

七言诗的发达，实际上比五言诗为更早。而初期的七言，大率皆每句押韵。如《楚辞》的《招魂》，自"魂兮归来入修门些"以下，若每句将"些"删去，便是一七言长篇，如汉《房中歌》之"大海荡荡水何归？高贤愉愉民所怀"。汉《郊祀歌·天门》章之"函蒙祉福常若期，寂寥上天知厥时……"以下八句，《景星》章之"空桑琴瑟结信成，四兴递代八风生……"以下十二句，都是每句押韵的七言。不必引别体的《柏梁诗》，方足征七言起于盛汉也。但《招魂》既别有语助辞，《房中》《郊祀》诸歌每章中亦有三、四、五言相杂，故严格的七言，第一家当推张平子《四愁》，第二家便是魏文这两篇《燕歌》。而《燕歌》格调，尤为唐人七古不祧之祖，在文学史上，永远有它的特殊地位。

《上留田》（瑟调）：

> 居世一何不同，上留田。富人食稻与粱，上留田。贫子食糟与糠，上留田。贫贱亦何伤，上留田。禄命悬在苍天，上留田。今尔叹息将欲谁怨，上留田。

这首和梁鸿《五噫》及灵帝末《董逃》童谣同一格调。

《秋胡行》（清调）：

> 朝与佳人期，日夕殊不来。嘉肴不尝，酒停杯。寄言飞鸟，告予不能。俯折兰英，仰结桂枝。佳人不在，结之何为？从尔何所之？乃在大海隅。灵若道言，贻尔明珠。企予望之，步立踟蹰，佳人不来，何得斯须！

《陌上桑》（相和）：

> 弃故乡，离室宅，远从军旅万里客。披荆棘，求阡陌，侧

足独窘步，路局苲。虎豹嗥动，鸡惊，禽失群，鸣相索。登南山，奈何蹈盘石！树木丛生郁差错，寝蒿草。荫松柏，涕泣雨面沾枕席。伴旅单，稍稍日零落，惆怅窃自怜，相痛惜。

曹植（植小传见第四卷）
《野田黄雀行》（《宋志》原注云："《箜篌》引亦用此曲。"）（相和）：

置酒高殿上，亲友从我游。中厨办丰膳，烹羊宰肥牛。秦筝何慷慨，齐瑟和且柔。（一解）

阳阿奏奇舞，京洛出名讴。乐饮过三爵，缓带倾庶羞。主称千金寿，宾奉万年酬。（二解）

久要不可忘，薄终义所尤。谦谦君子德，磬折欲何求？盛时不可再，百年忽我遒！（三解）

惊风飘白日，光景驰西流。生存华屋处，零落归山丘。先民谁不死，知命复何忧！（四解）

本集"惊风飘白日"两句在"盛时不再来"两句之上。
《明月》（楚调）：

明月照高楼，流光正徘徊。上有愁思妇，悲叹有余哀。（一解）

借问叹者谁？自云（集作"云是"）客子妻。夫（集作"君"）行逾十载，贱妾常独栖。（二解）

念君过于渴，思君剧于饥（集无此二句）。君为高山柏（集作"君若清路尘"），妾为（集作"若"）浊水泥。（三解）

北风行萧萧，烈烈入吾耳。心中念故人，泪堕不能止。（集无此四句）（四解）

浮沈各异路（集作"势"），会合当何（集作"何时"）

谐。愿作东北风，吹我入君怀（集作"愿为西南风，长逝入君怀"）。（五解）

君怀常（集作"良"）不开，贱妾当何依？恩情中道绝，流止任东西。（集无此二句）（六解）

我欲竟此曲，此曲悲且长。今日乐相乐，别后莫相忘。（集无此四句）（七解）

右一首据《宋书·乐志》钞录，而以本集校注其下。本集与《文选》《玉台新咏》皆同，其为原文无疑。《宋志》本添出十二句，改字八处，所添都是狗尾续貂，所改都是点金成铁。如"清路尘""浊水泥"，一浮一沈，永远碰不着头，真是妙语，改为"高山柏"，已经索然无味，中间插上"北风萧萧"四句，把文气隔断，下文"浮沈"二字，便成了没头没脑。"愿为西南风，长逝入君怀"，意思是要把自己变成风，自由自在的一飞就飞到你怀里，改为"吹我入君怀"自己变了风，又自己吹自己，成何说话！至于篇末添那六句，毫无意义，更不待言了。这都是因为伶工要凑合歌调的节拍，把美妙的作品来削趾适履。正如《西厢记》《牡丹亭》被唱曲的改得一塌糊涂。汉魏乐府中，像这样的谅来很不少，可惜不能逐篇的原文而校之耳。后来评注家，碰着字句不通的地方，强为解释，碰着语气不连属的地方，说它章法奇妙，真是梦呓。怕这些话误人不浅，所以不嫌累赘，详校这一首为例。

曹子建（植）用乐府旧调名所做的诗，还有二十余首，但实际上和他别的五言诗一点分别也没有。所以我在这里只录《宋志》所载两篇做个结束，其余还放在第四卷"建安七子诗"那章，庶子建诗风的全豹较容易看出，读者勿责我自乱其例。

陈琳

琳，字孔璋——广陵人。琳初为袁绍记室，为绍草檄讨曹操，备极丑诋。术败，复事操，仍掌书记。其文极优美，诗现存者仅下列之一首。

《饮马长城窟行》(瑟调):

    饮马长城窟,水寒伤马骨。往谓长城吏,"慎莫稽留太原卒!""官作自有程,举筑谐汝声。""男儿宁当格斗死,何能怫郁筑长城!"长城何连连,连连三千里。边城多健少,内舍多寡妇。作书与内舍:"便嫁莫留住。善事新姑章,时时念我故夫子。"报书往边地:"君今出语一何鄙!身在祸难中,何为稽留他家子?"生男慎莫举!生女哺用脯。君独不见长城下,骸骨相撑拄!结发行事君,慊慊心意关。明知边地苦,贱妾何能久自全!

此一首纯然汉人音节,窃疑此为《饮马长城窟》本调,前节所录"青青河畔草"一首,或反是继起之作,辞沉痛决绝,杜甫《兵车行》不独仿其意境音节,并用其语句。

周秦时代之美文

第一章 《诗经》之篇数及其结集

我们最古的文学宝典——《诗经》,由三部分作品结集而成。一曰"风"、二曰"雅"、三曰"颂"。《风》居全部过半数,《雅》约居三分之一,《颂》不及六分之一。汉初相传之卷数篇数如下:

(《毛诗》卷数、篇数及篇第与三家《诗》异同考。

《汉书·艺文志》云:"诗经"二十八卷,鲁、齐、韩三家。"又云:"《毛诗故训传》三十卷。"今所传者则《毛诗》三十卷,以十五《国风》为十五卷,《小雅》七卷,《大雅》《周颂》各三卷,《鲁》《商》颂各一卷。三家《诗》则《邶》《鄘》《卫》共一卷。《国风》仅十三卷,合为二十八卷也。案《左传》襄二十九年记吴公子札聘鲁观乐，为之歌《邶》《鄘》《卫》。曰："美哉渊乎，吾闻康叔武公之德如是，是其卫风乎！"以《邶》《鄘》并为《卫风》，是古说三国不分之明证。故《汉书·地理志》亦为"邶、鄘、卫三国之诗相与同风"，可见此为两汉经师相传通说。今试取《毛传》所析出之邶、鄘两国诗细读之，到处皆卫国史迹，事实无从分析。析一为三，毛氏之陋耳。

又十五《国风》之次第，今本一《周南》、二《召南》、三《邶》、四《鄘》、五《卫》、六《王》、七《郑》、八《齐》、九《魏》、十《唐》、十一《秦》、十二《陈》、十三《桧》、十四《曹》、十五《豳》。郑玄《诗谱》则合《周》《召》为一，合《邶》《鄘》《卫》为一。而《桧》在《郑》前，《王》在《豳》后，盖亦三家之旧。

又《召南》之《采蘩》《采苹》编次本相连，毛本则以草虫间之。《周颂》之《桓》，本在《赉》后，毛本倒置。《小雅》之《采薇》《出车》皆宣王时诗，毛本则以次于文王时。此皆篇第之宜改正者。

又《诗》本仅三百五篇，而毛本篇目则有百十一篇。其异同盖起于六《笙诗》——《南陔》《白华》《华黍》《由庚》《崇丘》《由仪》——之存佚问题。《毛传》于此六篇云："有其义而亡其辞"，其意似谓本有其文而后乃亡佚者，故以编入"鹿鸣之什""白华之什"，遂为三百十一篇。后此晋束晳作《补亡诗》，即沿此误。殊不知《笙诗》本有谱无辞，孔子以前即已如此。[郑樵《乐略》辨之最明。]《汉书·艺文志》云："孔子纯取周诗，上取殷，下取鲁，凡三百五篇。"龚遂谓昌邑王曰："大王诵《诗》三百五篇。"王式曰："臣以《三百五篇》谏。"凡汉人所述，皆言三百五篇，无言三百十一篇者，足见毛说之不可信。）

卷一　《周南》十一篇

卷二　《召南》十四篇

卷三　《邶》《鄘》《卫》风三十九篇

卷四　《邻风》四篇

卷五　《郑风》二十一篇

卷六 《齐风》十一篇

卷七 《魏风》七篇

卷八 《唐风》十二篇

卷九 《秦风》十篇

卷十 《陈风》十篇

卷十一 《曹风》四篇

卷十二 《豳风》七篇

卷十三 《王风》十篇

卷十四至二十 《小雅》七十四篇

卷二十一至二十三 《大雅》三十一篇

卷二十四至二十六 《周颂》三十一篇

卷二十七 《鲁颂》四篇

卷二十八 《商颂》五篇

右 《风》六十篇

　《雅》百五篇

　《颂》四十篇

凡三百五篇。

这三百零五首诗，把不同时不同地之许多人的作品编为一集，体裁颇类后此之《文选》《玉台新咏》等。然则编辑成书者究属何人，实为我们急欲知道之一问题。可惜这问题遍考古书到底不能有确实的答案。

后世盛传孔子删《诗》《书》之说，此说起于司马迁的《孔子世家》。他说："古者诗三千余篇，孔子去其重（重复也），取可施于礼义者……三百五篇。"依他说，这是孔子六十四岁自卫反鲁以后的事。这话若真，则是孔子把许多古诗加一番选择，十汰其九，勒成今本，绝似手选《文选》的昭明太子了。但细查事实，大有可疑。孔子设教，不始晚年，而"子所雅言"，诗实居首。若果晚而删定，则未删以前，孔门所诵习，应为三千余首之旧本，何以《论语》一则曰"诗三百"一言以蔽之……"，再则曰"诵《诗三百》……虽多亦奚以为"。凡说到《诗》

皆举三百之数呢？况孔子以前人征引诗文者甚多，大抵不出今本之外。魏源尝列举《国语》引诗三十一条，不见今本者仅一条。《左传》引诗二百十七条，不见今本者仅十条。（内左丘明自引及述孔子所引者四条，今佚者两条。列国公卿所引百〇一条，今佚者五条。列国歌诗赠答七十条，今佚者三条。）彼《左》《国》两书所记引诗之人，其先孔子生或数十年或数百年，何故引来引去总不出今本范围之外？因此可见三百篇之沩为定本，在春秋时久已盛行，绝非孔子所能去取加减。删诗之说，实出汉儒附会，欲尊孔子而反以诬之耳。（看魏源《诗古微》卷一《夫子正乐论》中篇。）

然则这部书到底编自何人定自何时呢？据《周官》《礼记》诸书所说，周王室有太师、太史、大司乐等官；专管采诗、陈诗、教诗之职。《诗经》中一部分为周代全盛时的官定本，殆无可疑。但《三百篇》大半出于衰周，其东迁以后作品且将及半，最迟者乃至在春秋襄、昭之际，其时周王已久成虚位，是否还有权力及余裕做这种划一的文化事业，实属疑问。若勉强臆测，或者鲁史官因周京旧本随时增益以成今本。《左传》记吴季札适鲁观乐，为之遍歌各诗，其名目次第与今本略同，像给我们透几分消息。但此外别无有力的证据，终不敢断其必然。古代最有价值的作品，大半找不出主名，与其穿凿，毋宁阙疑罢了。

附　　释"四诗"名义

相传有一副对子："三才天地人"，以为再不会有人对的，后来有人对个"四诗风雅颂"，公认为古今绝对。三件东西而占有四个数码，恐怕谁也不能说是合理罢。四诗变成三诗，起自何时？《史记·孔子世家》说："《关雎》之乱以为《风》始，《鹿鸣》为《小雅》始，《文王》为《大雅》始，《清庙》为《颂》始。"把大、小《雅》分而为二，以凑足四数。伪《毛序》因袭其说，又把风、雅、颂、赋、比、兴列为六义，越发闹得支离。其实《诗经》分明摆着四个名字，有《周》《召》二

"南"，有《邶》至《豳》十三"风"，有小、大二"雅"，有《周》《鲁》《商》三"颂"，后人一定把"南"踢开硬编在"风"里头，因为和四数不合，又把"雅"劈而为二，这是何苦来呢。

我以为"南""风""雅""颂"是四种诗体，四体的异同，是要从音乐节奏上才分得出来。后世乐谱失传，无从分别，于是望文生义，造出许多牵强的解释，乃至连四诗的数目也毁掉了一个，真是怪事！今请把我所搜集的证据——虽然很贫薄——重新释其名义如下：

一　释南

伪《毛序》说："南言王化自北而南也。"朱熹因此说了许多"南国被文王之化"，煞是可笑。二《南》是否文王时代的诗，已经是问题（三家《诗》都说不是）。就算是文王德化大行，亦只能说自西而东，哪里会自北而南。就令自北而南，也没有把"南"字做诗名的道理。明是卫宏不得其解，胡说乱诌罢了。《诗·鼓钟》篇"以雅以南"，"南"与"雅"对举，"雅"既为诗之一体，"南"自然也是诗之一体，《礼记·文王世子》说："胥鼓南"，《左传》说："象箾南籥"，都是一种音乐的名，都是指这一种诗歌。

这种诗歌何以名为"南"，颇难臆断。据《鼓钟》篇毛传说："南方乐曰南"，或因此得名亦未可知。但此说纵令不错，也不能当南北的南字解。因为这个"南"字本是译音。《周礼·旄人》郑注、《公羊》昭二十五年何注，皆作"南方之乐曰任"，与北方之"昧"、西方之"侏离"并举。"南""任"同音，恐是一字两译。因此我又连带想到两个字，汉魏乐府有所谓"盐"者——如《昔昔盐》《黄帝盐》《乌鹊盐》《突厥盐》之类，六朝唐乐府及宋词有所谓"艳"者——如《三妇艳》《罗敷艳》《鞍子艳》之类，皆诗词中一体之专名。"南""任""盐""艳"同音，或者其间有多少连络关系也未可定。但没有得充分证据以前，我还不敢武断。总之，"南"是一种音乐，音乐之何以得名，本来许多是无从考据的。

这种音乐和《雅》《颂》不同之点在哪里呢？乐谱既已失传，我们自无从悬断，但从古书中也可以想象一二。据《仪礼·乡饮酒礼》《燕礼》所载的音乐程序单，都是于工歌间歌笙奏之后，最末一套名曰"合乐"。合乐所歌是《周南》的《关雎》《葛覃》《卷耳》，《召南》的《鹊巢》《采苹》。《论语》亦说："《关雎》之乱，洋洋乎盈耳哉。"凡曲终所歌，名曰"乱"。把这些资料综合起来，"南"或者是一种合唱的音乐，到乐终时才唱。唱者并不限于乐工，满场都齐声助兴，所以把孔老先生喜欢得手舞足蹈，说道"洋洋乎盈耳"了。

二　释风

伪《毛序》说："风，风也，教也。风以动之，教以化之。"又说："上以风化下，下以风刺上，主文而谲谏，言之者无罪，闻之者足以戒，故曰风。"又说："以一国之事，系一人之本，谓之风。"据他的意思，则风有两义：一是讽刺之义，一是风俗之义，两义截然不相蒙。何以一首诗或一类诗中能兼备两种资格？《毛序》专以"美刺"解诗，把诗的真性情完全丧掉，都因这文字魔而来。依我看"风"即"讽"字（古书"风"读作"讽"者甚多，不可枚举）。但要训讽诵之"讽"，不是训讽刺之"讽"。《周礼·大司乐》注："倍文曰讽。"瞽矇疏引作"背文曰风"。然则背诵文词，实"风"之本义。

从《邶风》的《柏舟》到《豳风》的《狼跋》这几十篇诗，为什么叫做"风"呢？我想《南》《雅》《颂》都是用音乐合起来唱的，《风》是只能讽诵的，所以举它的特色，名这一体诗为"风"。《汉书·艺文志》："不歌而诵谓之赋"，"风""赋"一音之转或者原是一字也未可定。《仪礼》《周礼》《礼记》里头所举入乐的诗，没有一篇在十三《风》内的。《左传》记当时士大夫宴享之断章赋诗，却十有九在十三《风》内，可见这一体诗是"不歌而诵"的。

或问曰："《左传》季札观乐，遍歌各国《风》，《乐记》说：'爱者宜歌《商》，温良而能断者宜歌《齐》'，《齐》即十三风之一，何以见得'风'不能歌呢？"答曰《季札观乐》一篇，本来可疑，前人多已说过，但姑且不论。歌本来也有两种，一是合乐之歌，二是徒歌，《说文》："谣，徒歌也"，《左传》僖五年传疏："徒歌谓之谣，言无乐而空歌，其声逍遥然也。""风"即谣类，宜于徒歌。《诗·北山》"或出入风议"，郑《笺》云："风犹放也。"《论衡·明雩篇》引《论语》"风乎舞雩"，释之曰："风放歌也"，不受音乐节奏所束缚，自由放歌，则谓之谣，亦谓之风。《风》诗和《南》《雅》《颂》的分别，大概在此。

但这是孔子以前的话，《史记·孔子世家》说：《诗三百篇》，孔子皆弦而歌之以求合《韶》《武》《雅》《颂》之音"，然则孔子已经把这几十篇风谣都制出谱来。自此以后，风诗已经不是"不歌而诵"的赋，也不是"徒歌"的谣了。

三　释雅

伪《毛序》说："雅者，正也。"这个解释大致不错。但下文又申说几句道："言王政之所由废兴也。政有小大，故有《小雅》焉、有《大雅》焉。"从正字搭到政字上去，把《小雅》《大雅》变成小政、大政，却真不通了。依我看，小、大《雅》所合的音乐，当时谓之正声，故名曰雅。《仪礼·乡饮酒礼》："工歌《鹿鸣》《四牡》《皇皇者华》《笙》《南陔》《白华》《华黍》，乃间歌《鱼丽》、笙《由庚》，歌《南有嘉鱼》，笙《崇丘》，歌《南山有台》，笙《由仪》……工告于乐正曰：'正乐备'……"《左传》说："歌《彤弓》之三，歌《鹿鸣》之三"，凡此所歌，皆大、小《雅》之篇，说"正乐备"，可见公认这是正声了。

然则正声为什么叫做"雅"呢？"雅"与"夏"古字相通，《荀子·荣辱》篇："越人安越，楚人安楚，君子安雅。"《儒效》篇则云："居楚而楚，居越而越，居夏而夏。"可见"安雅"之雅即夏字。荀氏

《申鉴》、左氏《三都赋》皆云："音有楚夏"，说的是音有楚音、夏音之别，然则风雅之"雅"，其本字当作"夏"无疑。《说文》："夏，中国之人也"，雅音即夏音，犹言中原正声云尔。

四 释颂

伪《毛序》说："颂者美盛德之形容。"这话大致是对的，可惜没有引申发明。《说文》："颂，皃也，从页公声，籀文作額。"皃即面貌，页，人面也，故从之。这字本来读作"容"。《汉书·儒林传》："鲁徐生善为颂"，苏林注："颂貌威仪"，颜师古注："颂读与容同"。可见颂即容之本字，指容貌威仪言。

然则《周颂》《商颂》《鲁颂》等诗何故名为"颂"呢？依我看，《南》《雅》皆唯歌，《颂》则以歌而兼舞。《乐记》说："舞动其容也。"舞之所重在"颂貌威仪"，这一类诗举其所重者以为专名，所以叫做"颂"。

何以见得这类诗是舞诗呢？舞分文武舞，所舞皆在颂中。《礼记·内则》："十三舞勺，成童舞象。"勺和象是什么呢？郑注云："谓先学'勺'，后学'象'，文武之次，勺即《周颂·酌》（于铄王师章）象即《周颂·维清》（维清缉熙章），奏象舞也。"是"酌"与"维清"皆舞诗之证。《礼记·文王世子》："登歌清庙（于穆清庙章），下管象。"郑注："象，周武王伐纣之乐也。以管播其声，又为之舞。"（《明堂位》《祭统》《仲尼燕居》皆有"升歌清庙下管象"语。）玩其文义，似是在堂上歌清庙之章，同时在堂下舞《维清》之章而以管为之节。两诗节奏或相应，亦未可知。《礼记·郊特性》："朱干设锡冕而舞大武"，《明堂位》："朱干玉戚冕而舞大武。"大武，又是什么呢？《周颂》有《武》一章（于皇武王章），《毛序》云："武舞，大武也"，郑笺云："大武，周公作乐所为舞也。"《左氏宣十二年传》云："武王克商作《武》，其首章曰："耆定尔功"（今《武》篇文），其三曰："铺时绎思，我徂维求定"

（今《赉》篇文），其六曰："绥万邦，屡丰年"（今《桓》篇文），……
然则《大武》不止一章，今本《赉》《桓》两篇皆《武》之一部分，且
最少还应有三篇才合成全套的《大武》。那三篇不知是何篇；总之不出
《周颂》各篇之外罢了。《大武》怎样舞法呢？《乐记》说："大武，先鼓
以警戒，三步以见方，再始以著往，复乱以饬归。"又说："总干而山立，
武王之事也，发扬蹈厉，太公之志也，武乱皆坐，周召之治也。"又
说："夫武，始而北出，再成而灭商，三成而南，四成而南国是疆，五成
而分周公左、召公右，六成复缀以崇天子。"以上几段把《大武》的舞
颂——即舞容大概传出了。可见三《颂》之诗，都是古代跳舞的音乐，
与《雅》《南》之唯歌者有异，与《风》之不歌而诵者更异也。

※　　　　※　　　　※

总而论之，"风"是民谣，"南""雅"是乐府歌辞，"颂"是跳舞乐
或剧本。因为各自成体不能相混，所以全部《诗经》分为这四类。这样
解"四诗"，像是很妥当。

我这种解释，惟《释颂》一项本诸阮元《研经室集》而小有异同，
其余都是自己以意揣度的。或者古人曾说过亦未可知，说得对不对，还
盼望好古之士下批评。

第二章　《诗经》的年代

凡认真读书的人，每读一部书，总要求得它正确的年代。诗《三百
篇》，既非一时一人所作，想逐篇求得作者时代，本属绝对的不可能。
但最低限的要求，也想知道全部《诗经》在历史上所占的时间从某时起
到某时止。专就这一点论，我敢大胆答复道，《诗经》没有周以前的诗，
里头最古的作品不能过西纪前一一八五年之前，最晚的作品不能过西纪
前五八五年以后，头尾所跨历史的时间约六百年。（按原稿至此止）

汉魏时代之美文

第一章　建安以前汉诗

西汉文辞，率宗质实。散文方面，有万古不朽的史界杰作，如《史记》；有华实并茂的哲学书，如《淮南子》。至于韵文方面，则惟以铺叙的赋为其特产。其诗歌之属，除民谣外，其章句现存时代灼然可信者，惟第二卷所录淮南小山《招隐士》一篇及第三卷所录下列诸篇。

《房中歌》十七章

《郊祀歌》十九章

《铙歌》十八章

《高帝歌》二篇

《戚夫人歌》一篇

《赵王友歌》一篇

《朱虚侯歌》一篇

《武帝歌》三篇四章

《李延年歌》一篇

《乌孙公主歌》一篇

《李陵别苏武歌》一篇

《燕王旦及华容夫人歌》各一篇

《燕王旦歌》一篇（未录）

《广川王去歌》二篇（录一）

《杨恽歌》一篇

（世所传四皓《采芝歌》、武帝《秋风辞》及《落叶哀蝉曲》、淮南王安《八公操》、东方朔《诫子诗》《昭帝歌》二首、《霍去病歌》二首，来历皆不分明，吾未敢轻信。）

右诸篇，除《铙歌》外，都有作者主名，但其人却都非诗家。除《房中》《郊祀》两歌外，都不是会做诗的人做的，都不是有心去做诗的，换一句话说，虽然在文学上有相当的价值，却并不是文学家的文学。此外正正经经做的诗，说也可怜，只有韦孟、韦玄成一家祖孙所做的四首，今录其一以见当时诗品。

韦孟《讽谏诗》(《汉书·韦贤传》："孟，鲁国邹人也，家本彭城，为楚元王傅。傅子夷王及孙王戊，戊荒淫不道，孟作诗讽谏。后遂去位，徙家于邹，又作一篇。孟卒于邹。"案，孟生卒年，史不载，约当汉高祖时——西纪前二〇六。)：

> 肃肃我祖，国自豕韦。黼衣朱绂，四牡龙旗。彤弓斯征，抚宁遐荒。总齐群邦，以翼大商。迭彼大彭，勋绩惟光。至于有周，历世会同。王赧听谮，实绝我邦。

> 我邦既绝，厥政斯逸。赏罚之行，非繇王室。庶尹群后，靡扶靡卫。五服崩离，宗周以坠。我祖斯微，迁于彭城。在予小子，勤唉厥生。厄此嫚秦，耒耜斯耕。悠悠嫚秦，上天不宁。乃眷南顾，授汉于京。

> 于赫有汉，西方是征。靡遵不怀，万国攸平。乃命厥弟，建侯于楚。俾我小臣，惟傅是辅。

> 矜矜元王，恭俭静一。惠此黎民，纳彼辅弼。享国渐世，垂烈于后。乃及夷王，克奉厥绪。咨命不永，惟王统祀。左右陪臣，斯惟皇士。

> 如何我王，不思守保。不惟履冰，以继祖考。邦事是废，逸游是娱。犬马悠悠，是放是驱。务此鸟兽，忽此稼苗。丞民以匮，我王以媮。所弘匪德，所亲匪俊。惟囿是恢，惟谀是信。瞻瞻谀夫，谔谔黄发。如何我王，曾不是察。既藐下臣，追欲纵逸。嫚彼显祖，轻此削黜。

> 嗟嗟我王，汉之睦亲。曾不夙夜，以休令闻。穆穆天子，照临下土。明明群司，执宪靡顾。正遐由近，殆其怙兹。嗟嗟我王，曷不斯思。

匪思匪监，嗣其罔则。弥弥其逸，炎炎其国。致冰匪霜，致坠匪嫚。瞻惟我王，时靡不练。兴国救颠，轨违悔过。追思黄发，秦穆以霸。岁月其徂，年其逮耇。于赫君子，庶显于后。我王如何，曾不斯览。黄发不近，胡不时鉴。

孟尚有"徙家于邹"后所作一首，体格和这首一样。他的六世孙玄成（元帝时丞相）的两首，一首《自劾》，一首《戒子孙》，体格也和孟所作一样。因为我不觉得它的好处，都不录了。（韦孟的两首是否绝对可信，还不敢说。《汉书》云，或曰："其子孙好事，述先人之志而作。"据此，怕四首都是玄成作的，因为气息体格完全相同。）这些诗完全摹仿《三百篇》，一点没有变化，而徒得其糟粕。很像明七子摹仿"盛唐"的样子，颇觉可厌。但我们不能怪它，西汉时所谓诗人之诗，恐怕都是如此。

纯粹的诗，在西汉我们是不能多见了。只有些和诗相类的作品，还可以引来比照参考。如司马相如《封禅文》，里头插有一首颂，其辞如下：

自我天覆，云之油油。甘露时雨，厥壤可游。滋液渗漉，何生不育。嘉谷六穗，我穑曷蓄。匪惟雨之，又润泽之。匪惟遍之，我泛布护之。万物熙熙，怀而慕之。名山显位，望君之来。君兮君兮，侯不迈哉。……

把这首颂和《郊祀歌》里头的"邹子乐"四章——《青阳》《朱明》《西颢》《玄冥》，来同韦孟的诗参互着看，可想见西汉盛时——武帝前后文学家矜心作意作的诗，都是以摹仿《三百篇》为能事。不过邹阳、司马相如聪明些，摹仿得活泼一点，韦孟厚重些，摹仿得呆滞一点。总而言之，西汉文学家用心做的诗，全摹仿《三百篇》。那些非文学专家的人——如高祖、武帝至杨恽等，——随手做的歌谣，便用当时通行的

《楚辞》腔调。讲到创作，可以说完全没有。

我既作这等主张，当然牵涉到一个大问题，即五言诗发生的时代问题，要解决这个问题，便有下列几首诗的时代最要仔细研究。

第一，《史记正义》所载虞姬和项羽歌一首；

第二，《玉台新咏》所载枚乘诗九首（一《西北有高楼》，二《东城高且长》，三《行行重行行》，四《涉江采芙蓉》，五《青青河畔草》，六《兰若生春阳》，七《庭中有奇树》，八《迢迢牵牛星》，九《明月何皎皎》）；

第三，《文选》所载苏武诗四首，李陵《与苏武诗》三首（《玉台》同）；

第四，近代选家所载卓文君《白头吟》一首；

第五，《文选》所载班婕妤《怨歌行》一首（《玉台》作《怨诗》）。

倘若这几首诗作者主名不错，那么，五言诗在秦汉之交已经发生，到汉景帝、武帝时已经十分成熟了。但这几首诗可疑之点，其实甚多。内中最易判明者为第一项，所谓虞姬和歌者。原文云："汉兵已略地，四面楚歌声。大王意气尽，贱妾何聊生。"一望而知为唐以后的打油近体诗，连六朝人也不至有这等乏句，何况汉初。这诗始见于张守节《史记正义》，据云出《楚汉春秋》。《楚汉春秋》久佚，唐时所传已属赝本，节引之徒见其陋耳。而王应麟《困学纪闻》乃推为五言之祖，可谓无识。此诗之伪，近人多能知之，不俟多辨。

次则第四项也容易解决。所谓卓文君《白头吟》者，《宋书·乐志》中有其文，题曰"古辞"（原文见卷三）。凡《宋志》所谓"古辞"者，皆"汉世街陌谣讴"。沈约既自著其例，然则此诗在约时并无作者主名可知。《玉台新咏》亦无作者主名，且并不名为《白头吟》，仅用首句标题云"皑如山上雪"。《太平御览》《乐府诗集》亦皆云古辞，并无卓文君之说。卓文君作《白头吟》，始见于伪《西京杂记》，但亦仅记其事，未著其词。至宋末黄鹤注杜诗，始以《杂记》附会《宋志》，指此书为卓作。明冯惟讷《古诗纪》因之，此后盲盲相引，几成定案。然冯舒

《诗纪匡谬》已明辨之矣。

第二项所谓枚乘古诗九首，其八首皆在《文选·古诗十九首》中，并无作者主名。钟嵘亦不认枚乘曾有此作品，刘勰虽引当时传说，然亦仅作怀疑语。（钟、刘原语俱详下文。）至徐陵辑《玉台新咏》，乃贸然竟题枚作，以冠全编之首，陵时代后于钟、刘及昭明太子，谅来必有什么确证为他们所未见。我们与其信《玉台》，不如稍取谨慎态度信《文选》及钟、刘等。

第五项所谓班婕妤《怨歌行》，《文选》《玉台》同载，似无甚疑窦，但刘勰已疑之。《文选》李善注引《歌录》则云："《怨歌行》，古词。"然则此诗是否确有作者主名，久已成问题了。

剩下第三项的苏、李诗，《文选》《玉台》都认为真的，钟嵘亦无甚异议，惟刘勰对它作怀疑之词。后世则苏轼公然攻击之谓为后人拟作，然附和者少。但我们最当注意者，相传苏、李诗并不止《文选》所载七首，还有十首见于《古文苑》《初学记》《艺文类聚》等书，所以这问题颇复杂不易解决，当在下文录本诗时更详论之。

以上所论，是关于这五家之诗各别可疑的资料，除虞姬一家伪迹太显不劳辨证外，其余都有虚心商榷之必要。我以为对于这些问题，要求一个总解决。什么叫做总解决？就是五言诗发生时代问题，再直捷点说，是西汉曾否有五言诗的问题。

对于这问题最持谨慎态度者，莫如刘勰《文心雕龙》。他说："汉初四言，韦孟首唱，匡谏之义，继轨周人。孝武爱文，《柏梁》列韵。严马之徒，属辞无方。至成帝品录，三百余篇，朝章国采，亦云周备。而辞人遗翰，莫见五言，所以李陵、班婕妤见疑于后代也。"彦和（勰字）之意以为西汉有四言诗，如韦孟《讽谏》；有七言诗，如《柏梁》联句；有长短杂言，如严助、司马相如诸遗什。独至五言，则成帝时命刘向总校《诗赋略》——即今《汉书·艺文志》所载"歌诗二十八家三百一十四篇"，里头却有一首。因此世俗所传李陵、班婕妤……那几首五言作品，不能不令人动疑了。彦和所发问题如此，他虽没有下斩截的判断，然其疑西汉无五言之意，已隐跃言外。我以为因刘向品录不及，便指为无，原未免过于武断，反驳的人也可以说道："韦孟四言，《汉志》亦并未著录，难道也说是假吗？"话虽如此说，但枚乘、苏、李若有这种好诗，刘向似不容不见，见了似不容不著录。彦和所挑剔，最少也令主张西汉有五言之人消极的失却根据了。但仅靠这一点，还不能解决这问题，我们应做的工作，是要审查彦和所谓"辞人遗翰，莫见五言"这句话的正确程度何如。

一般人的幻觉，大概以为诗的发达，先有四言，次有五言，次有七言。其实不然，除《三百篇》的四言和《楚辞》的长短句，其发达次第为人所共见外，若专拿五言和七言比较，七言的历史，实远在五言之前。今试列举战国至西汉中叶七言或类似七言之作。

其一，《楚辞·招魂》篇："魂兮归来入修门些"以下，若将每句"些"字删去，便是一首极长的七言诗。《大招》篇每句删去"只"字亦然。

其二，《荀子·成相》篇："请成相，世之殃，愚闇愚闇堕贤良。……"用两句三言一句七言组成一小段音节，全篇皆如此，也可以说是有一定规则的长短句，也可以截出每小段之第三句为纯粹的七言。

其三，秦始皇时史游作《急就章》。"急就奇觚与众异，罗列诸物名姓字，分别部居不杂厕，用日约少殊快意。……"全篇俨然一首七古，后此西汉字书皆仿其体。又后来《黄庭经》之类，亦从此出。这类作品，虽没有文学上价值，但专就七言韵语的历史论，却不能把它们除外。[纬书中亦最多七言句，如"玄立制命帝卯行"（《孝经·援神契》），如"太易变教民不倦"（《乾凿度》）之类。纬书大率战国秦汉间儒生方士所作。]

其四，《易水》《垓下》《大风》诸歌，或并"兮"字计算，或将"兮"字删除，皆成七言。例如"威加海内归故乡，安得猛士守四方"。（此等句法，《楚辞》中已多有例，如《九辩》的"悲忧穷蹙兮独处廓，有美一人兮心不怿，去乡离家兮来远客……"若将"兮"字省去，便是七言。但其中有五个字中夹一"兮"字者，却不能照办。例如："蕙肴蒸兮兰藉，奠桂酒兮椒浆"，若将"兮"字删去，"蕙肴蒸兰藉，奠桂酒椒浆"，便不是五言句法。"有美人兮心不怿，去乡离家来远客"，却恰是七言句法。）

其五，汉高祖时《房中歌》，"大海荡荡水所归，大贤愉愉民所怀"，纯粹的七言。

其六，武帝时《郊祀歌·天门》章："函蒙祉、福常若期……"以下八句，《景星》章："空桑琴瑟结信成……"以下十二句，都是纯粹的七言。

其七，《柏梁台诗》真假尚难确定，若真当然是很完整的七言了。

据以上所论列，则自战国到西汉，七言作品连绵不绝。以后逐渐稀少，惟张平子《四愁》、魏文帝《燕歌行》独传。建安七子诗风盛行之后，七言几乎绝响，直至鲍照、庾信，始复兴长短句的歌行，入唐而极盛。七言发展变迁之历史大略如此。推原其所以发展较早之由，盖缘秦汉间诗歌皆从《楚辞》蜕嬗而来，音节舒促相近。即如"风萧萧兮易水寒，壮士一去兮不复还"，形式上纯祖《楚辞》，而上句合一兮字，下句去一兮字，皆成七言。由《楚辞》渡到七言，其势实比五言为顺也。

以上这段话，说得离题太远了，现在要归结到五言发展的历史。

刘彦和又云："按《召南·行露》，肇始半歌，孺子《沧浪》，亦有全曲；《暇豫》优歌，远见春秋；《邪径》童谣，近在成世。阅时取证，则五言久矣。"我以为若觅一二断句作证，则可引者原不止此。专就《诗经》论，如"胡为乎泥中""谁谓雀无角""无使尨也吠""期我乎桑中""洞酌彼行潦""宛在水中央""或尽瘁事国"……此类句子很不少。乃至《左传》引逸诗："昔吾有先正，其言明且清"，《论语》记《接舆歌》："往者不可谏，来者犹可追"，都不能不算是五言句法的远祖。却是全首完整的五言诗，在汉以前到底找不出一首来。

汉代第一首五言诗，当推《戚夫人歌》：

"子为王，母为虏，终日舂薄暮，常与死为伍。相离三千里，当谁使告汝！"

这首歌虽有两句三言相闻，大体总算是五言了。我们若肯认《大风歌》为七言之祖，也可以认这歌为五言之祖。但是除了这歌四句以外，别的却就难找了。倘若把苏、李、枚、卓那几首剔出，简直可以说，从高祖到武帝八、九十年间，除戚夫人那四句外更无第二首五言。最当注意者，《房中》《郊祀》两歌共三十六章，内中三言、四言、六言、七言都有，独无五言。勉强找，算找出四句："幡比翅回集，贰双飞常羊"，"假青风轧忽，激长至重觞"。（《郊祀歌·天门》章）这四句夹杂在三言、六言、七言中间，音节异常佶屈，和所传枚乘、苏、李诸作截然不同。

第二首五言是哪首呢？《铙歌》十八章中《上陵》章云：

"上陵何美美，下津风以寒。问客从何来？言从水中央。桂树为君船，青丝为君笮；木兰为君棹，黄金错其间。沧海之雀赤翅鸿，白雁随。山林乍开乍合，曾不知日月明。醴泉之水，光泽何蔚蔚。芝为车，龙为马，览遨游，四海外。甘露初二年，芝生铜池中，仙人下来饮，延寿十万岁。"

这首歌虽有三、四、六言插入，但五言为多，我们姑且勉强认为五言。《铙歌》作品年代难确考，依我看，并不是一时作成的，惟这首有"甘露初二年"一句，认为宣帝时作品，当无大错，然则在枚乘、苏、李后五、六十年了。它的格调音节之朴僿拙劣如此。

第三首的五言是哪首呢？《汉书·五行志》载成帝时童谣云：

"邪径败良田，谗口乱善人。桂树华不实，黄爵巢其颠。昔为人所羡，今为人所怜。"

这一首真算纯粹的五言了，彦和所谓"《邪径》童谣，近在成世"即指此。其音节谐畅，和后来的五言诗几无甚分别，但虽作于成帝时，已是西汉之末了。

西汉二百年间五言诗，其时代确凿可信绝无问题者，只有这三首。内中两首还是长短句相杂，其纯粹的一首又是童谣，然则彦和"词人遗翰，莫见五言"之语并不为过了。

我们试在这种资料之下来解决苏、李、枚、卓诸诗的时代问题。凡辨别古人作品之真伪及其年代，有两种方法，一曰考证的，二曰直觉的。考证的者，将该作品本身和周围之实质的资料搜集齐备，看它字句间有无可疑之点。它的来历出处如何？前人对于它的观察如何？……等等，参伍错综而下判断。直觉的者，专从作品本身字法、句法、章法之体裁结构及其神韵气息上观察，拿来和同时代确实的作品比较，推定其是否产于此时代。譬诸侦探案件，考证的方法是搜齐人证物证，步步踏实，毫不杂以主观；直觉的方法则如利用野蛮人或狗之特别嗅觉去侦查奇案。虽像是很杳茫很危险，但有时亦收奇效。文学美术作品，往往以直觉的鉴别为最有力。例如碑贴字画等类，内行家可以一望而知为某时代作品，某人手笔，丝毫不容假借。文体亦然。东晋晚出之伪《古文尚书》，就令将传授上及其他种种罅漏，搁在一边不提，专以文字论，已可断其决非三代以上文也。《文选》所载李陵《答苏武书》，别无他种作伪实证，而识者早公认其为六朝人语。凡此之类，皆用直觉的鉴别，似武断而实非武断也。西汉承战国之后，——除少数作者摹仿《三百篇》作四言诗外——全部文学家之精力，皆务蜕变《楚辞》以作赋。就实质论，则铺叙多比兴少，就形式论，则多用自由伸缩之长短句，而未有每句之一定字数。乃若"行行重行行""皑如山上雪""携手上河梁"……诸篇，在实质方面，则陈旨婉曲，寄兴深微，在形式方面，则虽非如魏晋之讲究对偶，齐梁后之拘束声病，然而句法调法皆略有一定，音节谐畅流丽。凡此，皆与西汉其他作品绝不相类。我们用历史家的眼光忠实观察，以为西汉景、武之间未必能发生这种诗风这种诗体；倘使已经发生，便当继续盛行，又不应中断二三百年，到建安、黄初间始再振其绪。所以我对于五言诗发生时代这个问题，兼用考证的、直觉的两种方法仔细研究，要下一个极大胆的结论，曰：五言诗起于东汉中叶，和建安七子时代相隔不远，——"行行重行行"等九首决非枚乘作；"皑如山上雪"决非卓文君所作；"骨肉缘枝叶""良时不再至"等七首决非苏武、李陵作；"新裂齐纨素"是否班婕妤作尚在未定之列。今具录诸作，先分别考定其时代，再评论其价值。

《文选》所录《古诗十九首》附一首：

（章末有△符者，《玉台新咏》所指为枚乘作；有▲符者，《文心雕龙》所指为傅毅作；有＊符者，陆机有拟作。）

行行重行行，与君生别离。相去万余里，各在天一涯。道里阻且长，会面安可知？胡马依北风，越鸟巢南枝。相去日已远，衣带日以缓。浮云蔽白日，游子不顾返。思君令人老，岁月忽已晚。弃捐莫复道，努力加餐饭。△＊

青青河畔草，郁郁园中柳。盈盈楼上女，皎皎当窗牖。娥娥红粉妆，纤纤出素手。昔为倡家女，今为荡子妇。荡子行不归，空床难独守。△＊

青青陵上柏，磊磊涧中石。人生天地间，忽如远行客。斗酒相娱乐，聊厚不为薄。驱车策驽马，游戏宛与洛。洛中何郁郁，冠带自相索。长衢罗夹巷，王侯多第宅。两宫遥相望，双阙百余尺。极宴娱心意，戚戚何所迫。＊

今日良宴会，欢乐难具陈。弹筝奋逸响，新声妙入神。令德唱高言，识曲听其真。齐心同所愿，含意俱未申。人生寄一世，奄忽若飙尘。何不策高足，先据要路津。无为守穷贱，轗轲长苦辛。＊

西北有高楼，上与浮云齐。交疏结绮窗，（李善注："疏刻穿之也。"盖窗棂之类。）阿阁三重阶。上有弦歌声，音响一何哀。谁能为此曲？无乃杞梁妻！清商随风发，中曲正徘徊。一弹再三叹，慷慨有余哀。不惜歌者苦，但伤知音稀。愿为双鸣鹤，奋翅起高飞。△＊

涉江采芙蓉，兰泽多芳草。采之欲遗谁？所思在远道。还顾望旧乡，长路漫浩浩。同心而离居，忧伤以终老。△＊

明月皎夜光，促织鸣东壁。玉衡指孟冬，（李注玉衡，北斗第五星也。）众星何历历。白露沾野草，时节忽复易。秋蝉鸣树间，玄鸟逝安适。昔我同门友，高举振六翮。不念携手好，弃我如遗迹。南箕北有斗，牵牛不负轭。（《诗》云："维南有箕，不可以簸扬；维北有斗，不可以挹酒浆。睆彼牵牛，不以服箱。"借众星以喻有名无实也。此引用之，故下云："虚名复何益。"）良无磐石固，虚名复何益。

冉冉孤生竹，结根泰山阿。与君为新婚，兔丝附女萝。兔丝生有时，夫妇会有宜。千里远结婚，悠悠隔山陂。思君令人老，轩车来何迟。伤彼蕙兰花，含英扬光辉。过时而不采，将随秋草萎。君亮执高节，贱妾亦何为。▲

庭中有奇树，绿叶发华滋。攀条折其荣，将以遗所思。馨香盈怀袖，路远莫致之。此物何足贵，但感别经时。△ *

迢迢牵牛星，皎皎河汉女。纤纤擢素手，札札弄机杼。终日不成章，泣涕零如雨。河汉清且浅，相去复几许。盈盈一水间，脉脉不得语。△ *

回车驾言迈，悠悠涉长道。四顾何茫茫，东风摇百草。所遇无故物，焉得不速老。盛衰各有时，立身苦不早。人生非金石，岂能长寿考。奄忽随物化，荣名以为宝。

东城高且长，逶迤自相属。回风动地起，秋草萋以绿。四时更变化，岁暮一何速。晨风怀苦心，蟋蟀伤局促。（《晨风》《蟋蟀》皆《诗经》篇名。）荡涤放情志，何为自结束。燕赵多佳人，美者颜如玉。被服罗裳衣，当户理清曲。音响一何悲，弦急知柱促。驰情整中带，（李注："中带，中衣带也。"）沉吟聊踟蹰。愿为双飞燕，衔泥巢君屋。△ *

驱车上东门，（李注引"河南郡图经"云："东有三门，最北头曰上东门。"盖纪洛阳城阙也。）遥望郭北墓。白杨何萧萧，松柏夹广路。下有陈死人，杳杳即长暮。（即趍也，就也。

《楚辞》："去白日之昭昭，袭长夜之悠悠。"）潜寐黄泉下，千载永不寤。浩浩阴阳移，年命如朝露。人生忽如寄，寿无金石固。万岁更相送，圣贤莫能度。服食求神仙，多为药所误。不如饮美酒，被服纨与素。

去者日以疏，来者日以亲。出郭门直视，但见丘与坟。古墓犁为田，松柏摧为薪。白杨多悲风，萧萧愁杀人。思还故里闾，欲归道无因。

生年不满百，常怀千岁忧。昼短苦夜长，何不秉烛游。为乐当及时，何能待来兹。愚者爱惜费，但为后世嗤。仙人王子乔，难可与等期。

凛凛岁云暮，蝼蛄夕鸣悲。凉风率已厉，游子寒无衣。锦衾遗洛浦，同袍与我违。独宿累长夜，梦想见容辉。良人惟古欢，枉驾惠前绥。（绥，引车之缰绳也。）愿得常巧笑，携手同车归。既来不须臾，又不处重闱。亮无晨风翼，（《尔雅》"晨风，鹯也；亮，同谅。"）焉能凌风飞。眄睐以适意，引领遥相睎。徙倚怀感伤，垂涕沾双扉。

孟冬寒气至，北风何惨栗。愁多知夜长，仰观众星列。三五明月满，四五蟾兔缺。客从远方来，遗我一书札。上言长相思，下言久离别。置书怀袖中，三岁字不灭。一心抱区区，惧君不识察。

客从远方来，遗我一端绮。相去万余里，故人心尚尔。文采双鸳鸯，裁为合欢被。著以长相思，缘以结不解。（李注引《仪礼》郑注云："著，谓充之以絮也。"又引《礼记》郑注云："缘，饰边也。"）以胶投漆中，谁能别离此？

明月何皎皎，照我罗床帏。忧愁不能寐，揽衣起徘徊。客行虽云乐，不如早旋归。出户独彷徨，愁思当告谁？引领还入房，泪下沾裳衣。△*

兰若生春阳，涉冬犹盛滋。愿言追昔爱，情款感四时。美

人在云端，天路隔无期。夜光照玄阴，长欢恋所思。谁谓我无
忧，积念发狂痴。△ ＊

右二十首，除最末一首外，皆见《文选》，不题撰人名氏，惟题
"古诗"。《玉台新咏》则九首题枚乘《杂诗》（一《西北有高楼》，二
《东城高且长》，三《行行重行行》，四《涉江采芙蓉》，五《青青河畔
草》，六《兰若生春阳》，七《庭中有奇树》，八《迢迢牵牛星》，九《明
月何皎皎》），余七首不录。《文心雕龙》则云："古诗佳丽，或称枚叔。
其《孤竹》一篇（冉冉孤生竹）则傅毅之词。"是对于枚乘之说，付诸
存疑，而割出一首以属傅毅。《诗品》则为分二类，其一陆机所曾拟之
十四首，认为时代最古。（今存者仅十二首。一《行行重行行》，二《今
日良宴会》，三《迢迢牵牛星》，四《涉江采芙蓉》，五《青青河畔草》，
六《明月何皎皎》，七《兰若生春阳》，八《青青陵上柏》，九《东城高
且长》，十《西北有高楼》，十一《庭中有奇树》，十二《明月皎夜光》。）
（《玉台》所谓枚乘九首，全在其中，余二首已佚，不知属何题。）其余
"去者日以疏"等四十五首（钟未列其目，惟十九首中"客从远方来"
一首在内，复举有"橘柚垂华实"一首，余四十三首不知何指），则谓
"疑是建安中曹（植）、王（粲）所制"。昭明（《文选》选者萧统）、彦
和（《文心雕龙》著者刘勰）、仲伟（《诗品》著者钟嵘）、孝穆（《玉台
新咏》选者徐陵）同是梁人，而所传之异同如此，可见这一票古诗之作
者和时代在六朝时久已成问题了。其所拟议之作者，最古者枚乘，西汉
初人；次则傅毅，东汉初人，距枚乘百余年；最近者曹、王，汉魏间
人，距傅毅又百余年，距枚乘且三百年。

我以为要解决这一票诗时代，须先认一个假定，即"古诗十九首"
这票东西，虽不是一个人所作，却是一个时代，——先后不过数十年间
所作，断不会西汉初人有几首，东汉初人有几首，东汉末人又有几首。
因为这十几首诗体格韵味都大略相同，确是一时代诗风之表现。凡诗风
之为物，未有阅数十年百年而不变者，如后此建安、黄初之与元嘉、永

明；元嘉永明之与梁、陈宫体；乃至唐代初、盛、中、晚之递嬗，宋代"西昆""江西"之代兴。凡此通例，不遑枚举。两汉历四百年，万不会从景、武到灵、献，诗风始终同一。"十九首"既风格首首相近，其出现时代，当然不能距离太远。读者若肯承认我这个前提，我们才可以有点边际来讨论它的出现时代了。

汉制避讳极严，犯者罪至死，惟东汉对于西汉诸帝则不讳。惠帝讳盈，而十九首中有"盈盈楼上女""馨香盈怀袖"等句，非西汉作品甚明，此其一。"游戏宛与洛，洛中何郁郁。……长衢罗夹巷，王侯多第宅。两宫遥相望，相阙百余尺。"明写洛阳之繁盛，西汉决无此景象。"驱车上东门，遥望郭北墓。"上东门为洛城门，郭北即北邙，显然东京人语，此其二。此就作品本身觅证，其应属东汉不应属西汉，殆已灼然无疑。然东汉历祚，亦垂二百年，究竟当属何时耶？此则在作品本身上无从得证，只能以各时代别的作品旁证推论。刘彦和以"冉冉孤生竹"一首为傅毅作，依我的观察，西汉成帝时，五言已萌芽，傅毅时候，也未尝无发生《十九首》之可能性。但以同时班固《咏史》一篇相较，风格全别（固诗见后），其他亦更无相类之作，则东汉之期——明、章之间似尚未有此体。安、顺、桓、灵以后，张衡、秦嘉、蔡邕、郦炎、赵壹、孔融，各有五言作品传世。音节日趋谐畅，格律日趋严整，其时五言体制已经通行，造诣已经纯熟，非常杰作，理合应时出现。我据此中消息以估定《十九首》之年代，大概在西纪一二〇至一七〇约五十年间，比建安黄初略先一期，而紧相衔接，所以风格和建安体格相近，而其中一部分钟仲伟且疑为曹王所制也。我所估定若不甚错，那么，《十九首》一派的诗风，并非西汉初期瞥然一现中间戛然中绝，而建安体亦并非近无所承，突然产生，按诸历史进化的原则，四方八面都说得通了。

《十九首》在文学史上所占的地位，或与《三百篇》《离骚》相埒，稍有文学常识的人都能知道，无待我赞美了。对于它最古的批评，则刘彦和谓："结体散文，直而不野。宛转附物，怊怅切情。"钟仲伟谓："文温以丽，意悲而远，惊心动魄，一字千金。"对于它的价值，差不多发挥尽致了。我为帮助读者兴味起见，且再把它仔细解剖一下。

《十九首》第一点特色在善用比兴。比兴本为《诗》六义之二，《三百篇》所恒用，《国风》中尤十居七八。降及《楚辞》，"美人芳草"，几舍比兴无他技焉。汉人尚质，西京尤甚，其作品大率赋体多而比兴少。长篇之赋，专事铺叙无论矣，即间有诗歌，也多半是径情直遂的倾泻实感。到《十九首》才把《国风》《楚辞》的技术翻新来用，专务"附物切情"。胡马越鸟，陵柏涧石，江芙泽兰，孤竹女萝，随手寄兴，辄增妩媚。至如"迢迢牵牛星"一章，纯借牛女作象征，没有一字实写自己情感，而情感已活跃句下。此种作法，和周公的《鸱鸮》一样，实文学界最高超的技术。（汉初作品如高祖之《鸿鹄歌》、刘章之《耕田歌》，尚有此种境界，后来便很少了。）

论者或以含蓄蕴藉为诗之唯一作法，固属太偏，然含蓄蕴藉，最少应为诗的要素之一，此则无论何国何时代之诗家所不能否认也。《十九首》之价值，全在意内言外，使人心醉。其真意所在，苟非确知其"本事"，则无从索解。但就令不解，而优饫涵讽，已移我情。即如"迢迢牵牛星"一章，不是凭空替牛郎织女发感慨，自无待言，最少也是借来写男女恋爱。再进一步，是否专写恋爱，抑或更别有寄托而借恋爱作影子，非问作诗的人不能知道了。虽不知道，然而读起来可以养成我们温厚的情感，引发我们优美的趣味，比兴体的价值全在此。这种诗风，到《十九首》才大成。后来唐人名作，率皆如此，宋则盛行于词界，诗界渐少了。

《十九首》虽不讲究"声病"，然而格律音节，略有定程。大率四句为一解，每一解转一意。（如"行行重行行"至"各在天一涯"为一解，"道路阻且长"至"越鸟巢南枝"为一解，"相去日以远"至"游子不顾返"为一解，"思君令人老"至"努力加餐饭"为一解。）其用字平仄相间，按诸王渔洋《古诗声调谱》，殆十有九不可移易。试拿来和当时的歌谣乐府比较，虽名之为汉代的律诗，亦无不可，此种诗格，盖自西汉末五言萌芽之后，经历多少年，才到这纯熟谐美的境界。后此五言诗，虽内容实质屡变，而格调形式，总不能出其范围。

从内容实质上研究《十九首》，则厌世思想之浓厚——现世享乐主义之讴歌，最为其特色。《三百篇》中之变《风》、变《雅》，虽忧生念乱之辞不少，至如《山枢》之"且以喜乐，且以永日，宛其死矣，他人入室"，此等论调，实不多见。大抵太平之世，诗思安和，丧乱之余，诗思惨厉。《三百篇》中代表此两种气象的作品，所在多有。然而社会更有将乱未乱之一境，表面上歌舞欢娱，骨子里已祸机四伏，全社会人汲汲顾影，莫或为百年之计，而但思偷一日之安，在这种时代背景之下，厌世的哲学文学便会应运而生。依前文所推论，《十九首》为东汉安、顺、桓、灵间作品，若所测不谬，那么正是将乱未乱极沉闷极不安的时代了。当时思想界，则西汉之平实严正的经术，已渐不足以维持社会，而佛教的人生观已乘虚而入。（桓、灵间安世高、支娄迦谶二人所译出佛经已数十部。）下文所录仲长统一诗，最足表示此中消息。《十九首》正孕育于此等社会状况之下，故厌世的色彩极浓。"人生天地间，忽如远行客""万岁更相送，圣贤莫能度""所遇无故物，焉得不速老""生年不满百，常怀千岁忧"，此种思想，在汉人文学中，除贾谊《鵩鸟赋》外，似未经人道。《鵩鸟赋》不过个人特别性格特别境遇所产物，《十九首》则全社会氛围所产别物，故感人深浅不同，《十九首》非一人所作，其中如"奄忽随物化，荣名以为宝"之类，一面浸染厌世思想，一面仍保持儒家哲学平实态度者，虽间有一二，其大部分则皆如《山枢》之"且以喜乐，且以永日"，以现世享乐为其结论。"青青陵上柏""今日良宴会""东城高且长""驱车上东门""去者日以疏""生年不满百"诸篇其最著也。他们的人生观出发点虽在老庄哲学，其归宿点则与《列子·杨朱》篇同一论调。不独荣华富贵功业名誉无所留恋，乃至"谷神不死""长生久视"等观念亦破弃无余。"服食求神仙，多为药所误，不如饮美酒，被服纨与素"，"愚者爱惜费，但为后世嗤。仙人王子乔，难可与等期"，真算把这种颓废思想尽情揭穿。他的文辞既"惊

中国之美文及其历史

383

心动魄，一字千金"，故所诠写的思想，也给后人以极大印象。千余年来中国文学，都带悲观消极的气象，《十九首》的作者怕不能不负点责任哩。

《十九首》之考证批评略竟，今当以次论列所谓苏、李诗者。

《文选》所录李少卿《与苏武诗》三首：

（李陵字少卿，广之孙，为骑都尉。武帝天汉中，将步卒五千人击匈奴，转战失利，遂降虏。单于以女妻之，立为右校王，在匈奴二十余年卒。）

良时不再至，离别在须臾。屏营衢路侧，执手野踟蹰。仰视浮云驰，奄忽互相逾。风波一失所，各在天一隅。长当从此别，且复立斯须。欲因晨风发，（李注云："晨风，早风也。"超案，李说误，晨风，鸟名也。）送子以贱躯。

嘉会难再遇，三载为千秋。临河濯长缨，念子怅悠悠。远望怨风至，对酒不能酬。行人怀往路，何以慰我愁。独有盈觞酒，与子结绸缪。

携手上河梁，游子暮何之。徘徊溪路侧，恨恨不能辞。行人难久留，各言长相思。安知非日月，弦望自有时。（李注云："弦，月半之名也。其形一旁曲一旁直，若张弓弛弦也。望，月满之名也。日在东，月在西，遥相望也。"超案，诗意谓虽一别无相见期，犹冀如日月之由弦而望，有短时间得遥遥相对也。）努力崇明德，皓首以为期。

又苏子卿诗四首：

（苏武，字子卿，京兆人。天汉二年，以中郎将使匈奴十九年，不屈节。会昭帝与匈奴和得归国。宣帝神爵二年卒，年八十余。）

骨肉缘枝叶，结交亦相因。四海皆兄弟，谁为行路人。况我连枝树，与子同一身。昔为鸳与鸯，今为参与辰。昔者长相近，邈若胡与秦。惟念当乖离，恩情日以新。鹿鸣思野草，可以喻嘉宾。我有一樽酒，欲以赠远人。愿子留斟酌，叙此平生亲。

黄鹄一远别，千里顾徘徊。胡马失其群，思心常依依。何况双飞龙，羽翼临当乖。幸有弦歌曲，可以喻中怀。请为游子吟，泠泠一何悲。丝竹厉清声，慷慨有余哀。长歌正激烈，中心怆以摧。欲展清商曲，念子不得归。俯仰内伤心，泪下不可挥。愿为双黄鹄，送子俱远飞。

结发为夫妻，恩爱两不疑。欢娱在今夕，燕婉及良时。征夫怀往路，起视夜何其。参辰皆已没，去去从此辞。行役在战场，相见未有期。握手一长叹，泪为生别滋。努力爱春华，莫忘欢乐时。生当复归来，死当长相思。

烛烛晨明月，馥馥秋兰芳。芬馨良夜发，随风闻我堂。征夫怀远路，游子恋故乡。寒冬十二月，晨起践严霜。俯观江汉流，仰视浮云翔。良友远别离，各在天一方。山海隔中州，相去悠且长。嘉会难再遇，欢乐殊未央。愿君崇令德，随时爱景光。

右七首中，《玉台新咏》惟录"结发为夫妻"一首，余不录。而《艺文类聚》及《古文苑》所载复有十首：

李陵《录别诗》八首：

有鸟西南飞，熠熠似苍鹰。朝发天北隅，暮闻日南陵。欲寄一言去，托之笺彩缯。因风附轻翼，以遗（遗当作遗）心蕴蒸。鸟辞路悠长，羽翼不能胜。意欲从鸟逝，驽马不可乘。

烁烁三星列，拳拳月初生。寒凉应节至，蟋蟀夜悲鸣。晨风动乔木，枝叶日夜零。游子暮思归，塞耳不能听。远望正萧条，百里无人声。豺狼鸣后园，虎豹步客庭。远处天一隅，苦困独零丁。亲人随风散，历历如流星。三苹离不结，思心独屏营。愿得萱草枝，以解饥渴情。

寂寂君子坐，奕奕合众芳。温声何穆穆，因风动馨香。清言振东序，良时着西厢。乃命丝竹音，列席无高唱。怨意何慷慨，清歌正激扬。长哀发华屋，四坐莫不伤。

晨风鸣北林，熠熠东南飞。愿言所相思，日暮不垂帷。明月照高楼，想见余光辉。玄鸟夜过庭，仿佛能复飞。褰裳路踟蹰，彷徨不能归。浮云日千里，安知我心怨。思得琼树枝，以解长渴饥。

涉彼南山隅，送子淇水阳。尔行西南游，我独东北翔。辕马顾悲鸣，五步一彷徨。双凫相背飞，相远日已长。远望云中路，相见未圭璋。万里遥相思，何益心独伤。随时爱景耀，愿言莫相忘。

钟子歌南音，仲尼欲归与。戎马悲边鸣，游子恋故庐。阳鸟归飞云，蛟龙乐潜居。人生一世间，贵与愿同俱。身无四凶罪，何为天一隅。与其苦筋力，必欲荣薄躯。不如及清时，策名于天衢。

凤凰鸣高冈，有翼不好飞。安知凤凰德，贵其来见稀。……（阙）

红尘蔽天地，白日何冥冥。……（阙）

苏武《答别诗》二首：

童童孤生柳，寄根河水泥。连翩游客子，于冬服凉衣。去家千里余，一身常渴饥。寒夜立清庭，仰瞻天汉湄。寒风吹我骨，严霜切我肌。忧心常惨戚，晨风为我悲。瑶光游何速，行愿支荷迟。仰视云间星，忽若割长帷。低头还自怜，盛年行已衰。依依恋明世，怆怆难久怀。

　　双凫俱北飞，一凫独南翔。子当留斯馆，我当归故乡。一别如秦胡，会见何讵央。怆恨切中怀，不觉泪沾衣。愿子长努力，言笑莫相忘。

　　《艺文类聚》为隋唐间欧阳询所著，《古文苑》为唐人所辑，失辑者姓名，其书以《文选》所不录者为范围。盖唐时所传苏、李诗，除《文选》七首外，复有此十二首也。明冯惟讷《古诗纪》则以前七首为原作，后十二首为后人拟作。后十二首中李陵八首之末两首，《古文苑》仅录首次联，下注"阙"字，盖唐时已佚其后半。而明杨慎《升庵诗话》则有其末首之全文，云"见《修文殿御览》"。其文如下：

　　红尘蔽天地，白日何冥冥。微音盛杀气，凄风从此兴。招摇西北指，天汉东南倾。嗟尔穷庐子，独行如履冰。短褐中无绪，带断续以绳。泻水置瓶中，为辨溜与渑。巢父不洗耳，后世有何称。

　　关于苏李诗的资料之全部如此。

　　《文心雕龙》云："……所以李陵、班婕妤见疑于后代"，可见这几首诗的真伪问题，盖起自六朝以前了。近代昌言其伪者，则始自苏东坡。他说："刘子玄（知几）辨《文选》所载李陵《与苏武书》非西汉文，盖齐梁间文士拟作者也。吾因悟陵与苏武赠答五言，亦后人所拟。"又说："李陵书、苏武五言，皆伪，而萧统不能辨。"（章樵《古文苑注》引）但东坡未能指出其作伪实据，故不足以夺历史上相沿之信仰。间有祖其说者，或摘"独有盈觞酒"之"盈"字犯惠帝讳，或摘"俯观江汉流""小海隔中州""送子洪水阳""携手上河梁"等句与塞外地理不合，或摘"行役在战场""一别如秦胡""骨肉缘枝叶""结发为夫妻"等句为与陵、武情事不合，斯皆然矣。然为之辩护者亦自有说，如谓各诗未必皆作于塞外，谓陵诗未必皆赠武，武诗未必皆赠陵，则许多矛盾之点也可以勉强解释过去。所以仅靠这些末节，还不能判定此公案。

我是绝对不承认这几首诗为李陵、苏武作的。我所持的理由：第一，则汉武帝时决无此种诗体，具如前文所论。此诸诗与《十九首》体格略同，而谐协尤过之。如"良时不再至，离别在须臾"，如"长当从此别，且复立斯须"，如"骨肉缘枝叶"，如"努力崇明德"，……其平仄几全拘齐梁声病，故其时代又当在《十九首》之后。第二，赠答诗起于建安七子，两汉词翰，除秦嘉《赠妇》外更无第二首，然时已属汉末。至朋友相赠，则除此数章外更不一见。盖古代之诗，本以自写性情，不用为应酬之具。建安时，文士盛集邺下，声气相竞，始有投报。苏、李之世，绝对的不容有此。第三，苏、武于所传诸诗外别无他诗，固无从知其诗风为何如。至于李陵则《汉书·苏武传》，尚载有他一首歌，其辞云："行万里兮度沙漠，为君将兮奋匈奴，路穷绝兮矢刃摧，士众灭兮名已隤。老母已死，虽欲报恩将安归！"纯是武人质直粗笨口吻，几乎没有文学上价值。凡一个人前后作品，相差总不会太远，何况同时所作？作"经万里兮度沙漠……"的人，忽然会写出"风波一失所，各在天一隅"，会写出"安知非日月，弦望自有时"，我们无论如何，断不能相信。我据这三种理由，所以对于东坡所提出的抗议深表赞同。

然则这几首诗是后人有意作伪吗？又未必然。《石崇集》中有《王昭君辞》一首，《李贺集》中《庾肩吾还自会稽歌》一首，都是本无此诗，而作者悬揣前人心事替他补作的。幸亏石、李二人对于这两首诗各有一篇小序声明系代作，不然被一位冒冒失失的选家，将那两首径题为昭君作、肩吾作，又不知把多少人引入迷途了。李陵这个人，本来不算什么大人物，文学史上更不会有他的位置，徒以司马迁因他获罪，《报任安书》里头有一大段替他抱不平，引起后人对于他格外的表同情，于是好事者流，有人替他拟一篇《答苏武书》，倾吐胸中块垒（《答苏武书》之为拟作，刘知几《史通》辨之已明，现在几为学界所公认了）。

又有人因他送苏武归国时本有一首歌明见《汉书》，而那首歌实在做得不见高妙，因此重新替他拟作一两首，来完成这段佳话，后来又有人觉得李陵既有诗送苏武，苏武也不可无诗送李陵，于是又替苏武也作几首。在作者原是自己闹着玩，并非有意伪托，自昭明太子编入《文选》，径题苏、李之名，却令千余年来坠入云雾了。

然则什么人拟作呢？我们虽没有法子找出作者主名，大概总是建安七子那班人。而各首又非成于一人之手，各诗气格朴茂淡远，决非晋宋以后人手笔，而汉桓灵以前，又像不会有替人捉刀的风气，建安七子既创开赠答之风，自然容易联想替古人赠答，他们又喜欢共拈一题，数人比赛着作，或者谈论之间，觉得苏李言别是一种绝好诗材，因此拈为课题，各人分拟，所以拟出的共有几首之多，各首语意多相重复，而诗的好坏亦大相悬绝。

还有该注意的一点，《文选》所录七首之中，李陵的比苏武强多了。《文心雕龙》只言"李陵、班婕好见疑于累代"；不提苏武，《诗品》也只有李陵，并无苏武。（《诗品·叙论》里头有"子卿双凫"一语，似是指苏武之"双凫俱北飞"一首，但彼文历举曹子建至谢惠连十二家，皆以年代为次，"子卿双凫"句在"阮籍咏怀"句之下"叔夜双鸾"句之上，则子卿宜为魏人，非汉之苏武也。窃疑魏别有一人，字子卿者。今所传苏武诗六首，皆其所作，自后人以诸诗全归诸武，并其人之姓名亦不传矣。此说别无他证，不敢妄主张，姑提出俟后之好古者。）因此我颇疑拟李陵的几首，是早已流行，刘勰、钟嵘对它都很重视，拟苏武的那几首，或者是较晚的时代续拟，因此批评家不甚认它的价值，但最迟的也不过魏晋间作品罢了。

至于《升庵诗话》所载"红尘蔽天地"的全首，古书中绝未曾见，杨升庵自谓出于《修文御览》，但《修文御览》早佚，升庵何从得见？升庵最好造假典骗人，这首诗之靠不住，冯已苍《诗纪匡谬》早已辩明了。

各诗的价值，要分别言之。拟李陵的"良时不再至"和"携手上河梁"两首，真算送别诗的千古绝唱！"仰视浮云驰，奄忽互相逾。风波一失所，各在天一隅。长当从此别，且复立斯须。"意深刻而语飞动，真是得未曾有。"行人难久留，各言长相思。安知非日月，弦望自有时。"把极热烈的情感像放在熏炉中用灰盖住，永远保持温度，真极技术之能事。钟仲伟谓"王粲之诗，源出李陵"，依我看，这两首的气味，绝似仲宣《七哀》，或者径是仲宣拟作亦未可知。此外则拟苏武的"结发为夫妻"一首，甚曲折微婉；拟李陵的"有鸟西南飞"一首，劲气直达，其余则"自郐以下"了。（钟仲伟举"二凫俱北飞"一首，此首最切合苏李情事，但浅薄寡味。）

《十九首》和苏李的两大公案既大略解决，最后更附带说说班婕妤的问题。

《文选》所录班婕妤《怨歌行》。（班况之女，少有才学，成帝选入宫，以为婕妤。后为赵飞燕所谮，黜废居长信宫。）

> 新裂齐纨素，鲜洁如霜雪。裁为合欢扇，团圆似明月。出入君怀袖，动摇微风发。常恐秋节至，凉风夺炎热。弃捐箧笥中，恩情中道绝。

此诗纯用比兴，托意微婉，在古诗中固为上乘。婕妤为成帝时人，以当时童谣中"邪径良田"的体制对照，则亦有产生此类诗之可能性。但《文选》李注引《歌录》但称为"古词"，而刘勰亦谓其"见疑于后代"，然则是否出婕妤手，在六朝时本有问题，恐亦是后人代拟耳。

钟仲伟云："自王、杨、枚、马之徒，词赋竞爽，而吟咏无闻。从李都尉迄班婕妤将百年间，有妇人焉，一人而已。诗人之风，顿已缺丧。东京二百载中，惟有班固《咏史》，质木无文。降及建安，……彬彬之盛，大备于时。"仲伟不信枚乘及苏武，故西汉只数李班两家，叹其寥落，又颇以东汉二百年斯道中绝为慨。我以为凡一体新文学之出现，其影响必及于社会，断不会仅有一两个人孤丁丁的独弹独唱，又不会没有人继续仿摹，隔二百多年才突然复活转来。所以宁采刘彦和怀疑的态度，把所传西汉五言作品都重新估定时代，庶几历史之谜，渐渐可以解答了。

以上将西汉传疑的作品都已说过，以下论东汉确有主名之作品。

东汉初期诗，流传仍极少，最著闻者如马援《武溪》之吟，梁鸿《五噫》之什（见卷三页）。皆从《离骚》一转手，虽词韵极美，而体格无变。第一首五言诗，则史学大家班固之《咏史》（固小传见第二卷）：

> 三王德弥薄，惟后用肉刑。太仓令有罪，就逮长安城。自恨身无子，困急独茕茕。小女痛父言，死者不可生。上书诣阙下，思古歌鸡鸣。忧心摧折裂，晨风扬激声。圣汉孝文帝，恻然感至情。百男何愦愦，不如一缇萦。

我们若将《十九首》、苏、李诗等重新估定年代之后，这首便算有史以来最古的五言诗了。试拿来和晚汉作品比较，真可笑已极。钟嵘批评他"质直无文"，一点都不冤枉。班孟坚并不是"无文"的人，且勿论他的史笔超群绝伦，即以《两都赋》而论，固当有不朽的价值。赋末所附那五首四言、七言诗也并不坏，何以这首《咏史》独稚弱到如此？可见大辂椎轮，势难工妙。孟坚首创五言，便值得在文学史上一大纪念，进一步求工，却要让后人了。至于《十九首》中"冉冉孤生竹"一首，若果如刘勰说的为傅毅所作，那便与班固同时，但我仍未敢信。

东汉中叶，在诗界稍占位置的人曰张衡。衡字平子，南阳西鄂人，安帝时征拜郎中，再迁太史令。顺帝阳嘉中迁侍中，为宦官所逐，出为河间王相，永和四年卒。衡为汉代大科学家，深于历学，著有《灵宪》一卷，《浑天仪》一卷。又会测算地震，著有地动仪，惜皆已佚。他的文学以赋著名，所作《两京赋》费十年工夫乃成。他的诗现存三首，除四言《怨诗》一首没有什么特别外，余两首都在文学史上很有关系。

《同声歌》：

邂逅承际会，得充君后房。情好新交接，恐慄若探汤。不才勉自竭，贱妾职所当。绸缪主中馈，奉礼助蒸尝。思为莞蒻席，在下蔽匡床。愿为罗衾帱，在上卫风霜。洒扫清枕席，鞮芬以狄香。重户结金扃，高下华灯光。衣解金粉御，列图陈枕张。（此句疑有误字）素女为我师，仪态盈万方。众夫所希见，天老教轩皇。乐莫斯夜乐，没齿焉可忘。

《四愁诗》：

（《文选》有序云，张衡不乐，久处机密，阳嘉中出为河间相。时国王骄奢，不遵法度，又多豪右并兼之家。衡下车，治威严，能内察属县，奸滑行巧劫，皆密知名，下吏收捕，尽服擒。诸豪侠游客，悉惶惧逃出境，郡中大治。争讼息，狱无系囚。时天下渐弊，郁郁不得志，为《四愁诗》。屈原以美人为君子，以珍宝为仁义，以水深雪芬为小人，思以道术相报，贻于时君，而惧谗邪不得以通。其辞曰：）

我所思兮在太山，欲往从之梁父艰，侧身东望涕沾翰。美人赠我金错刀，何以报之英琼瑶。路远莫致倚逍遥，何为怀忧心烦劳。

我所思兮在桂林，欲往从之湘水深，侧身南望涕沾襟。美人赠我金琅玕，何以报之双玉盘。路远莫致倚惆怅，何为怀忧心烦劳。

我所思兮在汉阳，欲往从之陇阪长，侧身西望涕沾裳。美人赠我貂襜褕，何以报之明月珠。路远莫致倚踟蹰，何为怀忧心烦纡。

我所思兮在雁门，欲往从之雪纷纷，侧身北望涕沾巾。美人赠我锦绣段，何以报之青玉案。路远莫致倚增叹，何为怀忧心烦悁。

五言诗除孟坚《咏史》外，平子的《同声歌》便是第二件古董了。孟坚那首，只能谓之五言有韵的文，不能谓之诗。平子这首，才算有诗的气味。进化路径，历历可指。玩语意当是初迁侍中时所作，自述初承恩遇感激图报之意。全首用比体，在五言尤为首创。（此诗若作赋体读之，认为男女新婚爱恋之词，便索然寡味。平子现存三诗，皆全用比兴。《怨诗》《四愁》皆有序，明言之，此首亦应尔。）

《四愁诗》最有盛名，它用美人芳草托兴，是《楚辞》意境。一唱三叹，词句不嫌复沓，是《国风》格调。然而形式上却全不袭《国风》，不袭《楚辞》，所以有创作的价值。昔人谓《柏梁诗》为七言之祖，柏梁为真为伪，本属问题，就算是真，也没有文学上价值。纯粹的七言，总应推《四愁》首唱了。（晋傅玄有《拟四愁诗》自序云："张平子作《四愁诗》体小而俗，七言类也。……"超谓平子不俗，休奕拟之乃俗耳。凡绝调皆不许人拟。）

著《楚辞章句》的王逸——字叔师，南郡宜城人。安帝时，——也有一首七言诗，名为《琴思楚歌》。

　　盛阴修夜何难晓，思念纠戾肠摧绕，时节晚莫年齿老。冬夏更运去若颓，寒来暑往难逐迫，形容减少颜色亏。时忽晻晻若骛驰，意中私喜施用为，内无所恃失本义。志愿不得心肝沸，忧怀感结重欲噫，岁月已尽去奄忽。亡官失禄去家室，思想君命幸复位，久处无成卒放牵。

叔师注楚辞《九章》《九辩》《远游》等篇，全用此等句法，若将每句末"也"字删去，便成若干首七言。（例如《远游》注之："哀众嫉妒迫协贤，高翔避世求道真，质性鄙陋无所因。将何引援而升云，逢遇暗主触谗佞，思虑烦冤无告陈。……"《九辩》注之："修德见过愁惧惶，孤立特止居一方，常念弗解内结藏。偕违邑里之他邦，去郢南征济沅湘。……"注文用韵起于《易经》各爻家之象辞，叔师效之而一律裁为七言。)《琴思》一章，疑亦某篇之注，后人摘以为诗耳。韵味当然不及《四愁》，但可见当时竞创新体也。

桓灵之间，音节谐美格律严正的五言诗体完全成立，作品流传名氏可指者数家：曰秦嘉及嘉妻徐淑、曰郦炎、曰赵壹、曰蔡邕及邕女琰。秦嘉《留郡赠妇》诗三首（嘉字士会，陇西人，桓帝时为郡上计掾）：

> 人生譬朝露，居世多屯蹇。忧难常早至，欢会常苦晚。念当奉时役，去尔日遥远。遣车迎子还，空往空复返。省书情凄怆，临食不能饭。独坐空房中，谁与相劝勉。长夜不能眠，伏枕独辗转。忧来如寻环，匪席不可卷。

> 皇灵无私亲，为善荷天禄。伤我与尔身，少小罹茕独。既得结大义，欢乐苦不足。念当远离别，思念叙款曲。河广无舟梁，道近隔邱陆。临路怀惆怅，中驾正踯躅。浮云起高山，悲风激深谷。良马不回鞍，轻车不转毂。针药可屡进，愁思难为数。贞士笃终始，恩义不可属。

> 肃肃仆夫征，锵锵扬和铃。清晨当引迈，束带待鸡鸣。顾看空室中，仿佛想姿形。一别怀万恨，起坐为不宁。何用叙我心，遗思致款诚。宝钗可耀首，明镜可鉴形。芳香去垢秽，素琴有清声。诗人感木瓜，乃欲答瑶琼。愧彼赠我厚，惭此往物轻。虽知未足报，贵用叙我情。

徐淑《答秦嘉诗》：

> 妾身兮不令，婴疾兮来归。沈滞兮家门，历时兮不差。旷废兮侍觐，情敬兮有违。君今兮奉命，远适兮京师。悠悠兮离别，无因兮叙怀。瞻望兮踊跃，伫立兮徘徊。思君兮感结，梦想兮容晖。君发兮引迈，去我兮日乖。恨无兮羽翼，高飞兮相

追。长吟兮永叹，泪下兮沾衣。

嘉诗《玉台新咏》有序，盖嘉为郡上计京师，其妻寝疾还家，不获面别，故赠此诗。《诗品》云："夫妻事既可伤，文亦凄怨。为五言者不过数家，而妇人居二，徐淑叙别之作，亚于《团扇》矣。"案，赠答诗始此。

郦炎诗二首（炎字文胜，范阳人，当灵帝时）：

> 大道夷且长，窘路狭且促。修翼无卑栖，远趾不步局。舒吾凌霄羽，奋此千里足。超迈绝尘驱，倏忽谁能逐。贤愚岂常类，禀性在清浊。富贵有人籍，贫贱无天禄。通塞苟由己，志士不相卜。陈平敖里社，韩信钓河曲。终居天下宰，食此万钟禄。德音流千载，功名重山岳。

> 灵芝生河洲，动摇因洪波。兰荣一何晚，严霜瘁其柯。哀哉二芳草，不植泰山阿。文质道所贵，遭时用有嘉。绛灌临衡宰，谓谊崇浮华。贤才抑不用，远投荆南沙。抱玉乘龙骥，不逢乐与和。安得孔仲尼，为世陈四科。

赵壹诗二首（壹字元叔，汉阳西县人，灵帝光和元年举郡上计，公府十辟不就）：

> 河清不可俟，人命不可延。顺风激靡草，富贵者称贤。文籍虽满腹，不如一囊钱。伊优北堂上，肮脏倚门边。

> 执家多所宜，欬唾自成珠。被褐怀金玉，兰蕙化为刍。贤者虽独悟，所困在群愚。且各守尔分，勿复空驰驱。哀哉复哀哉，此是命矣夫。

二家诗皆不韵，姑录之以见当时诗风之一种云尔。其在建安七子以前，确然能以诗名家者当推蔡邕父子。蔡邕，字伯喈，陈留圉人。灵帝建宁中，拜郎中，校书东观。董卓，为司空，辟之，迁尚书侍中。献帝初平三年（一九二）王允诛卓，邕亦遇害。邕有良史才，在东观续《汉书》未成，其著书有《月令章句》十二卷、《独断》二卷、《集》二十卷，文章书法，皆绝妙一时。诗则有《玉台新咏》所载《饮马长城窟》一首：

> 青青河畔草，绵绵思远道。远道不可思，宿昔梦见之。梦见在我旁，忽觉在他乡。他乡各异县，展转不可见。枯桑知天风，海水知天寒。入门各自媚，谁肯相为言。客从远方来，遗我双鲤鱼，呼童烹鲤鱼，中有尺素书。长跪读素书，书中竟何如？上有"加餐食"，下有"长相忆"。

此诗《文选》不著作者姓名，惟《玉台》则题邕作。我们并非轻信《玉台》，但以进化法则论，五言诗自东汉初叶发生以后，经历班固、张衡、秦嘉几个阶级，到蔡邕时才算真成熟，固宜有此圆满美妙之作品。伯喈文才掩映一世，其女文姬之诗，载在《后汉书》，精工如彼，则伯喈必能诗可知。故孝穆以此诗归伯喈，我们乐予承认。不惟如此，此诗与《十九首》音节气韵极相近，我还疑《十九首》中有伯喈作品在内，不过别无他证，不便主张罢了。伯喈能书之名，震铄千古，然今汉碑中，无一种能定为蔡书，而后人则每种皆揣测为蔡书。我对于蔡诗，也抱同一的观念哩。

邕女琰，字文姬，博学有才辩，适河东卫仲道，夫亡无子，归宁于家。献帝兴平元、二年间，天下丧乱，姬为胡骑所获，没于南匈奴，在胡中十二年，生二子。曹操痛邕无嗣，乃遣使者以金璧赎之归，重嫁陈留董祀。归后感伤乱离，追怀《悲愤》，作诗二章：

> 汉季失权柄，董卓乱天常。志欲图篡弑，先害诸贤良。逼

迫迁旧邦，拥主以自强。海内兴义师，欲共讨不祥。卓众来东下，金甲耀日光。平土人脆弱，来兵皆胡羌。猎野围城邑，所向悉破亡。斩截无孑遗，尸骸相撑拒。马旁悬男头，马后载妇女。长驱西入关，回路险且阻。还顾邈冥冥，肝脾为烂腐。所略有万计，不得令屯聚。或有骨肉俱，欲言不敢语。失意几微间，辄言"弊降掳，要当以亭刃，我曹不活汝"。岂复惜性命，不堪其詈骂。或便加捶杖，毒痛参并下。旦则号泣行，夜则悲吟坐。欲死不能得，欲生无一可。彼苍者何辜，乃遭此厄祸。边荒与华异，人俗少义理。处所多霜雪，胡风春夏起。翩翩吹我衣，肃肃入我耳。感时念父母，哀叹无穷已。有客从外来，闻之常欢喜。迎问其消息，辄复非乡里。邂逅徼时愿，骨肉来迎己。己得自解免，当复弃儿子。天属缀人心，念别无会期。存亡永乖隔，不忍与之辞。儿前抱我颈，问母"欲何之？人言母当去，岂复有还时，阿母常仁恻，今何更不慈？我尚未成人，奈何不顾思"！见此崩五内，恍惚生狂痴。号泣手抚摩，当发复回疑。兼有同时辈，相送告离别。慕我独得归，哀叫声摧裂。马为立踟蹰，车为不转辙。观者皆歔欷，行路亦呜咽。去去割情恋，遄征日遐迈。悠悠三千里，何时复交会。念我出腹子，胸臆为摧败。既至家人尽，又复无中外。城郭为山林，庭宇生荆艾。白骨不知谁，从横莫覆盖。出门无人声，豺狼号且吠。茕茕对孤影，怛咤糜肝肺。登高远眺望，魂神忽飞逝。奄若寿命尽，旁人相宽大。为复强视息，虽生何聊赖。托命于新人，竭心自勖厉。流离成鄙贱，常恐复捐废。人生几何时，怀忧终年岁。

（嗟薄祜兮遭世患，宗族殄兮门户单。身执略兮入西关，历险阻兮之羌蛮。山谷眇兮路漫漫，眷东顾兮但悲叹。冥当寝兮不能安，饥当食兮不能餐。常流涕兮眥不干，薄志节兮念死离。虽苟活兮无形颜，惟彼方兮远阳精。阴气凝兮雪夏零，沙漠壅兮尘冥冥。有草木兮春不荣，人似禽兮食臭腥。言兜离兮状窈停，岁聿暮兮时迈征。夜悠长兮禁门扃，不能寐兮起屏营。登胡殿兮临广庭，玄云合兮翳月星。北风厉兮肃泠泠，胡笳动兮边马鸣。孤雁归兮声嘤嘤，乐人兴兮弹琴筝。音相和兮悲且清，心吐思兮胸愤盈。欲舒气兮恐彼惊，含哀咽兮涕沾颈。家既迎兮当归宁，临长路兮捐所生。儿呼母兮啼失声，我掩耳兮不忍听。追持我兮走茕茕，顿复起兮毁颜形。还顾之兮破人情，心怛绝兮死复生。）

两诗并见《后汉书》，或疑第二首为后人拟作，范蔚宗未经别择，误行收录。此说我颇赞同，因为两诗所写，同一事实，同一情绪，绝无作两首之必要。第二首虽亦不恶，但比起第一首来却差得多了。第一首则真千古绝调，当时作家，皆善用比兴，独此诗纯为赋体，将实事实感，赤裸裸铺叙抒写，不加一毫藻饰，而缠绵往复，把读者引到与作者同一情感。我想二千年来的诗除这首和杜工部《北征》外，再没有第三首了。这首诗与《十九首》及建安七子诸作，体势韵味都不一样，这是因文姬身世所经历，特别与人不同所以能发此异彩，与时代风尚无关。要之五言诗到蔡氏父女，算完全成熟，后此虽有变化，但大体总不能出其范围了。

（附言）俗传有所谓《胡笳十八拍》者，亦题蔡文姬作。今录其头尾两拍如下：

我生之初尚无为，我生之后汉祚衰。天不仁兮降乱离，地不仁兮使我逢此时。干戈日寻兮道路危，民卒流亡兮共哀悲。烟尘蔽野兮胡虏盛，志意乖兮节义亏。对殊俗兮非我宜，遭恶辱兮当告谁。笳一会兮琴一拍，心愤怨兮无人知。　右第一拍

胡笳本自出胡中，缘琴翻出音律同。十八拍兮曲难终，响有余兮思无穷。是知丝竹微妙兮均造化之功，哀乐各随人心兮

有变则通。胡与汉兮异域殊风，天与地隔兮子西母东，苦我怨气兮浩于长空，六合虽广兮受之应不容。　右第十八拍

此十八首音节靡弱，意境凡近，与《后汉书》所载五言诗截然不类，其非出文姬手无疑。唐刘商《胡笳曲序》云："……文姬卷芦叶为吹笳，奏哀怨之音，后董生以琴写胡笳声为十八拍，今之《胡笳弄》是也。"李肇《国史补》云："唐有董庭兰，善沉声祝声，盖大小胡笳云。"然则十八拍之音节，乃姓董者所创。其人为唐时人，名庭兰，而歌辞又当在节拍之后，去文姬时远矣。作者亦非有心冒充文姬，只是借她的事，代她拟作，无识的选家，硬要把它送给文姬，却成了真伪问题。此本不足深辩，因恐浅学误认，故述其来历如右。

以上所述，皆建安以前五言诗（蔡琰一首在建安后，因邕作顺次附录）。五言在历史上发展的路径，大略可见了。此外四言诗在这时代，也起一种变化，读仲长统——字公理，山阳高平人，尝以尚书郎参曹操军事，建安二十四年（二一九）卒——的《述志》二首，最能见此中消息。

飞鸟遗迹，蝉蜕亡壳，腾蛇弃鳞，神龙丧角。至人能变，达士拔俗。乘云无辔，骋风无足。垂露成帏，张霄成幄，沆瀣当餐，九阳代烛，恒星艳珠，朝霞润玉。六合之内，恣心所欲。人事可遗，何为局促。

大道虽夷，见几者寡，任意无非，适物无可。古来缭绕，委曲如琐。百虑何为，至要在我。寄愁天上，埋忧地下。叛乱五经，灭弃风雅。百家杂碎，请用从火。抗志山栖，游心海左。元气为舟，微风为柂。翱翔太清，纵意容冶。

公理是晚汉一位思想家，他所著的《昌言》十二卷，和王充的《论衡》、王符的《潜夫论》有同等价值。可惜除《后汉书》所摘录那几篇

外，其余都亡佚了。他的诗也只存这两首，但这两首在四言诗里是有特别地位的。自韦孟以下三百多年的四言诗，都是摹仿《三百篇》皮毛，陈腐质木得可厌。这两首诗命意结体选词，都自出机杼，完全和《三百篇》两样，与曹孟德《对酒》《观沧海》诸篇，同为四言诗一大革命。这是技术上的特色，至于实质方面，它能代表那时候思想界沉寂不安的状况。他对于传统学术，一切怀疑，一切表示不满，虽不能自有建设，然而努力破坏。读他第二首，可以知魏晋间清谈派哲学的来龙去脉。

此外作者姓名虽存而时代事迹失考之诗尚有两首：

辛延年的《羽林郎》：

　　昔有霍家奴，姓冯名子都。依倚将军势，调笑酒家胡。胡姬年十五，春日独当炉。长裙连理带，广袖合欢襦。头上蓝田玉，耳后大秦珠。两鬟何窈窕，一世良所无。一鬟五百万，两鬟千万余。不意金吾子，娉婷过我庐。银鞍何煜爚，翠盖空峙崛。就我求清酒，丝竹提玉壶。就我求珍肴，金盘鲙鲤鱼。贻我青铜镜，结我红罗裙。不惜红罗裂，何论轻贱躯。男儿爱后妇，女子重前夫。人生有新故，贵贱不相渝。多谢金吾子，私爱徒区区。

宋子侯的《董娇娆》诗：

　　洛阳城东路，桃李生路旁。花花自相对，叶叶自相当。春风东北起，花叶正低昂。不知谁家子？提笼行采桑。纤手折其枝，花落可飘扬。请谢彼姝子，何为见损伤。高秋八九月，白露变为霜。终年会飘堕，安得久馨香？秋时有零落，春月复芬芳。何如盛年去，（丁福保云"如"，宋刻《玉台》作"时"，诸本亦皆作"时"，惟《艺文类聚》作"如"。案，此四句本言花落仍可重开，不如人之盛年一去即遭捐弃，而从前之欢爱俱忘，乃一篇立言寄慨之本旨。如作"时"字，则此句并不可解，全篇文义俱阂矣。今从《艺文类聚》改正。）欢爱两相忘。吾欲竟此曲，此曲愁人肠。归来酌美酒，挟琴上高堂。

右两诗作者虽不能得其时代，细审气格，当是桓灵间作品。辛诗言"大秦珠"，当在安敦通使之后。宋诗言"洛阳城"，当在迁邺以前。

其余失名之首，除前卷所录各乐府外，尚有以下各首：

上山采蘼芜，下山逢故夫。长跪问故夫："新人复何如？"新人虽言好，未若故人姝。颜色类相似，手爪不相如。新人从门入，故人从阁去。新人工织缣，故人工织素。织缣日一匹，织素五丈余。将缣来比素，新人不如故。

四坐且莫喧，愿听歌一言。请说铜炉器，崔嵬象南山。上枝似松柏，下根据铜盘。雕文各异类，离娄自相联。谁能为此器，公输与鲁班。朱火然其中，青烟扬其间。从风入君怀，四坐莫不欢。香风难久居，空令蕙草残。

非与亲友别，气结不能言。赠子以自爱，道远会见难。人生无几时，颠沛在其间。念子弃我去，新心有所欢。结志青云上，何时复来还。

穆穆青风至，吹我罗衣裙，青袍似春草，长条随风舒。朝登津梁山，褰裳望所思。安得抱柱信，皎日以为期。

橘柚垂华实，乃在深山侧。闻君好我甘，窃独自雕饰。委身玉盘中，历年冀见食。芳菲不相投，青黄忽改色。人傥欲我知，因君为羽翼。

十五从军征，八十始得归。道逢乡里人，家中有阿谁？遥望是君家，松柏冢累累。兔从狗窦入，雉从梁上飞。中庭生旅谷，井上生旅葵。烹谷持作饭，采葵持作羹。羹饭一时熟，不知贻阿谁？出门东向望，泪落沾我衣。

新树兰蕙葩，杂用杜蘅草。终朝采其华，日暮不盈抱。采之欲遗谁？所思在远道。馨香易销歇，繁华会枯槁。恨望何所言，临风送怀抱。

步出城东门，遥望江南路。前日风雪中，故人从此去。我欲渡河水，河水深无梁。愿为双黄鹄，高飞还故乡。

钟仲伟评品古诗，于陆士衡曾经拟作之十四首外（题已见前），别指"去者日以疏"等四十五首疑为建安中曹、王所制，而"橘柚垂华实"一首与焉，其余不知何指。大约此八首皆应在内，《十九首》中亦有七八首在内，然所缺尚多。乐府歌辞中之"鸡鸣高树颠""日出东南隅""青青园中葵""君子防未然""相逢狭路间""天上何所有""默默施行违""飞来双白鹄""翩翩堂前燕""今日乐相乐""皑如山上雪""天德悠且长""昭昭素明月""蒲生我池中"诸篇或亦皆在内。乐府与诗，本无界限，特诗之曾经傅以音符，被之弦管者斯谓之乐府耳。此诸诗径指为曹、王制，固未必然，但恐多是建安作品，其较早者亦不过上溯桓、灵而止。

汉末五言诗有篇幅极短绝类后此之绝句者数首。录如下：

采葵莫伤根，伤根葵不生。结交莫羞贫，羞贫友不成。

甘瓜抱苦蒂，美枣生荆棘。利傍有倚刀，贪人还自贼。

藁砧公何在，（藁砧，砍也，借射夫字。）山上复有山（射出字）。何当大刀头，（刀头有环，借射还字。）破镜飞上天。（月上下弦时如破镜为半，言此当归时也。）

日暮秋云阴，江水清且深。何用通音信，莲花玳瑁簪。

菟丝从长风，根茎无断绝。无情尚不离，有情安可别。

南山一树桂，上有双鸳鸯。千年长交颈，欢庆不相忘。

高田种小麦，终久不成穗。男儿在他乡，焉得不憔悴。

兰草自然香，生于大道旁。腰镰八九月，俱在束薪中。

枯鱼过河泣，何时悔复及。作书与鲂鳢，相教慎出入。

大抵晚汉之诗（此指广义的诗，连乐府包在内），可分二大派，第一派音节谐美，寄兴深微，词旨含蓄，其源出于《国风》《十九首》及拟苏李诗等皆属之。第二派，音节倔强，意境俶诡，笔力横恣，其源出于《离骚》《招魂》，乐府中之大部分皆属之。两派虽途径不同，而皆用比兴体为多。其用赋体者，则蔡文姬一诗属第一派，《孤儿行》《焦仲卿妻》诗等属第二派。要而言之，晚汉诗虽未能尽诗的境界，然而后代许多作诗的路子，已在那时候开发出来了。

传世的汉诗本来不多，除正史各传及《文选》与《玉台新咏》所录外，则《艺文类聚》《初学记》《古文苑》《乐府诗集》各有录载，明末冯惟讷《古诗纪》、清初李因笃《汉诗评》，集其大成。近人丁福保因冯《纪》之旧，辑为《全汉诗》五卷，总算完备了。然而真伪杂糅，时代错连，则诸家皆所不免。今据丁辑分其种类综其首数列表如下：

附　全汉诗种类篇数及作者年代真伪表

葛天民

叙例

——兹表之作，缵述先师，凡厥体制，咸遵遗意。

——兹表命名，虽由己撰，凡厥意义，俱准原书。

——诗歌乐府，厘为三类，悉准原书，无或稍违。

——先师作表，欲本丁辑，萧规曹随，今亦从之。

——诗歌篇名，一准原书，歧异之处，略加诠释。

——诗歌谣谚，丁辑各以类聚，先师讲述，体制少有出入，今准师说，旁参己意。小有不同，读者自知，无关宏旨，故不附注。

——诗歌谣谚，句读各异，略加区分，取便读者。虽非师意，亦无舛失。

——乐府分类，先师表著甚详，惟汉魏合著一表，而于全汉乐府乖异，因参己意，稍事更张。实事求是，亦无违失。

——作者真伪，年代先后，悉遵师意，以为序次，间有怀疑，辄著己意，以示区别，匪敢标异。

叙曰：先师梁任公尝著《中国美文及其历史》一书，惟于周秦时代之美文，仅成第一章《诗经之篇数及其结集》，与第二章《诗经之年代》；于唐宋时代之美文，则仅成第一章《词之起源》，而于汉魏诗则皆蔚然成帙矣。其第一章《建安以前汉诗》，辨别作者之真伪，详考五、七言诗之起源，皆俱有卓识，足以谳定古代文学史中之悬案，其第二章《两汉歌谣》。其第三卷则为《古歌谣及乐府》，其第一章《周秦以前之歌谣及其真伪》，其第二章《两汉以前歌谣》，其第三章《建安黄初间有作者主名之乐府》，均足以发蒙启覆，开导后学。惟于第一章"建安以前汉诗"之末，欲依丁福保辑之《全汉诗》而作一全汉诗《种类篇数》表，未成而卒。天民不才，昕夕籀诵，爰据丁辑《全汉诗》四百零六篇，附以先师所辑录之《出塞》《紫骝马》《独漉》《艳歌》《何尝行》五解，《鸡鸣歌》《东飞伯劳歌》六篇，计共四百十二篇（《作者之真伪及其诗之年代》俱详于原书内及本表中，兹不赘述）。谨成《全汉诗种类篇数及其作者年代真伪》一表，共分三类：第一表诗，第二表歌谣及谚语，第三表乐府。大体一准先师，其中小有出入者，如第三表乐府分为二类：第一类词谱均由公制者，为朝廷上文士之文学；第二类词采民谣谱由公制者，乃系采之于民间之歌谣而为乐章者，则为民众之文学，斯则参酌个人之私意而成者也。其是否有无谬误，先师已逝，无由请教，良足悼矣。表成之后，因缀数言，以识涯略。世有达者，理而董之。时维庚午仲夏，西丰葛天民识于北京地安门外之寓庐。

全汉诗种类篇数及其作者年代真伪表　第一——诗

年代	真					伪					作者主名
	三言	四言	五言	六言	七言	三言	四言	五言	六言	七言	
西汉		1 讽谏诗 2 在邹诗 3 美严王思诗 4 自勖诗 5 戒子诗					1 怨诗	1 答项王楚歌 2 怨诗一首		1 柏梁诗	虞美人 天民案，先师任公谓虞美人答项王楚歌为唐人之打油诗，非虞姬先。 韦孟 韦孟 应季先 武帝 天民案，武帝柏梁诗，先师任公谓为非汉武时作。 韦玄成 韦玄成 班婕妤 天民案，班婕妤怨诗，先师录作，任公以文选李注引歌辞，不题班婕妤古辞，为非班出手。
东汉		6 迪志诗 7 怨篇 8 与刘伯宗绝交诗 9 答客诗	1 咏史 2 同声歌		1 思亲楚歌						班固 傅毅 王昭君 张衡 张衡 朱穆 王逸 桓生

中国之美文及其历史

405

年代	真					伪					作者主名
	三言	四言	五言	六言	七言	三言	四言	五言	六言	七言	
东汉		10 答示桓麟诗									秦嘉
		11 述昏诗二章									秦嘉
		12 赠妇诗一首									秦嘉
			3 留郡赠妇诗三首								蔡邕
		13 答元式诗	4（饮马长城窟行 入乐府）								蔡邕
		14 答卜元嗣诗	5 翠鸟								蔡邕
			6 见志诗二首								蔡邕
			7 疾邪诗二首								蔡邕
											郦炎
			8 悲愤诗二首（第二首骚体）								赵壹
											蔡琰 天民案，蔡琰悲愤诗第二首先师任公以为后人伪托：非蔡琰作。
		15 述志诗二首									仲长统

年代	真					伪					作者主名
	三言	四言	五言	六言	七言	三言	四言	五言	六言	七言	
东汉		16 离合郡姓名字诗	9 杂诗二首 10 临终诗	1 六言诗三首							孔融
											孔融
											孔融
		11 赠四王冠诗									孔融
		12 羽林郎									应亨
		13 董娇娆诗									辛延年
											宋子侯
		14 古诗十首						3 杂诗九首			枚乘
		15 古诗四首						4 古诗一首			傅毅
		16 古诗三首									以下无作者主名
	17 古诗一首	17 古诗一首									
		18 茅山父老歌									
		19 古诗二首									

中国之美文及其历史

年代	真					伪					作者主名
	三言	四言	五言	六言	七言	三言	四言	五言	六言	七言	
东汉	1 古五杂组诗	18 古艳歌	20 古诗绝句四首		2 古两头纤纤诗						天民案，古杂组诗疑伪。
		19 伤三贞诗	21 古歌								天民案，古两头纤纤诗疑伪。
		20 讽巴郡太守诗	22 古乐府					5 诗四首（原作）			苏武案，苏、李诗七首，先师任公疑为建安七子所作。其余十一首以为后世之人作。
			23 剌巴郡守诗					6 答李陵诗			苏武
			24 思治诗					7 别李陵			苏武
			25 谯君黄诗					8 与苏武诗三首（原作）			李陵
								9 录别诗八首附一首			李陵

全汉诗种类篇数及其作者年代真伪表第二——歌谣及谚语

年代	歌 真 三言	歌 真 四言	歌 真 五言	歌 真 七言	歌 真 长短句	歌 真 骚体	歌 伪 四言	歌 伪 骚体	谣 真 三言	谣 真 四言	谣 真 五言	谣 真 七言	谣 真 长短句	谚语 真 三言	谚语 真 四言	谚语 真 五言	谚语 真 七言	谚语 真 长短句	作者主名
西汉					1垓下歌														项羽
					2大风歌														高帝
		1鸿鹄歌																	高帝
								1采芝操											四皓
								2紫芝歌											四皓
					1平城歌														无名
	2画一歌				2歌一首														赵幽王友
																		1楚人谚	戚夫人
	3耕田歌				3歌一首														无名
																			朱建侯章
					3淮南民歌														无名
						4八公操													淮南王安

年代	歌 真 三言	四言	五言	七言	长短句	骚体	歌 伪 四言	骚体	谣 真 三言	四言	五言	七言 长短句	谚语 真 三言	四言	五言	七言 长短句	作者主名
西汉						5 瓠子歌二首		1 秋风辞				1 武帝大初中谣					武帝
																	无名
					4 夫人歌												武帝
						6 西极天马歌											武帝
								2 落叶哀蝉曲									武帝
					5 据地歌 6 匈奴歌												武帝 天民案,落叶哀蝉曲先师任公以为六朝人作品。
						7 歌一首											东方朔
																	无名
																	乌孙公主

年代	歌 真						歌 伪		谣 真					谚语 真				作者主名
	三言	四言	五言	七言	长短句	骚体	四言	骚体	三言	四言	五言	七言	长短句	四言	五言	七言	长短句	
西汉																		司马相如
																		霍去病
	1 颍川歌	4 郑白渠歌			7 卫皇后歌	8 琴歌二首 9 琴歌								1 逐弹丸				无名
																		无名
															1 紫宫谚	1 路温舒引谚		无名
																		无名
					8 歌一首	10 歌一首													无名
						11 黄鹄歌													无名
						12 歌一首		3 淋池歌										李陵
																		李延年
																		昭帝
																		昭帝
																		燕剌王旦

年代	歌 真 三言	歌 真 四言	歌 真 五言	歌 真 七言长短句	歌 真 骚体长短句	歌 伪 四言	歌 伪 骚体	谣 真 三言	谣 真 四言	谣 真 五言	谣 真 七言长短句	谚语 真 三言	谚语 真 四言	谚语 真 五言	谚语 真 七言长短句	作者主名
西汉					13 歌一首											广陵属王胥
				9 拊缶歌 10 歌二首												杨恽
																广川王去
		5 牢石歌					4 归风送远操			1 东家枣						无名
								1 元帝时童谣								无名
																无名
	2 诸儒为匡衡语		1 楼护歌 11 五侯歌 12 尹赏歌 13 上郡歌								2 长安谣			2 谷楼	2 五鹿	赵飞燕
												2 诸葛丰			3 邹鲁谚	以下无作者主名

年代	歌								谣				谚语					作者姓名
	真						伪		真				真					
	三言	四言	五言	七言	长短句	骚体	四言	骚体	三言	四言	五言	长短句	三言	四言	五言	七言	长短句	
西汉	1张君歌 2朱晖歌		1凉州歌						2更始时南阳童谣		1汉成帝时谣歌一首	3汉成帝时童谣一首 4鸿嗟陂童谣 5王莽末天水童谣	3贵如屋 4杜下茅	2三王 3枚阖		1张文 3杨伯起	4杜陵蒋翁	天民案，鸿嗟陂童谣，一作王莽时伪南童谣。
东汉				1郭乔卿歌	1武溪行													马援 无名 天民案，凉州歌一作樊晔歌。 无名 无名

汉代诗歌谣谚分类表

年代	歌·真·三言	歌·真·四言	歌·真·五言	歌·真·七言	歌·真·长短句	歌·真·骚体	歌·伪·四言	歌·伪·骚体	谣·真·三言	谣·真·四言	谣·真·五言	谣·真·七言	谣·真·七言长短句	谚语·真·三言	谚语·真·四言	谚语·真·五言	谚语·真·七言	谚语·真·长短句	作者主名
东汉																			无名
				2董宣歌															无名
		3莋夷歌三章									1汉时童谣歌								白狼王唐菆
																			无名
															1南阳谚				无名
					1五噫歌														梁鸿
					2适吴诗														梁鸿
					3思友诗														梁鸿
					4郊祀灵芝歌														班固
																			李尤
					5四愁诗			3九曲歌										1戴侍中	张衡
					6安封候诗														崔骃

年代	歌 (真) 三言	四言	五言	七言	长短句 骚体	歌 (伪) 四言	骚体	谣 (真) 三言	四言	五言	七言	长短句	谚语 (真) 三言	四言	五言	七言	长短句	作者 主名
东汉	1 通博南歌 2 崔实引里语	4 喻猛歌	2 崔瑗歌	4 陈临歌 5 又	2 鲍司隶歌 3 廉范歌 7 答秦嘉诗		1 胡笳十八拍	1 会稽童谣			1 会稽童谣					2 井大春 3 刘太常 4 杨子行 5 许叔重		蔡琰 无名 无名 徐淑 以下无作者主名

年代	歌 真 三言	歌 真 五言	歌 真 七言	歌 伪 三言(骚体)	谣 真 三言	谣 真 七言长短句	谚语 真 四言	谚语 真 五言	谚语 真 七言	谚语 真 长短句	作者主名
东汉	5 魏郡舆人歌	6 刘君歌 3 吴资歌 4 又歌	6 黎阳会张公颂 7 范史云歌	2 河内谣 3 顺帝末京都童谣		1 桓帝时童谣二首 2 桓末京都童谣 2 桓初京都童谣	2 江夏黄童 3 白眉 4 避骢 5 荀氏八龙	1 键掖	6 冯仲文 7 鲁国孔氏 8 胡伯始 9 考城谚 10 朱伯厚	1 大常妻	

中国之美文及其历史

年代	歌 真 三言	歌 真 五言	歌 真 七言 长短句	歌 伪 骚体	歌 伪 四言	谣 伪 三言	谣 真 四言 五言	谣 真 七言	谣 真 长短句	谚语 真 三言 四言	谚语 真 五言	谚语 真 七言	谚语 真 长短句	作者主名
东汉	7 贾文歌 8 洛阳令歌 9 爱歌 10 高孝歌 11 襄阳太守歌	5 董逃歌 9 鸡鸣歌	8 招商歌	8 悲歌一首 9 歌一首 10 皇甫嵩歌		4 桓灵时童谣又抱朴子引一首		3 乡人谣 4 伊安谣 5 二郡谣	3 桓帝末京都童谣 4 灵帝末京都童谣	6 公沙六龙 7 郭君	2 时人语	11 帐下壮士 12 缪文雅 13 许伟君 14 王君公	2 柳伯骞	灵帝以下无作者主名 少帝 唐姬以下无作者主名 天民案,抱朴子引桓帝时童谣歌一首疑伪。 天民案,鸡鸣歌,见乐府诗集,公以为东汉末汉作品。

年代	歌								谣					谚语					作者主名
	真						伪		真					真					
	三言	四言	五言	七言	长短句	骚体	四言	骚体	三言	四言	五言	七言	长短句	三言	四言	五言	七言	长短句	
东汉					4 陈纪山歌				5 京兆谣 6 献帝初京都童谣 7 兴平中吴中童谣	1 桓帝农童谣 2 京都谣		6 太学中谣五首 7 简君谣	5 献帝初童谣 6 建安荆州童谣	1 相里谚	8 五门 9 贾伟节 10 作奏		15 袁文开		

全汉诗种类篇数及其作者年代真伪表第三——乐府

<table>
<tr><td>年代</td><td colspan="6">1 词谱同时均由公制者（文士文学）</td><td colspan="27">2 词采民谣谱由公制者（民众文学）</td><td>作者主名</td></tr>
<tr><td rowspan="6">西汉</td><td colspan="3">1 宗庙用</td><td colspan="3">2 郊社用</td><td colspan="3">1 军旅用</td><td colspan="24">2 普通用</td><td rowspan="3">天民案，先师任公云：安世房中歌十七章，殿板四史及丁辑作十六章，今从之。</td></tr>
<tr><td colspan="3">安世房中歌十七章</td><td colspan="3">效祀歌十九章</td><td>1 鼓吹曲</td><td colspan="2">2 横吹曲（附录）</td><td colspan="6">1 歌舞兼者</td><td colspan="18">2 唯歌者</td></tr>
<tr><td></td><td></td><td></td><td></td><td></td><td></td><td>铙歌十八章</td><td></td><td></td><td>1 雅舞</td><td colspan="4">2 杂舞</td><td>3 散乐</td><td colspan="4">1 相和歌</td><td colspan="10">2 清商</td><td colspan="4">3 杂曲</td></tr>
<tr><td></td><td></td><td></td><td></td><td></td><td></td><td></td><td></td><td></td><td>1 武德舞</td><td colspan="2">1 拂舞</td><td>2 铎舞</td><td>3 巾舞</td><td></td><td colspan="3">1 相和曲</td><td>2 吟叹曲</td><td colspan="6">1 平清瑟三调</td><td colspan="2">2 大曲</td><td>3 楚调</td><td>4 侧调</td><td></td><td></td><td></td><td></td><td rowspan="3">天民案，先师任公谓侧调出于楚调，伤歌行为楚调，故另列之</td></tr>
<tr><td></td><td></td><td></td><td></td><td></td><td></td><td></td><td></td><td></td><td></td><td></td><td></td><td></td><td></td><td></td><td></td><td></td><td></td><td></td><td colspan="2">1 平调曲</td><td>2 清调曲</td><td colspan="2">3 瑟调曲</td><td></td><td></td><td></td><td></td><td></td><td></td><td></td><td></td><td></td></tr>
<tr><td>三言</td><td>四言</td><td>长短句</td><td>三言</td><td>四言</td><td>长短句</td><td>长短句</td><td>四言</td><td>五言</td><td>四言</td><td>四言</td><td>长短句</td><td>长短句</td><td>长短句</td><td>长短句</td><td>四言</td><td>五言</td><td>长短句</td><td>长短句</td><td>五言</td><td>长短句</td><td>五言</td><td>四言</td><td>五言</td><td>长短句</td><td>五言</td><td>长短句</td><td>五言</td><td>五言</td><td>四言</td><td>五言</td><td>七言</td><td>长短句</td></tr>
</table>

唐山夫人

天民案，汉书乐志：青阳、朱明、西颢、玄冥四章为邹阳作人（景帝时人）。先师任公以其余为司马相如等作。李延年制谱。

天民案，铙歌十八章先师任公以为武昭宣同作品。

天民案，陇头歌谣。天民案，横吹三曲，丁辑不载，先师任公以陇头为汉人作品。出塞为汉后人作，见于李延年二十八曲之内，而为后人所加。但风格朴茂，亦为汉人作。

1 出塞　2 紫骝马

1 陇头

1 上之回　2 思悲翁　3 翁离　4 张如　5 朱鹭

1 天地 第八　2 日出入 第九　3 天门 第十一　4 景星 第十二

1 帝临 第二　2 青阳 第三　3 朱明 第四　4 西颢 第五　5 玄冥 第六　6 惟泰元 第七

1 练时日 第一　2 天马 第十　3 华烨烨 第十五　4 五神 第十六　5 朝陇首 第十七

1 大海荡荡 第六

1 大孝备矣 第二　2 七始 第七　3 华始 第三

1 安其所 第一　2 丰草 第八　3 雷震 第九

4 王侯秦德 第四　5 我定历数 第三　5 海内 第四

西汉

6 战城南　7 巫山高　8 上陵　9 将进酒　10 君马黄　11 芳树　12 有所思　13 雄子斑　14 圣人出　15 上邪　16 临高台

7 齐房第十三　8 后皇第十四

6 象载瑜第十八　7 赤蛟第十九

有衸第五　6 都荔遂芳第十　7 冯冯翼翼第十一　8 皓皓即即第十二　9 嘉荐芳矣第十三

西　汉

天民案，先师任公以薤露蒿里二歌时代在李延年前。

东平宪王苍

天民案见东志未载，不载丁辑任公以为东汉末乐作品。

天民案，先师任公以淮南王篇为东汉末乐伶所造。

1 薤露 2 蒿里

1 淮南王篇

1 独漉

1 武德舞歌诗

17 远如期 18 石流

10 皇皇鸿明第十四
11 孔德之常第十五
12 承帝明德第十六

西 汉

东 汉

陇西行 1			
善哉行 1			
相逢行 1	长安有狭邪行 2		
长歌行二首 2	豫章行 1	猛虎行 1	董逃行 2
乌生 3	平陵东 4	东光 5	王子乔 1
江南 1	鸡鸣 2		
箜篌引 1			
公莫舞 1			
圣人制礼乐篇 1			

东汉

天民案：艳歌何尝行五解丁辑末载，见宋书乐志。
天民案：东飞伯劳歌玉台新咏载为古词，故东汉末师任公以为先师作品。
天民案：艳歌何尝行四解丁辑从玉台新咏作双白鹄。

天民案：先师任公以焦仲卿妻为建安末作品，未入乐。
天民案：白头吟，玉台新咏作如山上雪，先师任公以为非文君作。
天民案：古歌辞为六朝作品。

1 蛱蝶行
2 前缓声歌
3 无题（丁作古歌）
4 悲歌
5 乐府辞

1 东飞伯劳歌

1 悲歌 2 枯鱼过河泣 3 咄唱歌 4 杂歌 5 古八变歌 6 焦仲卿妻（一作孔雀东南飞）7 古歌辞

1 古乐府辞

1 伤歌行

1 悠诗行

1 东门行 2 艳歌何尝行五解 3 陌上桑 4 西门行

1 陌上桑 2 折杨柳歌行 3 艳歌何尝行四解 4 艳歌行 5 艳歌行 6 艳歌行 7 艳如山上雪（一作白头吟）

1 妇病行 2 孤儿行 3 雁门太守行

1 妇病行 2 孤儿行 3 上留田行 4 饮马长城窟行

2 步出夏门行

6 古歌 7 古歌铜雀辞	天民案，满歌行疑为东汉末建安初作品。天民案，古诗疑为六朝作品。	
8 古诗		
8 满歌行		

第二章　汉魏乐府及其类似之作品

乐府之前驱

介在四言诗和五言诗的中间，有一种过渡的新体诗，名为乐府。

严格的乐府，是专指能谱入音乐的诗而言，其历史、曲调种类及代表作品，次章详述。广义的乐府，也可以说和普通诗没有多大分别，有许多汉魏间的五言乐府和同时代的五言诗很难划分界限标准。所以后此总集选本，一篇而两体互收者很不少。

若勉强要求乐府和五言诗的分别，则：

第一，诗的字数、句法、用韵的所在，都略有一定格式，乐府则绝对的自由。

第二，诗贵含蓄婉转，乐府则多为热烈的直透的表现。

第三，诗必专门文学家乃能工，乐府则一般民众往往有绝妙的作品。

乐府文学之完全成立，当然在两汉时代，但其渊源却甚古——也可以说远在《三百篇》以前。盖人类情感自然发泄，不知不觉与天籁相应，便构成一种韵调，永远打动人的心弦。千百年后诵之，依然生起簇新的同感。这类文学，凡有文化的民族，无不皆有，而且起源极早，吾族也当然不能违此公例。如《卿云歌》《击壤歌》等，我们若认为我国最古的韵文，便可以说它和汉初乐府正同一系统，只可惜年代久远，流传下来的不多罢了。

春秋战国间，短篇的诗歌，从古书上留传的不少，虽时代和作者姓名不全可信，大约认为汉以前作品，还不大差。今将其最有文学价值者录若干首。

宁戚《饭牛歌》：

南山矸，白石烂，（矸音岸，峻削貌。）
生不逢尧与舜禅。

短布单衣适至骭，从昏饭牛薄夜半，（骭，膝也。薄，迫
也，言直到夜半。）

长夜漫漫何时旦。

这首歌见《淮南子·道应篇》。据说是齐桓公的大臣宁戚本是一位
看牛的小子，有一天晚上，趁桓公往郊外迎客，"悲击牛角而疾商歌"。
（疾，急速也。商歌，沉痛之音。）桓公听见，知为非常人，命后车载
归，授以国政。这类半神话的史迹，本来不大可信，但屈原的《离骚》
已经说："宁戚之讴歌兮，齐桓闻以该辅"，可见这段故事，在战国时久
已艳传。这首歌是否出宁戚，虽不敢断言，大约不失为战国前作品，磊
落英多之气，活跃在句上。

《楚狂歌》：

凤兮凤兮，何德之衰？
往者不可谏，来者犹可追。
已而已而，今之从政者殆而！

这首歌见于《论语》，说是"楚狂接舆歌而过孔子……"。《论语》
这部书大致可信，其为孔子同时作品无疑。（《庄子·人间世》篇亦载此
歌，其文曰："凤兮凤兮，何如德之衰也！来世不可待，往世不可追也。
天下有道，圣人成焉；天下无道，圣人生焉。方今之时，仅免刑焉。福
轻乎羽，莫之知载；祸重乎地，莫之知避。已乎已乎，临人以德；殆
乎殆乎，画地而趋（音促）迷阳迷阳，无伤吾行；吾行却曲，无伤吾
足。"此明是从《论语》敷衍出来，但亦足备战国文学之一种。）

《楚渔父歌》：

日月昭昭乎浸以驰，
与子期乎芦之漪。（一）

日已夕兮，予心忧悲；月已驰兮，何不渡为？

事浸急兮将奈何？（二）

芦中人，芦中人，岂非穷士乎！（三）

这首歌见《吴越春秋》。据说是楚国的伍子胥避仇出走，后有追兵，走到江边，无船可渡，有位渔翁划着船来，唱第一段两句，叫他躲在芦苇里头，追兵寻不见他，跑了；渔翁又唱第二段，叫他上船；渡过那边岸后，渔翁看见他有饥色，弄东西给他吃，他不敢吃，渔翁又唱第三段。……《吴越春秋》这部书是东汉人做的，本来不可深信，但它的资料必有所本，这首歌也许是战国前作品。

浑良夫《噪》：

> 登此昆吾之墟，
>
> 绵绵生之瓜。
>
> 余为浑良夫，
>
> 叫天，无辜。

这首似诗非诗的"噪"，见《左传》哀公十七年。浑良夫是卫国人，帮着当时的卫侯篡国，原许过他免死，到底却宣布他罪状，把他杀了。不久卫侯做梦，看见一个人"被发北面而噪"，噪出这几句饶有诗趣的话来。这种无影无踪的鬼语，本来算不得史料，但文章真佳极了，我们可以认为当时史家——或者就是左丘明的杰作。

越《榜人歌》：

> 滥兮抃草滥予昌枑泽予昌昌州州㦎州焉乎秦胥胥缦予乎
>
> 昭澶秦踰渗堤随河湖（右越语原文）
>
> 今夕何夕兮？搴舟中流。
>
> 今日何日兮？得与王子同舟。

蒙羞被好兮，不訾垢耻。
心几顽而不绝兮，知得王子。
山有木兮未有枝，
心说君兮君不知！（右楚语译文）

这首歌见《说苑·善说》篇，楚国的王子鄂君子皙在越溪泛舟游耍，船家女孩子一面握桨一面拿土腔唱这歌。子皙不懂，叫人用楚国话译出来。古书上翻译的文学作品，当以此歌为最古了。译本全受《楚辞》格调的影响，也有点后来南朝乐府的风味。

以上所举都是《三百篇》《楚辞》以外，另有体格，和汉初《垓下歌》《大风歌》等极相类。虽其中容有后人润色，不能遽认定它的正确时代。但在汉乐府以前，此体为一般平民文学所常用，殆无可疑。

其见于正史，年代撰人确凿可指，而向来传诵最广者，则有下列诸篇。

《易水送别歌》：

> 风萧萧兮易水寒，
> 壮士一去兮不复还！

右歌见《史记·刺客列传》。燕太子丹使荆轲行刺秦始皇，轲临行，他的朋友高渐离在易水上给他饯别，击筑而歌，轲和之。为"变徵"之声，最后又唱这两句，挥手而别。这歌虽仅仅两句，千百年后读起来，当时霜风飒飒满座白衣冠的情景，宛然在目。所谓"变徵"之声，像远从耳边迸裂。北方文学，得这两句代表，也足够了。

项羽《垓下歌》：

> 力拔山兮气盖世——
> 时不利兮骓不逝，

> 骓不逝兮可奈何，
> 虞兮，虞兮，奈若何！

右歌见《史记·项羽本纪》。项羽打最后的败仗，在垓下地方被汉兵重重围住。这位失败的英雄不肯降，不肯跑，夜间起饮帐中，和他的爱妾虞美人及平日常乘的骏马名骓者诀别，慷慨唱这首短歌。到天亮还冲锋打几个胜仗，便自刎而死。这首短歌，给二千年来许多武士很深的印象。一般人读起来，没有不替他洒同情之泪，在文学上价值之大，和《易水歌》可以相埒。

同时得意失意两面恰相对照的，有汉高祖的《大风歌》：

> 大风起兮云飞扬，
> 威加海内兮归故乡，
> 安得猛士兮守四方。

右歌见《史记·高祖本纪》，高祖既定天下，回到他故乡——沛，把许多故人父老子弟都叫齐来痛饮。酒酣，击筑自歌此章。这首诗文学上价值，虽然比不上《易水》和《垓下》，但也能把高祖的个性完全表出。他还有《鸿鹄歌》如下：

> 鸿鹄高飞，一举千里。
> 羽翼已就，横绝四海。
> 横绝四海，又可奈何？
> 虽有矰缴，将安所施！

据《史记》说，这首歌是高祖欲立爱姬戚夫人子如意为太子，后不果，戚涕泣，高祖道："为我楚舞，我为若楚歌。"然则此歌也是《楚辞》流裔，但它的音节，我们无从研究了。

高祖死后，吕后执政，戚夫人被幽永巷，囚服舂米。他的儿子如意时封为赵王，夫人念子且舂且歌云：

> 子为王，母为虏。
> 终日舂薄莫，常与死为伍。
> 相离三千里，当谁使告汝！

　　这首歌虽没有多大好处，但也能见出真性情。

　　西汉文物，自应以武帝在位五十四年中为全盛时代。但纯文学的作品（其大著述如《淮南子》，如《史记》等不在此论），除几篇堆垛的大赋外，其发掘性情之作，几乎举不出来。（相传枚乘、苏武、李陵、卓文君的五言诗，我都不敢信说，详次章。）流传可诵者，还是和《垓下》《大风》同格调的几首短歌。内中关于李夫人的两首最佳，其一为李延年作：

> 北方有佳人，绝世而独立。
> 一顾倾人城，再顾倾人国。
> 宁不知倾城与倾国，佳人难再得。

　　其二为武帝自作：

> 是耶？非耶？立而望之。
> 翩何姗姗其来迟！

　　右两歌皆见《汉书·外戚传》，都是为李夫人所作。（《汉书·艺文志》有李夫人及幸贵人歌诗三篇，此两首或即其中之二。）李夫人为协律都尉李延年妹，入宫大见宠幸。前一首延年歌以为媒者，后一首则夫人死后，武帝悼思，令方士摄其魂来，在帐后仿佛见之，退而作歌也。

汉武帝还有脍炙人口的一首诗，后人名之曰《秋风辞》：

> 秋风起兮白云飞，草木黄落兮雁南归。
> 兰有秀兮菊有芳，怀佳人兮不能忘。
> 泛楼船兮济汾河，横中流兮扬素波，箫鼓鸣兮发棹歌。
> 欢乐极兮哀情多，
> 少壮几时兮奈老何！

这两首诗见《汉武帝故事》。《武帝故事》这部书是汉时人作的，不甚靠得住。这诗很不坏，但有点柔媚剽滑，没有西汉人朴拙气，我不敢十分相信是武帝作。

还有几首诗，的确是武帝所作，诗虽不佳，录之以见当时体格。

《瓠子歌》二首（见《史记·河渠书》）：

> 瓠子决兮将奈何？浩浩洋洋兮虑殚为河！
> 殚为河兮地不得宁，功无已时吾（音鱼）出平。
> 吾山平兮巨野溢，鱼弗郁兮柏（同迫）冬日。
> 正道驰兮离常流，蛟龙骋兮放远游。
> 归旧川兮神哉沛，不封禅兮安知外。
> 为我谓河伯兮："何不仁？泛滥不止兮愁吾人？"
> 啮桑浮兮淮泗满，久不返兮水维缓。——右其一
> 河汤汤兮激潺湲，北渡回兮迅流难。
> 搴长筊兮湛（音沉）美玉，河伯许兮薪不属。
> 薪不属兮卫人罪，烧萧条兮噫乎何以御水？
> 隤竹林兮楗石菑，宣房塞兮万福来。——右其二

《蒲捎天马歌》（见《史记·大宛列传》）：

天马徕兮从西极，经万里兮归有德。

承灵威兮得外国，涉流沙兮四夷服。

此外还有一首极别致的诗，乃元封三年作柏梁台成，在台上宴会，武帝和群臣每人作一句七个字的诗，后人名为《柏梁诗》。

日月星辰和四时。（帝）

骖驾驷马从梁来。（梁孝王武）

郡国士马羽林材。（大司马）

总领天下诚难治。（丞相石庆）

和抚四夷不易哉。（大将军卫青）

刀笔之吏臣执之。（御史大夫倪宽）

撞钟伐鼓声中诗。（太常周建德）

宗室广大日益滋。（宗正刘安国）

周卫交戟禁不时。（卫尉路博德）

总领从宗伯梁台。（光禄勋徐自为）

平理清谳决嫌疑。（廷尉杜周）

修饰舆马待驾来。（太仆公孙贺）

郡国吏功差次之。（大鸿胪壶充国）

乘舆御物主治之。（少府王温舒）

陈粟万名扬以箕。（大司农张成）

彻道宫下随讨治。（执金吾中尉豹）

三辅盗贼天下危。（左冯翊盛宣）

盗阻南山为民灾。（右扶风李成信）

外家公主不可治。（京兆尹）

椒房率更领其材。（詹事陈掌）

蛮夷朝贡常舍其。（典属国）

柱枅欂栌相支持。（大匠）

　　枇杷橘栗桃李梅。（大官令）

　　走狗逐兔张罘罳。（上林令）

　　啮妃女唇甘如饴。（郭舍人）

　　迫窘诘屈几穷哉。（东方朔）

　　这首诗见于《三秦记》，也有人疑它是假的，但我比较的还相信它真。任昉《文章缘起》推它为七言诗之祖，侬我看，七言诗之发达，远在五言之前，并不以此为始。俟第四卷叙五言起源时再详论之。

　　武帝时，因要控制匈奴，所以特别联络西域的乌孙国，因把江都王建之女细君立为公主，遣嫁乌孙王昆莫。公主嫁后，怀思故国，有歌云：

　　吾家嫁我兮天一方，远托异国兮乌孙王。

　　穹庐为室兮旃为墙，以肉为食兮酪为浆。

　　居常土思兮心内伤，愿为黄鹄兮归故乡！

　　这首歌将自己情感照直写出，毫无雕饰，与《戚夫人歌》同算得妇女文学中佳品。

　　汉昭帝时，燕王旦谋反，为霍光所诛灭。将发觉时，旦忧懑，置酒宫中，会宾客群臣妃妾坐饮。旦自歌云：

　　归空城兮狗不吠鸡不鸣，

　　横术（术道也）何广广兮，因知国中之无人！

　　他的爱姬华容夫人歌云：

　　发纷纷兮寘渠，骨藉藉兮亡（同无）居。

　　母求死子兮妻求死夫，

裴回两渠间兮君子独安居！（安居，犹言何处栖身。）

这两首歌沉痛悲惨，在古今诗词中罕见其比，和《易水》《垓下》的哀壮之音却又不同。文学的色泽比汉高及戚夫人等所作更强得多。

还有司马迁的外孙杨恽有一首歌云：

田彼南山，芜秽不治。种一顷豆，落而为萁。

人生行乐耳，需富贵何时。

恽本是一位贵公子，失职家居，这首诗满肚牢骚，现于词色，后来因为怨望得罪诛死。

自《大风歌》至此，皆西汉作品。虽未齐备，亦可以见当时诗风之一斑了。综西汉一代，除前卷所录的赋和次章所录的正式乐府外，今所传的西汉诗大率皆此等体格。

《汉书·艺文志》说："自孝武立乐府而采歌谣，于是有代赵之讴，秦楚之风，皆感于哀乐，缘事而发。"可见当时之诗，无一不可歌。质言之，则凡诗皆乐府，除乐府无诗也。《志》中所著录一代歌诗凡二十八家三百一十四篇，其目如下：

《高祖歌诗》二篇（案，当即《大风》《鸿鹄》两歌）

《泰一杂甘泉寿宫歌诗》十四篇

《宗庙歌诗》五篇

《汉兴以来兵所诛灭歌》十四篇

《出行巡狩及游歌诗》十篇

《临江王及愁思节士歌诗》四篇

《李夫人及幸贵人歌诗》三篇

《诏赐中山靖王子哙及孺子妾冰夫央材人歌诗》四篇

《吴楚汝南歌诗》十五篇

《燕代讴雁门云中陇西歌诗》九篇

《邯郸河间歌诗》四篇

《齐郑歌诗》四篇

《淮南歌诗》四篇

《左冯翊秦歌诗》三篇

《京兆尹秦歌诗》五篇

《河东蒲反歌诗》一篇

《黄门倡车忠等歌诗》十五篇

《杂各有主名歌诗》十篇

《杂歌诗》九篇

《洛阳歌诗》四篇

《河南周朝诗》七篇

《河南周歌诗声曲折》七篇

《周谣歌诗》七十五篇

《周谣歌诗声曲折》七十五篇

《诸神歌诗》三篇

《送迎灵颂歌诗》三篇

《周歌诗》二篇

《南郡歌诗》五篇

　　右目录乃西汉末——成帝时刘向所校录,在当时所流传者仅如此——数目恰和《诗经》相差不远。其中大部分,想是由武帝时所立"乐府"采集编成。我们读这目录有当注意者几点:第一,后人所传苏武、李陵、枚乘、卓文君——等五言诗一概不见,可知西汉是否有五言诗,大是问题;第二,当时之诗殆无一不可以入乐,其中更有带着乐谱者,如《河南周歌诗》七篇带着《河南周歌诗声曲折》七篇便是;第三,各地方的诗当各有该地方的唱法,所以多冠以地方之名,如汉高祖的《鸿鹄歌》为楚声,杨恽的《南山种豆歌》为秦声,皆见于史;第四，此三百十四篇诗，现在流传确实可指者不过十来篇——如《高祖歌》《李夫人歌》等，其余不宜尽佚。然则正式乐府中——《朱鹭》《上邪》《君马黄》……等调之"古辞"（看次章）其撰人无考者，内中应有一部分为西汉人作品，可惜不能一一分别指出了。

东汉以后，五言诗渐渐兴起，许多正式乐府的名作，当也是在那时代出现，容在次章再述。但其中还有几首诗，不是五言，不是乐府，而在文学史上确有永久价值者，请在这里顺带一叙。

梁鸿《五噫歌》：

> 陟彼北邙兮，噫！
> 顾瞻帝京兮，噫！
> 宫室崔嵬兮，噫！
> 民之劬劳兮，噫！
> 辽辽未央兮，噫！

鸿，字伯鸾，东汉章帝时人，以高隐得名。他和他夫人孟光举案齐眉一事，最为后世所艳称。他遗下的作品，只有这五句，然而低回悱恻，一往情深，足抵得一千多字的《离骚》，真是妙文：

张衡《四愁诗》：

（旧序云，张衡不乐久处机密，阳嘉中出为河间相。……时天下渐弊，郁郁不得志，为《四愁诗》效屈原，以美人为君子，以珍宝为仁义，以水深雪雾为小人，思以道术相报贻于时君，而惧谗邪不得以通。其辞曰：）

> 我所思兮在太山，欲往从之梁父难，侧身东望涕沾翰。美人赠我金错刀，何以报之英琼瑶。路远莫致倚逍遥，何为怀忧心烦劳。
> 我所思兮在桂林，欲往从之湘水深，侧身南望涕沾襟。美

人赠我琴琅玕，何以报之双玉盘。路远莫致倚惆怅，何为怀忧心烦伤。

我所思兮在汉阳，欲往从之陇阪长，侧身西望涕沾裳。美人赠我貂襜褕，何以报之明月珠。路远莫致倚峙峰，何为怀忧心烦纡。

我所思兮在雁门，欲往从之雪雾雾，侧身北望涕沾巾。美人赠我锦绣段，何以报之青玉案。路远莫致倚增叹，何为怀忧心烦愧。

张衡是当时一位大赋家，略传已见前卷。他的赋实在看不出什么好处，至于这四首诗，却是志微而婉，夺胎《楚辞》而自有它的风格。

苏伯玉妻《盘中诗》：

山树高，鸟鸣悲，泉水深，鲤儿肥。
空仓雀，常苦饥，吏人妇，会夫希。
出门望，见白衣，谓当是，而更非！还入门，心中悲。
北上堂，西入阶，急机绞，杼声催。长叹息，当语谁？
君有行，妾念之。出有日，还无期。结巾带，长想思。
君忘妾，未之知，妾忘君，罪当治。妾有行，宜知之。
黄者金，白者玉，高者山，下者谷。——
姓者苏，字伯玉。人才多，知谋足。家居长安身在蜀，何惜马蹄归不数。
羊肉千斤酒百斛，令君马肥麦与粟。
今时人，知四足，与其书，不能读，当从中央周四角。

这首诗最初见于何书，我还未考出。惟近人选本，都说是汉诗，其句法和汉《郊祀歌辞》颇相类，气格亦苍浑深婉，也许是东汉人作。

东汉诗自然不止这几首，因这几首既不是五言诗，又不是有一定腔

调的乐府，纯从西汉体的短歌掔衍出来，所以附录于此。这一体一直到
六朝以后，佳章仍不少，因时代的关系，再在别章附录。

唐宋时代之美文

词之起源

诗歌作长短句，汉魏乐府既有之，至南北朝人作品，其音节与后世
之词相近者尤夥。如《咸阳王》《敕勒川》《杨白花》《休洗红》诸篇其
最著也。其每篇句法字数有一定者，则有如梁武帝之《江南弄》：

> 众花杂色满上林，
> 舒芳耀绿垂轻阴。
> 连手蹀躞舞春心。
> 舞春心，
> 临岁腴，
> 中人望，
> 独踟蹰。

据《古今乐录》，此曲为武帝改"西曲"所制。凡七篇：一《江南
弄》、二《龙笛》、三《采莲》、四《凤笙》、五《采菱》、六《游女》、七
《朝云》。同时沈约亦作四篇，简文帝亦作三篇，其调皆同一。武帝《采
菱》云：

> 江南稚女珠腕绳，
> 金翠推首红颜兴。
> 桂棹容与歌采菱。

歌采菱，

心未怡，

翳罗袖，

望所思。

简文帝《龙笛》云：

金门玉堂临水居，

一颦一笑千万余。

游子去还愿莫疏。

愿莫疏，

意何极，

双鸳鸯，

两相忆。

观此可见凡属于《江南弄》之调，皆以七字三句、三字四句组织成篇。七字三句，句句押韵，三字四句，隔句押韵。第四句——"舞春心"，即覆叠第三句之末三字，如《忆秦娥》调第二句末三字——"秦楼月"也。似此严格的一字一句，按谱制调，实与唐末之"倚声"新词无异。

梁武帝复有《上云乐》七曲，自制以代"西曲"者，今录其《桐柏》一曲：

桐柏真，

升帝宾。

戏伊谷，

游洛滨。

参差列凤管，

容与起梁尘。

望不可至，

徘徊谢时人。

　　此七曲句法字数亦同一，惟内中有两首于首四句之三字句省却一
句，是否传钞脱落，不得而知。此外如沈约之《六忆诗》，隋炀帝全依
其谱为《夜起朝眠曲》。僧法云之《三洲歌》、徐勉之《送客迎客曲》，
皆有一定字句。此种曲调及作法，其为后来填词鼻祖无疑。故朱弁《曲
洧旧闻》谓："词起于唐人，而六代已滥觞也。"但严格的词，非惟六代
所无，即中唐以前亦未之见。

　　词究起于何时耶？凡事物之发生成长皆以渐，一种文学之成立，中
间几经蜕变，需时动百数十年。欲画一鸿沟以确指其年代，为事殆不可
能。今案宋人论词之起源，盖有三说，其一，晚唐说。陆游云：

　　　　倚声制词，起于唐之季世。（《渭南文集》卷十四《长短句
　　序》。）

　　其二，中唐说。沈括云：（括，字存中，宋熙宁、元丰间人，与苏
轼、王安石略同时。）

　　　　……诗之外又有"和声"，则所谓曲也。古乐府皆有声有
　　词，连属书之，如曰"贺贺贺"、"何何何"之类，皆和声也。
　　今管弦中之"缠声"，亦其遗法也。唐人乃以词填入曲中，不
　　复用"和声"，此格虽云自王涯始，然贞元、元和之间，为之
　　者已多，亦有在涯之前者。（《梦溪笔谈》卷五。）

　　其三，盛唐说。李清照云：（清照自号易安居士，李格非女，赵明诚
妻。生元丰五年（一〇八二），至绍兴四年（一一三四）犹生存。）

乐府声诗并著，最盛于唐。开元、天宝间，有李八郎者，能歌擅天下。……自后郑卫之声日炽，流靡之变日烦，已有《菩萨蛮》《春光好》《莎鸡子》《更漏子》《浣溪沙》《梦江南》《渔父》等词，不可遍举。……（胡仔《苕溪渔隐丛话后集》卷三十三。）

右三说若极不相容，其实皆是也。大抵新体的"乐府声诗"，当开元、天宝间已盛起。"以词填入曲中"，实托始于贞元、元和之际。至严格的"倚声制词"，每调字句悉依其谱，则历唐季五代始能以附庸蔚为大国也。

汉魏乐府，十九皆四言或五言古诗，（四言如《郊祀歌》中各篇及魏武帝《短歌行》等，五言如《鸡鸣》《乌生》《陌上桑》等。）齐梁乐府，十九皆类似绝句的五言四句，（如《子夜》《欢闻》等。）皆句法字数篇篇相同，而谱调各别。汉魏之谱，六朝时已渐次沦亡，齐梁之谱，至唐景龙间尚存六十三曲，中叶后仅存三十七曲。（见《通典》。）音乐随时好而蜕变，本是自然之理，加以唐时武功极盛，与西北诸种落交通频繁，所谓"胡部乐"者纷纷输入。玄宗以右文之主，御宇四十年，其间各种文化进步皆达最高潮，而音乐尤为其所笃嗜，有名之《霓裳羽衣曲》即其所手制。以故开元、天宝间新声叠起，崔令钦《教坊记》载三百二十四调，其中所有后世词调名不少。但其歌词之有无，不可深考。（崔令钦年代无考，友人王国维据《唐书·宰相世系表》推定为玄宗时人。）郭茂倩《乐府诗集》有"近代曲词"一门，所收皆盛唐以后之新声也。内中八十余调，如《水调》《凉州》《伊州》《石州》《采桑》《思归乐》《破阵乐》《浣沙女》《长命女》《一片子》《醉公子》《甘州》《山鹧鸪》《何满子》《清平调》《回波乐》《大酺乐》《雨霖铃》《竹枝》《杨柳枝》《浪淘沙》《抛球乐》《忆江南》《调笑》《踏歌》等，或与后此词调名全同——如《浪淘沙》《忆江南》之类，或为后此词调所本——

如《浣沙女》转为《浣溪沙》、《山鹧鸪》转为《瑞鹧鸪》及《鹧鸪天》、《水调》转为《水调歌头》、《甘州》转为《八声甘州》之类。(见《乐府诗集》。)内中所载歌辞,虽半属中唐作品,然亦有在盛唐及其以前者,如《回波乐》作者沈佺期、李景伯,《大酺乐》作者杜审言,皆中宗、睿宗时人,《忆岁乐》作者张说,《清平调》作者李白,皆玄宗时人。凡此皆声诗——即词之鼻祖,自初盛唐之间已发生者。(按原稿至此止)

(1924 年作。

原载《饮冰室合集》第 10 册第七十四,

中华书局 1989 年版。)

论小说与群治之关系

欲新一国之民，不可不先新一国之小说。故欲新道德，必新小说；欲新宗教，必新小说；欲新政治，必新小说；欲新风俗，必新小说；欲新学艺，必新小说；乃至欲新人心，欲新人格，必新小说。何以故？小说有不可思议之力支配人道故。

吾今且发一问：人类之普通性，何以嗜它书不如其嗜小说？答者必曰：以其浅而易解故，以其乐而多趣故。是固然；虽然，未足以尽其情也。文之浅而易解者，不必小说，寻常妇孺之函札，官样之文牍，亦非有艰深难读者存也，顾谁则嗜之？不宁惟是，彼高才赡学之士，能读坟典索邱，能注虫鱼草木，彼其视渊古之文，与平易之文，应无所择，而何以独嗜小说？是第一说有所未尽也。小说之以赏心乐事为目的者固多，然此等顾不甚为世所重。其最受欢迎者，则必其可惊、可愕、可悲、可感，读之而生出无量噩梦，抹出无量眼泪者也。夫使以欲乐故而嗜此也，而何为偏取此反比例之物而自苦也？是第二说有所未尽也。吾冥思之，穷鞠之，殆有两因：凡人之性，常非能以现境界而自满足者也。而此蠢蠢躯壳，其所能触能受之境界，又顽狭短局而至有限也。故常欲于其直接以触以受之外，而间接有所触有所受，所谓身外之身，世界外之世界也。此等识想，不独利根众生有之，即钝根众生亦有焉。而导其根器使日趋于钝、日趋于利者，其力量无大于小说。小说者，常导人游于它境界，而变换其常触常受之空气者也。此其一。人之恒情，于其所怀抱之想象，所经阅之境界，往往有行之不知、习矣不察者，无论为哀、为乐、为怨、为怒、为恋、为骇、为忧、为惭，常若知其然而不知其所以然。欲摹写其情状，而心不能自喻，口不能自宣，笔不能自传。有人焉和盘托出，彻底而发露之，则拍案叫绝曰：善哉善哉，如是如是。所谓"夫子言之，于我心有戚戚焉"。感人之深，莫此为甚。此其二。此二者实文章之真谛，笔舌之能事。苟能批此窾、导此窍，则无论为何等之文，皆足以移人。而诸文之中能极其妙而神其技者，莫小说若，故曰小说为文学之最上乘也。由前之说，则理想派小说尚焉；由后之说，则写实派小说尚焉。小说种目虽多，未有能出此两派范围外者也。

抑小说之支配人道也，复有四种力。一曰熏。熏也者，如入云烟中而为其所烘，如近墨朱处而为其所染。《楞伽经》所谓"迷智为识，转识成智"者，皆恃此力。人之读一小说也，不知不觉之间，而眼识为之迷漾，而脑筋为之摇飏，而神经为之营注，今日变一二焉，明日变一二焉，刹那刹那，相断相续。久之而此小说之境界，遂入其灵台而据之，成为一特别之原质之种子。有此种子故，他日又更有所触所受者，且且而熏之，种子愈盛，而又以之熏他人，故此种子遂可以遍世界。一切器世间、有情世间之所以成所以住，皆此为因缘也。而小说则巍巍焉具此威德以操纵众生者也。二曰浸。熏以空间言，故其力之大小，存其界之广狭。浸以时间言，故其力之大小，存其界之长短。浸也者，入而与之俱化者也。人之读一小说也，往往既终卷后数日或数旬而终不能释然。读《红楼》竟者必有余恋有余悲，读《水浒》竟者必有余快有余怒。何也？浸之力使然也。等是佳作也，而其卷帙愈繁事实愈多者，则其浸人也亦愈甚。如酒焉，作十日饮，则作百日醉。我佛从菩提树下起，便说偌大一部《华严》，正以此也。三曰刺。刺也者，刺激之义也。熏浸之力利用渐，刺之力利用顿。熏浸之力在使感受者不觉，刺之力在使感受者骤觉。刺也者，能使人于一刹那顷，忽起异感而不能自制者也。我

论小说与群治之关系

本蔼然和也，乃读林冲雪天三限，武松飞云浦厄，何以忽然发指？我本愉然乐也，乃读晴雯出大观园，黛玉死潇湘馆，何以忽然泪流？我本肃然庄也，乃读实甫之琴心酬简，东塘之眠香访翠，何以忽然情动？若是者，皆所谓刺激也。大抵脑筋愈敏之人，则其受刺激力也愈速且剧，而要之必以其书所含刺激力之大小为比例。禅宗之一棒一喝，皆利用此刺激力以度人者也。此力之为用也，文字不如语言。然语言力所被不能广不能久也，于是不得不乞灵于文字。在文字中，则文言不如其俗语，庄论不如其寓言。故具此力最大者，非小说未由。四曰提。前三者之力，自外而灌之使入。提之力，自内而脱之使出，实佛法之最上乘也。凡读小说者必常若自化其身焉，入于书中，而为其书之主人翁。读《野叟曝言》者必自拟文素臣，读《石头记》者必自拟贾宝玉，读《花月痕》者必自拟韩荷生若韦痴珠，读《梁山泊》者必自拟黑旋风若花和尚。虽读者自辩其无是心焉，吾不信也。夫既化其身以入书中矣，则当其读此书时，此身已非我有，截然去此界以入于彼界，所谓华严楼阁，帝网重重，一毛孔中万亿莲花，一弹指顷百千浩劫，文字移人，至此而极。然则吾书中主人翁而华盛顿，则读者将化身为华盛顿；主人翁而拿破仑，则读者将化身为拿破仑；主人翁而释迦、孔子，则读者将化身为释迦、孔子，有断然也。度世之不二法门，岂有过此！此四力者，可以卢牟一世，亭毒群伦，教主之所以能立教门，政治家所以能组织政党，莫不赖是。文家能得其一，则为文豪；能兼其四，则为文圣。有此四力而用之于善，则可以福亿兆人；有此四力而用之于恶，则可以毒万千载。而此四力所以最易寄者惟小说。可爱哉小说！可畏哉小说！

小说之为体，其易入人也既如彼，其为用之易感人也又如此，故人类之普通性，嗜它文终不如其嗜小说。此殆心理学自然之作用，非人力之所得而易也；此又天下万国凡有血气者莫不皆然，非直吾赤县神州之民也。夫既已嗜之矣，且遍嗜之矣，则小说之在一群也，既已如空气如菽粟，欲避不得避，欲屏不得屏，而日日相与呼吸之餐嚼之矣。于此其空气而苟含有秽质也，其菽粟而苟含有毒性也，则其人之食息于此间者，必憔悴，必萎病，必惨死，必堕落，此不待著龟而决也。于此而不洁净其空气，不别择其菽粟，则虽日饵以参苓，日施以刀圭，而此群中人之老病死苦，终不可得救。知此义，则吾中国群治腐败之总根源，可以识矣。吾中国人状元宰相之思想何自来乎？小说也。吾中国人佳人才子之思想何自来乎？小说也。吾中国人江湖盗贼之思想何自来乎？小说也。吾中国人妖巫狐鬼之思想何自来乎？小说也。若是者，岂尝有人焉提其耳而诲之，传诸钵而授之也？而下自屠爨贩卒、呕娃童稚，上至大人先生、高才硕学，凡此诸思想必居一于是，莫或使之，若或使之，盖百数十种小说之力，直接间接以毒人，如此其甚也。（即有不好读小说者，而此等小说，既已渐渍社会，成为风气，其未出胎也，固已承此遗传焉，其既入世也，又复受此感染焉，虽有贤智，亦不能自拔，故谓之间接。）今我国民惑堪舆，惑相命，惑卜筮，惑祈禳，因风水而阻止铁路、阻止开矿，争坟墓而阖族械斗、杀人如草，因迎神赛会而岁耗百万金钱，废时生事，消耗国力者，曰惟小说之故。今我国民慕科第若膻，趋爵禄若鹜，奴颜婢膝，寡廉鲜耻，惟思以十年萤雪、暮夜苞苴，易其归骄妻妾、武断乡曲一日之快，遂至名节大防，扫地以尽者，曰惟小说之故。今我国民轻弃信义，权谋诡诈，云翻雨覆，苛刻凉薄，驯至尽人皆机心，举国皆荆棘者，曰惟小说之故。今我国民轻薄无行，沉溺声色，缱恋床第，缠绵歌泣于春花秋月，销磨其少壮活泼之气，青年子弟，自十五岁至三十岁，惟以多情多感多愁多病为一大事业，儿女情多，风云气少，甚者为伤风败俗之行，毒遍社会，曰惟小说之故。今我国民绿林豪杰，遍地皆是，日日有桃园之拜，处处为梁山之盟，所谓"大碗酒，大块肉，分秤称金银，论套穿衣服"等思想，充塞于下等社会之脑中，遂成为哥老、大刀等会，卒至有如义和拳者起，沦陷京国，启召外戎，曰惟小说之故。呜呼！小说之陷溺人群，乃至如是，乃至如是！大圣鸿哲数万言谆诲之而不足者，华士坊贾一二书败坏之而有余。斯事既愈为大雅君子所不屑道，则愈不得不专归于华士坊贾之手。而其性质其位置，又如空气然，如菽粟然，为一社会中不可得避、不可得屏之物，于是华士坊贾，遂至握一国之主权而操纵之矣。呜呼！使长此而终古也，则吾国前途，尚可问耶，尚可问耶！故今日欲改良群治，必自小说界革命始！欲新民，必自新小说始！

（原载《新小说》1902 年 11 月 14 日第一号。）

译印政治小说序

政治小说之体，自泰西人始也。凡人之情，莫不惮庄严而喜谐谑，故听古乐，则惟恐卧，听郑卫之音，则靡靡而忘倦焉。此实有生之大例，虽圣人无可如何者也。善为教者，则因人之情而利导之，故或出之以滑稽，或托之于寓言。孟子有好货好色之喻，屈平有美人芳草之辞。寓讽谏于诙谐，发忠爱于馨艳，其移人之深，视庄言危论，往往有过，殆未可以劝百讽一而轻薄之也。中土小说，虽列之于九流，然自虞初以来，佳制盖鲜，述英雄则规画《水浒》，道男女则步武《红楼》，综其大较，不出诲盗诲淫两端。陈陈相因，途途递附，故大方之家，每不屑道焉。虽然，人情厌庄喜谐之大例，既已如彼矣。彼夫缀学之子，黉塾之暇，其手《红楼》而口《水浒》，终不可禁。且从而禁之，孰若从而导之？善夫南海先生之言也，曰："仅识字之人，有不读经，无有不读小说者。"故六经不能教，当以小说教之；正史不能入，当以小说入之；语录不能谕，当以小说谕之；律例不能治，当以小说治之。天下通人少而愚人多，深于文学之人少，而粗识之无之人多。六经虽美，不通其义，不识其字，则如明珠夜投，按剑而怒矣。孔子失马，子贡求之不得，圉人求之而得，岂子贡之智，不若圉人哉？物各有群，人各有等，以龙伯大人与僬侥语，则不闻也。今中国识字人寡，深通文学之人尤寡，然则小说学之在中国，殆可增七略而为八，蔚四部而为五者矣。在昔欧洲各国变革之始，其魁儒硕学，仁人志士，往往以其身之所经历，及胸中所怀，政治之议论，一寄之于小说，于是彼中缀学之子，黉塾之暇，手之口之；下而兵丁、而市侩、而农氓、而工匠、而车夫马卒、而妇女、而童孺，靡不手之口之。往往每一书出，而全国之议论为之一变。彼美、英、德、法、奥、意、日本各国政界之日进，则政治小说，为功最高焉。英名士某君曰：小说为国民之魂！岂不然哉？岂不然哉？今特采外国名儒所撰述，而有关切于今日中国时局者，次第译之，附于报末，爱国之士，或庶览焉。

（1898 年作。原载《清议报》1898 年 12 月 23 日第 1 册。）

郑褧裳画引

论画于今，盖极风会之变矣。魏晋云邈，靡得而窥。六朝暨唐，传播盖寡。逮宣和院画导源谢赫，区佛道人物山川鸟兽竹花屋木凡六科，其布局取势，运笔赋色，规矩峻整，而神理内完，专门之艺，此惟精能。尔时王延嗣揣情于鬼神，僧修范擅名于湖石，道士刘贞白审美于梅雀，童祥、许中正穷态于人物，并有流传，允称名笔。南渡而后，四家继轨，而世谓工巧过甚，梁楷倡为减笔，偏趁气韵，学者乐其夷易，流播同风，正法衰微，兹其始也。元人意匠，始肇西来，但有主宾，无关坛墠。盖松雪、大痴、叔明、圣予诸人，去宋匪远，当时院体，有足称者。沿明迄清，六法浸缺，朝无供奉之司，野鲜专家之业。士夫偶托遁逃，贤于博弈，始事临摹，渐多蜕变。然灵迹罕觏，买王倘其得羊，偏师出奇，拔赵讵云易汉。又自短幅盛行，画壁之工绝，水墨夺研，炼色之秘失，故其山水小景，足当附庸。至圣贤仙佛鬼神士女之图，蔬果鱼鸟屋木舟车之作，渐失传头，辄讥匠手，是以画家上品，道释山川，诸科咸备。今学所羡，山水方滋，盖象物每穷于写生，而即景可传于远致，贵耳贱目，有同然矣。其间名迹斑斑，或以人传，或缘物罕，语夫丹青之生面，艺能之极则，百家腾跃，颇首宋元，洎乎晚近，外学乘之，运缀致其密，皴染研其精，小道可观，殆将夺席，斯亦运之极乎？美利坚人有夏德者，游艺东方，穷极理法，尝语余曰：中土绘事，自然

451

秀深抱诸胸次，其或笔余墨外，不称壮阔之观，墨聚笔端，未穷生动之致，过求脱悟，故形神不全。西洋别体细微，由乎科学。若其量价申纸，计值添毫，意在利市，则气韵不举。去市与脱，假汝高衢，此可谓知趣者也。郑生褧裳负笈扶桑，秉秀腾实，彼邦绘画，受法于中夏，竞采于欧洲，传习之初，由博而一，先以几何物质解剖动植通其方，继以美术文史金石教育风俗昭其趣，渐成非顿，资深逢源，盖若是其难也。子云千赋之言，小山四知之论，昔贤已发，宁谓迂谈？然则上下数百年间，就画学画，以涂附涂，谓得圈中，讵知濠上，其于灵襟独逞，矩蠖弗由，轮扁莫能运斤，伊挚不求负鼎，厥蔽均也。生冥心妙造，历逾岁纪，沿流泝源，众长奄备。莫不细入毫发，而意惬飞动，务极规矩，归于自然。宋元家法，往往而合，其诸擅高往策，独秀当时者欤！东京市新古博览会，大正博览会，美国巴拿马博览会，竞致褒题，翕然精诣，东方学者，未能或之先也。自顷应聘归国，将之京师，维舟天津，丐辞于余。燕京帝王旧宅，首善奥区，名利崇朝，伎巧鳞萃，内府之所供，方家之所庋。词人佚老，豪贵巨猾，并富收藏，各矜元赏，于生之至，有不厚礼倒屣，以相友教者乎？竺于旧则得所折衷，劙于新则资以濡染。嘉哉此行，可以游处矣！乙卯九月梁启超。

（1915 年作。

原载《饮冰室合集》第 4 册第三十三，

中华书局 1989 年版。）

稷山论书诗序

　　癸亥长夏，独居翠微山之秘魔岩，每晨尽开轩窗纳山气，在时鸟繁声中作书课一小时许以为常。一日蒋百里挟一写本小册至，且曰："三十年夙负，合坐索矣。"视之，则会稽陶心云先生《论书绝句》百首。原稿有俞曲园、谭复堂、李莼客、袁爽秋、沈乙庵诸序跋，皆手写也。而不佞一短札亦傫然虽其间，文笔书势皆稚弱如乳臭儿，视之羞欲死，盖十七八岁时初游京师作也。札中答心老誦谀作序云："三月内必有以报命。"迄今为三月者，殆百有五十，而心老墓木久拱矣。记十二三岁时，在粤秀山三君祠见心老书一楹帖，目夺魂摇不能去，学书之兴自此。京师识心老，盖在夏穗卿座中，心老即席见赠一帖，文曰："学问文章过吾党，东南淮海惟扬州。"且曰：粤地在禹贡固扬分也。其书龙跳虎卧，意态横绝。亡命后帖久烬，然神理深镂吾心目，今犹可仿佛也。心老论书尊碑绌帖，此固道咸以来定谳。虽然，简札之与碑版，其用终殊，孙虔礼所谓"以点画为情性，使转为形质者"，其妙谛又非贞石刻文所能尽，明矣。晚近流沙坠简出世，中典午残缣数片，与汇帖所摹钟王书乃绝相类。其书盖出诸北地不知名之人之手，非江左流风所扇，故知翰素既行，风格斯嬗，未可遽目以伪体挑之也。余于书不能有所就，且平昔诵习皆在北刻，心老之论，复何间然？顾孟子恶执一贼道，然则北刻外无楷法之论，终未敢苟同，恨不得起心老于地下更一扬榷之。或问

453

曰："论书之作，在今日毋亦可以已耶？"应之曰："不然。吾闻之百里，今西方审美家言，最尊线美，吾国楷法，线美之极轨也。"又曰："字为心画，美术之表见作者性格，绝无假借者，惟书为最。然则书道之不能磨灭于天地间，又岂俟论哉？"新会梁启超。

（1923 年作。原载《乙丑重编饮冰室文集》卷七十五，中华书局 1926 年版。）

书法指导

今天很高兴，能够在许多同事所发起的书法研究会上，讨论这个题目。我自己写得不好，但是对于书法，很有趣味。多年以来，每天不断地，多少总要写点。尤其是病后医生教我不要用心，所以写字的时候，比从前格外多。今天这个题目，正好投我的脾味，自己乐得来讲讲。我所要讲的，大概可以分为五段。

（甲）书法是最优美最便利的娱乐工具

凡人必定要有娱乐。在正当的工作，及研究学问以外，换一换空气，找点娱乐品，精神才提得起来。假使全是义务工作，生活一定干燥，厌烦，无味。有一两样，或者两三样娱乐品，调剂一下，生活就有趣味多了。

娱乐的工具很多，譬如喝酒、打牌、下棋、唱歌、听戏、弹琴、绘画、吟诗，都是娱乐，各有各的好处。但是要在各种娱乐之中，选择一种最优美最便利的娱乐工具，我的意见——亦许是偏见，以为要算写字。写字有好几种优美便利处。

一、可以独乐。一人不饮酒，二人不打牌。唱歌听戏，要聚合多人，才有意思。就是下棋，最少也要两个人。单有一个人，那是乐不成的。惟有写字，不管人多人少，同乐亦可，独乐亦可，最为便利，不必一定要有同伴。

二、不择时，不择地。打球必定要球场，听戏必定要戏园，而且要天气好，又要有一定的时候。其他各种娱乐皆然，多少总有点限制。惟有写字，不择时候，不择地方，早上可以，晚上亦可以，户内可以，户外亦可以，只需桌子笔墨，随时随地，可以娱乐，非常的自由。

三、费钱不多。奏音乐要买钢琴，要买璇玳玲，价钱都很贵，差不多的人不愿买。惟有写字，不须设备，有相当的纸墨笔就可以。墨笔最贵不过一两元钱，写得好，可以写几个月。纸更便易，几角钱，可以买许多。无论多穷，亦玩得起。

四、费时间不多。打牌绘画，都很费时间。牌除非不打，一打起码四圈，有时打到整天整夜。作画画得好，要五日一山，十日一水。惟有写字，一两点钟可以，一二十分钟亦可以，有机会，有工夫，提笔就写，不费多少时间。

五、费精神不多。作诗固然快乐，但是很费脑力，如古人所谓"吟成五个字，捻断数根须"，非呕心镂血，不易作好；下棋亦然，古人常说："长日惟消一局棋。"你想那是何等的费事。惟有写字，在用心不用心之间，脑筋并不劳碌。

六、成功容易而有比较。学画很难学会，成功一个画家，尤为难上加难。唱歌比较容易一点，但是进步与否，无法比较，昨日的声音，今日追不回来。惟有写字，每天几页，有成绩可见，上月可以同下月比较，十年之前可以同十年之后比较，随时进步，自然随时快乐。

七、收摄身心。每天有许多工作，或劳心，或劳力，作完以后，心力交瘁，精神游移，身体亦异常疲倦。惟有写字，在注意不注意之间，略为写几页，收摄精神，到一个静穆的境界，身心自然觉得安泰舒畅。所以要想收摄身心，写字是一个最好的法子。

依我看来，写字虽不是第一项的娱乐，然不失为第一等的娱乐。写字的性质，是静的，不是动的，与打球唱歌不同。喜欢静的人，觉得兴味浓深；喜欢动的人，亦应当拿来调剂一下。起初虽快乐略小，往后一天天的快乐就大起来了。

以写字作为娱乐的工具，有这么许多好处，所以中国先辈，凡有高尚人格的人，大半都喜欢写字。如像曾文正、李文忠，差不多每天都写，虽当军书旁午，亦不间断。曾文正无论公务如何忙碌，每一兴到，非写不可。李文忠事事学曾，旁的赶他不上，而规定时刻，日常写字，同曾一样。这种娱乐，又优美，又便利，要我来讲，不由我不高兴。

（乙）书法在美术上的价值

爱美是人类的天性。美术是人类文化的结晶，所以凡看一国文化的高低，可以由它的美术表现出来。美术，世界所公认的为图画、雕刻、建筑三种。中国于这三种之外，还有一种，就是写字。外国人写字，亦有好坏的区别，但是以写字作为美术看待，可以说绝对没有。因为所用工具不同，用毛笔可以讲美术，用钢笔铅笔，只能讲便利。中国写字有特别的工具，就成为特别的美术。

写字比旁的美术不同，而仍可以称为美术的原因，约有四点。

一、线的美。这种美的要素，欧美艺术家，讲究得极为精细。作张椅子，也要看长短、疏密、粗细、弯直，作得好就美，作得不好就不美。线的美，在美术中，为最高等，不靠旁物的陪衬，专靠本身的排列。譬如一个美人，专讲涂脂傅粉，只能算第二三等脚色，要五官端正，身材匀称，才算头等脚色。假如鼻大眼小，那就是丑，五官凑在一块，亦是丑。真正的美，在骨格的摆布，四平八稳，到处相称。在真美中，线最重要。西洋美术，是讲究线。

黑白相称，如电灯照出来一样，这种美术，以前不发达，近来才发达。这种美术，最能表示线的美，而且以线为主。写字就是要黑白相称。同是天地玄黄几个字，王羲之这样写，我们亦这样写，他写得好，我们写得丑，就是他的字黑白相称，我们的字黑白不相称。向来写字的人，最主要的，有一句话："计白当黑。"写字的时候，先计算白的地方，然后把黑的笔画嵌上去，一方面从白的地方看美，一方面从黑的地方看美。

一个字的解剖，要计白当黑。一行字，一幅字，全部分的组织，亦要计白当黑。譬如方才讲的天地玄黄几个字，王羲之摆得好，我们摆得不好。但是让王羲之写天字，欧阳询写地字，颜鲁公写玄字，苏东坡写黄字，合在一起，一定不好。因为大家下笔不同，计算黑白不同，所以混合起来，就不美了。线的美，固然要字字计算，同时又要全部计算。

做椅子如此，写字如此，全屋子的摆设，亦是如此。譬如这间屋子，本来是宴会厅，现在暂时作为讲演室，桌子椅子，横七竖八地凑在一起，就不美了，因为线的排列不好。真的美，一部分的线，要妥贴，全部分的线，亦要妥贴。如果绘画，要用很多的线，表示最高的美。字不比画，只需几笔，也就可以表示最高的美了。

二、光的美。绘画要调颜色，红绿相间，才能算美。就是墨笔画，不用颜色，但是亦有浓淡，才能算美。写字这件事，说来奇怪，不必颜色，不必浓淡，就是墨，而且很匀称的墨，就可以表现美出来。写得好的字，墨光浮在纸上，看去很有精神。好的手笔，好的墨汁，几百年，几千年，墨光还是浮起来的。这种美，就叫着光的美。

西洋的画，亦讲究光，很带一点神秘性。对于看画，我自己是外行，实在不容易分出好坏。但是也曾被人指点过，说某幅有光，某幅无光。我自己虽不大懂，总觉得号称有光那几幅，真是光彩动人。不过西洋画所谓有光，或者因为颜色，或者因为浓淡，那是自然的结果。中国的字，黑白两色相间，光线即能浮出。在美术界类似这样的东西，恐怕很少。

三、力的美。写字完全仗笔力，笔力的有无，断定字的好坏。而笔力的有无，一写下去，立刻可以看出来。旁的美术，可以填，可以改。

如像图画，先打底稿，再画，画得不对再改。油画，尤其可以改，先画一幅人物，在上面可以改一幅山水。如像雕刻，虽亦看腕力，然亦可改，并不是一下去就不动。建筑，更可以改，建得不美，撤了再建。无论何美术，或描或填或改，总可以设法补救。

写字，一笔下去，好就好，糟就糟，不能填，不能改，愈填愈笨，愈改愈丑。顺势而下，一气呵成，最能表现真力。有力量的飞动、遒劲、活跃，没有力量的呆板、委靡、迟钝。我们看一幅画，不易看出作者的笔力。我们看一幅字，有力无力，很容易鉴别。纵然你能模仿，亦只能模仿形式，不能模仿笔力；只能说学得像，不容易说学得一样的有力。

四、个性的表现。美术有一种要素，就是表现个性。个性的表现，各种美术都可以。即如图画、雕刻、建筑，无不有个性存乎其中。但是表现得最亲切，最真实，莫如写字。前人曾说："言为心声，字为心画。"这两句话，的确不错。放荡的人，说话放荡，写字亦放荡；拘谨的人，说话拘谨，写字亦拘谨。一点不能做作，不能勉强。

旁的可假，字不可假。一个人有一个人的笔迹，旁人无论如何模仿不来。不必要毛笔，才可以认笔迹，就是钢笔铅笔，亦可以认笔迹，是谁写的，一看就知道。因为各人个性不同，所以写出来的字，也就不同了。美术一种要素，是在发挥个性。而发挥个性最真确的，莫如写字。如果说能够表现个性，就是最高美术，那么各种美术，以写字为最高。

写字有线的美，光的美，力的美，表现个性的美，在美术上，价值很大。或者因为我喜欢写字，有这种偏好，所以说各种美术之中，以写字为最高。旁的所没有的优点，写字有之；旁的所不能表现的，写字能表现出来。

（丙）模仿与创造

模仿与创造，这个问题，不单在写字方面，要费讨论，就是一切美术及其它艺术的大部分，都成为一种问题。创造固然切要，但是模仿是否切要，模仿与创造有无冲突，这都是值得研究的地方。许多人排斥模仿，以为束缚天才，我反对这种说法。学为人的道理，学做学问，学所有一切艺术，模仿都是好的，不是坏的，都是有益的，不是无益的。

简单说吧，从前人所得的成绩，从模仿下手，用很短的时间，很小的精力，就可以得到，得到后，才挪出精力，做创作的工夫，这是一件很经济的事情。考古学者，在地洞中，发现许多古画，画得很好。这种画，在古代为创作。假使人人如此，不凭藉前人的成绩，设法改良，专靠一点天才，凿空创作，并不是不可以，不过几万年后，所作的画，恐怕还是同古代的山洞里的画差不多，那还有什么进步可言呢？

小孩子，在初小的时候，喜欢画，墙上壁上，画出些头大手短的像来，很肤浅。大画家现在流行的后期印象派的画，很真切，有天才的小孩子，只要好好模仿，亦可由肤浅进于真切。已成功的大画家，若当初不模仿，恐怕亦不会有什么进步。模仿这种性质，就是从前的文化，代代继承下来，好像祖上的遗产，代代增加上去一样。白手兴家，豪杰之士。但是白手可以发一百万，若得父兄一百万，就可以发一千万、一万万。白手兴家，固然很好，哪能希望人人如此呢？

人类文化很长，慢慢地继承，增加下去。小的时候，得了许多知识，有所凭藉，再往前努力活动，又可以添了许多的经验。如此一代一代的继承，一代一代的增加，全部文化的产业，可以发展进步到很大很高。所以我认为模仿是好的不是坏的，是有益的不是无益的。无论何种事业，都是如此，做人亦然。历史上伟大的人物，又何尝没有模仿？我们所知，恺撒极力学亚历山大，拿破仑又极力学恺撒，不管他学得对不对，有所模仿，成功容易。

一切事情，不可看轻模仿。写字这种艺术，更应当从模仿入手。并不是说从前人的聪明才力，比我们强，我们万赶不上，乃是各人有各人的特别嗜好，因为嗜好，所以成功。譬如说，王羲之天天写字，池水皆黑，后来叫作墨池。这个话真不真，暂时不讲，至少我们可以知道，王羲之因为天才相近，又肯用功，所以写出来的字，成绩很好。我们的天才、用功，当然不如他，离开他去创作，未尝不可，不过他经几十年甘苦所成的字，天才又高，功夫又绝熟，总可以作模范。因为模仿他，他黑一池，我黑半池，亦定写得好。模仿可以省事，前人的产业，我们来承受，我们的产业，后人来承受，自然一天一天地进步、增加。模仿在任何艺术，都有必要，字亦不能独外。

模仿有两条路。

一、专学一家，要学得像。即以写字而论，或学颜真卿，或学欧阳询，学那一家，终生学他。刚才讲拿破仑学恺撒是这样，孟子学孔子（乃所愿则学孔子也），亦是这样。此种模仿法，用力容易，定有范围，学之易像。

二、学许多家，兼包并蓄。先辈教人立身，要多读前言往行，以蓄其德。不管是谁说的，谁作的，只要是好，都拿来受用。扬雄说过："读一千篇赋，自然会作赋。"我们可以换句话说："学一千种碑，自然会写碑。"一千种未免太多，少点五百种，再少点五十种，学过后，自然写得好了。

两条路之中，头一条路，其优点是简切，容易下手，其弱点是妨害创作，许多人专学一家，为所束缚，把天才压下去了。第二条路，其弱点是空洞，泛滥无归；其优点是不妨害天才，可以自由创作。我个人的主张，宁肯学许多家，不肯专学一家。走第二条路，以模仿为过渡，再到创作，此为上法。

于此有一件应当注意的事情，就是分期学习。模仿若干种，分为若干时间，学这种时，不知那种，学那种时，不知这种，专心专意，不可参杂，参杂则不成功。从前人教人读书，有两句话："读《易》时觉得无《尚书》，读《诗》时不知有《春秋》。"这是表示专一的意思。不专不读，读则专一。写字亦然。模仿一种，把结构用笔，全学会后，才换第二种。依我的经验，一种碑，临十遍，可知它的结构及用笔。譬如一千字的碑写到一万字，就把结构用笔，都得着了。得着后，换第二种。

换的时候，有一种很巧妙的方法，即择若干种相反的碑帖，交换着模仿。譬如先学用圆笔的碑一万字，回头再学用方笔的碑一万字。方笔圆笔，两种相反，一种写了一万字之后，两下合起来，那就不方不圆，成了自己的创作。无论何种艺术，此法都可应用。譬如学诗，学李、杜二人，学李时如无杜，不去读杜诗，学杜时如无李，不去读李诗。方学时候，不知像否，离开以后，不李不杜，自成一派。

第二条路，固然很好，指定若干碑帖，排列次序，一种一种地学去，想出方法来调和。学过五十种或百种以后，脱手时，自成一派。由模仿到创作，这是最妙的方法。第一条路，亦未尝不好，前人喜欢临僻碑，如像何子贞，得张黑女碑，绝对不告人，不知道的还说他是创作，其实亦有所本。这种方法，可以用，学过许多种类之后，再学一个特别的，亦未尝不可。单走第二条路，恐怕泛滥无归。单走第一条路，恐怕减少创造能力。混合两法，先学许多家，最后以一家为主，这算最妥当的法子了。

模仿任何事物，初入手时，最要谨慎，起初把路子走错了，以后很难挽救。今人不如古人，不是天才差，只是习染坏。如像性本相近，习则相远。唐朝有一个弹琵琶的教师，没有学过的去学，他说三年就会；弹得好的去学，他说五年才会；弹得有名的去学，他说非十年不可。人问何故？他说没有学过而质地好的人，教得得法，成功容易；弹得好弹得有名的，最初几年的工夫，须把坏习气改过，才能学好，所以格外费时间了。无论何种艺术皆然，习字也是一样。清朝的字，比较不好，因为人人都要学大卷子白折子很呆板，没有性灵。我年轻时候，想得翰林，也学过些时候的翰林字，到现在，总不脱大卷子的气味。诸君出过洋的多，常用钢笔和铅笔，至少没有大卷子习气，学时容易得多。

入手很难，所以最初就要谨慎，不可走错了路。最不应该模仿的，依我看来，约有四派。

一、赵子昂、董其昌。这一派，清初很为流行，并不是不好，只是不容易学。若从这派入手，笔力软弱，其病在妩媚圆滑，无丈夫气。中了这派的毒，很不容易改正。

二、苏东坡。这一派，喜欢用侧锋，东坡固然好，学他就不行。若从这派入手，笔锋偏倚，其病在于庸俗。至多学出一个水竹村人——徐世昌，翰林字，总统字，但是不行。

三、柳公权。这一派，干燥枯窘，本身虽好，学之不宜。我常说柳字好像四月的腊肠，好是好吃，只是咬不动。学他的人，一点不感乐趣。学字本为娱乐，干燥无味，还有什么意思呢？

四、李北海。这一派，向来人很赞美，称为"王龙跃，李虎卧"，唐时尤为有名，但是亦不可学。若从这派入手，其病在偏，与苏派同一流弊。东坡本学北海，但北海稍为平正厚重些。

总括起来说：模仿是必要的，由模仿可以到创造，无论单学一家，或多学几家都可以。但是最初的时候，不要走错了路，赵、董、柳、苏、李几家，最不可学。用为几十种模范中的一种，尚还可以，起初从他们入手，以后校正困难。顶好是把他们放在一边，不学才对。

（丁）碑帖之选择

写字须要模仿，上面已经说了，但是模仿应当以何种为资料呢？现在人多讲临帖，其实帖同碑不一样。帖从何来？最初的帖，为五代时南唐的澄清堂，以前无帖。北宋时，帖颇盛，有淳化阁、淳熙阁，大观帖，皆皇帝所刻；有名的绛帖、潭帖，亦从皇帝的帖，翻刻出来。最初只有墨迹，前代写家所留，极宝贵的墨迹，藏在天府，只有一本。如何才可以流通？就是用双钩钩下来，刻在木板或石块上，然后翻印成帖。好帖很少，双钩钩出，墨迹保存，此尚不失原样。如淳化阁、澄清堂皆

书法指导

463

然，锋泽异常圆润。再钩再翻，经过两手，锋泽已走，渐失本真。真的好帖，海内能有几本？一张帖，说是某人写的，真否尚是问题。纵是真的，经过几回翻刻，已经与本来面目，差得很多。从前讲临帖，实在不合算。就能得真帖，已经隔几层，何况真帖难得。即如淳化阁有十本，果属真迹，价值几万金，我们亦买不起啊！碑同帖不一样，从前讲书丹刻石，就是请写得好的书法家，用银朱写在石头上，再请良工刻出来，所隔只有一层，走样尚小。帖纵是真，几经翻刻，失脱本来面目。碑若是真，不经翻刻，真面目尚可见。所以说临帖不如临碑。

乾隆以前，帖学很盛；中叶以后，碑学代兴；直到现在，珂罗版发明了，帖学有恢复的希望。譬如商务书馆的大观帖，一本几块钱，那就很用得了。有珂罗版以后，不会走样，临帖还可以。未有之前，要得比较近真的帖，绝非寒士所能。假如不得真帖，只有经过四五回的翻板，从此入手，比学赵、苏、柳、李四家还糟，一点骨气都没有。

好帖难找，不如临碑。碑有六朝碑同唐碑两种。在从前帖学盛行的时候，碑学亦很讲究。唐碑中，欧、褚、颜、虞几家都很好，学的人很多。而欧阳询的九成宫及皇甫君碑，颜真卿的麻姑坛东方画像赞，尤为普遍。不过学这种碑，很危险，因为翻刻本多。买原拓本写，其价不让买帖，所以有名唐碑，亦不易找。

有名书家，固然唐多，然唐代的字，很呆板。虽然他们不是以大卷子白折子写字，但是因为要迎合唐太宗的意思，所以风格渐卑。与其学唐碑，不如学六朝碑，唐碑即由六朝碑出。唐代几个有名的书家，求他们的来历，六朝中都有。学六朝碑的好处，有两种。

一、迹真字好。碑后题名，注明某人所书，这是唐以后的风气，六朝以前没有。唐后的书家，为贵族的，如欧、褚等皆是；六朝的书家，为平民的，不出主名，因此赝品很少，风格很高。好像汉古乐府，许多人不著名，然其作品，比曹子建、陶渊明的作品还好。学诗要学汉乐府，学曹、陶等的老师。唐代书家，都从六朝出，与其贪名声大，反而不得真迹，何如从六朝无名作品入手，还可以看出他们的变迁。

二、物美价廉。唐朝名碑或者拓得坏，或者是翻板，锋芒看不出来。六朝碑，新出土的不少。最近二三十年，开陇海铁路，翻动地皮，发现的碑更多。这种新出土的碑，无美不备，价又低廉，最贵重的墓志铭及造像，少的三、五毛，多的四、五元，过十元以上的，可谓绝无仅有。拿一千块钱买九成宫，比一块钱的新出土的墓志铭，孰好孰坏，尚是问题。就是一样，而价值已差多了。

学碑应从六朝碑入手。拿一百块钱，到琉璃厂可以买一二百种六朝碑，有的亦许比欧阳询、颜真卿还好。新出土的碑，不著名，不花钱，真迹多，锋芒在。淳化阁、九成宫一类东西，又著名，又花钱，翻板多，锋芒失。所以我主张临六朝新出土的碑。近来有珂罗板，很方便，临帖亦还可以。没有珂罗板以前，真不要打此种主意。

六朝碑很多，连造像带墓志及碑，总在二千种以上，单是龙门造像，就有一千多种。在这许多之中，可以挑出几种，看何者为最好。各人主观不同，标准自不一样。依我看来，龙门二十种，很好，很便易，不过二三元钱。其中如魏灵藏、孙秋生、始平公、杨大眼、广川王太妃、北海王祥、法生，都可以学。各墓志中如元显魏、元钦、元固、元倪、石夫人、元诠、元演、元飏、常受繁、寇臻、寇凭、李超、孙辽、韩显宗、刁遵、崔敬邕、郑道忠、贾瑾，都可以学，都很好。古碑中，如张猛龙、郑文公、贾思伯、根法师、萧玚、龙藏寺、苏孝慈，亦都很好，都可以学。我所认为最好的造像、墓志及碑，大概如此。

但是应从哪一种下手呢？前面所讲赵、柳、苏、李四派不可学，乃是消极方面的。至于积极方面，各人主观不同。我的意思，仍从方正严整入手为是。无论做人做事，都要砥砺廉隅，很规律，很稳当，竖起脊梁，显出骨鲠才好。假如像球一样，圆圆滑滑四面乱滚，那就可怕，而且站不住。所以作诗，我反对学白香山、陆放翁，并不是白、陆不好，是不可学。学他们成为打油诗，太容易，无价值，应先从难处下手才是。再如做人，孔子三十而立，四十而不惑，七十而从心所欲不逾矩。不逾矩，算很好了，但要经三十，四十，以至七十，费了许多年"立"

书法指导

465

和"不惑"的工夫，才能办到这个样子。这种圆法，很有价值。若先从容易的下手，做事如圆球，做人为滑头，学诗为打油，那真不可救药了。

学字，最好造像中，从魏灵藏、始平公、杨大眼入手，笨极，呆极，但是很稠密，全身的力，都在上面，打得紧，不漂滑。非从这类入手，容易流于浮靡。碑中，从根法师、张猛龙入手，用笔很重，锋芒很显，容易学得像，学得好。墓志铭中，各种都有，要随时参用，我认为最适当。这是几种，都很稳重规律。

唐碑同六朝碑的比较，就是前者规矩整齐，后者无一定的规则。要想笔力遒劲，学六朝碑亦可；要想规矩整齐，学唐碑亦可。唐碑中，以欧阳询、虞世南、褚遂良、李北海、颜鲁公、柳公权，这几家最为著名。李、柳两家不可学，褚轻松，虞圆润，但佳拓难得。诸名家中，还是欧、颜两家，有蹊径可寻，容易模仿。欧、颜皆极方严，学去无流弊。欧的九成宫，皇甫君，颜的麻姑坛，画像赞，因有珂罗板，尚不甚贵。其余各家，珂罗板影印的亦很多。

学唐代的大写家，又不如学第二流。譬如小欧，完全学他的父亲，因为才力不如，格加谨严挺拔，比大欧还容易，没有什么毛病。小欧的道周法师碑、泉男生碑很好，由他入手，再学大欧，就不难了。

总括起来说，临帖不如临碑，临唐碑又不如临六朝碑。如学唐碑，柳太干，李太偏，虞、褚少蹊径，惟颜、欧两家易学。颜于厚重方严之中，带有风华；而小欧比大欧，更挺拔。至于帖，没有珂罗版前，切不可学；影印术发明后，亦还可以。选择碑帖，大概如此。将来哪位有兴致，可以指定若干种来，我们大家批评。

（戊）用笔要诀

一面要有好碑帖作模范，一面要有简单的用笔规则，好去遵循，写字才容易好。从前的《笔法歌诀》《艺舟双楫》一类的东西，很麻烦，有许多不容易作到。我现在用很简单的话，将几种很普通的原理，归纳起来，说明如下。

A. 执笔

一、指密。指头逼紧，大指中指执笔，其余的帮忙。指头的间隔，不可太疏，疏则无力。

二、拳空。拳非空不可，从前的人，讲究要可以握一个蛋。假使一把捉死，一定转运不灵。

三、腕活。真讲写字，腕要悬空。写小字如此，未免太苦，然亦不可贴死在桌子上。离开一点，运用才可敏活。

四、笔正。腕一活，笔正就容易。执笔是手指，用笔还是手腕。笔头要端正，假使两面摆，一定无气力。用指力小，用腕力大。

五、锋齐。会写字的人，讲究“万毫齐着”，把笔毛打开一半，让笔锋的力量，都到纸上，不让一毫落空，自然中正饱满了。

B. 运笔

一、画平。一笔写去，两端一般平。看时容易，做时困难。许多写家，用一生的功夫，都没做到。线的美，所以表示不圆满，就是这个原故。

二、竖直。这条同前条一样，不易做到。诚然苏东坡、李北海、张猛龙都是偏的，没有一笔平直，但他们有方法补救。上面不平，下面稍低；中间不竖，两侧稍斜；全部看来，还是平直的。他们会补救，保持线的美；我们不会，就学糟了。

三、中满。一笔过去，中间不要蜂腰，气力始能到底。这是一个原则。褚字是例外，中间小，头尾粗，虽量分寸，似乎不满，但笔力还是满的。此类字，不可学。要学平正通达的字，横直一般粗细，尖的地方，亦得慢慢尖去。

四、转遒。转弯的时候，要遒劲有力，圆则如半环，方则如刀切。最忌讳有胝肝，有便难看。转遒与中满同一原则，万一力不到，点几点，那就异常之糟。这个病，最易犯。

五、锋回。出锋的地方，一点一撇，最要注意，力量须灌到。一躲懒，带过去那便糟了。初学时，一笔到头，回锋勒住，左行的锋往右勒，下行的锋往上勒。写熟后，不必回锋，亦有含蓄。

执笔运笔的方法，前人讲得很多，此处不能多讲，单讲这十条。只要一一做到，那亦就很够了。还要说几句，关于用好笔，用砚的话，这也是讲书法不可不注意的事情。

我用笔很讲究，每支一元或二元三元不等，看来费钱，其实省钱，比诸同事还省。我用一管好羊毫，写一万字，正是照样，笔在我手里，几乎不会烂。一定要写到"秃中书，不中书"，这才束之高阁。我用笔，不让一根毛脱，写时只开一半，干后温水润之，自然不易坏了。

用笔最忌按，顶好不用墨盒。拿笔到墨盒中打滚，墨干了，挤出来，笔安得不坏？我常用砚慢慢地磨，磨得很匀很细，写在纸上，自然好看，而且蘸墨时不亏笔。新墨有光，旧墨无光，我从来不用隔天的墨。写完后，用水将砚洗净，再写时再磨。

用笔用狼毫易碎，不如羊毫经久。我的经验，一支羊毫，可以抵三支狼毫。无论什么笔，坏在脱毛，一根断，全体跟着断。会写字的人，只有写秃笔，没有写坏笔。假使用一块钱以上的羊毫，又用砚，可以写得舒服而且省钱。

初学临帖最好用九宫格，可以规定线的美。粗细、疏密、高低、长短，只须差一点，结果就不同了。临块碑十次，三次用九宫格，七次放开手写，一定能写得规律严正。

还有一种叫摹帖，摹与临不同，临是看着写，摹是盖在上面写。摹得用笔，临得结构，两者都可并用。现在帖便易，不怕摹浸。主要的碑帖，临十回，摹一回就可以了。

今天讲得简漏得很，但是因为用功写字，其中颇多甘苦之言，特别向诸君贡献。至于我所藏的碑帖，多在天津家里没带来，以后有机会，还可以同诸君切实的观摹研究。

（1927 年清华学校教职员书法研究会讲演稿，周传儒笔记。）

翻译文学与佛典

一　佛教输入以前之古代翻译文学

翻译有二：一、以今翻古；二、以内翻外。以今翻古者，在言文一致时代，最感其必要。盖语言易世而必变；既变，则古书非翻不能读也。求诸先籍，则有《史记》之译《尚书》。今举数条为例：

（《尚书·尧典》）
钦若昊天。

允釐百工，庶绩咸熙。

帝曰："畴咨！若时登庸？"放齐曰："胤子朱启明。"帝曰："吁！嚚讼，可乎？"帝曰："咨！四岳，朕在位七十载，汝能庸命巽朕位？"岳曰："否德，忝帝位。"曰："明明扬侧陋！"师锡帝曰："有鳏在下，曰虞舜。"帝曰："俞！予闻。如何？"岳曰："瞽子，父顽，母嚚，象傲。克谐以孝，烝烝乂，不格奸。"帝曰："我其试哉。"女于时；观厥刑于二女。釐降二女于沩汭，嫔于虞。

（《史记·五帝本纪》）
敬顺昊天。

信饬百官，众功皆兴。

尧曰："谁可顺此事者？"放齐曰："嗣子丹朱开明。"尧曰："吁！顽，凶，不用。"尧曰："嗟！四岳，朕在位七十载，汝能用命践朕位？"岳应曰："鄙德，忝帝位。"尧曰："悉举贵戚及疏远隐匿者！"众皆言于尧曰："有矜在民间，曰虞舜。"尧曰："然！朕闻之；其何如？"岳曰："盲者子，父顽，母嚚，弟傲。能和以孝，烝烝治，不至奸。"尧曰："吾其试哉。"于是尧妻之二女，观其德于二女。舜饬下二女于沩汭，如妇礼。

此种引经法，以后儒眼光论之，则为擅改经文。而司马迁不以为嫌者，盖以今语读古书，义应如此。其实不过翻译作用之一种，使古代思想融为"今化"而已。然自汉以后，言文分离。属文者皆摹仿古言，译古之业遂绝。

以内译外者，即狭义之翻译也。语最古之译本书，吾欲以《山海经》当之，此经殆我族在中亚细亚时相传之神话，至战国秦汉间始写以华言，故不独名物多此土所无，即语法亦时或诡异。然此不过吾个人理想，未得确实佐证，不能断言。此外古书中之纯粹翻译文学，以吾所记忆，则得二事：

（一）《说苑·善说》篇所载鄂君译越人歌。

（越语原文）

滥兮抃草滥予昌枑泽予昌州州𪇊焉乎秦胥胥缦予乎昭澶秦逾渗隄随河湖

（楚语译文）

今夕何夕兮，搴舟中流。
今日何日兮，得与王子同舟。

蒙羞被好兮，不訾诟耻。

心几顽而不绝兮，知得王子。

山有木兮木有枝。

心说君兮君不知。

（二）《后汉书·西南夷传》所载白狼王唐菆等《慕化诗》三章。

（原文）	（译文）	（原文）	（译文）
提官隗构	大汉是治，	魏冒逾糟	与天意合。
罔译刘脾	吏译平端，	旁莫支流	不从我来。
征衣随旅	闻风向化，	知唐桑艾	所见奇异。
邪毗继绩	多赐缯布，	推潭仆远	甘美酒食。
拓拒苏便	昌乐肉飞，	局后仍离	屈伸悉备。
偻让龙洞	蛮夷贫薄，	莫支度由	无所报嗣。
阳雒僧鳞	愿主长寿，	莫稚角存	子孙昌炽。

右（指上，编者注。下同不另注。）第一章

偻让皮尼	蛮夷所处，	且交陵悟	日入之部。
绳动随旅	慕义向化，	路且倈雒	归日出主。
圣德渡诺	圣德深恩，	魏菌度洗	与人富厚。
综邪流藩	冬多霜雪，	莋邪寻螺	夏多和雨。
藐浔泸漓	寒温时适，	菌补邪推	部人多有。
辟危归险	涉危历险，	莫受万柳	不远万里。
术叠附德	去俗归德，	仍路孳摸	心归慈母。

右第二章

荒服之仪　荒服之外，　犁藉怜怜　土地垲塿。
阻苏邪犁　食肉衣皮，　莫砀粗沐　不见盐谷。
罔译传微　吏译传风，　是汉夜拒　大汉安乐。
踪优路仁　携负归仁，　雷折险龙　触冒险陋。
伦狼藏幢　高山岐峻，　扶路侧禄　缘崖礐石。
息落服湿　木薄发家，　理沥髭锥　百宿到洛。
捕茝菌毗　父子同赐，　怀槁匹漏　怀抱匹帛。
传言呼敕　传告种人，　陵阳臣仆　长愿臣仆。

右第三章

右两篇实我文学界之凤毛麟角，《鄂君歌》译本之优美，殊不在《风》《骚》下。原文具传，尤为难得。倘此类史料能得多数，则于古代言语学人类学皆有大裨；又不仅文学之光而已。然我国古代与异族之接触虽多，其文化皆出我下；凡交际皆以我族语言文字为主，故"象鞮"之业，无足称焉。其对于外来文化，为热情的欢迎，为虚心的领受，而认翻译为一种崇高事业者，则自佛教输入以后也。

二　佛典翻译界之代表人物

汉哀帝元寿元年（西纪前二年）博士弟子秦景宪从大月氏王使伊存口受浮屠经（见《三国志》裴注引鱼豢《魏略·西戎传》），中国人知有佛典自此始，顾未有译本也。现在藏中佛经，号称最初译出者，为《四十二章经》，然此经纯为晋人伪作，滋不足信（拙著《中国佛教史》别有考证），故论译业者，当以后汉桓灵时代托始，东晋南北朝隋唐称极盛。宋元虽稍有赓续，但微末不足道矣。据元代《法宝勘同总录》所述历代译人及所译经卷之数，如下：

（朝代）　　　　　　　（译人）（部数）　（卷数）

后汉永平十至唐开元十八

（西六七——七三〇）　一七六　九六八　　四五〇七

唐开元十八至贞元五

（西七三〇——七八九）　八　一二七　　二四二

唐贞元五至宋景祐四

（西七八九——一〇三七）　六　二二〇　　五三二

宋景祐四至元至元廿二

（西一〇三七——一二八五）　四　二〇　　一一五

右表乃总括前后大小译业略举其概。其实译业之中坚时代，仅自晚汉迄盛唐约六百年间，其译界代表的人物如左（即下，编者注。）：

（1）安世高　安息人。后汉桓帝初，至洛阳。译《安般守意经》等三十九部（《长房录》著录百七十六部，大半伪托）。

（2）支娄迦谶　月支人。后汉灵帝光和中平间，译出《般若道行经》《般舟三昧经》等十四部（《长房录》著录二十一部）。

右两人实译业开山之祖。但所译皆小品，每部罕有过三卷者。同时复有竺佛朔（天竺人）、安玄（安息人）、支曜（月支人）、康孟祥、康巨（俱康居人），并有所译述。而本国人任笔受者，则孟福、张莲（俱洛阳人）、严佛调（临淮人）最著。

（3）支谦　月支人。支谶再传弟子。汉献帝末，避乱入吴，江南译业自谦始。所译有《维摩诘》《大般泥洹》等四十九经。

（4）竺法护　其先月支人，世居敦煌。西晋武帝时，发愿求经，度葱岭，历诸国。通外国语言文字三十六种、大赍梵经还，沿路传译。所译有《光赞般若》《新道行》《渐备一切智》《正法华》等二百十部（中有伪托）。《梁高僧传》云："经法所以广流中华，护之力也。"其追随笔受者，有聂承远、聂道真、陈士伦、孙伯虎、虞世雅等。而聂氏父子通梵文，护卒后，道真续译不少。

（5）释道安　俗姓卫，常山人。安为中国佛教界第一建设者。虽未尝自有所译述，然苻秦时代之译业，实由彼主持，苻坚之迎鸠摩罗什，由安建议；《四阿含》《阿毗昙》之创译，由安组织；翻译文体，由安厘正。故安实译界之大恩人也。其在安系统之下与译业有直接关系者，其人如下：

赵文业　名正，济阴人，仕苻坚为校书郎。苻秦一代译业，皆文业与道安共主持之。晚年出家，名道整，偕法显西游，没于印度。

僧伽跋澄　罽宾人。受道安等之请，译《阿毗昙毗婆沙》。

昙摩难提　兜佉勒人。受道安等之请，译《僧一阿含》《中阿含》《毗昙心》《三法度》等凡百六卷。

僧伽提婆　罽宾人。受道安等之请，助译《二阿含》及《毗婆沙》等。后南渡，入庐山，受慧远之请，校正前译。今本《中阿含》，则提婆与僧伽罗义所再治也。

竺佛念　凉州人。道安等所组织之译业，跋澄、难提、提婆等所口诵者，皆佛念为之笔受。鸠摩罗什之译业，念亦参预。《高僧传》云："自世高、支谦以后，莫逾于念。自苻、姚二代为译人之宗。"诸经出念手笔者，殆逾六百卷矣。同时有法和、惠嵩、慧持者，亦参斯业。

（6）鸠摩罗什　其父天竺人，其母龟兹王之妹；什生于龟兹。九岁随母历游印度，遍礼名师，年十二已为沙勒国师。道安闻其名，劝苻坚迎之。坚遣吕光灭龟兹，挟什归；未至而坚已亡；光挟什滞凉州。至姚秦弘始三年，姚兴讨光，灭后凉，迎什至长安，备极敬礼。什以弘始三年至十一年凡八年间，译书逾三百卷。经部之《放光般若》《妙法莲华》《大集》《维摩诘》，论部之《中》《百》《十二门》《大智度》，皆成于其手。龙树派之大乘教义，盛弘于中国，什之力也。其门下数千人，最著者僧肇、僧睿、道生、道融，时号四圣，皆参译事。

佛陀耶舍　罽宾人。罗什之师。什译《十住经》（即《华严十定品》之别译），特迎耶舍来华，共相征决，辞理方定。

弗若多罗、昙摩流支、卑摩罗叉、多罗、罗叉，皆罽宾人；流支，西域人。多罗以弘始六年诵出《十诵律》，罗什司译，未成而多罗逝。

翌年，流支至关中，乃与什共续成之。后罗又来游，在寿春补译最后一诵。律藏之弘，赖三人也。

（7）觉贤　梵名佛陀跋陀罗，迦维罗卫人，释尊同族之苗裔也。释智严游印度，礼请东来。以姚秦中至长安，罗什极敬礼之。既而为什门诸人所排摈，飘然南下。宋武帝礼供，止金陵之道场寺。初支法领得《华严》梵本于于阗，又无译者。义熙十四年请觉贤与法业、慧义、慧严等，共译之。华严开宗，滥觞于此。贤所译经论十五部百十有七卷；其在译界之价值，与罗什埒。

（8）法显　俗姓龚，平阳武阳人。以晋隆安三年（西三九九）游印度求经典，义熙十二年归。凡在印十五年；所历三十余国。著有《佛国记》，今存藏中。治印度学者，视为最古之宝典（欧人有译本及注释）。在印土得《摩诃僧祇律》《杂阿含》《方等泥洹》诸梵本。《僧祇律》由觉贤译出；《杂阿含》由求那跋陀罗译出；显自译《方等泥洹》。自显之归，西行求法之风大开。其著者有法勇（即昙无竭）、智严、宝云、慧景、道整、慧应、慧嵬、僧绍（此七人皆与法显同行者）、智猛、道普、道泰、惠生、智周等。中印交通，斯为极盛。

（9）昙无忏　中天竺人。北凉沮渠蒙逊时，至姑臧。以玄始中译《大般涅槃经》，《涅槃》输入始此。次译《大集》《大云》《悲华》《地持》《金光明》等经，复六十余万言。

（10）真谛　梵名拘那罗陀，西天竺优禅尼国人。以梁武帝大同十二年由海路到中国。陈文帝天嘉光太间，译出《摄大乘论》《唯识论》《俱舍论》等六十四部二百七十八卷（《大乘起信论》，旧题真谛译，近来学界发生疑问；拙著《中国佛教史》别有考证）。无著，世亲派之大乘教义传入中国，自谛始也。

与真谛相先后者，有菩提流支、勒那摩提、昙摩流支、佛陀扇多、般若流支，皆在北朝盛弘经论，而船若流支亦宗唯识，与谛相应。

（11）释彦琮　俗姓李，赵郡人。湛深梵文，隋开皇间，总持译事。时梵僧阇那崛多、达摩笈多等所译经典，多由琮鉴定。琮著《众经目录》《西域传》等，义例谨严。对于翻译文体，著论甚详。

（12）玄奘三藏　俗姓陈，洛州人。唐太宗贞观二年，冒禁出游印度。十九年归，凡在外十七年。从彼土大师戒贤受学，邃达法相。归而献身从事翻译，十九年间（西六四五——六六三）所译经论七十三部一千三百三十卷。其最浩瀚者，如《大般若经》之六百卷，《大毗婆沙》之二百卷，《瑜伽师地论》之一百卷，《顺正理论》之八十卷，《俱舍论》之三十卷，自余名著，俱见录中。以一人而述作之富若此，中外古今，恐未有如奘此也。事迹具详《慈恩传》中，今不备述。

（13）实叉难陀　于阗人。以唐武后证圣间，重译《华严经》，今八十卷本是也。又重译《大乘起信论》等。

菩提流志　南印度人，与难陀同译《华严》，又补成《大宝积经》足本。

（14）义净三藏　俗姓张，范阳人。以唐咸亨二年出游印度，历三十七年乃归。归后专事翻译，所译五十六部二百三十卷。律部之书，至净乃备；密宗教义，自净始传。

（15）不空　北天竺人。幼入中国，师事金刚智，专精密藏。以唐开元天宝间游印度。归而专译密宗书一百二十余卷。

晚唐以后，印土佛教渐就衰落，邦人士西游绝迹，译事无复足齿数。宋代虽有法天、法护、施护、天息灾等数人，稍有译本，皆补苴而已。自汉迄唐，六百余年间，大师辈出。右所述者，仅举其尤异，然斯业进化之迹，历历可见也。要而论之，可分三期：

第一　外国人主译期
第二　中外人共译期
第三　本国人主译期

宋赞宁《高僧传三集》论之云："初则梵客华僧，听言揣意。方圆共凿，金石难和。碗配世间，摆名三昧。咫尺千里，觌面难通。……"此为第一期之情状。安世高、支娄迦谶等，实其代表。此期中之翻译，全为私人事业。译师来自西域，汉语既不甚了解。笔受之人，语学与教理，两皆未娴。伪谬浅薄，在所不免。又云："次则彼晓汉谈，我知梵说，十得八九，时有差违。……"此为第二期之情状。鸠摩罗什、觉贤、真谛等，实其代表。口宣者已能习汉言，笔述者且深通佛理。故邃典妙文，次第布现，然业有待于合作，义每隔于一尘。又云："后则猛显亲往，奘空两通。器请师子之膏，鹅得水中之乳。……印印皆同，声声不别。"此为第三期之情状。玄奘、义净等实其代表。我邦硕学，久留彼都。学既邃精，辩复无碍。操觚振铎，无复间然。斯译学进化之极轨矣。

三　翻译所据原本及译场组织

今日所谓翻译者，其必先有一外国语之原本，执而读之，易以华言。吾侪习于此等观念，以为佛典之翻译，自始即应尔尔，其实不然。初期所译，率无原本，但凭译人背诵而已。此非译师因陋就简，盖原本实未著诸竹帛也。《分别功德论》卷上云：

外国法师徒相传，以口授相付，不听载文。

道安《疑经录》云（《出三藏集记》卷五引）：

外国僧法皆跪而口受，同师所受，若十，二十，转以授后学。

《付法藏因缘传》载一故事，殊可发噱。兹录如下：

阿难游行，至一竹林，闻有比丘诵法句偈：
"若人生百岁，不见水老鹤，不如生一日，而得睹见之。"

阿难语比丘："此非佛语。……汝今当听我演：

'若人生百岁，不解生灭法，不如生一日，而得了解之。'"

尔时比丘即向其师说阿难语。师告之曰："阿难老朽，言多错谬，不可信矣。汝今但当如前而诵。……"

兹事虽琐末，然正可证印度佛书，旧无写本。故虽以耆德宿学之阿难，不能举反证以矫一青年比丘之失也。其所以无写本之故，不能断言。大抵（一）因古代竹帛不便，传写甚难，故如我国汉代传经，皆凭口说。（二）含有教宗神秘的观念，认书写为渎经。如罗马旧教之禁写新、旧约也。佛书何时始有写本，此为学界未决之问题。但据法显《佛国记》云：

法显本求戒律，而北天竺诸国，皆师师口传，无本可写。

法显西游，在东晋隆安三年后（西历五世纪初），尚云"无本可写"，则印土写本极为晚出，可以推见。以故我国初期译业，皆无原本。前引《魏略》载"秦景宪从月氏使臣口受浮屠经"，盖舍口受外无他本也。梁慧皎《高僧传》，称安世高"讽持禅经"，称支娄迦谶"讽诵群经"，则二人所译诸经皆由暗诵可知。更有数书，传译程序，记载特详，今举为例：

（一）《阿毗昙毗婆沙》（此书后经玄奘再译为二百卷）。由僧伽跋澄口诵经本，昙摩难提笔受为梵文，佛图罗刹宣译，秦沙门敏智笔受为晋本（见《高僧传》卷二）。

（二）《舍利弗阿毗昙》。昙摩耶舍暗诵原本，以秦弘始九年命书梵文。停至十六年，经师渐娴秦语，今自宣译（见《出三藏集记》卷十一引释道标《序》）。

（三）《十诵律》。罽宾人弗若多罗以秦弘始六年诵出，鸠摩罗什译为晋文。三分获二，多罗弃世。——西域人昙摩流支以弘始七年达关中，乃续诵出，与什共毕其业（见《高僧传》卷三）。

若《毗婆沙》者，经两次口授，两次笔受，而始成立。若《十诵律》者，暗诵之人去世，译业遂中辍。幸有替人，仅得续成。则初期译事之艰窘，可概见矣。

在此种状态之下，必先有暗诵之人，然后有可译之本。所诵者完全不完全，正确不正确，皆无从得旁证反证。学者之以求真为职志者，不能以此而满意，有固然矣。于是西行求法热骤兴。

我国人之西行求法，非如基督教徒之礼耶路撒冷，回教徒之礼麦加，纯出于迷信的参拜也。其动机出于学问——盖不满于西域间接的佛学，不满于一家口说的佛学。譬犹导河必于昆仑，观水必穷溟澥。非自进以探索兹学之发源地而不止也。余尝搜讨群籍，得晋唐间留学印度百八十余人（详见《中国印度之交通》，亦题为《千五百年前之中国留学生》）。今摘举数人，考其游学之动机如下：

> 法护　是时晋武之世，寺庙图像，虽崇京邑，而方等深经，蕴在葱外。护乃慨然发愤，……游历诸国。……遂大赍梵经，还归中夏。（《梁僧传》卷一本传）
>
> 法显　常慨经律舛阙，誓志寻求。以晋隆安三年，……西渡流沙，……（卷三本传）
>
> 昙无竭　尝闻法显等躬践佛国，乃慨然有忘身之誓。……遂以宋永初元年……远适西方。进至罽宾国。……学梵书梵语。……（卷三本传）
>
> 道泰　先有沙门道泰，志用强悍。少游葱右，遍历诸国。得《毗婆沙》梵本十余万偈。……（卷三《浮陀跋摩传》）
>
> 智严　志欲博事名师，广求经诂。遂周流西国，……功逾十载。（卷三本传）
>
> 宝云　忘身徇道，志欲……广寻经要。遂以晋隆安之

初，……与法显、智严先后相随。……在外域遍学梵书。（卷三本传）

智猛 每闻外国道人说天竺……有方等众经。……遂以姚秦弘始六年……出自阳关。……历迦惟罗卫及华氏等国，得《大泥洹》《僧祇律》，及余经梵本。（卷三本传）

朱士行 尝于洛阳讲《道行经》。觉文意隐质，诸未尽善，……誓志捐身，远求大本。遂以魏甘露五年，西渡流沙。（卷四本传）

玄奘 既遍谒众师，备餐其说。详考其义，各擅宗途；验之圣典，亦隐显有异，莫知适从。乃誓游西方，以问所惑。（《慈恩法师传》卷一）

以上不过举最著之数人为例。自余西游大德前后百数十辈，其目的大抵同一。质言之，则对于教理之渴慕追求——对于经典求完求真之念，热烈腾涌。故虽以当时极艰窘之西域交通，而数百年中，前仆后继，游学接踵。此实经过初期译业后当然之要求。而此种极纯挚极严正之学者的态度，固足永为后学模范矣。

佛典传写发达之历史，非本篇所能详述。以吾考证所臆测，则印度境外之写本，先于境内；大乘经典之写本，先于小乘。此西纪第四世纪以前之情状也。自尔以后，梵本日增，输入亦日盛，其杂见于唐道宣《续高僧传》者甚多。略举如下：

梁初，有扶南沙门曼陀罗，大赍梵本，远来贡献。（卷一《僧伽婆罗传》）

菩提流支房内，经论梵本，可有万夹。（按：此未免铺张。）（卷一本传）

真谛赍经论以梁大同十二年达南海。……所出经论传记二百七十八

卷。……余未译梵本书，并多罗树叶，凡有二百四十夹。若依陈纸翻之，则列二万余卷。今所译讫，仅数夹耳。（卷一本传）

北齐天保中，邺京三藏殿内梵本千有余夹，敕送天平寺翻译。（卷二《那连提耶舍传》）

齐僧宝暹等十人，以武平六年采经西域，……凡获梵本二百六十部。（卷二《阇那崛多传》）

隋开皇中新平林邑，所获佛经，合五百六十四夹，一千三百五十余部。并昆仑书，多梨树叶。敕送翻经馆，付彦琮披览，并使编叙目录。（卷二《彦琮传》）

那提三藏，搜集大小乘经律论五百余夹，合一千五百余部。以唐永徽六年达京师。（卷五《玄奘传》）

《慈恩法师传》，记玄奘所得经典，分类列目如下：

大乘经	二二四部	大乘论	一九二部
上座部书	一五部	三弥底部书	一五部
弥沙塞部书	二二部	迦叶臂耶部书	一七部
法密部书	四二部	说一切有部书	六七部
因明论	三六部	声论	一三部
	凡五二〇夹		六五七部

有原本的翻译，比诸无原本的翻译，第一，有审择之余地，第二，有覆勘之余地。其进步之显著，固无待言。即译事之组织，亦与时俱进。其始不过一二胡僧随意约一信士私相对译，其后渐为大规模的译场组织。此种译场，由私人或私团体组织者，有若东晋时庐山之般若台（慧远所组织，觉贤曾为主译），有若陈代富春之陆元哲宅，有若陈隋间广州之制旨寺。其以国家之力设立者，有若姚秦时长安之逍遥园，北凉时姑臧之闲豫宫，东晋时建业之道场寺，刘宋时建业之祇洹寺，荆州之

翻译文学与佛典

辛寺，萧梁时建业之寿光殿、华林园、正观寺、占云馆、扶南馆，元魏时洛阳之永宁寺及汝南王宅，北齐时邺之天平寺，隋时长安之大兴善寺，洛阳之上林园，唐时长安之弘福寺、慈恩寺、玉华宫、荐福寺等，其最著也。

在此种译场之下，每为极复杂的分工组织。其职员略如下：

一译主　如罗什、觉贤、真谛、菩提流支、阇那崛多、玄奘、义净等。

二笔受　如聂承远、法和、道含等。

三度语　如《显识论》之沙门战陀。

四证梵　如《毗奈耶》之居士伊舍罗。

五润文　如玄奘译场之薛元超、李义府等，义净译场之李峤、韦嗣立等。

六证义　如《婆沙论》之慧嵩、道朗等。

七总勘　如梁代之宝唱、僧祐，隋代之彦琮等。

每译一书，其程序之繁复如此，可谓极谨严之态度也已。

四　翻译文体之讨论

翻译文体之问题，则直译意译之得失，实为焦点。其在启蒙时代，语义两未娴洽，依文转写而已。若此者，吾名之为未熟的直译。稍进，由顺俗晓畅，以期弘通；而于原文是否吻合，不甚厝意。若此者，吾名之为未熟的意译。然初期译本尚希，饥不择食；凡有出品，咸受欢迎。文体得失，未成为学界问题也。及兹业浸盛，新本日出，玉石混淆。于是求真之念骤炽，而尊尚直译之论起。然而矫枉太过，诘鞠为病；复生反动，则意译论转昌。卒乃两者调和，而中外醇化之新文体出焉。此殆凡治译事者所例经之阶级，而佛典文学之发达，亦其显证也。

译业起于汉末，其时译品，大率皆未熟的直译也。各书所评诸家译品略如下：

> 安世高　世高出经，贵本不饰。天竺古文，文通尚质；仓卒寻之，时有不达。(《出三藏集记》卷十，引道安《大十二门经序》)
>
> 天竺音训诡塞，与汉殊异。先后传译，多致谬滥。唯高所出，为群译之首。安公（道安）以为若及面禀，不异见圣。(《梁高僧传》卷一《安清传》)
>
> 支娄迦谶　安公校定古今精寻文体。云某某等经，似谶所出。凡此诸经皆审得本旨，了不加饰。(同上《支谶传》)
>
> 竺佛朔　汉灵时译《道行经》。译人时滞，虽有失旨；然弃文存质，深得经意。(同上)
>
> 支曜康巨　汉灵、献间译经。并言直理旨，不加润饰。(同上)

据此诸评，则初期译家，率偏于直译，略可推见。然其中亦自有派别。世高、支谶两大家译本，今存藏中者不少（内有伪托）。试细辨核，则高书实比谶书为易读。谶似纯粹直译，高则已略带意译色彩。故《梁传》又云："高所出经，辩而不华，质而不野。读者亹亹忘倦。"道安《人本欲生经序》云："斯经似安世高译，义妙理婉。每览其文，欲罢不能。"(《出三藏集记》卷七) 窃尝考之，世高译业在南；其笔受者为临淮人严佛调。支谶译业在北，其笔受者为洛阳人孟福、张莲等。好文好质，隐表南北气分之殊。虽谓直译意译两派，自汉代已对峙焉可耳。

支谦、法护，当三国西晋间，译业宏富；所译亦最好，调畅易读。殆属于未熟的意译之一派。《梁传》称："谦辞旨文雅，曲得圣义。"又引道安言，谓"护公所出，纲领必正；虽不辩妙婉显，而宏达欣畅"。支敏度称"谦以季世尚文，时好简略。故其出经，颇从文丽。然约而义显，可谓深入"(《出三藏集记》卷八引《合首楞严经记》)。两公文体，可见一斑。然而文胜之弊，已与相缘。故僧睿论谦译《思益经》，谓："恭明（谦之字）前译，颇丽其辞，仍迷其旨，是使宏标乖于谬文，至味淡于华艳。"（罗什译《思益梵天所问经》僧睿《序》）僧肇论旧译《维摩诘经》，谓："支（谦）竺（法护）所出，理滞于文。"（罗什译《维摩诘经》僧肇《序》）支敏度亦谓："支恭明，法护，叔兰，先后所译三本（维摩），或辞句出入，先后不同；或有无离合，多少各异；或方言训诂，字乖趣同；或其文梵越，其理亦乖；或文义混杂，在疑似之间。"（《出三藏集记》卷九引支敏度《合维摩诘经序》）意译之敝，渐为识者所恫矣。

翻译文体之讨论，自道安始。安不通梵文，而对于旧译诸经，能正其谬误。所注《般若》《道行》《密迹》《安般》，寻比文句，析疑甄解。后此罗什见之，谓所正者皆与原文合（《历代三宝记》卷四）。彼盖极富于理解力，而最忠实于学问。当第二期译事初起，极力为纯粹直译之主张。其言曰：

> 前人出经，支谶，世高，审得梵本难系者也。叉罗，支越，断凿之巧者也。巧则巧矣，惧窍成而混沌终矣。若夫以《诗》为烦重，以《尚书》为质朴，而删润合今，则马郑所深恨者。（《摩诃钵罗若波罗蜜抄经序》，《出三藏集记》卷九引）
>
> 昔来出经者，多嫌梵言方质，改适今俗，此所不取。何者？传梵为秦，以不闲方言，求知辞趣耳。何嫌文质？……经之巧质，有自来矣，唯传事不尽，乃译人之咎耳。（十四卷本《鞞婆沙序》）
>
> 译人考校者少，先人所传，相承谓是。……或殊失旨，或粗举意。……意常恨之。……将来学者，审欲求先圣雅言者，宜详揽焉。诸出为秦言便约不烦者，皆蒲萄酒之被水者也。（《比丘大戒序》，《出三藏集记》卷十二引）

"葡萄酒被水""窍成混沌终"之两喻,可谓痛切。盖译家之大患,莫过于羼杂主观的理想,潜易原著之精神。陈寿谓:"浮屠所载,与中国《老子经》而相出入。"(见宋赞宁《高僧传三集》卷三),谓《三国志》述临儿国其文如此,今本无此语,亦并无《临儿传》)盖彼时译家,大率渐染老庄,采其说以文饰佛言。例如《四十二章经》(此经吾疑出支谦手,说详《中国佛教史》),非惟文体类《老子》,教理亦多沿袭。此类经典,羼杂我国固有之虚无思想,致佛教变质,正所谓被水之葡萄酒也。以忠实之道安,睹此固宜愍疾。故大声疾呼,独尊直译。其所监译之《鞞婆沙》,"案本而传,不令有损言游字。时改倒句,余尽实录。"(原序)"时竺佛念笔受诸经,常疑此土好华,每存莹饰。安公深疾,穷校考定,务存典骨。许其五失梵本,出此以外,毫不可差。"(《出三藏集记》卷九引《僧伽罗刹集经后记》,作者失名)其严正强硬态度,视近一二年来时贤之鼓吹直译者,盖有过之无不及矣。

　　安公论译梵为秦,有"五失本三不易"。五失本者:(一)谓句法倒装。(二)谓好用文言。(三)谓删去反复咏叹之语。(四)谓去一段落中解释之语。(五)谓删去后段复牒前段之语。三不易者:(一)谓既须求真,又须喻俗。(二)谓佛智悬隔,契合实难。(三)谓去古久远,无从询证。(见《大品般若经序》。以原文繁重不具引,仅撮其大意如上。)后世谈译学者,咸征引焉。要之翻译文学程式,成为学界一问题,自安公始也。

　　鸠摩罗什者,译界第一流宗匠也。彼为印度人,深通梵语,兼娴汉言。其所主张与道安稍异。彼尝与僧睿论西方辞体,谓:

　　　　天竺国俗,甚重文制。……改梵为秦,失其藻蔚。虽得大
　　意,殊隔文体。有似嚼饭与人,非徒失味,乃令呕哕也。(《梁
　　高僧传》卷二本传)

　　推什公本意,殆持"翻译不可能"之论。但既不获已而乞灵译事,

则比较的偏重意译。其译《法华》，则"曲从方言，趣不乖本"（慧观《法华宗要序》）。其译《智度》，则"梵文委曲，师以秦人好简，裁而略之"（僧睿《大智释论序》）。其译《中论》，则"乖阙繁重者，皆载而裨之"（僧睿《中论序》）。其译《百论》，则"陶练复疏，务存论旨；使质而不野，简而必诣"（僧肇《百论序》）。据此可见凡什公所译，对于原本，或增或削，务在达旨。与道安所谓"尽从实录，不令有损言游字"者，殊科矣。吾以为安之与什，易地皆然。安惟不通梵文，故兢兢于失实，什既华梵两晓，则游刃有余地也。什译虽多剪裁，还极矜慎。其重译《维摩》："道俗虔虔，一言三复。陶冶精求，务存圣意。文约而诣，旨婉而彰。"（僧肇《维摩诘经序》）其译《大品般若》："手执梵本……口宣秦言。两释异音，交辩文旨。……与诸宿旧五百余人，详其义旨，审其文中，然后书之。……胡音失者，正之以天竺；秦言谬者，定之以字义。不可变者，即而书之。故异名斌然，梵音殆半。斯实匠者之公谨，笔受之重慎也。"（僧睿《大品经序》）由此观之，则什公意译诸品，其惨淡经营之苦，可想见耳。

赞宁云："童寿（即罗什）译《法华》，可谓折中，有天然西域之语趣。"（《宋高僧传》卷三）"天然语趣"四字，洵乃精评。自罗什诸经论出，然后我国之翻译文学，完全成立。盖有外来"语趣"输入，则文学内容为之扩大，而其素质乃起一大变化也。绝对主张直译之道安，其所监译之《增壹阿含》《鞞婆沙》《三法度》诸书，虽备极矜慎，而千年来鲜人过问。而什译之《大品》《法华》《维摩》，以及四论（《中》《百》《十二门》《大智度》），不特为我思想界辟一新天地，即文学界之影响亦至巨焉。文之不可以已如是也。

道安大弟子慧远，与罗什并时，尽读其新译。故其持论，渐趋折衷。其言曰："譬大羹不和，虽味非珍；神珠内映，虽宝非用。'信言不美'，有自来矣。（此言直译之缺点）若遂令正典隐于荣华，玄朴亏于小成；则百家诡辩，九流争川；方将函沦长夜，不亦悲乎？（此言意译之缺点）……则知依方设训，文质殊体。以文应质，则疑者众；以质应文，则恍者寡。"(《大智论抄序》）此全属调和论调，亦两派对抗后时代之要求也。

此后关于此问题之讨论，莫详于隋代之彦琮。《唐僧传》（卷二本传）称其"著（《辩正论》）以垂翻译之式"。其要略曰："若令梵师独断，其微言罕革；笔人参制，则余辞必混。意者宁贵朴而近理，不用巧而背源。"此旨要趋重直译也。又言："译才须有'八备'：（一）诚心爱法，志愿益人，不惮久时。（二）将践觉场，先牢戒足，不染讥恶。（三）筌晓三藏，义贯两乘，不苦暗滞。（四）旁涉坟典，工缀典词，不过鲁拙。（五）襟抱平恕，器量虚融，不好专执。（六）耽于道术，澹于名利，不欲高炫。（七）要识梵言，方闲正学，不坠彼学。（八）薄阅《苍》《雅》，粗谙篆隶，不昧此文。"其（一）（五）（六）之三事，特注重翻译家人格之修养，可谓深探本原；余则常谈耳。然琮之结论，乃在废译。意欲人人学梵，不假传言。故云："直餐梵响，何待译言？本尚亏圆，译岂纯实？"更极言学梵文之必要。云："研若有功，解便无滞，匹于此域，固不为难。难尚须求，况其易也？……向使……才去俗衣，寻教梵字。……则人人共解，省翻译之劳。……"据此，则彦琮实主张"翻译无益论"之人也。以吾观之，梵文普及，确为佛教界一重要问题。当时世鲜注意，实所不解。但学梵译汉，交相为用。谓译可废，殊非自利利他之通轨也。

道宣之传玄奘也，曰："自前代以来，所译经教，初从梵语倒写本文，次乃回之顺同此俗，然后笔人观理文句。中间增损，多坠全言。今所翻传，都由奘旨。意思独断，出语成章。词人随写，即可披玩。"（《唐高僧传》卷五本传）盖前代译师，无论若何通洽，终是东渡以还，始学华语，辞义扞格，云何能免？口度笔受，终分两橛。例如罗什，号称"转能汉言，音译流便"（《梁高僧传》卷二本传）。然据笔受《大智度论》之僧叡，则谓："法师于秦语大格。……苟言不相喻，则情无由比。……进欲停笔争是，则校竞终日，卒无所成。退欲简而便之，则负伤手穿凿之讥。"（《出三藏集记》卷十一引《大智释论序》）则扞格情形，可以想见。幸而肇、睿诸贤，既精教理，复擅文辞，故相得益彰，庶无大过耳。又如真谛晚年，始得与法泰对翻《摄大乘》《俱舍》两论，谛叹曰："吾早值子无恨矣。"（《唐高僧传》卷一《法泰传》）是知前代任何名匠，总须与笔受者蚩駏相依。故原本所含义谛，最少亦须假途于两人以上之心理，始得现于译本。夫待译乃通，已为间接，此则间接之中又间接焉。其间所失，宜几何者？故必如玄奘、义净，能以一身兼笔舌之两役者，始足以语于译事矣。若玄奘者，则意译直译，圆满调和。斯道之极轨也。

五　译学进步之影

欲察译学之进步，莫如将同本异译之书为比较的研究。吾今选出一书为标准，即《大般若经》之第四分，前代通称《小品般若》者是也。此书前后所译凡九本，五存四佚。今将现存五本以（甲）（乙）（丙）（丁）（戊）符号表其名如下：

（甲）《道行般若经》后汉支娄迦谶译

（乙）《大明度无极经》吴支谦译

（丙）《摩诃般若钞经》符秦昙摩蜱译

（丁）《小品般若经》姚秦鸠摩罗什译

（戊）《大般若经第四分》唐玄奘译

右五本出现之时期，自汉至唐，相去八百余年，其译人皆各时代之代表人物。（甲）本之支娄迦谶，与安世高齐名，称译界开创二杰。（乙）本之支谦，则"意译派"第一宗匠也。（丙）本昙摩蜱口译，竺佛念笔述，然实成于道安指导之下。（丁）本之鸠摩罗什，（戊）本之玄奘，则前后两译圣，稍治斯学者，所能共知矣。吾昔曾将此经第一品，分五格钞录，比对其异同。不惟可以察文体之嬗易，即思想之变迁，亦历历可寻，实一种极有趣之研究也。惜不得梵文原本，与通梵者商榷其得失耳。今摘录数段供参考：

书中发端，记佛命须菩提为诸菩萨演说般若波罗蜜。时舍利弗窃念："须菩提是否能以自力演说，抑承佛威神力？"须菩提知其意而语之，其语五本异译如下：

（甲本）

敢佛弟子所说法所成法，皆持佛威神。何以故？佛所说法，法中所学，皆有证，皆随法展转相教，展转相成。法中终不共诤。何以故？时而说法莫不喜乐者，自恣善男子善女人而学。

（乙本）

敢佛弟子所作，皆乘如来大士之作。所以者何？从佛说法，故有法学。贤者子贤者女，得法意以为证。其为证者所说所诲所言，一切如法无诤。所以者何？如来说法，为斯乐者族姓子传相教，无所诤。

（丙本）

敢佛弟子所说法所成法，皆承佛威神。何以故？佛所说法，法中所学，皆有证以知，便能有所成，展转能相成教。所以者何？怛萨阿竭所说无有异。若有仁善欲学是法，于中终不诤。

（丁本）

佛诸弟子，敢有所说，皆是佛力。所以者何？佛所说法，于中学者，能证诸法相。证已有所言说，皆与法相不相违背。以法相力故。

（戊本）

世尊弟子敢有宣说显了开示，皆承如来威神之力。何以故？舍利子，佛先为他宣说显了开示法要。彼依佛教，精勤修学，乃至证得诸法实性，后转为他有所宣说显了开示。若与法性能不相违，皆是如来威神加被，亦是法性等流。

其间小节可注意者，如（甲）（乙）（丙）本，皆将"敢"字放在句首，当是纯袭印度语法。（丁）（戊）本便不尔，如"善男子善女人"，（乙）本作"贤者子贤者女"，乍视觉极刺眼。如"如来"，（丙）本译音作"怛萨阿竭"，此字在后来译本中，已成僵语。然此皆无关宏旨，可勿深辩。以全段文意论，吾辈读（甲）（丙）本，几全不解；读（乙）本似略解；读（丁）（戊）本则全解。盖（甲）（丙）皆属初期之直译派，而其主译者皆外人，不娴汉语。（乙）本属初期之意译派，（丁）本属后期之意译派；其主译者虽皆外人，而略娴汉语。（戊）本则中国人主译，后期之"意直调和"派也。其尤当注意者，五本中皆有"证"字，吾辈读后两本，知其为"证悟"之"证"；然读前三本，则几疑为"证据"之"证"。两义相去，何啻霄壤？又（丁）本言"诸法相"，（戊）本言"诸法实性"，自是此段中主要之语。然（甲）（丙）两本皆不见此字，知是对译者传译不出，因而没却，此初期直译之弊也。（乙）本作"法意"，虽未阙漏，然笼统含混矣，此初期意译之弊也。（丁）（戊）两本，皆能译矣。然用字精确之程度则又有别。"法相"就现象言，"法性"就本体言。两者虽非一非异，然般若属龙树派思想，应云"法性"；若言"法相"，则与无著派思想混矣。故（戊）本所译，自优于（丁）本也。又（丁）（戊）两本，意义皆了；然（丁）本字数，远简于（戊）本。（丁）本意译之模范，（戊）本直译之模范也。

（甲本）

菩萨当念作是学：入中心不当念是菩萨。

何以故？有心无心。

舍利弗谓须菩提：云何有心无心？

须菩提言：如是，亦不有有心，亦不无无心。

（乙本）

又：菩萨大士行明度无极，当受学此。如学此者，不当念我是道意。

所以者何？是意非意；净意光明。

贤子鹙鹭子曰：云何有是意而意非意？

善业曰：谓其无为无杂念也。

（丙本）

须菩提白佛：菩萨摩诃萨行般若波罗蜜，当作是学，学其心不当念我是菩萨。

何以故？心无心；心者净。

舍利弗谓须菩提：云何有心，心无心？

须菩提言：从对虽有心；心无心。如是，心亦不知者，亦无造者，以是亦不有有心，亦不有无心。

（丁本）

复次：世尊，菩萨行般若波罗蜜时，应如是学，不念是菩萨心。

所以者何？是心非心，心相本净故。

舍利弗言：何法为非心心？

须菩提言：不坏不分别。

（戊本）

复次：世尊，菩萨摩诃萨修行般若波罗蜜多时，应如是学，谓不执著大菩提心。

所以者何？心非心性，本性净故。

舍利子问善现言：何等名为心非心性？

善现答言：若无变坏，亦无分别，是则名为心非心性。

此段问答，大可见译笔工拙及译意显晦之差。须菩提语（戊）本"谓不执著大菩提心"一句，（甲）（丙）（丁）三本，大同小异，皆云"不念是菩萨"，此直译而不达意也。（乙）本改为"不当念我是道意"，意译的色彩颇重，然益难解矣。（戊）本云："心非心性，本性净故。"又云："若无变坏，亦无分别，是则名为心非心性。"其意盖谓吾人常识所谓心者，皆指有变坏有分别者也；《般若》之心，无变坏，无分别，是心而非心也。此"心而非心之性"，其本性清净。如此剖读，语意甚莹。（丁）本所译，亦庶几矣；但以心性为心相耳。前三本则缺点甚多。（甲）本殆笔述者完全不解，以影响语搪塞。（乙）本骤读似甚晓畅，实则纯以老庄学说诬佛说，此意译家之大病也。（丙）本纯粹直译。其"从对虽有心"一语，他本皆不译。窃疑此语甚要，盖指吾人常识有对待之心也。但其以"无造者"翻"无变坏"、以"无知者"翻"无分别"，则拙晦极矣。

（甲本）

菩萨行般若波罗蜜，色不当于中住；痛痒，思想，生死，识，不当于中住。

何以故？住色中为行色；住痛痒，思想，生死，识中为行识。设住其中者，为不随般若波罗蜜教。

何以故？行识故，是为不行般若波罗蜜。不行者，菩萨不得"萨芸若"。

（乙本）

菩萨修行明度无极，不以色住；于痛，想，行，不以识住。

所以者何？若止于色，为造色行；止痛，想，行，为造识；非为应受。

明度无极，不以造行为应受。受此，其不具足明度无极，终不得"一切知"。

（丙本）

菩萨行般若波罗蜜，色中不当住；痛痒，思想，生死，识，不当于中住。

想色住，为行生死识；想痛，思想，生、死、识、住，为行生死识。设住其中，不随般若波罗蜜教。

不为应"萨芸若"。

（丁本）

菩萨行般若波罗蜜时，不应色中住；不应受，想，行，识中住。

何以故？若住色中，为作色行；若住受，想、行、识中，为作识行。若行作法，则不能受般若波罗蜜。

不能习般若波罗蜜，不具足般若波罗蜜，则不能成就"萨婆若"。

（戊本）

菩萨摩诃萨行般若波罗蜜多时，不应住色；亦不应住受，想，行，识。

所以者何？若住于色，便作色行，非行般若波罗蜜多；若住受，想行识，便作受想行识行，非行般若波罗蜜多。

所以者何？非作行者，能摄般若波罗蜜多。不摄般若波罗蜜多，则于般若波罗蜜多不能修习，……不能圆满，……则不能得"一切智智"，不能摄所摄有情。

读此段，最令吾辈注目者，则术语厘定之不易也。即如佛典中最重要之五蕴所谓色、受、想、行、识者，实几经变迁，乃定为今名。

	(甲)(丙)本	(乙)本	(丁)(戊)本
	色	色	色
	痛痒	痛	受
五蕴	思想	想	想
	生死	行	行
	识	识	识

　　旧于五名，或译以一字，或译以两字，既已参差不类，且痛痒、生死等名，亦不包举，且易滋误混。支谦全易以一字译，大体甚善矣，然省"痛痒"称"痛"，愈益难解，罗什以后，受想行识斯为定名。区区三字，积数百年之进化；其惨淡经营可想也。又如（甲）本译音之"般若波罗蜜"；而偏重意译之（乙）本，则以"明"译"般若"，以"度无极"译"波罗蜜"，因名"明"度无极；而（丙）（丁）（戊）三本皆译音不译意。又如（甲）本译音之"萨芸若"，（丙）（乙）（错误，应为"丁"，编者注）本从之；（乙）本译义作"一切智"，（戊）本从之，而加一字为"一切智智"。此皆关于术语之应比较研究者。至于意义畅达之程度，则试以（戊）本作标准，持以对核前四本，其递次进步之迹甚明。

　　（甲本）
　　菩萨行般若波罗蜜，一切字法不受。是故三昧无有边无有正。
　　（乙本）
　　是名曰"菩萨大士诸法无受之定"。场旷趣大而无有量。
　　（丙本）
　　是菩萨为行般若波罗蜜，复不受三昧字，广大所入。
　　（丁本）

是名"菩萨诸法无受三昧"。广大无量无定。

（戊本）

是名"菩萨于一切法无摄受定"。广大无对无量决定。

就此一句论，（乙）本之意译，可谓极适极妙，虽（丁）（戊）本亦不能出其右，而（甲）（丙）两本之直译，真使人堕五里雾中也。

然直译而失者，极其量不过晦涩诘籁，人不能读，枉费译者精力而已，犹不至于误人。意译而失者，则经译者之思想，横指为著者之思想，而又以文从字顺故，易引读者入于迷途，是对于著者读者两皆不忠，可谓译界之蟊贼也已。试更就前经刺举数段为例：

戊本（玄奘译）

（一）诸色离色自性受想行识离受想行识自性。……能相亦离所相，所相亦离能相。……

（二）分明执著故，于"如实道"不知不见，不信谛法，不觉实际。

乙本（支谦译）

（一）其于色也，休色自然；于痛想行休识自然。……于智休止，智之自然者休矣；想休止，相之自然者休矣。

（二）以专著故，而不知此无所用聪明之法。

右第（一）段依奘译，论心理作用，本极复杂，依谦译，则"自然"两字尽之矣。第（二）段依奘译，谓以平等智观察诸法实相；依谦译，则灰身灭智而已。此与前文所举奘译之"无变坏无分别"，谦译作"无为无杂念"，正同一例。此皆袭用老庄语，欲人易入；而不知已大失原意，正道安所谓"蒲萄酒之被水"者也。赞宁云："房融润文于《楞严》，宜当此诮。"（《宋高僧传》卷三）须知前代佛典，其愈易读者愈蹈此病。彼人人爱读之《楞严》，识者已讥之矣。宁又云："糅书勿如无书，与其典也宁俗。"（同上）此二语真译界永世之药石，鼓舌操觚者所宜日三复也。

六　翻译文学之影响于一般文学

凡一民族之文化，其容纳性愈富者，其增展力愈强，此定理也。我民族对于外来文化之容纳性，惟佛学输入时代最能发挥。故不惟思想界生莫大之变化，即文学界亦然。其显绩可得而言也。

（第一）国语实质之扩大

初期译家，除固有名词对音转译外，其抽象语多袭旧名，吾命之曰"支谦流"之用字法。盖对于所谓术语者，未甚经意，此在启蒙草创时，固应然也。及所研治日益深入，则觉旧语与新义，断不能适相吻合，而袭用之必不免于笼统失真，于是共努力从事于新语之创造。如前所述道安、彦琮之论译例，乃至明则撰《翻经仪式》，玄奘立"五种不翻"，赞宁举"新意六例"；其所讨论，则关于正名者十而八九。或缀华语而别赋新义，如"真如""无明""法界""众生""因缘""果报"等；或存梵音而变为熟语，如"涅槃""般若""瑜伽""禅那""刹那""由旬"等。其见于《一切经音义》《翻译名义集》者即各以千计。近日本人所编《佛教大辞典》，所收乃至三万五千余语。此诸语者非他，实汉晋迄唐八百年间诸师所创造，加入吾国语系统中而变为新成分者也。夫语也者所以表观念也；增加三万五千语，即增加三万五千个观念也。由此观之，则自译业勃兴后，我国语实质之扩大，其程度为何如者？

译家正名之结果，更能令观念增其正确之程度。尝读苻秦译之《阿毗昙八犍度论》，其第一篇第三章题为《人跋渠》，第二篇第三章亦题《人跋渠》；及唐玄奘重译此书名为《发智论》，其第一篇之《人跋渠》，则改题为《补特迦罗纳息》；第二篇之《人跋渠》，则改题为《有情纳

496

息》。（"跋渠""纳息"皆译音，即他经所译"品"字之义。）考第一篇原文为补特迦罗；第二篇原文为萨埵。据玄奘《音义》卷二十二释"补特伽罗"云："梵本补，此云数；特伽，此云取；罗，此云趣。数取趣，谓数数往来诸趣也。"此殆近于所谓灵魂者；而其物并非"人类"所专有。《唯识述记》卷一释"有情"云："梵言萨埵，有情识故，能爱生故。"此殆指凡含生之类而言；故旧本亦译为"众生"。然则此两字皆不能以旧语之"人"字函之明矣。而初期译家，口笔分工，不能相喻。闻梵师所说，义与"人"近，则两皆以"人"译之。读者为旧来"人"字观念所囚，则与本意绝不能了解。且彼中两语，我译以同一之词，则两观念之区分，无由辩析。逮新译出，斯弊乃祛。盖我国自汉以后，学者唯古是崇。不敢有所创作，虽值一新观念发生，亦必印籤以古字，而此新观念遂淹没于囫囵变质之中。一切学术，俱带灰色，职此之由。佛学既昌，新语杂陈；学者对于梵义，不肯囫囵放过；搜寻语源，力求真是。其势不得不出于大胆的创造。创造之途既开，则益为分析的进化。此国语内容所以日趋于扩大也。

（第二）语法及文体之变化

吾辈读佛典，无论何人，初展卷必生一异感；觉其文体与他书迥然殊异。其最显著者：（一）普通文章中所用"之乎者也矣焉哉"等字，佛典殆一概不用（除支谦流之译本）。（二）既不用骈文家之绮词俪句，亦不采古文家之绳墨格调。（三）倒装句法极多。（四）提挈句法极多。（五）一句中或一段落中含解释语。（六）多复牒前文语。（七）有联缀十余字乃至数十字而成之名词。——一名词中，含形容格的名词无数。（八）同格的语句，铺排叙列，动至数十。（九）一篇之中，散文诗歌交错。（十）其诗歌之译本为无韵的。凡此皆文章构造形式上，画然辟一新国土。质言之，则外来语调之色彩甚浓厚，若与吾辈本来之"文学眼"不相习；而寻玩稍进，自感一种调和之美。此种文体之确立，则罗什与其门下诸彦实尸其功。若专从文学方面校量，则后此译家，亦竟未有能过什门者也。

尤有一事当注意者，则组织的解剖的文体之出现也。稍治佛典者，当知科判之学，为唐宋后佛学家所极重视。其著名之诸大经论，恒经数家或十数家之科判；分章分节分段，备极精密。（道安言诸经皆分三部分，一序分，二正宗分，三流通分；此为言科判者之始，以后日趋细密。）推原斯学何以发达，良由诸经论本身，本为科学组织的著述。我国学者，亦以科学的方法研究之，故条理愈剖而愈精。此种著述法，其影响于学界之他方面者亦不少。夫隋唐义疏之学，在经学界中有特别价值，此人所共知矣。而此种学问，实与佛典疏钞之学同时发生。吾固不敢径指此为翻译文学之产物，然最少必有彼此相互之影响，则可断言也。而此为著述进化一显著之阶段，则又可断言也。

自禅宗语录兴，宋儒效焉，实为中国文学界一大革命，然此殆可谓为翻译文学之直接产物也。盖释尊只有说法，并无著书，其说法又皆用"苏漫多"。弟子后学汲其流，则皆以喻俗之辩才为尚。入我国后，翻译经典，虽力谢雕饰，然犹未敢径废雅言。禅宗之教，既以大刀阔斧，抉破尘藩；即其现于文字者，亦以极大胆的态度，掉臂游行。故纯粹的"语体文"完全成立；然其动机实导自翻译。试读什译《维摩诘》等编，最足参此间消息也。

（第三）文学的情趣之发展

吾为说于此。曰："我国近代之纯文学——若小说，若歌曲，皆与佛典之翻译文学有密切关系"，闻者必以为诞；虽然，吾盖确信之。吾征诸印度文学进展之迹而有以明其然也。夫我国佛教，自罗什以后，几为大乘派所独占，此尽人所能知矣。须知大乘在印度本为晚出；其所以能盛行者，固由其教义顺应时势以开拓，而借助于文学之力者亦甚多。大乘首创，共推马鸣。读什译《马鸣菩萨传》，则知彼实一大文学家、大音乐家；其弘法事业恒借此为利器。试细检藏中马鸣著述：其《佛本行赞》，实一首三万余言之长歌。今译本虽不用韵，然吾辈读之，犹觉其与《孔雀东南飞》等古乐府相仿佛。其《大乘庄严论》，则直是"《儒林外史》式"之一部小说；其原料皆采自《四阿含》，而经彼点缀之后，能令读者肉飞神动。（拙著《佛典解题》，于此二书别有考证批评。）马鸣以后成立之大乘经典，尽汲其流；皆以极壮阔之文澜，演极微眇之教理。若《华严》《涅槃》《般若》等，其尤著也。（此一段，吾知必为时流谈佛者所大骇怪；但吾并不主张"大乘非佛说"，不过承认大乘经典晚出耳。其详见拙著《中国佛教史》。）此等富于文学性的经典，复经译家宗匠以极优美之国语为之移写。社会上人人嗜读；即不信解教理者，亦靡不心醉于其词绩。故想象力不期而增进，诠写法不期而革新，其影响乃直接表见于一般文艺。我国自《搜神记》以下一派之小说，不能谓与《大庄严经论》一类之书无因缘。而近代一二巨制《水浒》《红楼》之流，其结体运笔，受《华严》《涅槃》之影响者实甚多。即宋元明以降，杂剧传奇弹词等长篇歌曲，亦间接汲《佛本行赞》等书之流焉。吾知闻吾说者必大诃斥，谓子所举各书，其中并不含佛教教理，其著者或且于佛典并未寓目；如子所言，毋乃附会太甚。此等诃辞，吾固承认也。虽然，吾所笃信佛说"共业所成"之一大原理，谓凡人类能有所造作者，于其自业力之外，尤必有共业力为之因缘。所谓共业力者，则某时代某部分之人共同所造业，积聚遗传于后；而他时代人之承袭此公共遗产者，各凭其天才所独到，而有所创造。其所创造者，表面上或与前业无关系，即其本人亦或不自知；然以史家慧眼烛之，其渊源历历可溯也。吾以为近代文学与大乘经典，实有如是之微妙关系；深达文心者，当不河汉吾言。

吾对此问题，所欲论者犹未能尽；为篇幅及时日所限，姑止于此。读斯篇者，当已能略察翻译事业与一国文化关系之重大。今第二度之翻译时期至矣。从事于此者，宜思如何乃无愧古人也。

（1920 年作。原载《改造》1921 年 7 月 15 日第 3 卷第 11 号。）

文学的反射

　　要晓得时代思潮，最好是看它的文学。欧洲文学，讲到波澜壮阔，在前则有文艺复兴时期，在后则推十九世纪。两者同是思想解放的产物，但气象却有点根本不同之处。前者偏于乐观，后者偏于悲观；前者多春气，后者多秋气；前者当文明萌茁之时，觉得前途希望汪洋无际，后者当文明烂熟之后，觉得样样都试过了，都看透了，却是无一而可。我如今且简单讲几句。百年来的思潮和文学印证出来，十九世纪的文学，大约前半期可称为浪漫忒派（即感想派）全盛时代，后半期可称为自然派（即写实派）全盛时代。浪漫忒派承古典派极敝之后，崛然而起。斥摹仿，贵创造，破形式，纵感情，恰与当时唯心派的哲学和政治上生计上的自由主义同一趋向。万事皆尚新奇，总要凭主观的想象力描出些新境界新人物，要令读者跳出现实界的圈子外，生一种精神交替的作用。当时思想初解放，人人觉得个性发展可以绝无限制，梦想一种别开生面完全美满的生活。他们的诗家，有点和我国的李太白一样，游心物表，块然自乐。他们的小说，每部多有一个主人翁，这主人翁就是作者自己写照，性格和生活总是与寻常人不同，好写理想的武士表英雄万能，好写理想的美人表恋爱神圣，结果全落空想，和现在的实生活渺不相涉了。到十九世纪中叶，文学霸权，就渐渐移到自然派手里来。自然派所以勃兴，有许多原因。第一件，承浪漫忒派之后，将破除旧套发展个性两种精神做个基础，自然应该更进一步趋到通俗求真的方面来。第二件，其时物质文明剧变骤进，社会情状日趋繁复，多数人无复耽玩幻想的余裕，而且觉得幻境虽佳，总不过过门大嚼，倒不如把眼前事实写来，较为亲切有味。第三件，唯物的人生观正披靡一时，玄虚的理想，当然排斥。一切思想，既都趋实际，文学何独不然？第四件，科学的研究法，既已无论何种学问都广行应用，文学家自然也卷入这潮流，专用客观分析的方法来做基础。要而言之，自然派当科学万能时代，纯然成为一种科学的文学。他们有一个最重要的信条，说道"即真即美"。他们把社会当作一个理科试验室，把人类的动作行为，当作一瓶一瓶的药料。他们就拿他分析化合起来，那些名著，就是极翔实极明了的试验成绩报告。又像在解剖室中，将人类心理层层解剖，纯用极严格极冷静的客观分析，不含分毫主观的感情作用。所以他们书中的背景，不是天堂，不是来生，不是古代，不是外国，却是眼面前我们所栖托的社会；书中的人物，不是圣贤，不是仙佛，不是英雄，不是美人，却是眼面前一般群众；书中的事迹，不是什么惊天动地的大业，不是什么可歌可泣的奇情，却是眼面前日常生活的些子断片。我们从前有句格言，说是"画犬马难于画鬼神"。这自然派文学，将社会实相描写逼真，总算极尽画犬马之能事了。诸君试想，人类既不是上帝，如何没有缺点？虽以毛嫱西施的美貌，拿显微镜照起来，还不是毛孔上一高一低的窟窿纵横满面。何况现在社会，变化急剧，构造不完全，自然更是丑态百出了。自然派文学，就把人类丑的方面兽性的方面，赤条条和盘托出，写得个淋漓尽致。真固然是真，但照这样看来，人类的价值差不多到了零度了。总之，自从自然派文学盛行之后，越发令人觉得人类是从下等动物变来，和那猛兽弱虫没有多大分别，越发令人觉得人类没有意志自由，一切行为，都是受肉感的冲动和四围环境所支配。我们从前自己夸嘴，说道靠科学来征服自然界。如今科学越发昌明，那自然界的威力却越发横暴，我们快要倒被它征服了。所以受自然派文学影响的人，总是满腔子的怀疑，满腔子的失望。十九世纪末全欧洲社会，都是阴沉沉的一片秋气，就是为此。

（节选自《欧游心影录》，1918 年作。

原载《晨报》1920 年 3 月 6 日—6 月 6 日。）

文学家的性格及其预备

文学家的性格，却大与科学相反，文学家最重的是想象。神经太健康的人，必不易当文学家。大凡文学家，总是带点女性，感情异常浓厚，性质异常奇怪，反对现在社会礼法，而对于自然界却异常亲切恋爱——这几点都是文学家的主要性格。

《诗经》的性质，温柔敦厚，乃是带有社会性，用以教人涵养性灵，调和情感的。所以称为"诗教"。但是若往外国研究文学，而注重调和情感，那就成了随俗浮沉、模棱两可的人，岂不可笑？所以往外国研究文学，顶好是取其所长，把情感尽量发泄。因此研究外国文学，我不一定主张要有如何精深的中国文学作基础，但表现自己的情感思想，无论如何要用本国文字才好。

用白话表现情感，有时自比用文言方便，而且不受拘束。但我认为白话表情，有时还嫌不足。我主张学文学的人，对于中国诗文少读犹不妨（如果他对于文学有兴趣，他自然要读陶诗楚辞和李杜的集，你禁也禁不住），但"小学"却非特别注意不可。

美国人过的忙的生活，故喜作小诗和短篇小说，这种文学有好处亦有毛病。中国人生性从容安闲，小说动辄作一百二十回，戏剧起码就是几十出。中西文学这一点的异同短长，也是大家所应该知道的。

（节选自《文史学家之性格及其预备》，
清华学校职业指导部讲演稿。
原载《清华周刊》1924 年第 291 号。）

附　录

三十自述

　　"风云入世多，日月掷人急。如何一少年，忽忽已三十。"此余今年正月二十六日在日本东海道汽车中所作《三十初度·口占十首》之一也。人海奔走，年光蹉跎，所志所事，百未一就。揽镜据鞍，能无悲悌？擎一既结集其文，复欲为作小传。余谢之曰："若某之行谊经历，曾何足有记载之一值。若必不获已者，则人知我，何如我之自知？吾死友谭浏阳曾作《三十自述》，吾毋宁效颦焉。"作《三十自述》。

　　余乡人也，于赤县神州有当秦、汉之交，屹然独立群雄之表数十年，用其地，与其人，称蛮夷大长，留英雄之名誉于历史上之一省。于其省也，有当宋、元之交，我黄帝子孙与北狄异种血战不胜，君臣殉国，自沉崖山，留悲愤之记念于历史上之一县，是即余之故乡也。乡名熊子，距崖山七里强，当西江入南海交汇之冲。其江口列岛七，而熊子宅其中央，余实中国极南之一岛民也。先世自宋末由福州徙南雄，明末由南雄徙新会，定居焉。数百年栖于山谷，族之伯叔兄弟，且耕且读，不问世事，如桃源中人。顾闻父老口碑所述，吾大王父最富于阴德，力耕所获，一粟一帛，辄以分惠诸族党之无告者。王父讳维清，字镜泉，为郡生员，例选广文，不就。王母氏黎。父名宝瑛，字莲涧，夙教授于乡里。母氏赵。

　　余生同治癸酉正月二十六日，实太平国亡于金陵后十年，清大学士曾国藩卒后一年，普法战争后三年，而意大利建国罗马之岁也。生一月而王母黎卒。逮事王父者十九年。王父及见之孙八人，而爱余尤甚。三岁仲弟启勋生，四五岁就王父及母膝下授四子书、《诗经》，夜则就睡王父榻。日与言古豪杰哲人嘉言懿行，而尤喜举亡宋、亡明国难之事，津津道之。六岁后，就父读，受中国略史，五经卒业。八岁学为文。九岁能缀千言。十二岁应试学院，补博士弟子员，日治帖括，虽心不慊之，然不知天地间于帖括外，更有所谓学也，辄埋头钻研，顾颇喜词章。王父、父、母时授以唐人诗，嗜之过于八股。家贫无书可读，惟有《史记》一，《纲鉴易知录》一，王父、父日以课之，故至今《史记》之文，能成诵八九。父执有爱其慧者，赠以《汉书》一，姚氏《古文辞类纂》一，则大喜，读之卒业焉。父慈而严，督课之外，使之劳作，言语举动稍不谨，辄呵斥不少假借，常训之曰："汝自视乃如常儿乎？"至今诵此语不敢忘。十三岁始知有段、王训诂之学，大好之，渐有弃帖括之志。十五岁，母赵恭人见背，以四弟之产难也。余方游学省会，而时无轮舶，奔丧归乡，已不获亲含殓，终天之恨，莫此为甚。时肄业于省会之学海堂，堂为嘉庆间前总督阮元所立，以训诂词章课粤人者也。至是乃决舍帖括以从事于此，不知天地间于训诂、词章之外，更有所谓学也。己丑年十七，举于乡，主考为李尚书端棻，王镇江仁堪。年十八计偕入京师，父以其稚也，挈与偕行。李公以其妹许字焉。下第归，道上海，从坊间购得《瀛环志略》读之，始知有五大洲各国，且见上海制造局译出西书若干种，心好之，以无力不能购也。

其年秋，始交陈通甫。通甫时亦肄业学海堂，以高才生闻。既而通甫相语曰："吾闻南海康先生上书请变法，不达，新从京师归，吾往谒焉，其学乃为吾与子所未梦及，吾与子今得师矣！"于是乃因通甫修弟子礼事南海先生。时余以少年科第，且于时流所推重之训诂、词章学，颇有所知，辄沾沾自喜。先生乃以大海潮音，作师子吼，取其所挟持之数百年无用旧学更端驳诘，悉举而推陷廓清之。自辰入见，及戌始退，冷水浇背，当头一棒。一旦尽失其故垒，惘惘然不知所从事。且惊且喜，且怨且艾，且疑且惧，与通甫联床竟夕不能寐。明日再谒，请为学方针，先生乃教以陆、王心学，而并及史学、西学之梗概。自是决然舍去旧学，自退出学海堂，而间日请业南海之门。生平知有学自兹始。

辛卯余年十九，南海先生始讲学于广东省城长兴里之万木草堂，徇通甫与余之请也。先生为讲中国数千年来学术源流，历史政治，沿革得失，取万国以比例推断之。余与诸同学日札记其讲义，一生学问之得力，皆在此年。先生又常为语佛学之精奥博大，余凤根浅薄，不能多所受。先生时方著《公理通》《大同学》等书，每与通甫商榷，辨析入微。余辄侍末席，有听受，无问难，盖知其美而不能通其故也。先生著《新学伪经考》，从事校勘；著《孔子改制考》，从事分纂。日课则宋元明儒学案、二十四史、《文献通考》等，而草堂颇有藏书，得恣涉猎，学稍进矣。其年始交康幼博。十月，入京师，结婚李氏。明年壬辰，年二十，王父弃养。自是学于草堂者凡三年。

甲午年二十二，客京师，于京国所谓名士者多所往还。六月，日本战事起，惋愤时局，时有所吐露，人微言轻，莫之闻也。顾益读译书，治算学、地理、历史等。明年乙未，和议成，代表广东公车百九十人，上书陈时局。既而南海先生联公车三千人，上书请变法，余亦从其后奔走焉。其年七月，京师强学会开，发起之者，为南海先生，赞之者为郎中陈炽，郎中沈曾植，编修张孝谦，浙江温处道袁世凯等。余被委为会中书记员。不三月，为言官所劾，会封禁。而余居会所数月，会中于译出西书购置颇备，得以余日尽浏览之，而后益斐然有述作之志。其年始交谭复生、杨叔峤、吴季清、铁樵、子发父子。

京师之开强学会也，上海亦踵起。京师会禁，上海会亦废。而黄公度倡议续其余绪，开一报馆，以书见招。三月去京师，至上海，始交公度。七月《时务报》开，余专任撰述之役，报馆生涯自兹始，著《变法通议》《西学书目表》等书。其冬，公度简出使德国大臣，奏请偕行，会公度使事辍，不果。出使美、日、秘大臣伍廷芳，复奏派为参赞，力辞之。伍固请，许以来年往，既而终辞，专任报事。丁酉四月，直隶总督王文韶，湖广总督张之洞，大理寺卿盛宣怀，连衔奏保，有旨交铁路大臣差遣，余不之知也。既而以札来，黏奏招上谕焉，以不愿被人差遣辞之。张之洞屡招邀，欲致之幕府，固辞。时谭复生宦隐金陵，间月至上海，相过从，连舆接席。复生著《仁学》，每成一篇，辄相商榷，相与治佛学，复生所以砥砺之者良厚。十月湖南陈中丞宝箴，江督学标，聘主湖南时务学堂讲席，就之。时公度官湖南按察使，复生亦归湘助乡治，湘中同志称极盛。未几，德国割据胶州湾事起，瓜分之忧，震动全国。而湖南始创南学会，将以为地方自治之基础，余颇有所赞画。而时务学堂于精神教育，亦三致意焉。其年始交刘裴邨、林暾谷、唐绂丞，及时务学堂诸生李虎村、林述唐、田均一、蔡树珊等。

明年戊戌，年二十六。春，大病几死，出就医上海，既痊，乃入京师。南海先生方开保国会，余多所赞画奔走。四月，以徐侍郎致靖之荐，总理衙门再荐，被召见，命办大学堂译书局事务。时朝廷锐意变法，百度更新。南海先生深受主知，言听谏行。复生、暾谷、叔峤、裴邨，以京卿参预新政，余亦从诸君子之后，黾勉尽瘁。八月政变，六君子为国流血。南海以英人仗义出险。余遂乘日本大岛兵舰而东。去国以来，忽忽四年矣。

戊戌九月至日本。十月与横滨商界诸同志，谋设《清议报》。自此居日本东京者一年，稍能读东文，思想为之一变。己亥七月，复与滨人共设高等大同学校于东京，以为内地留学生预备科之用，即今之清华学校是也。其年美洲商界同志，始有中国维新会之设，由南海先生所鼓舞也。冬间美洲人招往游，应之。以十一月首途，道出夏威夷岛，其地华商二万余人相絷留，因暂住焉，创夏威夷维新会。适以治疫故，航路不通，遂居夏威夷半年。至庚子六月，方欲入美，而义和团变已大起。内地消息，风声鹤唳，一日百变。已而屡得内地函电，促归国，遂回马首而西，比及日本，已闻北京失守之报。七月急归沪，方思有所效，抵沪之翌日，而汉口难作，唐、林、李、蔡、黎、傅诸烈，先后就义，公私皆不获有所救。留沪十日，遂去，适香港，既而渡南洋，谒南海，遂道印度，游澳洲，应彼中维新会之招也。居澳半年，由西而东，环洲历一周而还。辛丑四月，复至日本。

尔来蛰居东国，忽又岁余矣！所志所事，百不一就，惟日日为文字之奴隶，空言喋喋，无补时艰。平旦自思，只有惭悚。顾自审我之才力，及我今日之地位，舍此更无术可以尽国民责任于万一。兹事虽小，亦安得已。一年以来，颇竭棉薄，欲草一中国通史以助爱国思想之发达，然荏苒日月，至今犹未能成十之二。惟于今春为《新民丛报》，冬间复创刊《新小说》，述其所学所怀抱者，以质于当世达人志士，冀以为中国国民遒铎之一助。呜呼！国家多难，岁月如流，眇眇之身，力小任重。吾友韩孔广诗云："舌下无英雄，笔底无奇士。"呜呼！笔舌生涯，已催我中年矣！此后所以报国民之恩者，未知何如？每一念及，未尝不惊心动魄，抑塞而谁语也？

孔子纪元二千四百五十三年壬寅十一月，任公自述。

（1902 年作。

原载《饮冰室合集》第 2 册第十一，

中华书局 1989 年版。）

余之死生观

我可以毋死耶？君可以毋死耶？嘻！前我而生者，亿兆京垓无量数不可思议之人则既死。并我而生者，一岁之中，全世界数十兆以上之人则既死，我国内数兆以上之人则既死，我与君其终不能免矣！死既终不能免，一死之后，我与君将澌然以俱尽耶？果尔尔，则我将惟杨朱之言是宗。曰：死则一矣，毋宁乐生。虽然，我见我国若全世界过去之圣哲，皆有其不死者存。我见我国若全世界过去之豪杰，皆有其不死者存。我见我国若全世界过去亿兆京垓无量数不可思议之人类，无论智愚贤不肖，皆有其不死者存。故知我与君皆有其不死者存。今愿与君研究"死学"。

自昔野蛮时代之宗教，皆言灵魂，即号称文明宗教在今世诸文明国中最有势力如景教者，亦言灵魂。孔教则不甚言灵魂，佛教则反对外道六大论师之言灵魂。近世欧美哲学家，就中如进化论一派，亦反对景教之言灵魂。灵魂之果有果无？若有之，则其状态当何若？是数千年来学界一最大问题，辩争至剧烈，而至今未尝已者也。虽然，无论为宗教家，为哲理家，为实行教育家，其持论无论若何差异，而其究竟必有一相同之点，曰：人死而有不死者存是已。此不死之物，或名之为灵魂，或不名之为灵魂，或语其一局部，或语其全体，实则所指同而所名不同，或所证同而所修不同，此辩争之所由起也。吾今欲假名此物，不举其局义而举其偏义，故不名曰灵魂而名曰精神。精神之界说明，然后死学可得而讲也。

佛教之反对印度旧教言灵魂者何也？旧教言轮回言解脱，佛教亦言轮回言解脱，独轮回解脱之主体，旧教惟属诸么匿，佛则么匿与拓都并言之，而所重全在其拓都，此其最异之点也。故此主体者，佛教不名之曰灵魂，而名之曰羯磨，旧教言灵魂。虽各各不同，然皆言有一"神我"。我为所轮回体，神我为能轮回体。佛教以为若此沾滞于小我，是求解脱而反系缚也，故排之而立羯磨义（佛之排旧教说，此不能具征，余近别著《死不死》一书当详言之）。佛说以为一切众生自无始来，有"真如""无明"之二种性，在于识藏。而此"无明"，相熏相习，其业力总体，演为器世间，是即世界也，其个体演为有情世间，即人类及其他六道众生也。以今义释之，则全世界者，全世界人类心理所造成（佛说不限人类，今举狭义耳）。一社会者，一社会人之心理所造成。个人者，又个人之心理所造成也（今之个人，由有生以前之心理所造。今之心理又造成死后之个人。全世界乃至一社会亦复如是）。佛说一切万象悉皆无常，刹那生灭，去而不留，独于其中，有一物焉，因果连续，一能生他，他复生一，前波后波，相续不断，而此一物，名曰羯磨。[佛说经汗牛充栋，语其指归，不外发明此义。今举其最浅显者一段示证。《首楞严经》云："佛告大王：'汝身现在，今复问汝，汝此肉身，为同金刚常住不朽，为复变坏。'世尊：'我今此身终从变灭。'佛言：'大王，汝未曾灭，云何知灭？'世尊：'我此无常变坏之身，虽未曾灭，我观现前念念迁谢，新新不住，如火成灰，渐渐销殒，殒亡不息，决知此身当从灭尽。'（中略）佛告大王：'汝见变化迁改不停，悟知汝灭，亦于灭时，知汝身中有不灭耶？'波斯匿王合掌白佛：'我实不知。'佛言：'我今示汝不生灭性，汝年几时见恒河水？'王言：'我生三岁，慈母携我谒耆婆天，经过此流，尔时，即知是恒河水。'佛言：'大王，如汝所说二十之时衰于十岁，乃至六十，日月岁时念念变迁，则汝三岁见此河时，至年十三其水云何？'王言：'如三岁时宛然无异，乃至于今六十有二，亦无有异。'佛言：'汝今自伤发白面皱，其面必定皱于童年，则汝今时观此恒河，与昔童时观河之见，有童耄不？'王言：'不也，世尊。'佛言：'大王，汝面虽皱，而此见精性未曾皱。皱者为变，不皱非变，变者受灭，彼不变者原无生灭，云何于中受汝生灭？而犹引彼末伽梨等，都言此身死后全灭？'"〕羯磨为物，殆如燃电灯者，电虽消去，而其遗渍，缘表筒中，铢黍不爽（今各国燃电灯、煤气灯者，灯局皆置表于燃者之室，每月视其表，而量其所燃之多寡，因以取价）。又如人食物品，品中土性盐质，除秽泄外，而其余精，遍灌血管（以上设譬粗而不类，特举浅近以示证耳）。于是乎有因果之律，谓凡造一业，必食其报，无所逃避（法句一二七偈云：汝虽复至大洋中央，乃至深山洞窟之下，举此世间终无能逃汝所造业结果之处）。人之肉身，所含原质，一死之后，还归四大，固无论已。（四大者，谓地、水、火、风也，中国言五行而印度言四行。《圆觉经》言：死后骨肉归土，血唾归水，动力归火，气息归风。今此肉身更在何处？）就其生前，亦既刻刻变易，如川逝水，今日之我，已非故吾，方见为新，交臂已故。（《首楞严经》云："若复令我微细思维，其变宁惟一纪二纪，实为年变。岂惟年变，亦兼月化。何直月化，兼亦日迁。沈思谛观，刹那刹那念念之间，不得停住。"）此其为说，证诸今日科学所言，血轮肌体循环代谢之理，既已确然，无所容驳，故夫一生数十年间，至幻无常，无可留恋，无可宝贵，其事甚明。而我现在有所行为，此行为者，语其现象，虽复乍起即灭，若无所留，而其性格常住不灭，因果相续，为我一身及我同类将来生活一切基础。世界之中，有人有畜，乃至更有其他一切众生。人类之中，有彼此国，有彼此家，有彼此族，彼此社会。所以者何？皆缘羯磨相习相熏，组织而成，是故今日我辈一举一动，一言一话，一感一想，而其影像直刻入此羯磨总体之中，永不消灭，将来我身及我同类受其影响而食其报。此佛说之大概也。

吾受其义，而叹其与今日进化论者流之说，若合符契也。侯官严氏括引晚近生学家言，谓："官品一体之中，有其死者焉，有其不死者焉。

而不死者，又非精灵魂魄之谓也。可死者甲，不可死者乙，判然两物。如一草木，根荄支干，果实花叶，甲之事也。而乙则离母而转附于子，绵绵延延，代可微变，而不可死。或分其少分以死，而不可尽死，动植皆然。故一人之身，常有物焉，乃祖父之所有，而托生于其身。盖自受生得形以来，递嬗迤转，以至于今，未尝死也。"（《天演论》下一案语）此所谓乙者何物乎？其名曰 Character，译言性格。进化论家之说遗传也，谓一切众生，当其生命存立之间，所受境遇乃至所造行为习性，悉皆遗传于其子孙。今日众生，其类种种，其族种种，各族类中，各各有其特形特性，千差万别，觳然不齐，所以者何？即其族类，自无始来，以迄今日，生存竞争之总结果。质而言之，是即既往无量岁月种种境遇、种种行为累积结集全量所构也。夫所谓遗传者，固非徒在无形之性格，即有形之肢体，其种种畸异之点，亦皆汇传焉而有递变。顾前体已灭，而后体仍相袭者，故知于粗幻之现体外，必更有其精实之别体存也。夫形体则精中之粗实中之幻者耳，而遗传之迹显然不诬也。则既若是，况更有其精中精、实中实者，其遗传力之巨，益可知矣。故至今日而所谓国民心理、社会心理之一科学，日以发明。国民心理者何？社会心理者何？即前此全国全社会既死之人，以不死者贻诸子孙也。

遗传既可识矣，但其传焉而必递变者何也？我祖我父之业力，我既受之，而我自受胎而出胎而童弱而壮强而耄老，数十年间，其所受现世社会之种种熏习者，我祖父未尝受也。我兼秉二者，于是乎我复有我之一特性。我数十年间，日日自举其特性而发挥之，以造出或善或恶、或有意识或无意识之种种事业，还复以熏习现社会。及吾之死也，则举吾所受诸吾祖父者（一），吾所受诸现社会者（二），及吾所自具之特性（三），和合之以传诸我子。我子之所以传诸其子，我孙之所以传诸其孙者，亦复如是。乃至前世、现世、来世之人，所以传诸其子孙者，亦复如是。此所以虽不灭而有变也。（前引《首楞严经》佛说谓变者受灭，彼不变者原无生灭，此指能缘之本体也。若所缘之作用则虽不灭而有变也。）彼圣贤豪杰乃至大罪恶之人，其所以于一国、一社会之历史，皆有大影响，历千百年而食其果未艾者，皆以此。又不徒彼等为然也，即全社会多数之庸人，其微细羯磨，亦相结而浸润社会之空气，能以自力屡屡变易之。吾所谓过去亿兆京垓无量数不可思议之人类，无论智愚贤不肖皆有其不死者存，盖谓是也。

夫佛说主解脱，将厌离此世间而灭度之，故其教义在不造诸业。进化论主争存，将缘饰此世间而庄严之，故其教义在善造诸业。其结论之相反亦甚矣。若其说一切众生皆死而有不死者存，则其揆若一，而丝毫无所容其疑难也。佛说之羯磨，进化论之遗传性，吾皆欲名之曰"精神"。今吾将据此以沟合群哲微言以纵论死义。

景教言灵魂，以视佛及进化论者之说，其义似稍局矣。虽然，景教有最精最要之一言焉，曰：三位一体。三位者，此译圣父、圣子、圣灵。圣父谓上帝，圣子谓景尊，圣灵即精神，通于帝与尊与一切人类之间者也。以拓都体言之则曰圣灵，以么匿体言之则曰灵魂。灵魂何以能不死？以其通于帝也。故景教言人类之躯壳为第二生命，其上更有第一生命者存，虽进化论家极谤景尊者，或未能难也。〔美国博士占士李者，现代著名之哲学家也，著《人生哲学》一书为景教讼直。原书于一八九三年出版，现已重版四十余次云。今撮译其数段。李氏曰："輓近物质的文明日以进化，质力不灭之说既有定论，而其蔽也，视精神与物质为同体，乃谓物质之外更无复有精神者存，此大误也。如赫胥黎在我邦演说（案：指美国），尝云：'言语者，变形之牛肉耳。'一时以为名言，实则其陋甚矣。夫就物质一方面论之，凡物之质与力，其在此世界者，皆不生不灭、不增不减。例如吾辈所用燃料，自千万年前爰有大木繁荫遍地，历若干岁萎埋土中化为石炭，其内更含煤油、瓦斯（煤气之译音），诸质邈历年岁迄于今日，人智发达能利用之，运机转轮，輓车驾舟，或炊食物，或照暗室，实则我辈所用非薪非煤非油非气，不过间接以用太阳发热之力。何以故？彼诸物者，其力受自太阳故。今试取一五十年之老松，斫而投诸汽机炉中，其所发运机力之总量，即此松五十年间所吸受太阳热力之总量也。故吾辈燃煤，其所燃与五十年之松发力相等者，则知其煤在千万年前所受于太阳之热亦正相等。而既烧之后，所损失者并非消灭，还在空间，别成他力。以故日光也，松树也，煤及煤油、煤气也，蒸汽也，皆同物而异形者也。推诸百物莫不皆然。吾辈躯壳之生命，恃日光、空气乃至各动植物以为养。而空气及动植物，其源皆自日光。故谓地球上只有一物，名曰日光。日光以外更无他物可也。而日光之形息息变动，息息循环，今日于彼，明日于此，方为动物，旋变植物，方为植物，旋变土石，方为土石，旋变空气。以此推之，岂徒即煤即松即蒸汽而已。虽谓即松即牛，即牛即犬，即犬即石，即石即梅，即梅即气可也。故我之一身谓之我之身也可，谓之并时某甲某乙之身也可，谓之过去或将来某甲某乙之身，例如谓之释迦之身，孔子之身，基督之身，尧之身，桀之身，华盛顿、拿破仑之身也可。不宁惟是，谓之松也可，煤也可，蒸汽也可，牛也可，犬也可，石也可，空气也可，日光也可。何以故？息息变迁故，变迁而未尝灭故。此赫胥黎'言语即牛肉'之喻所由来也。虽然，此物质界之公例耳，若以应用诸精神界则大不可。质而言之，则形而上的与形而下的截然不同物，未可糅杂以自乱其例也。夫使此例而可以适用于精神界也，则精神虽云不灭，而其所谓不灭者，不过如煤之燃尽而复散为气，松之老朽而更转为煤，纯然为自然力之所支遣，如一机器。然则人类者，百岁汲汲，为无意识之循环，块然与土石奚择哉？而其实相实不尔尔。凡人类皆有客观之我，有主观之我。质而言之，则主观者真我也；客观者物也，原质也，而非我也。非我之我，虽不灭而常迁；真我之我，则不灭而并不迁者也。真我之我，于何见之？于其自觉自决自动者见之。自觉自决自动之情志，常住者也。故吾人一生数十寒暑，其客观的非我之我，刹那刹那变迁以去，至七八十岁时，身上所含之原质迥非复童稚时之遗物矣！而其间能常保持一物焉，曰'同一之我'。此'我'者，其知识与经验日以进，其希望与爱情日以富，八十老翁围炉与其子孙谈幼时之经历了然无异，此即其最显著者也。此物也无以名之，名之曰灵魂。若夫非我之我，则灵魂暂憩之逆旅而已。逆旅虽易而主人未尝易（案：此语与前

余之死生观

517

所引《首楞严经》佛告波斯匿王观河之见若合符契矣）。昔博士占士马尔治那尝言：'一串之汽车骤止于驿场，彼其前此缘轨疾行之势力未尝灭也，变相而已。一株之树斩而摧之，彼其根干枝叶之势力非顿无也，变形而已。一匹之马殪焉，彼其负重千里之势力未尝亡也，变质而已。彼树与马，辞生物界以入于无机界之时，乃变为与活树活马有同量势力之他体。惟人亦然。人之去活而就死也，化为尘土及空气等，其总额适与死骸之筋肉肌骨等总额同量，其运动力乃至种种亦复同量。质而言之，则生前一身之总财产移而之他云尔。'信如是也，则天文学上三大公例。歌白尼总财产之一部分也，歌白尼死而此物还归于何原质也？重学摄理，奈端总财产之一部分也，奈端死而此物还归于何原质也？故以物质界与精神界同一视者，吾见其不可通矣。一言蔽之，则彼辈认物为我，而于与帝尊合体之我反蔑之而不有焉，其坏社会之道德，损人类之资格亦甚矣。"此李博士学说之大概也。] 惟其为寻常钝根众生说法，则专表其么匿体，不表其拓都体，故不能如佛说之奥达焉。至其精义，则一而已。（佛说之羯磨通于众生，景教之灵魂限于人类，此其大异之点。）

孔教不甚言灵魂（《易·系》言："精气为物，游魂为变。"《礼记》曰："焄蒿悽怆。"非不言之，特不雅言耳），顾亦言死后而有不死者存。不死者何？一曰家族之食报，二曰名誉之遗传。所谓"积善之家，必有余庆。积不善之家，必有余殃"，又曰"君子疾没世而名不称焉"是也。此二义者，似彼此渺不相属，其与佛教、景教及近世泰西哲学家言之论死生问题者，更渺不相属。虽然，吾以为此所谓不死者，究无二物也。物何名？亦曰精神而已。综诸尊诸哲之异说，不外将生命分为两界：一曰物质界，二曰非物质界。物质界属于么匿体，个人自私之（么匿体又非徒有物质界而已，亦有属于非物质界者存）。非物质界属于拓都体，人人公有之。而拓都体复有大小焉，大拓都通于无量数大千世界，小拓都则家家而有之，族族而有之，国国而有之，社会社会而有之。拓都不死，故吾人之生命，其隶属于最大拓都者固不死，即隶属于次大又次大乃至最小之拓都者皆不死。今请以佛说之名词释之。佛之言羯磨也，个人有个人之羯磨。何以能集数人至十数人以为家？则以有其家特别同一之羯磨。乃至何以能集千万人以为族，集亿兆人以为国，集京垓人以为世界？则以有其族其国其世界特别同一之羯磨。个人之羯磨，则个人食其报；一家之羯磨，则全家食其报；一族一国乃至一世界之羯磨，则全族全国全世界食其报。由此言之，则言家族之余庆、余殃者，于佛说岂有违异乎？特佛说就其大者言之，极之全世界乃至他世界，就其小者言之，则专论个人，而孔教则偏言家族之一方面而已。证以进化论之遗传说，则孔教更明确而无所容驳。夫以形体畸异之点，不过精神之粗末耳，而犹能遗传诸其子孙，则祖宗所积善恶诸业，于其子孙必有密切之关系，抑何待言？吾中国因果报应之发表于后代者，据稗乘所载及乡愚父老之所传说，往往有之。近世科学新智识渐输入，浅尝者流，讶其与学理不相应也，从而排斥之，其凿凿有据不能排斥者，则推之不可思议之数而已。其实何奇之与有？祖宗虽死，而以其不死之善业恶业遗传于子孙，子孙受之而已。〔今为浅譬：人之造善业，及身不得善报而子孙得之者，譬犹有资本以营商业，有资本则可以得利，常理也。虽然，营业非必遂无失败者，故不获利亦有焉，但其资本既传诸子孙，则子孙有可以利用之而获利之资格矣。造恶业及身不得恶报，而子孙得之者，譬有人于此常为盗，以终生盗之术巧，或终生逃法网者有焉矣，但其为盗之恶质传诸其子孙，其子孙终必有以盗覆其宗者，即子孙不为盗，然其祖父为盗时，必有与盗相缘之他种恶质，子孙或受之，而以他道取亡者，亦有焉矣。又如淫暴之人，子孙每或多天然之夭折，必其人生时，皓齿蛾眉，伐性太甚，以脆弱之禀，贻诸子孙也。诸如此者，若悉数之，累千万言而不能尽。但一人之造业太复杂，不能一一调查，旁人观之，仅知其一，不知其他，故往往觉其不相应。实则造一果必有一因，殆如机器然，骤视之其动作之相虽樊然淆乱，而实有一定之秩序，铢黍无所差忒，人自不能察耳。此种之应报，或言有主之者，此自宗教迷信之言，其信否盖难遽断。藉曰有主者，然主者固无取，人人而簿之，日日而稽之也。如彼纺绩者然，置一机器，而团团之绵、根根之线自能入其中而循其自然之轨，以自组成之。此则无论持造物说，持天演说，而皆可通者也。又进化论家言人物之畸异形体性质，亦有其子之代伏而不现，及其孙或再隔数代而后现者，亦有由舅而传甥，由姑而传侄者（中国常言外甥似舅，侄女类姑，即同此理）。善业恶业之或隔数代而始见应报，亦由此而已。]

一家之善业恶业，余庆殃于其家。一群之善业恶业，余庆殃于其群。理无二也。故我族数千年来相传之家族报应说，非直不能以今世之科学破之，乃正得今世之科学而其壁垒愈坚也。问者曰："孔教言报之身后，佛教言报之后身，宁得云无异？"应之曰："不然。"佛固言有么匿之羯磨，有拓都之羯磨，则受报者必不仅死后轮回之么匿体明矣。然则佛之不废家族报应说，与家族报应说之不戾于真理，其可以类推也。故谓孔不如佛之备也可，谓孔、佛殊别也不可。问者曰："既报之身后，又报之后身，毋乃重乎？"应之曰："诇诸遗传之说。"则吾之本体，固有传焉者，有不传焉者。其传焉者，则报之于其拓都（拓都与么匿并报，盖虽传去，而我身固尚有此业存也）。其不传者，则报之于其么匿。报诸么匿之义，此则孔教与进化学家所不言，而佛说逾密者也。若夫名誉之说，其理亦同一源。夫一群羯磨（即遗传性）之总体，亦集其群中个人羯磨之别体而成耳。合无量数人同印此羯磨于其群中，而其间业力较大者，则其印象必较显，此即所谓名誉也。显著之印象，以视寻常普通之印象，其影响于总体之变化者，能力必倍蓰焉，故名誉能铸社会。一圣贤一豪杰出，而千百年后犹受其感化，而社会之幸福赖之，由斯道也。以比例之语说明之，则亦可谓积名之群，必有余庆也。孔子以名为教，所以劝人为一群造善业也。

其他诸哲之所以研究此问题者，不一端，今不能具征，要之与前所论列，无甚差别。吾今乃欲为下一结论曰：

吾辈皆死，吾辈皆不死。死者，吾辈之个体也。不死者，吾辈之群体也。

夫使以个体为我也，则岂必死之时而乃为死，诚有如波斯匿王所言：岁月日时，刹那刹那，全非故我。以今日生理学之大明，知我血轮运输，瞬息不停，一来复间，身中所含原质全易。如执为我也，庸讵知今日之我，七日以后，则已变为松为煤为牛为犬为石为气也。是故当知彼也，而非我。杨朱所谓十年亦死，百年亦死，仁圣亦死，凶愚亦死者，彼也，而非我也。抑彼之死，又岂俟十年百年，岁岁死，月月死，日日死，刻刻死，息息死。若夫至今岿然不死者，我也；历千百年乃至千百劫而终不死者，我也。何以故？我有群体故。我之家不死，故我不死；我之国不死，故我不死；我之群不死，故我不死；我之世界不死，故我不死；乃至我之大圆性海不死，故我不死。我不死而彼必死者何也？彼之死，非徒生理之公例应然，即道德之责任亦应然也。我有大我，有小我；彼亦有大彼，有小彼。何谓大我？我之群体是也。何谓小我？我之个体是也。何谓大彼？我个体所含物质的全部是也（即躯壳）。何谓小彼？我个体所含物质之各分子是也（即五脏血轮乃至一身中所含诸质）。小彼不死，无以全小我；大彼不死，无以全大我。我体中所含各原质，使其凝滞而不变迁，常住而不蝉脱，则不瞬息而吾无以为生矣。夫彼血轮等之在我身，为组成我身之分子也；我躯壳之在我群，又为组成我群之分子也。血轮等对于我身，而有以死利我之责任，故我躯壳之对于我群，亦有以死利群之责任，其理同也。颉德曰："死也者，人类进化之一原素也。"可谓名言。

抑死（以下之"死"字，皆指恒言所谓死）之责任，非犹夫寻常之责任也。他责任容或可逃，惟此一责任，则断无可逃。常情莫不贪生而避死，然生终未闻以贪而能常，死终未闻以避而能免，夫亦尽人而知之矣。明知其不能常、不能免，而犹贪焉避焉者，则人类志力薄弱之表征也。要之于"死后而有不死者存"之一义见之未莹也。吾之汲汲言此义也，非欲劝人祈速死以为责任也。盖惟憺于死而不死之理，故以为吾之事业之幸福，限于此渺小之七尺，与区区之数十寒暑而已，此外更无有也。坐是之故，而社会的观念与将来的观念，两不发达。夫社会的观念与将来的观念，正人之所以异于禽兽者也，苟其无之，则与禽兽无择

余之死生观

521

也。同为人类，而此两观念之或深或浅、或广或狭，则野蛮文明之级视此焉，优劣胜败之数视此焉。今且勿论一国，勿论一族，即以一家校之，使其家之先辈，漠然不为子孙将来之计，则家之索可立而待也。虽然，既已谓之人类，则此两种观念者，则已自无始以来之羯磨而熏之受之，虽有深浅广狭，而其本性中无此根器者，未或闻也。故虽有愚不肖之夫，要能知节制其现在快乐之一部分以求衰老时之快乐，牺牲其本身利益之一部分以求家族若后代之利益。此种习性，我国人之视他国，尤深厚焉，此即我国将来可以竞争于世界之原质也。孟子曰："善推其所为而已矣。"将来之界，不限于本身；社会之界，不限于家族。推之推之，则国之淳焉，可立而待也。

杨度曰："古之仁者，其身虽死，而其精神已宏被于当世与后来之社会。故孔子死矣，而世界儒教徒之精神，皆其精神也。释迦死矣，而世界佛教徒之精神，皆其精神也。于中国言孔子则孔子死，于日本言孔子则孔子生。于印度言释迦则释迦死，于日本言释迦则释迦生。死者其体魄而生者其精神故耳。由此推之，今世界之言共和者，无一而非华盛顿。言武功者，无一而非拿破仑。言天赋人权者，无一而非卢梭。言人群进化者，无一而非达尔文。盖自世有孔子、释迦、华盛顿、拿破仑、卢梭、达尔文诸杰以来，由古及今，其精神所递禅所传播者，已不知有几万亿兆之孔子、释迦、华盛顿、拿破仑、卢梭、达尔文矣，而遂以成今日灿烂瑰奇之世界。其余圣贤豪杰之士，皆无不如此者。其道何由？则惟有借来人之体魄，以载去我之精神而已。去我之体魄有尽，而来人之体魄无尽。斯去我之精神与来人之精神，相贯相袭相发明相推衍，而亦长此无尽，非至地球末日、人类绝种，则精神无死去之一日。盛矣哉！人之精神之果可以不死也。"（杨氏序拙著《中国之武士道》）斯言谅矣！顾以吾所综合诸尊诸哲之说，则微特圣贤不死，豪杰不死，即至愚极不肖之人亦不死。语其可死者，则俱死也，语其不可死者，则俱不死也。但同为不死，而一则以善业之不死者遗传诸方来，而使大我食其幸福；一则以恶业之不死者遗传诸方来，而使大我受其苦痛。夫人亦孰乐使方来之大我受苦痛，然明知之而故蹈之者，必其于比数计量之法，有所未莹，以为是可以谋现在小我之快乐，毋宁舍其远而取其近也。吾今且与之言小我、言现在。彼所谓快乐者，岂不曰鲜衣耳，美食耳，宫室妻妾之奉耳，游宴欢娱之聚耳？今即此数者，以中国人所享之程度与欧美人所享之程度比较，不待智者而群知其不如也。推其所以不如之由，则亦彼国强而我弱，彼国富而我贫尔，而况乎民穷财尽之今日！将来茹荼嚼蘖之苦，且迫眉睫也。故处贫弱国而欲谋个人之快乐，其终无望矣。是谓小我之乐必与大我之乐相缘，此一说也。小说家言：昔有富翁，日夕持筹，夜分不得息。其邻有制豆腐者，鸡鸣而起，磨声隆隆焉，翁甫交睫，辄聒之不能成寐。翁乃遣人贷以百金，使改他业。邻喜受之，则复持筹汲汲，思所以处分此百金者，竟三夕夜分不能成寐如翁也。乃急返其金曰：吾得金之乐，与不寐之苦，不能相消，请辞。若是乎，真苦真乐，必不在唯物的，而在唯心的，至易明也。虽复纵耳目口体之欲，而其精神界有无量压制，无量束缚，无量忧疑，无量惭愧，无量恐怖，是安足云乐也。是谓有形之乐与无形之乐相除，此又一说也。夫即持现在小我之主义者，其所以自择不可不审也。既若此，而况乎现在小我者，实彼也，而非我也。我不惜牺牲我以为彼之奴隶，天下之不智，孰过此也？

然则吾人于生死之间，所以自处者，其可知矣。亡友康幼博（广仁）尝语余："吾辈不得不一死，又不得再死。死之途万也，若造物主令我自择者，吾将何从？吾且勿论公益，先计私利，则为国民而战死于枪林弹雨者，最上也。何也？突然而死，毫不感其苦痛也。为国事而罹刑以流血者，次也。何也？如电之刀一挥，苦痛者仅刹那顷也。展转床蓐，呻病以死，下也。若乃如劳瘵之病，去死期数年，医者已宣告其死刑，而弥留之际，犹能絮絮处分家人妇子事者，最下也。何也？知必死而不能避，求速死而不能得，苦痛无极也。"此虽似滑稽之言乎，而真理寓焉矣。今吾请隐括前言而缵演之曰：我之躯壳，共知必死，且岁月日时，刹那刹那。夫既已死，而我乃从而宝贵之，罄吾心力以为彼谋，愚之愚也。譬之罄吾财产之总额以庄严轮奂一宿之逆旅，愚之愚也。我所庄严者，当在吾本家。逆旅者何？躯壳是已。本家者何？精神是已。吾精神何在？其一在么匿体，将来经无量劫缘以为轮回，乃至入无余涅槃，皆此物焉。苟有可以为彼之利益者，虽糜其躯壳，不敢辞也。其一在拓都体，此群焉，此国焉，此世界焉，我遗传性所长与以为缘而糜尽者也。苟有可以为彼之利益者，虽糜其躯壳，不敢辞也。夫使在精神与躯壳可以两全之时也，则无取夫戕之，固也；而所以养之者，其轻重大小，既当严辨焉。若夫不能两全之时，则宁死其可死者，而毋死其不可死者。死其不可死者，名曰心死。君子曰："哀莫大于心死。"

（原载《新民》1904 年 12 月 21 日、
1905 年 1 月 6 日第 59、60 号。）

初版总跋

金　雅

　　《中国现代美学名家文丛》选题的动议起自 2007 年末，至全部校定已是 2009 年的初春了。

　　对中国现代美学作一些资料方面的整理，一直是我的心愿。这既是近年从事相关研究所积累的感情的因素，更是因为随着对相关研究现状的逐渐了解，觉得这方面的整理工作，是很需要也是很有意义的。中国现代美学的研究，在国内的美学研究中，本身就是一个薄弱的环节，资料整理更是欠缺。但是，中国现代美学在中国美学的发展进程中，又是非常重要的一个阶段，它是中国美学学科自觉的开端，有着承前启后的重要意义。同时，由于美学自身作为人文学科的特殊性质以及中国现代美学所孕生的特定时代背景，中国现代美学具有浓郁的人文情怀以及特有的思想锋芒，它们对于今天仍有着独特的价值。而相对于中国古代文献整理工作的硕果累累，20 世纪前 50 年即通常所说的中国"近代"后期与"现代"阶段的相关成果，在文献的整理出版方面，无疑是相对滞后的。近年来，或听到或看到关于"20 世纪文化遗产"的概念与说法。希望这样的理念与识见也能够在更广泛的领域引起关注与重视！事实上，对于中国近现代学术与思想典籍的整理滞后，必然会影响对这一阶段研究的深入，也不利于民族学术、思想、文化精神的贯通、发掘与创新。同时晚清以降至民国时期的文献资料，若不及早整理抢救，也同样面临着散佚缺失等种种问题。而且民国时期的文献，有大量的并未整理成集，仅见诸报端；有些只是书信或手稿。将这些现代文献依据一定的要求与体例予以梳理整饬，编辑校定，相信亦是一桩有意义的事情！

《文丛》编选过程中所涉及的具体工作与难度，在某些方面超出了开始的预计与想象。对中国现代美学的重要代表人物在同一层面上作集中的文献整理与推出，迄今可能是第一次尝试。我们希望这样的组合，不是表面的，而是通过各卷对文献的遴选与组织，能够有效体现出各家的特色，突出中国现代美学的性质。为此，《文丛》各卷在编排上也采用了上、下编的体例。上编主要为选主对美与艺术的基本观念的文字与相关论著，包括关系密切的哲学、人生、文化、教育、伦理、生活等方面的文字，以及关于美与艺术基本性质、价值等方面的文字。下编则主要为选主对审美、艺术等问题具体见解的文字。同时，《文丛》各卷文章的前后编排也不似通常的以时间为序，而主要依据所论思想或问题的性质、内在逻辑等为序。这样的安排一方面是尊重所选各家的固有特点，另一方面也是希望能通过这些有意识的编排，来体现我们在学术上的某些思考和对中国现代美学主要特征的某些认识。

在编选中，我们也希望这套《文丛》能够成为具有普遍意义的人文读物，充分发挥美学文丛的所长，不仅是专门的研究者来读，也可以有更多的人文关怀者、更多的普通读者来读。因此在编选中，我们也努力想做到学术与思想的并重，这也正是中国现代美学的重要特点之一，是《文丛》几位选主的重要特点之一。同时，《文丛》在文字、标点等方面的校订处理上，在尊重学术严谨性的基础上，也尽量力求贴近今人的习惯，以方便今天读者的阅读。

我们的努力与想法，真诚期望能得到学界朋友们和读者朋友们的批评、指教！

这样一个工程，能够顺利完成，是离不开各方面的关心与支持的！

首先，要诚挚感谢热心参与编选的各位先生。他们都是相关选主的研究专家，著有相关方面的专著，有些还是相关领域的开拓者或权威专家，手头拥有相对丰富的一手资料。他们的加盟，从根本上保证了《文丛》的编选质量。他们撰写的各卷《导读》，也是各自多年研究的心得，为整套《文丛》增色不少，不仅提升了《文丛》的学术含量，相信对于读者的阅读也一定会有帮助。在整个编选过程中，各位先生屡屡放下手头诸多其他重要工作，也常常放弃了包括国庆、元旦、春节等在内的许多假日。在整个编选过程中，我们反复讨论甚至争执，从整体选题框架的确立、丛书的基本定位与风格、具体文章的遴选，到各个小的细节。这个过程，不仅促进了彼此思想的沟通，也切实提升了《文丛》的质量。

《文丛》的顺利编选出版，还得益于学界诸多专家与朋友们的热心支持与帮助！《文丛》专家委员会的各位先生为整套文丛的编选出版与质量保证付出了心血，从选题到文章篇目，包括一些小的细节！其中有几位先生还多次审读了相关文稿，并给出了具体宝贵的意见！诸多热心的朋友与同道或提供相关咨询，或出谋划策，在学术与其他方面给予了热情的帮助！我的几位研究生也认真校阅了部分书稿。在此一并致谢！

2009 年初春于杭州运河畔松风居

初版总跋

527

重印后记

金　雅

　　《中国现代美学名家文丛》于 2009 年 3 月首印，迄今短短两载。这样的纯学术书籍能在如此短的时间内重印，当然是令人高兴的。感谢出版社对这套《文丛》的高度重视和读者朋友们的厚爱。《文丛》问世以来，也得到了媒体、名家后人、学界友人们的关心和关注。我先后工作的杭州师范大学、浙江理工大学也都对这套丛书给予了大力支持。此外，常有相熟不相熟的旧友新朋或相询或自荐或推荐，希望《文丛》能继续编下去，希望中国现代美学的资料库能更为完整。我相信，这一切都源自对民族文化学术薪火相传的渴望。

　　朱光潜先生言，穷到究竟，美与真与善并无隔阂。梁启超先生言，我们不可能个个都做供给美术的"美术家"，但应该个个都成为能够享用美术的"美术人"。体美乃成人。相信《文丛》各家的智慧也会源源不断滋润我们生命之根柢。

　　生命因为有艰难有困惑有痛苦有喜悦而丰满而明艳，生命也因为我们自己的欣赏品味而动人而美丽！

　　感谢一路相携相助的诸位师长、亲友、领导和同事，还有在电话中在邮件中讨论争议相知而不曾谋面的朋友们，谢谢你们！

2011 年春再记于杭州运河畔松风居

再版后记

金 雅

　　本《文丛》2009 年由浙江大学出版社初版，2011 年由该社第 2 次印刷。现在，《文丛》将由中国文联出版社再版，我借此机会，一来向两家出版社致谢，二来也再絮叨几句。

　　《文丛》是中国现代美学领域第一套大型文献汇编。可以说，这套《文丛》有三个突出的特点：一是把中国现代美学最具代表性和成就的六位名家集中在一起，予以整体呈现；二是通过有针对性有重点的遴选编排，着力呈现这些名家所共同体现的中华美学的一些重要精神传统；三是各卷选编者都有对选主的精深研究，是相关领域公认的重要专家。

　　《文丛》出版后，受到了广泛的关注和好评。为进一步推进对《文丛》遴选的六大家及中国现代美学的研究，2012 年，我们原班人马又一起合作，出版了共计 6 册的《中国现代美学名家研究丛书》。《丛书》是与《文丛》配套的研究专著系列。

　　中国现代美学研究，曾长期沉寂。学界的研究重点，或在中国古代，或在西方。实际上，中国现代，恰恰是古今中西的交汇点，在美学领域，其重要意义更不容小觑。美学的学科概念，在此时引入中国。中国美学自此才开启了不同于古代的现代学科进程。也正是从这个时候开始，中国美学才真正有了与西方自觉对话的意愿与可能。同时，在这个时期，我们的重要美学大家，以《文丛》遴选的六位为杰出代表，几乎都是既兼融中西古今滋养，又深承民族文化神髓，在直面民族审美的现实问题中来思考构建中国现代美学的理论大厦的。所以，从这些大家身上，从他们的精彩文字中，我们不仅可以去了解去观照中国现代美学的基本面貌，也可以去感受去体会中国现代文化的精神气韵。可以说，从中国现代美学始，中华美学的民族学派已风姿初呈，呼之欲出。而中国现代美学的突出民族精神，审美情怀与现实关怀相统一的人生论精神，正是美学，也是人文科学，启益我们的最为重要的价值之一。

把这套《文丛》既做成学术研究的经典文献，又做成具有普遍意义的人文读物，一直是我们的期冀。希望以六大家为代表的精彩的审美世界和精神世界，能照亮我们的生命和生活。也希望在专门的学者和研究者之外，有更多的读者，阅读这套书，喜欢这套书。

2017 年春于杭州运河畔松风居

再版重印后记

金 雅

　　《中国现代美学名家文丛》于 2009 年 3 月首次出版印行，2011 年 5 月第 2 次印刷面市。2017 年 7 月，《文丛》由中国文联出版社再版。如今，新版《文丛》首印库存告罄，拟再印。这确让人欣喜而感慨。

　　《文丛》的编辑出版，承聂振斌、宛小平、王德胜、余连祥诸先生的倾力支持，也得到了诸学界前辈、同仁、专家、名家后人、出版社、媒体等的大力支持。2009 年初版面市时，我们曾与中华美学学会、浙江省社科联、浙江大学出版社等，于 2009 年 4 月共同在杭举行了《文丛》的首发式，梁启超先生子梁思礼院士、中华美学学会会长汝信先生莅临，发表了热情洋溢的讲话，给予了高度的肯定与勉励。2017 年《文丛》再版，承中华美学学会、中国文联文艺评论中心、《社会科学战线》杂志社、东南大学艺术学院、《艺术百家》杂志社、《中国文艺评论》杂志等支持，还有出版方中国文联出版社，6 月共同在杭举行了《文丛》新版发布仪式，中国文联副主席陈振濂先生、中华美学学会会长高建平先生、中国文联文艺评论中心主任庞井君先生、朱光潜孙宛小平先生、王国维重孙王亮先生等莅临。前后两次活动，还有诸多学界同仁和多家媒体等参与。

　　作为《文丛》的主编和编选之一，我深深感谢大家的厚爱！《文丛》的编选，我们始终坚持一个理念，就是不是一般地罗列文章，而是以突出中华美学的人生论精神传统为主线，围绕这个核心遴选编排。可以说，《文丛》编选的过程也是我们研究、学习民族美学的优秀思想资源，认识、辨析中华美学的基本精神特质的过程。

　　《文丛》是一套美学资料库，也是一套人文读本库。梁启超的"趣味"美、王国维的"境界"美、朱光潜的"情趣"美、宗白华的"情调"美、丰子恺的"真率"美，还有蔡元培对"合美丽与尊严"之美感价值的吁呼，读之无不涵情慧趣，启智益心。相信这套美学之美文，会有更多的读者喜爱。

2017 年初秋于杭州运河畔松风居

图书在版编目（CIP）数据

中国现代美学名家文丛·梁启超卷 / 金雅主编；梁启超原著；金雅选编.
-- 北京：中国文联出版社，2017.7
ISBN 978-7-5190-1678-4

Ⅰ.①中… Ⅱ.①金…②梁…③金… Ⅲ.①社会科学 – 文集②梁启超
（1873-1929）– 文集 Ⅳ.① C53

中国版本图书馆 CIP 数据核字（2016）第 162886 号

中国现代美学名家文丛 · 梁启超卷

文丛主编：金 雅

原 著：梁启超　　　　　　　选 编：金 雅

出 版 人：朱 庆

终 审 人：奚耀华　　　　　　　复 审 人：曹艺凡

责任编辑：邓友女 王海腾　　　　责任校对：张 宇

封面设计：申爱芬　　　　　　　责任印制：陈 晨

出版发行：中国文联出版社

地　　址：北京市朝阳区农展馆南里 10 号，100125

电　　话：010-85923074（咨询）85923000（编务）85923020（邮购）

传　　真：010-85923000（总编室），010-85923020（发行部）

网　　址：http://www.clapnet.cn　　　　http://www.claplus.cn

E - mail：clap@clapnet.cn　　　　　　wanght@clapnet.cn

印　　刷：中煤（北京）印务有限公司

装　　订：中煤（北京）印务有限公司

法律顾问：北京天驰君泰律师事务所徐波律师

本书如有破损、缺页、装订错误，请与本社联系调换

开　　本：710×1000　　　　　　　　　　1/16

字　　数：505 千字　　　　　　　印　　张：36.75

版　　次：2017 年 7 月第 1 版　　　　印　　次：2017 年 10 月第 2 次印刷

书　　号：ISBN 978-7-5190-1678-4

定　　价：98.00 元